Giovanni Frazzetto
Der Gefühlscode

Giovanni Frazzetto

Der Gefühlscode

Die Entschlüsselung unserer Emotionen

Aus dem Englischen von Klaus Binder und Bernd Leineweber

HANSER

Titel der Originalausgabe:
How We Feel. What Neuroscience Can and Can't Tell Us about Our Emotions.
London, Doubleday 2013

Bibliografische Information der Deutschen Nationalbibliothek
Die Deutsche Nationalbibliothek verzeichnet diese Publikation in der
Deutschen Nationalbibliografie; detaillierte bibliografische Daten
sind im Internet über http://dnb.d-nb.de abrufbar.

Dieses Werk ist urheberrechtlich geschützt.
Alle Rechte, auch die der Übersetzung, des Nachdruckes und der Vervielfältigung des
Buches oder von Teilen daraus, vorbehalten. Kein Teil des Werkes darf ohne schrift-
liche Genehmigung des Verlages in irgendeiner Form (Fotokopie, Mikrofilm oder ein
anderes Verfahren), auch nicht für Zwecke der Unterrichtsgestaltung – mit Ausnahme
der in den §§ 53, 54 URG genannten Sonderfälle –, reproduziert oder unter Verwendung elektronischer Systeme verarbeitet, vervielfältigt oder verbreitet werden.

1 2 3 4 5   18 17 16 15 14

Copyright © Giovanni Frazzetto 2013
Alle Rechte der deutschen Ausgabe:
© 2014 Carl Hanser Verlag München

Internet: http://www.hanser-literaturverlag.de
Herstellung: Thomas Gerhardy
Umschlaggestaltung und Motiv: Hauptmann & Kompanie Werbeagentur, Zürich,
Stephanie Hirt
Satz: Kösel, Krugzell
Druck und Bindung: Friedrich Pustet, Regensburg

Printed in Germany

ISBN 978-3-446-43876-7
E-Book-ISBN 978-3-446-43881-1

Für die Berliner Fahrgastreederei Riedel
In Erinnerung an Yehuda Elkana (1934–2012)

Inhalt

Prolog	9
Wut Siedend heiße Ausbrüche	15
Schuld Ein unauslöschlicher Makel	65
Angst Furcht vor dem Unbekannten	111
Trauer Anwesenheit in der Abwesenheit	157
Empathie Die Wahrheit hinter dem Vorhang	201
Freude Funken des Glücks	249
Liebe Syndrome und Sonette	299
Epilog	343
Dank	349
Literatur	353
Register	377

Prolog

Während ich in einem neurowissenschaftlichen Labor arbeitete, bestimmten die Experimente und ihr Rhythmus den Gang der Stunden. Das Labor war wie eine Insel, ein Zufluchtsort weitab von der Realität – eine eigene Welt, in die einzutreten ich mir seit meinem sechzehnten Geburtstag gewünscht hatte. Stets war dort eine Menge zu tun: Lösungen mit exakten Mischungsverhältnissen herstellen, hauchfeine Schnitte anfertigen, wertvolle Moleküle reinigen, die Tiere versorgen. Wie die Glieder einer Kette hingen die Arbeiten zusammen und mussten, eine nach der anderen, erledigt werden. So unterbrachen sie den Fluss meiner Tagträume, verwiesen aber auch auf wichtige Forschungsfragen. Zwischendurch füllte ich mein Laborheft mit Notizen, mit Diagrammen und Berechnungen. Ich wollte etwas so unsagbar Intimes wie Emotionen und mentale Prozesse verstehen, dafür trug ich eine Menge minuziöser Fragmente sowie abgetrennte kleine Einheiten sachlicher Informationen zusammen.

Wer versucht, in die Geheimnisse des menschlichen Gehirns einzudringen, erhält Anstöße zu weitreichenden Überlegungen. Mir schien, als sammelte ich Erkundigungen über einen unbekannten Aspekt meiner Person, als wollte ich eine verschlüsselte Erzählung entziffern, die Auskunft gibt über mentales Geschehen; eine Erzählung auch, an deren Formulierung ich mit meinen Experimenten selbst mitwirkte. Hirngewebe, Nervenzellen und DNA-Stränge waren die Hauptdarsteller in dieser Geschichte, die mit jeder neuen Tatsache neue Wahrheiten enthüllte.

Jeden Abend – mein Laborkittel war inzwischen voller Flecken, auf meinem Laborheft hatten Chemikalien ihre Spuren hinterlassen, in der Spüle stapelten sich benutzte Gläser und Kolben – fragte ich mich, welche Fortschritte ich gemacht hatte. Meistens hatten auch meine Gedanken einen Abwasch nötig. Egal, wie viel ich am Labortisch geschuftet hatte, stets blieb noch etwas zu tun. Eine Frage zog eine andere nach sich, jedes Experiment wartete auf Bestätigung, immer wieder konnten die Ergebnisse eine zweite Untersuchungsrunde vertragen. Stets war das nächste Kapitel der Erzählung erst für den folgenden Tag angekündigt.

Auf dem Nachhauseweg schüttelte ich die Laborarbeit langsam ab, und ich klinkte mich ein in eine andere, gleichfalls fortlaufende Erzählung, in die meines eigenen Gefühlslebens, in dem ich der einzige Darsteller war und einem eigenen Drehbuch folgte, doch waren auch dessen Abfolgen und Bewegungen erst noch zu entdecken. Zu Hause dann war ich allein mit meinen Emotionen.

Emotionen, Gefühlsregungen, selbst die flüchtigsten noch, durchdringen unser ganzes Leben. Wir sind traurig und im nächsten Moment voll strahlender Hoffnung. Manche Emotionen verfolgen uns, andere entziehen sich. Immer wieder verletzen oder verzehren sie uns. Erheben uns auch und verzücken uns. Deshalb denken wir manchmal, wie praktisch es doch wäre, wenn wir wüssten, wie wir uns von bestimmten Gefühlsregungen befreien könnten, oder zumindest herauszufinden wäre, wie wir sie zähmen könnten. Gelegentlich, so wenn es sich um freudige Erregung handelt, möchten wir sie nach Bedarf zurückholen.

Wenn ich, während ich an diesem Buch schrieb, neuen Gesprächspartnern erklärte, ich arbeite als Neurowissenschaftler, wollten diese, gleichgültig in welchem Bereich sie selbst tätig waren, fast immer mehr über meine Arbeit hören. Kam ich dann auf Emotionen zu sprechen, entspann sich unweigerlich ein längeres Gespräch. Immer wieder sollte ich meinen Gesprächspartnern erklären, wie sie ihr Temperament zügeln, unangenehme Erinnerungen vergessen, Ängste überwinden, ein freudvolles Leben führen könnten, ein Liebesverhältnis aufbauen oder retten. Jedes Mal waren sie erstaunt, dass ich, *obwohl ich doch das Gehirn studiere*, nicht immer eine Antwort für sie hatte.

Doch wie wir seit Sokrates, dem großen athenischen Philosophen, wissen, können wir zwar die Ursachen eines Phänomens entdecken, das aber enthüllt uns nicht zugleich auch, welche Bedeutung es für uns oder für unser Leben hat. In den letzten Tagen vor seinem Tod um das Jahr 399 v. Chr. hat Sokrates offenbar ein Buch von Anaxagoras gelesen, einem großen Naturphilosophen der damaligen Zeit. Sokrates hatte davon gehört, dass dieser einen Urstoff entdeckt habe, den er *nous* (Geist) nannte und der das Wesen aller Dinge erkläre. Sokrates nun hoffte, mit Hilfe dieses Buches etwas über die Rätsel unserer Existenz in Erfahrung zu bringen. Als ihm jedoch klar wurde, dass *nous* nur eine Kraft war, die die Elemente der Natur anordnet – Luft zum Beispiel oder Wasser –, und ihm ansonsten nicht viel zu sagen hatte über die Bedeutung des Lebens, geschweige denn darüber, wie man es am besten leben solle, war Sokrates enttäuscht. Wissenschaft war kein Weg zur Selbsterkenntnis. [1]

Die Frage, wie man wissenschaftliches Wissen sammeln könne, um zu lernen, wie zu leben sei, oder um sich selbst zu erkennen – diese Frage verlor in den folgenden Jahrtausenden nichts von ihrer Dringlichkeit. In der Hochschule lernte ich den Vortrag kennen, den der Soziologe und Philosoph Max Weber (1864–1920) unter dem Titel *Wissenschaft als Beruf* 1918 gehalten hat. [2] Ich hoffte, darin Aufschlüsse zu finden über meine Leidenschaft zu forschen. Weber sprach damals vor jungen Studenten über Bedeutung und Wert der Wissenschaft für persönliche und allgemeine Lebensfragen. Doch was seine Hörer aus dem Vortrag mit nach Hause nehmen konnten, war nicht gerade viel. Wissenschaft, so Weber, sei verantwortlich für einen Prozess intellektueller Rationalisierung, den er „Entzauberung" nannte. Ja, Wissenschaft bedeute Fortschritt, das aber sei nicht notwendigerweise gleichbedeutend mit einem Leben voller existenziell bedeutsamer Kenntnisse; Wissenschaft lehre uns nur, das Leben mit rechenhaften Mitteln zu meistern. Der Vortrag löste

DER GEFÜHLSCODE

eine heftige Reaktion bei mir aus. Wie konnte Wissenschaft so ohne Bedeutung, so ohne Wert sein?

Meiner Faszination für die Wissenschaft schadete das nicht, und Webers Frage, wie sie dazu beitragen könne, das Leben oder mich selbst zu verstehen, wirkte nach.

Tatsächlich stellt sich diese Frage ein Jahrhundert später noch dringlicher. Wir, am Anfang des dritten Jahrtausends, leben in einer Welt, die von Wissenschaft und Technik durchdrungen ist. Von der unglaublichen Menge uns verfügbarer Informationen über das Gehirn geht eine nachhallende Botschaft aus: Das in uns, worauf es am meisten ankommt, ist ein Neuronengewebe, und wenn wir lernen, wie diese Neuronen, Nervenzellen, funktionieren, müssten wir doch besser verstehen, wer wir wirklich sind. Es ist der Nachhall eines enthusiastischen Glaubens: Die Entschlüsselung des Gehirns und seines geheimnisvollen Codes wird uns in die Lage versetzen, das alte Diktum „Erkenne dich selbst" einzulösen und Sokrates zu widerlegen. Wir könnten dann die Wissenschaft nutzen, um das Geheimnis unserer Existenz aufzuklären – sogar im persönlichsten und dunkelsten Bereich, unseren Emotionen.

Doch kann uns das neurale Skript des Gehirns tatsächlich sagen, wie wir fühlen?

Dieses Buch enthält eine Sammlung von Geschichten, die dazu beitragen sollen, diese Frage zu beantworten. Ich werde darstellen, was die Neurowissenschaft über unsere Gefühle herausgefunden hat, zugleich berichten, was diese Entdeckungen für mich bedeutet haben, während ich im Labor über das Gehirn arbeitete und zugleich mein Leben weiter führte. In jedem Kapitel werde ich meinen Lesern darlegen, wie der neurale Subtext der Emotionen, die ich erlebte, manche ihrer Eigenschaften verdeutlicht und verschönert hat, wie er manchmal aber auch bloßes Anhängsel dessen blieb, was ich fühlte. Episoden von Wut, Schuld, Angst, Trauer, Freude und Liebe werden zeigen, wie das neurale Knüpfwerk einer Emotion eine unerschöpfliche Quelle des Staunens sein kann, uns zugleich aber auch zurücklässt mit Knoten, die zu entwirren bleiben.

Anmerkungen

1   Die Episode bezieht sich auf eine Passage in Platons *Phaidon*, 97a–98d.
2   M. Weber, *Wissenschaft als Beruf*, Stuttgart 1995.

1

Wut: Siedend heiße Ausbrüche

Wut nistet nur im Herzen der Narren.

Albert Einstein

Jeder kann wütend werden, das ist einfach. Aber wütend auf den Richtigen zu sein, im richtigen Maß, zur richtigen Zeit, zum richtigen Zweck und auf die richtige Art, das ist schwer.

Aristoteles

Es geschah an einem dieser Tage, an denen man schon frühmorgens weiß, dass alles schiefgehen wird und nichts klappt.

Jeder kennt das: Die ganze Nacht bellt der Hund des Nachbarn, Sie tun kein Auge zu, irgendwie gelingt es den Mücken, durch den Vorhang zu schlüpfen, und sind Sie endlich eingeschlafen, werden Sie, im Morgengrauen noch, durch einen Telefonanruf geweckt – falsch verbunden. Und kaum haben Sie sich aufgerappelt, schon kippen Sie sich heißen Kaffee über die Hose. Doch Sie haben keine Wahl. Sie müssen den Tag beginnen, müssen akzeptieren, dass das Leben hart ist, müssen sich ins Unbekannte wagen, komme was da wolle. Dabei waren die Aussichten für diesen Tag gar nicht schlecht.

WUT

Ich verbrachte damals einen kurzen Urlaub in Rom, Freunde waren so nett gewesen, einen Tagesausflug zu organisieren, zu ihrem Haus auf dem Land, nicht weit vor den Toren der Stadt, dort wollten wir entspannen und einen langen Nachmittag zusammen verbringen.

„Bruce holt dich ab", hatten sie gesagt.

Ich schlürfte meinen Espresso, wartete dann vor dem Hotel auf den Unbekannten. Es war heiß, und es würde bestimmt noch heißer werden.

„Freut mich, dich kennenzulernen, Bruce!", sagte ich freundlich, als sein Auto vor mir hielt. „Wie geht's?"

„Komm, wir haben nicht viel Zeit, viel Verkehr in der Stadt, wir müssen uns beeilen. Steig jetzt ein!"

O je, dachte ich, noch einer, der eine ungute Nacht hatte, tat also, wie mir geheißen, und hoffte nun auch, dass wir bald am Ziel sein würden.

Es war tatsächlich voll auf den Straßen, und alle schienen es ungeheuer eilig zu haben. Eine Stunde brauchten wir, bis wir die Innenstadt hinter uns gelassen hatten, im Zickzack zwischen unberechenbaren Autos und durch einen Schwarm von Mopeds, die aus allen Richtungen kamen. Schon nach ein paar Minuten Fahrt bekam ich Anschauungsunterricht in Physik. Der infinitesimale Moment, die kürzeste zeitliche Einheit, so stellte ich fest, ist in Rom genau die Spanne zwischen dem Augenblick, in dem die Ampel auf Grün schaltet, und dem Beginn des Hupens und des Geschreis der Autofahrer hinter einem. Auch Bruce hörte nicht auf, sich über alle und jedes zu beschweren: Da waren die anderen Autofahrer, allesamt zu langsam oder zu schnell, allesamt Idioten und Trottel. Als wir endlich auf die Autobahn kamen, fiel die Klimaanlage aus, und vor uns schon wieder ein Stau.

„Na toll, und was jetzt noch?", blaffte Bruce.

Sieht alles nicht gut aus, dachte ich, ließ das Wagenfenster herunter und lehnte mich zurück, tun konnten wir eh nichts.

Bruce dagegen lehnte sich nicht zurück. Er trommelte mit den

16

Fingern aufs Lenkrad: jeder Schlag ein Zähler in einem Count-down, wie die letzten Tropfen seiner verebbenden Geduld.

„Alles in Ordnung, Bruce?", wagte ich zu fragen.

Er achtete nicht auf das, was ich sagte, starrte nur hinaus auf die Autoschlange vor uns. Begann plötzlich aggressiv zu hupen, ließ sein Fenster herunter und schimpfte lautstark auf die anderen Autofahrer, als könnten Hupen und verbale Ausbrüche den Stau auflösen.

Als wir eine halbe Stunde später wunderbarerweise unsere Ausfahrt doch erreichten, tauchte einer, der frech auf der Standspur gefahren war, von der Seite auf, schnitt uns … und zeigte uns den Finger!

Jetzt begann ich, um unser aller Sicherheit zu fürchten. Der Himmel war wolkenlos, in Bruce' Gesicht aber drohte ein Gewitter: als ob er sich eingeschlossen fühlte, wie in einem engen Korridor, und nun alles daran setzen musste, da so schnell wie möglich herauszukommen. Er sprang aus dem Wagen und schrie dem anderen Autofahrer nach, der sich längst aus dem Staub gemacht hatte. Nun war es an den Fahrern hinter uns, sich zu beschweren, denn jetzt blockierten wir die Ausfahrt. Sofort ließ Bruce seine Wut an ihnen aus, den Mund sollten sie halten. Glücklicherweise blieben die anderen in ihren Wagen, und bevor er auf irgendwen losgehen konnte, packte ich ihn und zog ihn ins Auto zurück.

Endlich kamen wir weg, und ich muss gestehen, ich dachte nur noch an eine Hängematte unter schattigen Bäumen im Garten meiner Freunde.

Eine übermächtige Kraft

Wut ist ein krudes Gefühl, eine mächtige Kraft, oft nur schwer zu unterdrücken. Damit sie sich bemerkbar macht, genügt es, dass nur ein paar Dinge nicht so laufen, wie wir uns das vorgestellt haben. Wir werden wütend, wenn wir uns schlecht behandelt fühlen oder vernachlässigt, wenn wir beleidigt werden oder ein bestimmtes Verhalten anderer nicht hinnehmen wollen oder können. Wut ist auch

Angst mit einer Rüstung. Sie fungiert als Abwehr, als vorbeugende Reaktion auf einen möglichen Angriff. Impulsiv und spontan kann sie sein, sich unvermittelt, in kurzen, heftigen Ausbrüchen entladen, aber auch still und überlegt, klar und kontrolliert sein. Sowohl als unmittelbare Reaktion auf eine Provokation zeigt sie sich wie auch als Treibstoff künftiger Vergeltungsaktionen. Sie kann, das ist auffällig, lange gezügelt werden, dann aber plötzlich wild und heftig losbrechen, um gleich wieder abzuflauen. Nach einem heißen, blitzartigen Wutanfall ist man unter Umständen noch lange böse auf jemanden. In allen ihren Formen hat Wut moralische Konsequenzen. Die Unfähigkeit, impulsive Reaktionen unter Kontrolle zu halten, ist ein Prüfstein für unseren Charakter; sie kann als Willensschwäche ausgelegt werden. Wer seiner Wut nachgibt, muss damit rechnen, dass dies Folgen hat für seine Stellung im gesellschaftlichen Leben, dass seine Beziehungen zu anderen Menschen Schaden nehmen.

Von allen Emotionen ist Wut gewiss diejenige, die mir am fremdesten ist. Ich bin nicht leicht zu reizen, neige auch nicht zu Wutanfällen. Auf kurze Debatten kann ich mich schon einlassen und meinen Standpunkt entschieden vertreten, denn ich werde weder gerne missverstanden noch in einem Gespräch übergangen. Gelegentlich, in hitzigen Telefongesprächen mit Kundendiensten etwa, weise ich auch energisch auf meine Rechte hin. Auf Wortgefechte jedoch lasse ich mich nicht ein, werde schon gar nicht ausfallend oder körperlich aggressiv. Zu Gewalt fühlte ich mich nie hingezogen. Aber ich glaube, in einer Situation würde ich doch sehr wütend, wenn nämlich irgendwer einem Mitglied meiner Familie oder einem guten Freund absichtlich Schaden zufügte, besonders wenn dies vor meinen Augen geschähe.

Warum nun reagierte Bruce so heftig auf einen unerwarteten Stau am Samstagmorgen? Warum konnte er nicht besser umgehen mit seinem Frust, was trieb ihn, die anderen Autofahrer anzuschreien? Nachdem wir im Landhaus der Freunde angekommen waren, beruhigte sich Bruce mit einem eiskalten Getränk. Später, in einer ruhigen Minute erzählte er mir, er habe öfter solche Wutanfälle. In bestimmten Situationen werde er böse, später tue ihm das leid und er sei überhaupt nicht glücklich damit. Besonders wenn man ihn provoziere, sei er häufig völlig unfähig, seine Reaktionen zu kontrollieren. Das bekümmere ihn natürlich. Wenn ihm jemand widerspreche oder nicht einer Meinung sei mit ihm, mache er großes Theater, habe auch schon mal zugeschlagen. Er könne, wie er sagte, selbst dann in Wut geraten, wenn er allein sei. Als er einmal bei der Arbeit in einer unbedeutenden Sache beleidigende Worte zu hören bekam, habe er die Windschutzscheibe seines Autos zertrümmert, aus lauter Frust. Irgendetwas, meinte er, stimme nicht mit ihm. Und er fragte mich, den Neurowissenschaftler, ob seine wiederholten und unkontrollierbaren Wutanfälle etwas mit seinen Genen zu tun haben könnten und mit den Schaltungen in seinem Gehirn.

Tatsächlich geraten manche Menschen schneller in Wut als andere. Warum ist das so? Sind wir von Geburt an aggressiv, oder ist die Neigung zum Jähzorn eine Folge der Erziehung, möglicherweise auch eine Reaktion auf negative gesellschaftliche Erfahrungen oder ungünstige Lebensumstände?

Mit dieser Frage werde ich mich in diesem Kapitel beschäftigen und berichten, was uns die Neurowissenschaft über Wut und Gewalt wissen lässt und welche Mechanismen des Gehirns der Selbstkontrolle unterliegen.

Zuerst jedoch muss ich etwas zu Emotionen im Allgemeinen sagen.

Der Ursprung der Emotionen

Unmöglich kann man über Emotionen reden, ohne an das Werk von Charles Darwin zu denken. Dem brillanten britischen Naturforscher, berühmt geworden mit seiner Theorie der natürlichen Auslese und der Evolution, war die Bedeutung der Gefühle sehr bewusst. Dreizehn Jahre nach *Über die Entstehung der Arten* veröffentlichte er 1872 ein wunderbares Buch mit dem Titel *Der Ausdruck der Gemütsbewegungen bei den Menschen und den Tieren*, seinen bedeutenden Beitrag zur Psychologie,[1] ein Werk, dem er einiges originelle Material zugrunde legte.

Zunächst bat er bei mehreren Dinner-Einladungen in seinem Landhaus seine Gäste, die Gefühle, die auf einer Reihe von Bildern zu erkennen waren, zu beschreiben und zu kommentieren. Es waren elf Schwarz-Weiß-Fotos, aufgenommen vom französischen Anatomen Guillaume-Benjamin-Amand Duchenne (1806–1875). Sie zeigten das Gesicht eines älteren Mannes. Die Muskeln, die den jeweils besonderen Gesichtsausdruck auslösten, hatte Duchenne mit galvanisierenden Elektroden stimuliert. Darwin forderte seine Gäste auf, die Gefühle zu beschreiben, die sie auf dem Gesicht des Mannes zu sehen glaubten. Darwin, ein unermüdlicher Sammler und stets auf der Suche nach Porträts mit besonderem Gefühlsausdruck, stöberte zudem in Galerien und Buchläden nach Bildern und Drucken, die er für seine Forschungen verwenden konnte. Später tat er sich mit dem Fotografen Oscar Rejlander (1813–1875) zusammen, um mit dessen Hilfe die flüchtigen Augenblicke festzuhalten, in denen sich die Gefühlsregungen zeigten, nach denen er suchte. Selbst wenn Darwins Experiment nicht den modernen wissenschaftlichen Standards entspricht – er stützte sich auf Aussagen von nur dreiundzwanzig Gästen und wählte sehr heterogene Quellen von zudem zweifelhafter Objektivität –, für die damalige Zeit war es ein originelles und aufschlussreiches Unternehmen. Mit der Verwendung von Fotos und Porträts gelang ihm denn auch ein großer Sprung in der Geschichte der wissenschaftlichen Illustration.[2]

Hauptverdienst von Darwins Buch ist, dass er Emotionen als Ergebnis evolutionärer Prozesse darstellte. Ausgehend von der These, dass Gefühle im ganzen Tierreich vorkommen und vergleichbar sind, beschreibt er detailliert den Ausdruck von Gefühlsregungen bei Tieren und Menschen. Darwin wollte damit nicht sagen, dass beispielsweise die Wut, die ein Mensch erlebt, genau das Gleiche sei wie das wütende Bellen eines Hundes oder menschliche Angst nichts anderes als die Angst einer Katze: Bei Mensch und Tier analog seien vielmehr der evolutionäre Zweck, die Abwehr- und Schutzmechanismen, die hinter den Gefühlen stehen. Jede Emotion, so Darwin, dient der Anpassung und hat ihre evolutionären Ursprünge bei den niederen Tieren. Wie unsere Augen, unsere Beine und andere Teile unserer Anatomie, so haben sich auch Emotionen auf dem Weg der natürlichen Auslese entwickelt – und mit ihnen alle die Schaltkreise im Gehirn sowie die Organe und Körperteile, die wir brauchen, um Gefühlsregungen zu erleben und auszudrücken. In diesem allgemeinen Bezugsrahmen ist leicht einzusehen, was Darwins eingehende Untersuchungen so bedeutsam macht: Es liegt ihnen die Auffassung zugrunde, dass Emotionen in erster Linie etwas sind, das dem Körper widerfährt, eine Reaktion auf Umweltereignisse – oder auf eine Folge von Gedanken und Vorstellungen, die solche in Erinnerung rufen –, und das sich in verschiedenen physiologischen Veränderungen äußert.

Diese Sichtweise gilt im Wesentlichen auch noch im Licht der heutigen Neurowissenschaft und der Emotionsforschung an Tieren, zum Beispiel an Nagern. Viele, die das hören, werden skeptisch fragen: Wie kann man Wut, Freude oder Angst bei einer Maus oder einer Ratte untersuchen? Die Antwort ist einfach: Man kann es nicht. Was im Labor untersucht wird, ist nur der universale Aspekt der Emotionen, sind die speziell dafür vorgesehenen Schaltkreise, die es Tieren und Menschen möglich machen, zu überleben und zu gedeihen.[3] Mit seinen Studien zum Gefühlsausdruck stellt Darwin, im Rahmen der Evolutionstheorie, die These auf, dass alle Organismen angeborene und erhalten gebliebene, ursprüngliche emotionale Mechanismen aufweisen, die ihnen das Überleben sichern. An den äußersten Enden einer Skala solcher Mechanismen finden wir *Annäherung* beziehungsweise *Vermeidung*; Strategien, die darauf zielen, einen Zustand der Lust zu erreichen beziehungsweise schmerzlichen Erfahrungen auszuweichen. Nahrung und Sex zum Beispiel sind mächtige Triebkräfte für Annäherung, weil sie Freude und Befriedigung mit sich bringen – und zugleich Überleben und Reproduktion sichern. Fressfeinde dagegen und andere gefährliche Situationen erregen Angst und lösen damit Flucht aus und ausweichendes Verhalten. Diese beiden zentralen Überlebensmechanismen haben sich durch die gesamte Evolution erhalten und finden sich in der ganzen Tierwelt sowie in allen menschlichen Kulturen. Freude und Angst sind die beiden entgegengesetzten Enden eines emotionalen Regenbogens positiver und negativer Gefühlsregungen. Unterscheiden wir zwischen einzelnen Emotionen, geht es nicht um gut oder schlecht. Auch hier bewähren sich als leitende Prinzipien Annäherung und Vermeidung. Negative Gefühlsregungen sind Wut, Schuld, Scham, Bedauern, Angst und Kummer; Gefühle, die darauf hinauslaufen, dass wir uns gegen ihre Auslöser verteidigen oder sie vermeiden müssen. Die positiven Gefühlsregungen sind Einfühlung, Freude, Lachen, Neugier und Hoffnung; zu ihnen gehören auch die Neigung und der Wunsch, sich der Außenwelt zu öffnen.

An dieser Stelle muss ich eine weitere wichtige Unterscheidung einführen: nämlich die zwischen Emotionen (Gefühlsregungen) und Gefühlen.* Gefühl ist eine Emotion, die bewusst erlebt worden ist. Emotionen entwickeln sich als biologische Prozesse, kulminieren aber in persönlich gefärbten, mentalen oder seelisch-geistigen Erfahrungen. In dieser Hinsicht besteht ein Gegensatz zwischen den nach außen sichtbaren Aspekten einer Emotion und ihrer inneren, intimen Erfahrung. *Emotionen* sind ein Bündel biologischer Reaktionen – sie reichen von Veränderungen des Verhaltens und des Hormonpegels bis zu Veränderungen des Gesichtsausdrucks –, die in den meisten Fällen wissenschaftlich messbar sind. Das *Gefühl*

---

* Frazzetto unterscheidet „emotion" und „feeling". – *Emotion* (aus lt. *ex* und *motio*, „heraus" und „Bewegung, Erregung") ist ein psychophysiologischer Vorgang, die „Gefühlsregung", ausgelöst durch bewusste oder unbewusste Wahrnehmungen. Das Englische hat dafür auch das Verb „emote", das den aktiven Ausdrucksaspekt betont. Für die aus der Gefühlsregung folgende Interpretation des Vorgangs verwenden wir das Wort „Gefühl" (das umgangssprachlich, wie auch „Emotion", unschärfer gebraucht wird); Emotion und Gefühlsregung benutzen wir synonym. A. d. Ü.

dagegen ist die persönliche Wahrnehmung dieser Emotion (das Studium der Gefühle bezeichnen Philosophen als Phänomenologie der subjektiven Erfahrung).[4] Daher können wir unsere eigenen Gefühle einigermaßen zuverlässig beschreiben, die inneren Erfahrungen anderer dagegen im Allgemeinen jedoch nicht. Wir können nur ihren äußeren Ausdruck beobachten, können Vermutungen anstellen über die innere Erfahrung anderer und uns, um sie zu verstehen, auf unsere Intuition verlassen. Insofern können Wissenschaftler im Labor manche Gehirnaktivitäten aufdecken, die Freude oder Trauer anzeigen. Die innerste *Bedeutung* jedoch, die Trauer oder Freude für die erlebende Person hat, bekommen Wissenschaftler damit nicht zu fassen. Emotionen erlauben uns, mental miteinander zu kommunizieren, sie können dem anderen signalisieren, was psychisch in uns vorgeht, und umgekehrt. Emotionen – wahrnehmbare Gefühlsregungen – sind die zuverlässigste Reproduktion unserer inneren Welt, die wir über unseren Gesichtsausdruck etwa nach außen kommunizieren.

Darwins zweite wichtige Leistung in diesem Forschungsbereich ist der Nachweis, dass Emotionen universelle Phänomene sind. Wenn sie denn angeboren sind und ein Produkt der Evolution, dann, so dachte er, müssen sie auch in allen Kulturen verbreitet sein und Ähnlichkeiten aufweisen. Wenn alle Menschen auf dem Erdball Augen, Mund, Nase und Gesichtsmuskeln von gleichem Aufbau haben, sollten sie alle auch so ausgestattet sein, dass sie Emotionen auf ähnliche Weise äußern. Um das zu zeigen, übernahm er die Methoden der Ethnologen. Er erarbeitete einen detaillierten Fragenkatalog zu allen Arten von Emotionen und schickte diesen an gebildete Freunde und Gelehrte sowie an Missionare, die in damals weit entfernte Länder wie Australien, Neuseeland, Malaysia, Borneo, Indien und Ceylon reisten. Er bekam sechsunddreißig Antworten – wahrscheinlich eine der ersten gedruckten Umfragen, die es gibt. Darwin bat seine Korrespondenten zu berichten, ob sich bei den Bevölkerungen dieser fremden Kulturen und zumal bei Einge-

WUT

borenenstämmen Veränderungen des Gesichtsausdrucks und Körperhaltungen erkennen ließen, die denen vergleichbar sind, die er aus England und Kontinentaleuropa kannte.

Darwins Werk ist eine wahre Schatzkammer für das Verständnis der Emotionen, ein bleibendes Vermächtnis, das viele andere Wissenschaftler auf diesem Gebiet inspiriert hat.[5] Ich werde in meiner Darstellung der körperlichen und vor allem der fazialen Grundzüge der Emotionen öfter auf Darwin zurückkommen. Beginnen wir mit dem Gesichtsausdruck, der Wut anzeigt.

Das hässliche Gesicht der Wut

Darwin war nicht nur ein unglaublich origineller Denker, sondern vermochte es auch, klar und ausdrucksvoll zu schreiben. Seine Beschreibungen sind so konkret und akkurat, dass man sich selbst dort, wo er keine Fotografien zeigt, die körperlichen Veränderungen, über die er schreibt, lebhaft vorstellen kann.

Im Fall der Wut, schreibt er, sind immer „Herz und Kreislauf betroffen". Tatsächlich bringt nichts das Blut so sehr in Wallung, löst nichts eine so plötzliche Hitze aus wie ein Wutanfall – ein Versuch lohnt sich, besonders wenn einem kalt ist. Die Venen füllen sich mit Blut, sie weiten sich und treten hervor, vor allem auf der Stirn und am Hals. Auch in die Hände strömt Blut, als sollten sie auf Abwehrhandlungen vorbereitet werden. Darwin wusste, dass das Gehirn an aufsteigender Wut beteiligt ist, und er kommt ausdrücklich darauf zu sprechen, wenn er sagt, das „erregte Gehirn" sende Kraft in die Muskeln und „Energie an den Willen". Wut ist eine elektrisierende Emotion. Sie setzt uns in die Lage, sofort zu handeln. Ein wütendes Gesicht „errötet oder wird purpurrot". Sind wir wütend, strahlen wir. Darwin notiert auch, dass in einem wutverzerrten Gesicht die Lippen meistens eng aufeinandergepresst und die Zähne zusammengebissen sind, um Entschlossenheit zu zeigen. Manchmal sind die Lippen auch zurückgezogen und die Zähne entblößt, als wollten wir denen, die uns ärgern, zeigen, dass wir die Herausforderung annehmen.

Wut verändert auch die Stimme. Eine wutentbrannte Rede kann so aufbrausend sein, dass der Mund „schäumt", wie Darwin sich ausdrückt, und dass die Worte sich verwirren. Zügellose Wut ist meistens laut; ihre Tonlage wird als schrill, rüpelhaft und überhastet empfunden. Eins trifft mit Sicherheit zu: Wut eskaliert. Man kann sie im Gesicht einer erregten Person aufsteigen sehen. Und nicht nur das: Es ist, als ob der ganze Körper sich hebt und anschwillt, bis er in verbalen und physischen Eruptionen platzt.

Ein ungerechtfertigter Krieg

Wut ist ein treffendes Beispiel für die unwiderstehliche Kraft von Emotionen. Sie stellt unser Urteilsvermögen auf die Probe, zwingt uns zu überlegen, wie wir uns unter frustrierenden Umständen verhalten: Wie sollen wir auf Angriffe reagieren, wie entscheiden, was zu tun ist? Wut hat durchaus etwas mit Wahl zu tun. Spürt man Wut in sich aufsteigen, stellen sich Fragen nach Werten und Wahlmöglichkeiten, Fragen von ethischer und moralischer Bedeutung.

Um zu klären, wie wir unser Urteilsvermögen gebrauchen, ließ man sich, wie die Ideengeschichte zeigt, zu lange von einer allzu rigiden und simplen Annahme leiten. Kategorisch wurde der Bereich des Emotionalen vom Denken getrennt; Denken und Fühlen galten als gegensätzliche Pole unseres mentalen Lebens. Moral, dachte man, sei fest gegründet in logischem Denken, Emotionen hätten damit nichts zu tun. Diese polarisierende Theorie, bis vor kurzem in unserer Kultur tief verankert, ist vor über zweitausend Jahren entstanden, im antiken Griechenland, der Wiege des abendländischen Denkens, maßgeblich artikuliert in den Schriften des Philosophen Platon (427–347 v. Chr.), einem eifrigen Schüler des Sokrates.

Platons Überlegungen zum Verhältnis von Emotionalität und Rationalität finden sich vor allem in *Der Staat*, seinem Dialog über

WUT

Moral und den idealen Staat, und im *Timaios*. Dort entfaltet er seine Vorstellungen zur Seele, und er benennt die Körperteile, in denen sich diese seiner Ansicht nach befindet.[6] Hauptsächlich drei Arten von Leidenschaften oder Kräften sind es, die nach Platon die Seele beleben und bewegen: das Denken, die Emotionen und die Begierden. Dabei gilt ihm das Denken als das bei weitem edelste dieser drei Vermögen, Emotionen dagegen und erst recht die Begierden als zweitrangige Leidenschaften haben einen niedrigeren Status. Zu den Begierden gehören unsere Grundbedürfnisse, wie das nach Nahrung oder nach geschlechtlicher Befriedigung, aber auch Gier nach Geld und Besitz. Emotionen sind nach Platon impulsive, unbedachte Reaktionen wie Wut oder Ekel, aber auch Tapferkeit. Vernunft dagegen sieht er als rationales Denken, ruhige Überlegung, Entschlossenheit, Überzeugung und Argumentation. Platons dreigeteilte Seele entspricht seiner dreigliedrigen Unterteilung des Staates. Die unterste Klasse, das Proletariat, verkörpert die Begierden, namentlich Geiz und Gier. In der Klasse der Krieger sind die Emotionen tonangebend. Und die Wächter, die höchste Klasse in Platons Gesellschaft, personifizieren die Vernunft.

Dieser schrieb er die größte Bedeutung zu: Nur ein rationaler Mensch könne sowohl gerecht sein als auch moralisch in seinem Tun; die Leidenschaften müssten sich der Vernunft unterwerfen. Diese Auffassung von einem aus drei Teilen bestehenden geistig-seelischen Leben blühte, zwar unterschiedlich ausgeprägt, aber kaum bezweifelt, rund zweitausend Jahre lang.

Sigmund Freud (1856–1939), der Wiener Arzt und Begründer der Psychoanalyse, war zweifelsohne von der Bedeutung der Emotionen überzeugt. Doch auch er trennte die Rationalität von den grundlegenden Instinkten und nahm an, dass zwischen beiden ein Konflikt bestehe. Die primitivsten menschlichen Begierden bestimmen das von Freud so genannte *Es*. Diesen vagen, amorphen Teil des seelischen Lebens sieht er als den Bereich der Triebe und Instinkte, in seinem Funktionieren völlig unabhängig von rationalem Denken, bewusster Wahrnehmung und Kontrolle entzogen. Im Wesentlichen ist das Es der elementarste mentale Überlebensmechanismus, den wir mit allen niederen Tieren teilen, der angeboren ist und zwei Hauptziele hat: sich Lust zu verschaffen und Schmerz zu vermeiden (Abb. 1). Über dem Es befindet sich in Freuds Hierarchie des seelisch-geistigen Lebens das *Ich,* der Sitz des rationalen Denkens. Das Ich arbeitet bewusst und unbewusst. In seiner bewussten Funktion hat es die Aufgabe, sich um die Wahrnehmung der Außenwelt und um unser Verhältnis zu dieser zu kümmern. Auch vorausschauend planen lässt uns das Ich. Da aber, wo es unbewusst fungiert, hat das Ich die Aufgabe, das Es unter Kontrolle zu halten und bestimmte Triebe in ihrer Aktivität zu hemmen und zu unterdrücken.

Auf der Spitze der Leiter schließlich befindet sich, so Freud, das *Über-Ich,* das Gewissen und Sitz des Schuldgefühls. Das Über-Ich

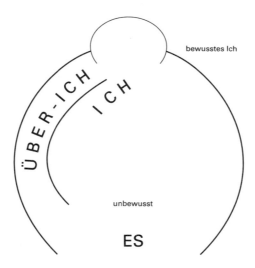

(1) Die Struktur der seelischen Prozesse nach Freud. Sie verlaufen überwiegend unbewusst, unterhalb der Schwelle der Wahrnehmung. Nur ein winziger Teil unserer Gedanken und Gefühlsregungen ist voll bewusst. Das Es repräsentiert die grundlegenden Triebe und Instinkte. Das Ich ist der Sitz der Rationalität und regelt in seiner bewussten Form unser Verhältnis zur Außenwelt. Unbewusst unterdrückt es einige der Triebe des Es. Das Über-Ich repräsentiert unseren gesellschaftlich und kulturell geprägten Sinn für Moral. (Nach der Grafik in „Neue Folge der Vorlesungen zur Einführung in die Psychoanalyse" (1934), vgl. Gesammelte Werke, Bd. 15, S. 85)

WUT

korrespondiert mit dem Sinn für unsere gesellschaftlich und kulturell geprägten moralischen Einstellungen.

Trotz seines anfänglichen Interesses am Gehirn – Freud begann seine Laufbahn als äußerst renommierter Neurologe – hat ihn die physische Lokalisierung dieser seelischen Bestandteile nicht weiter beschäftigt. Dennoch äußerte er verschiedentlich die Ansicht, dass seine psychologische Theorie des seelisch-geistigen Lebens eines Tages durch eine physiologische und chemische Theorie ersetzt werden würde. Seine Voraussage hat sich bestätigt.

Vorstellungen, im Gehirn zementiert

Bis vor kurzem blieb diese altehrwürdige Trennung zwischen Emotionalität und Rationalität allgemein akzeptiert, zum Teil deshalb, weil sie Rückhalt fand in den Studien zum anatomischen und funktionalen Aufbau des Gehirns.[7]

Den Grundsätzen der evolutionären Entwicklung entsprechend wurden in den üblichen Kartierungen des Gehirns dessen Funktionen seiner evolutionären Geschichte zugeordnet. Die Arbeitsteilung stellte man sich in etwa wie folgt vor:

Die ältesten Teile des Gehirns haben die Aufgabe, die primitivsten und elementarsten Funktionen zu kontrollieren. Auf heutigen Karten des Gehirns liegen sie ganz innen: Sie sind, entwicklungsgeschichtlich gesehen, die Anfänge des Gehirns. Je weiter man sich vom Kern nach außen bewegt, desto komplexer sind die Aufgaben, die das Gehirn mit diesen Strukturen bewältigen kann. Tief in den Hirnwindungen, an der Spitze des Rückenmarks, befindet sich der Hirnstamm, eine Art automatisches Überlebenssystem, ohne das wir nicht einmal atmen könnten. Der Hirnstamm ist die Säule unserer physiologischen Existenz (Abb. 2). Er enthält die gleichen Strukturen wie die *Medulla*, die Atmung und Herzschlag kontrolliert, sendet Signale an lebenswichtige Organe und erhält auch deren Meldungen. Man kann sich den Hirnstamm vorstellen als allgemeinen „Netzschalter" des Gehirns: Wenn ihm etwas passiert, schaltet sich das ganze System ab, seine Verletzung durch einen Sturz oder sonst einen Unfall ist daher tödlich. Weiter außen, aber immer noch im Zentrum des Gehirns, befinden sich Einheiten, die mit ihren Funktionen den grundlegenden Überlebensmechanismen des Hirnstamms Emotionen hinzufügen. Diese werden in diesen tiefen Strukturen in ihrer rohesten Form verarbeitet. Die Gesamtheit der Strukturen – zu denen Gewebe mit extravagant, fast mythologisch klingenden Namen wie *Thalamus*, *Hippocampus* und *Amygdala* gehören – wird das limbische System genannt. „Limbisch" kommt vom lateinischen *limbus*, das Grenze oder Rand bedeutet, ein passender Name für diese Gewebeschichten, die über den Hirnstamm hinausragen und ihn bedecken.

Rund um das limbische System und den Hirnstamm schließlich befindet sich der *Kortex* (lateinisch für Rinde), nämlich jener Teil des Gehirns, der evolutionsgeschichtlich am spätesten hinzugekom-

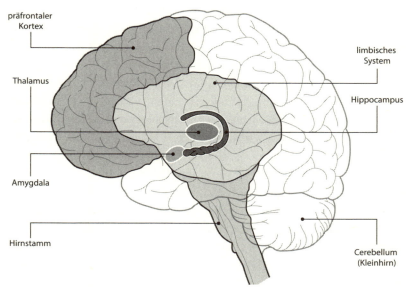

(2) Schematische Darstellung von Hirnstamm, limbischem System und präfrontalem Kortex

men, zugleich aber der entwickeltste ist. Anfangs war der Kortex ziemlich dünn. Mit der Zeit – in evolutionären Zeitmaßen, das heißt in Jahrmillionen – wuchs er innerhalb der Schädelgrenzen, die neuronalen Zellen vermehrten sich, und seine Leistungsfähigkeit nahm zu. Vor über 100 Millionen Jahren entfaltete der Kortex bei den Säugetieren ein bemerkenswertes Wachstum und wurde zu dem, was wir heute Neokortex nennen, die höchstentwickelte Version des Kortex.[8] Er bedeckt das übrige Gehirn wie eine Kappe und besteht aus verschlungenen Gewebefalten, die das Gehirn aussehen lassen wie ein zerknautschtes Betttuch.

Die Bereiche mit dem gewundenen Gewebe heißen *Gyri* (Gehirnwindungen, sing. *gyrus*), die dazwischenliegenden Furchen *Sulci* (Gehirnfurchen, sing. *sulcus*). Der Teil des Neokortex, der im Laufe der Geschichte der Säugetiere entstanden ist und sich am meisten verändert hat, ist der *präfrontale Kortex* (PFK), der im Schädel ganz vorn liegt, gleich hinter Stirn und Augen.

Der PFK nimmt bei uns fast ein Drittel des gesamten Rauminhalts des Kortex ein. Wir sind die einzige Art auf der Erde, die einen im Verhältnis zum Körpergewicht so großen und hochentwickelten präfrontalen Kortex hat. Wenn wir die Entwicklung des Gehirns mit dem Bau eines Hauses vergleichen, ist der PFK das höchste Stockwerk, quasi die Dachwohnung des Gehirns. Mit seiner Hilfe können wir vorausplanen und Handlungsstrategien wählen. Er unterstützt auch unser Kurzzeitgedächtnis. Wenn uns jemand seine Telefonnummer sagt, dann behalten wir sie dank des PFK im Kopf, bis wir sie in unserem Telefon speichern. Und auch für die Kontrolle unserer Aufmerksamkeit ist generell der PFK zuständig; mit seiner Hilfe können wir uns konzentrieren und bei einer Aufgabe bleiben, ohne abzuirren.

Es ist bedeutsam, dass der PFK seine volle Ausformung erst in einem späten Stadium des Reifungsprozesses eines Menschen erreicht. Erst nach der Adoleszenz, mit Anfang bis Mitte zwanzig, ist er voll entwickelt, daher können Kinder und Heranwachsende noch keine schwierigen Entscheidungen treffen und finden auch weniger dabei, Risiken auf sich zu nehmen.

Alle diese Gehirnregionen liegen nicht einfach übereinander, sind vielmehr miteinander verbunden und haben ein integriertes, harmonisches Aussehen und eine funktionale Form. Der eher rationale Teil ging aus dem bestehenden impulsiven Kern hervor, sodass beide Bereiche dicht und gezielt so verbunden sind, dass sie miteinander kommunizieren und das emotionale Leben regulieren können.

Viele Jahrhunderte lang wurden Rationalität und Emotionalität als zwei gegensätzliche Eigenschaften des Gehirns betrachtet, als zwei konkurrierende Gebiete. Man sah sie wie zwei Substanzen, die sich gegenseitig abstoßen und nicht mischen, wie Öl und Wasser. Das rationale Gehirn galt als zuständig für die Analyse von Tatsachen und die Beurteilung äußerer Ereignisse, während das emotionale Gehirn uns Auskunft gibt über unsere inneren Zustände.[9] In den letzten beiden Jahrzehnten wurde diese grobe Arbeitsteilung im Gehirn in Frage gestellt. Im Hinblick auf die Bewältigung von rationalen Aufgaben und Emotionen sind seine kartierten Grenzen fließend geworden. Der präfrontale Teil des Gehirns, so sieht man dies heute, hat zwar die Zügel der Rationalität in der Hand, trägt aber auch zum Gefühlsleben bei.

Diese höchst wichtige und faszinierende Wendung in unserem Verständnis der Emotionen und ihrer Rolle ist experimentell belegt worden, besonders durch die Arbeiten des Neurowissenschaftlers Antonio Damasio. Bevor wir darauf eingehen, möchte ich aber eine Geschichte erzählen.

Hautreaktionen

In Biologie und Medizin ist es üblich, den normalen Funktionsmechanismus eines Gewebes, Organs oder auch eines Gens zu erklären, indem man beobachtet, was geschieht, wenn diese Funktion gestört, beseitigt oder an ihr manipuliert worden ist. Es gibt in der Geschichte der Neurowissenschaft lehrreiche und faszinierende

WUT

Falldarstellungen von Patienten, die Hirnverletzungen erlitten oder sich einer Hirnoperation unterzogen haben; Fallgeschichten, die zeigen, zu welch auffälligen Verhaltensänderungen Verletzungen bestimmter Hirnregionen führen können. Einige dieser Fälle sind besonders aufschlussreich und denkwürdig.

Die bei weitem berühmteste und am häufigsten erzählte Geschichte ist die von Phineas Gage, einem fünfundzwanzigjährigen Amerikaner, der Mitte des neunzehnten Jahrhunderts während seiner Tätigkeit als Vorarbeiter im Eisenbahnbau einen unglücklichen und ungewöhnlichen Unfall erlitt. Im Staat Vermont wurden neue Gleise gelegt, dafür musste vor allem der Grund geebnet werden, und Gage hatte die Aufgabe, kontrollierte Sprengungen durchzuführen. Das Verfahren war relativ einfach: Er musste Löcher in den Boden bohren, sie mit Dynamit füllen, eine Zündschnur einführen, das Sprengpulver mit Sand bedecken und die Löcher schließlich mit einem Eisen verstopfen. Am 13. September 1848 geriet dieser Ablauf durcheinander: Jemand hatte Gage gerufen und dieser drehte sich kurz um. Daraufhin stopfte er ein Loch zu, bevor sein Mitarbeiter Sand eingefüllt hatte. Das war ein schwerer Fehler, denn ohne den dämmenden Sand bleiben die Explosionskräfte nicht im Gestein, sondern breiten sich aus. Die Eisenstange, über einen Meter lang und drei Zentimeter dick, schoss aus dem Loch heraus, durchbohrte Gages Kopf, trat aus seiner linken Wange wieder aus, stieg wie eine Rakete in den Himmel und fiel ein paar Meter weiter zu Boden. Die Arbeiter standen da wie vom Donner gerührt.[10]

Kaum zu glauben, aber Gage überlebte. Er verlor einen Augenblick lang das Bewusstsein, erlangte es aber unmittelbar nach dem Unfall zurück. Und nach einigen Wochen Rekonvaleszenz hatte er sich völlig erholt. Sein Sprachvermögen und seine geistigen Fähigkeiten waren nicht geschädigt. Er konnte laufen, sprechen und mit anderen Menschen umgehen, sogar wieder arbeiten. Mit der Zeit jedoch machten sich Veränderungen in seiner Persönlichkeit bemerkbar.

Bevor ihm die Eisenstange Schädel und Gehirn durchbohrt hatte, galt er bei seinen Kollegen und Freunden als ein rücksichtsvoller, loyaler und freundlicher Mann. Auf der Baustelle wurde er gelobt als einer der besten und tüchtigsten Arbeiter, alle im Unternehmen mochten ihn. Nach dem Unfall und seit seiner Genesung jedoch erlitt er Wutanfälle, wurde unverschämt und impulsiv und verlor die Fähigkeit abzuschätzen, ob und wieweit die Menschen um ihn bestimmte Aspekte seines Verhaltens akzeptieren würden. Er wurde unzuverlässig und beleidigend, verhielt sich anderen gegenüber unverantwortlich. Außerdem war er nicht mehr in der Lage, abstrakte Ideen zu begreifen.[11] Schließlich zogen sich Freunde und Bekannte von ihm zurück, er verlor seine Stelle, fand keine neue. Sein Leben wurde armselig und einsam, zwölf Jahre später starb er.

Diese tragische Geschichte ist für die Wissenschaft insofern interessant, als sie die Verbindungen zeigt, die zwischen einer Gehirnschädigung und dem Verhalten bestehen, hier vor allem die Folgen für das soziale und moralische Verhalten.[12] Gages Fall ließ erkennen, welche ernsten und auffälligen Folgen die Beeinträchtigung einer Gehirnpartie für die Persönlichkeit haben kann. Sein Schädel und die unselige Eisenstange wurden im Warren Anatomical Museum der Harvard University aufbewahrt, fanden aber, so merkwürdig das heute klingen mag, lange Zeit nicht die Beachtung, die sie verdienten. Erst Mitte der 1990er Jahre untersuchten Antonio Damasio und seine Kollegen am College of Medicine der University of Iowa den Schädel, um den Unfall zu rekonstruieren und genau zu lokalisieren, welche Gehirnpartien verletzt worden waren. Wie sich zeigte, hatte die Eisenstange vor allem den ventromedialen Teil des präfrontalen Kortex beschädigt – ein ganz wesentlicher Hinweis. Damasio hatte andere Patienten mit ähnlichen Verletzungen und vergleichbarem Verhalten gesehen. Also begann er, auch deren Geschichten zu erforschen.

Die Forschergruppe wollte genauer bestimmen, welche Rolle Emotionen in Entscheidungsprozessen übernehmen. So drehte sich eines ihrer ersten Experimente ums Glücksspiel. Nicht jedermann

WUT

ist ein professioneller Spieler, aber hin und wieder stehen wir alle
vor Entscheidungen, bei denen wir Risiken abwägen müssen, mögliche Gewinne und Verluste einschätzen sowie die Wahlmöglichkeiten erkennen, die schädliche, kontraproduktive und irreversible
Folgen haben könnten. Das Leben ist eben voller Ungewissheiten.

Damasio und seine Kollegen gaben den Teilnehmern an ihrem
Spielexperiment eine Startsumme von 2000 Dollar und vier Kar-
tenspiele und forderten sie auf, aus einem beliebigen der vier Stapel
Karten zu ziehen.[13] Jede aufgedeckte Karte enthielt entweder einen
Gewinn oder die Aufforderung, eine bestimmte Summe zu zahlen.
Natürlich ging es darum, das Spiel mit höchstmöglichem Gewinn
zu beenden. In den Karten aber lauerte ein verborgenes Muster. Ein
Stapelpaar enthielt Karten mit hohen Gewinnen, bis zu 100 Dollar,
zugleich aber waren in diesen Stapeln auch Karten mit der Anwei-
sung versteckt, ebenso hohe Summen abzugeben. Diese beiden Kar-
tenstapel schienen also recht gewinnversprechend, hielten aber auch
die höchsten Risiken bereit. Zunächst hatten die Spieler keine Möglichkeit zu sagen, wann eine ungünstige Karte auftauchen würde.
Bei den beiden anderen Stapeln betrug der Höchstgewinn nur 50
Dollar, dafür aber waren auch die Verluste weniger schmerzlich.
Auf lange Sicht müsste sich das Ziehen aus diesen Stapeln also insgesamt als einträglicher erweisen.

Die Spieler in diesem Experiment bestanden aus zwei Gruppen:
Personen ohne Gehirnverletzung und solche mit Läsionen am medi-
alen präfrontalen Kortex. Wie Phineas Gage fiel es auch Letzteren
schwer, Entscheidungen zu treffen. Dies erfuhr Damasio, als er sie
zunächst zum Essen einlud, sie dann aber bat, doch selbst ein Restaurant auszusuchen. Sie stellten Damasios Geduld auf die Probe,
denn sie benötigten über eine halbe Stunde, um Vor- und Nachteile
mehrerer Restaurants abzuwägen. Das eine, gaben sie zu bedenken,
sei preiswert, aber immer leer, also könne es nicht besonders gut
sein; andererseits bekämen sie dort sicher einen freien Tisch. Ein
anderes sei etwas teurer, habe aber großzügig bemessene Portio-
nen.[14] Letztendlich fanden die Probanden, trotz intensiver Debat-

ten, zu keiner Entscheidung. Einer von ihnen – Damasio nannte ihn Elliot – war ein bisschen wie Gage. Der ansonsten intelligente, angenehme und charmante Mann mit scharfem Gedächtnis war nicht in der Lage, sich länger an einer Arbeitsstelle zu halten, für eine Frau zu sorgen oder seine Zeit richtig einzuteilen. Er benahm sich albern, unverantwortlich und wenig vertrauenswürdig.

Zurück zum Experiment. Während seine Versuchspersonen spielten, fiel Damasio etwas an ihren Körpern auf, das ihn vermuten ließ, dass ihre Entscheidungen mit einer emotionalen Erregung verbunden waren, genauer: Es war die Haut, die ihm dies verriet. Die Spieler waren an einen Apparat angeschlossen, der Veränderungen ihrer Hautleitfähigkeit (*Skin Conductance Response*, SCR) maß; SCR ist ein gehobener Ausdruck fürs Schwitzen. Sind wir nervös oder gestresst oder sonst irgendwie emotional stimuliert, beginnen wir leicht zu transpirieren, was mit bloßem Auge oft nicht zu sehen ist, sich im Labor jedoch messen lässt. Im Spielverlauf zogen die Spieler mit unverletzten Gehirnen zunächst vorzugsweise Karten aus den gewinnträchtigen Stapeln. Sie wussten nicht genau, wie das Spiel lief, und hätten auch nicht sagen können, warum dies die klügere Wahl sein sollte. Aber ihre Körper wussten es. Nach den SCR-Werten zeigte ihre Haut eine Angstreaktion, sobald sie Karten aus den riskanten Stapeln zogen; und diese emotionale Barriere führte sie schließlich doch zur Entscheidung, sich an die weniger riskanten Stapel zu halten. Weniger scharfsinnig dagegen urteilten erwartungsgemäß die Patienten. Näherten sich ihre Hände den Stapeln mit dem höheren Verlustrisiko, zeigten sich nur geringe oder gar keine Hautreaktionen. Auch wenn ihnen nach und nach aufging, dass ihnen dies schaden konnte, zogen sie ihre Karten weiter aus den gefährlichen Stapeln.

Wem die emotionalen Signale entgehen, der trifft auch nicht die klügsten Entscheidungen.

Emotion war also nicht nur wichtig, um zu einer richtigen Entscheidung zu führen, nein, in gewisser Weise wusste sie bereits, welche Entscheidung die beste war, und sie traf sie für uns. Nennen wir es Intuition, den sechsten Sinn oder Vorahnung – was immer es sein mag, es hilft dem Denken, eine Entscheidung zu fällen.

Damasio nimmt an, dass diese Intuition in unserem Gehirn fein eingeritzt ist, ähnlich den Rillen eines Musikstücks auf einer Vinyl-Schallplatte; er nennt seine Annahme auch die „somatische Marker-Hypothese" (das griechische Wort *soma* bedeutet Körper). In jeder Situation registrieren wir, ob deren emotionale Ladung positiv ist oder negativ, so als hätten wir in unserem Gehirn emotionales Wissen gespeichert. Und das Verhalten der beiden unterschiedlichen Spielergruppen im Experiment gibt einen Hinweis darauf, dass wir, um solches Wissen zu erwerben, einen funktionsfähigen präfrontalen Kortex haben müssen – der zudem mit dem limbischen Gehirn in Verbindung steht – und dass der PFK wie ein Führer wirkt, der unsere Handlungen überwacht. Im Besitz jenes Wissens kontrolliert der PFK unser Handeln. Tatsächlich wird die erworbene Information zu wertvollem Wissen, wenn wir vor einer ähnlichen Situation stehen. Die herben Verluste haben die Spieler mit intakten Gehirnen über das Risiko belehrt, das mit dem Ziehen einer Karte aus einem der schlechten Stapel verbunden war. Die Spieler wiederum, deren medialer präfrontaler Kortex geschädigt war, konnten diese Informationen nicht registrieren, darum auch nicht abrufen; daher machten sie immer wieder denselben Fehler.

Alltäglich geraten wir in unzählige Situationen, in denen sich emotionales Wissen praktisch bewährt. Das reicht von relativ einfachen Fragen – In welcher Farbe, beispielsweise, soll ich das Wohnzimmer neu streichen? Wohin am besten in Urlaub fahren? Welches Bild kaufen? – bis hin zu belangvolleren Entscheidungen: Will ich mich wirklich mit ihr oder ihm treffen? Sollte ich dieses Haus kaufen oder nicht? Ist dies die für mich richtige Stelle, sollte ich das Angebot annehmen oder nicht? In solchen Fällen können emotionale Hinweise unser Tun anleiten. Stets ist es so, als spielten die Rillen dieses einmal eingeprägten Songs ein leises Warnsignal in unser Ohr, und es suggerierte uns, was wir tun sollten.

Mit seinen bahnbrechenden Experimenten sorgte Damasio dafür, dass die vorherrschenden Theorien, die Entscheidungsprozesse allein auf den rationalen Bereich beschränken, auf ihre Voraussetzungen hin überprüft werden mussten, und das wiederum führte zu einem neuen theoretischen Ansatz. Nun konnte man davon ausgehen, dass Emotionen eine zentrale Bedeutung für Entscheidungen haben, und zwar vor allem dann, wenn diese emotional geladen sind. Fühlen und Denken sind keine zwei einander ausschließende Hirnfunktionen, vielmehr stehen sie in einem Verhältnis wechselseitiger Abhängigkeit. Indem wir uns auf die kalkulatorischen Eigenschaften des Gehirns verlassen, können wir komplizierte Analysen und Abwägungen durchführen. Doch damit allein wären wir, wie Damasios Experimente gezeigt haben, zu keiner guten Entscheidung fähig; im Extremfall könnten wir uns überhaupt nicht entscheiden. Wir wären blockiert, würden untergehen in der nicht überschaubaren Menge zu erwägender Vor- und Nachteile einer Option – wie die Patienten, die sich nicht für ein Restaurant entscheiden konnten. Immer wieder treffen wir eine Wahl, ohne den dafür ausschlaggebenden Grund nennen zu können. Emotionen waren es, die uns unbewusst, hinter der vordergründigen Rationalität unserer Entscheidung, zu dieser verholfen haben. Sie haben sozusagen ein eigenes Urteilsvermögen und die gleiche Autorität wie rationale Überlegungen. Letzten Endes kommen wir ohne die Überzeugungskraft der Emotionen zu keinem Ergebnis.

Damiasos Experimente hatten noch weitere Folgen: Die starre Kartierung der Hirnfunktionen musste gelockert werden. Damasios Gruppe hatte gezeigt, dass eine Region im präfrontalen Kortex, die nach allgemeiner Auffassung ausschließlich für analytische, logische Operationen zuständig ist, an emotionalen Vorgängen beteiligt ist. Andernfalls ließe sich der emotionale Rand, der zur Entscheidungsfindung beiträgt, gar nicht in den Prozess integrieren.

Nach Elliot wurden noch weitere Patienten beobachtet: auf der Suche nach Anhaltspunkten, welche die ursprünglichen Befunde bestätigen konnten.[15] In einigen Fällen hatten die Verletzungen im präfrontalen Kortex zu einem auffällig aggressiven und impulsiven Verhalten geführt. So etwa bei einem sechsundfünfzigjährigen Mann mit den Initialen J und S – ich werde ihn Jay nennen –, der in die Notaufnahme eines Londoner Krankenhauses eingeliefert wurde, nachdem er mit einer Stirnverletzung bewusstlos aufgefunden worden war.[16] Eine Untersuchung seines Gehirns ergab, dass sein orbitofrontaler Kortex geschädigt war, der unterste und am weitesten vorn, direkt hinter den Augen liegende Teil des PFK (und teilweise auch die linke Amygdala). Noch als er im Krankenhaus lag, nahm sein Verhalten bizarre Züge an, zum Beispiel fuhr er mit einem Rollwagen des Krankenhauses auf den Gängen spazieren. Wie Gage und Elliot konnte auch Jay nicht vorausschauend denken. Manchmal unternahm er Ausflüge in die Stadt, ohne Ziel und ohne zu wissen, wann er zurückkommen würde. Auch seine Arbeitsstellen konnte er nie lange behalten. Die Schädigung seines PFK beeinträchtigte seine Fähigkeit zu planen, bestimmte Dinge im Kopf zu behalten und achtsam zu sein. Zudem war er leicht erregbar und aggressiv, verhielt sich unkooperativ, griff Krankenschwestern an und verletzte sie. Für die Gefahr, in die er andere bringen konnte, hatte er jedes Gefühl verloren, nahm weder Rücksicht auf die Sicherheit der Menschen in seiner Umgebung, noch ließ er erkennen, dass es ihm leid tue oder er Schuldgefühle verspüre, wenn er rabiat zu den Krankenschwestern gewesen war. Einmal schob er, gegen ihren lautstarken Protest, eine Patientin im Rollstuhl durch die Gegend. Er lehnte zudem jede Verantwortung für sein Handeln ab.[17]

Weiteres Material für die dem PFK zugeschriebene Funktion der Aggressionskontrolle fand sich bei Straftätern, die ungeplante, impulsive Morde begangen hatten. Ihr Gehirn zeigte Abnormitäten und eine herabgesetzte Funktionsfähigkeit verschiedener Bereiche des PFK.[18]

Aus der Beobachtung unterschiedlicher Patienten ergab sich, dass der präfrontale Kortex einen hemmenden Einfluss auf Gewebe des limbischen Systems und die Amygdala ausübt. Ist er aber verletzt oder stimmt sonst etwas nicht mit dem PFK, verliert sich seine hemmende Wirkung auf die Amygdala, und die Aggressionskontrolle lässt nach.[19]

Insgesamt zeigen diese Forschungen, dass die präfrontalen Strukturen einen regulierenden oder modulierenden Einfluss auf die limbischen Regionen ausüben. Der präfrontale Kortex hat die Aufgabe, impulsive Ausbrüche in Grenzen zu halten. Das kann er nur, weil die beiden Systeme nicht voneinander getrennt sind. Im Gegenteil, es bestehen sensible Verbindungen zwischen ihnen, anders könnte es nicht zu einer Integration ihrer Funktionen kommen. Wie ein Mensch letztendlich handelt, hängt ab von einer Feinabstimmung: sowohl durch die limbischen als auch durch die präfrontalen Strukturen.

Dass sich Kontrollfunktionen aufbauen und ebenso der umsichtige Gebrauch von Hemmmechanismen, ist nützlich bei Handlungen, die danach verlangen, und das Spektrum reicht auch hier von einfachsten Entscheidungen bis zu abscheulichsten Gewalttaten. So können wir dank des präfrontalen Kortex beispielsweise der Versuchung widerstehen, Geld auszugeben, das wir nicht haben, oder bewusst auf den Zucker im Kaffee verzichten, um weniger Glukose zu uns zu nehmen und schlank zu bleiben.[20] Ohne PFK fiele es uns schwer, eine Arbeit zu vollenden; die Frage, ob etwas gut ist oder schlecht, ließe uns kalt und wir könnten unsere Wut nicht im Zaum halten.

Eine aggressive Sippe

Auch auf einer anderen Ebene unterscheiden sich Menschen in der Art, in der in ihnen Wut und die Bereitschaft, Gewalt anzuwenden, entstehen und sich äußern. Von der Anatomie des Gehirns müssen wir uns nun hinab begeben zu etwas Unsichtbarem: zu den Genen.

In der Genetik geht es vor allem darum, nach Unterschieden zu suchen. Um die Funktion eines Gens zu erkennen, untersuchen

Genetiker, was geschieht, wenn mit dem Gen etwas nicht stimmt, wenn es fehlt, wenn es sich verändert oder, wie Biologen sagen, Mutationen durchlaufen hat. Ein starker Hinweis auf eine genetische Komponente der Aggression kam aus den Niederlanden. Einige Männer, alle Angehörige einer einzigen Großfamilie, verhielten sich ständig und ausgesprochen aggressiv.[21] Sie zeigten eine erhöhte Neigung zu Ausbrüchen, zu übermäßiger Wut und zu gewalttätigem, impulsivem Verhalten wie Vergewaltigung, Körperverletzung und Mordversuchen, Einbrüchen, Brandstiftung und Exhibitionismus.[22] Einige dieser Männer waren auch geistig zurückgeblieben. Die Tatsache, dass diese Merkmale in derselben Familie auftraten, brachte Hans Brunner, einen in Amsterdam arbeitenden Wissenschaftler, auf die Vermutung, ihr Verhalten sei auf eine Anomalie in ihrer genetischen Ausstattung zurückzuführen. Also untersuchte er ihre DNA und kam zu einem überraschenden Ergebnis: Alle trugen eine fehlerhafte Version des Gens, das für die Produktion eines Enzyms namens Monoaminooxidase A (MAO-A) zuständig ist. Das mutierte Gen lag auf ihrem X-Chromosom, dem genetischen Material, das durch unsere Mutter vererbt wird.

Enzyme haben (unter anderem) die Eigenschaft, andere Moleküle abzubauen. Die MAO-A bricht Neurotransmitter auf wie Dopamin, Noradrenalin und Serotonin – Moleküle, die dafür sorgen, dass die Gehirnzellen miteinander kommunizieren und so auf die eine oder andere Weise zu unseren Stimmungen und zu unserer Persönlichkeitsbildung beitragen. Die bei den Holländern festgestellte Mutation war eine selten auftretende, aber starke Anomalie. Sie lief darauf hinaus, dass diese Männer überhaupt keine MAO-A produzierten.[23] Nach dieser ungewöhnlichen Entdeckung wurde untersucht, ob es bei Menschen noch weitere Varianten des MAO-A-Gens gibt.[24] Während die Gensequenz bei allen Menschen im Großen und Ganzen die gleiche ist, bestehen auf der Ebene der DNA-Basen – bei den Einheiten also, die ein DNA-Molekül bilden – geringfügige Unterschiede, die uns zu einzigartigen Wesen machen und uns von allen anderen Menschen unterscheiden. Diese

SIEDEND HEISSE AUSBRÜCHE

Unterschiede sind maßgebend für die sogenannte genetische Variation. Häufig bleiben solche Variationen ohne Folgen. Manchmal jedoch führen sie zu Veränderungen oder zum Verlust der Funktionsfähigkeit eines Moleküls.

Tatsächlich sind genetische Varianten der MAO-A in der gesamten Population verbreitet; will sagen, es gibt in der relevanten DNA-Sequenz dieses Gens kleine Unterschiede von einem Individuum zum anderen. Das MAO-A-Gen tritt hauptsächlich in zwei Formen auf: in einer längeren Version, die viel Enzym produziert, und einer kürzeren, die weniger produktiv ist. Bei geringerer Enzymproduktion vollzieht sich der Abbau der Neurotransmitter langsamer und weniger effektiv. In einer Studie von 1993 wurde bei Männern mit der weniger aktiven Version eine verstärkte Neigung zu impulsivem und aggressivem Verhalten festgestellt. Zusätzliche Beweise ergaben sich aus Tierversuchen. Nager, deren MAO-A-Gen entfernt wurde, zeigten einen erhöhten Serotoninausstoß und ein enorm gesteigertes aggressives Verhalten.[25]

Bald nachdem man wusste, welche Folgen das MAO-A-Gen für angriffslustiges und gewalttätiges Verhalten hat, wurde ihm der Spitzname „Krieger-Gen" verpasst, und eine Flut von Artikeln erschien, deren Autoren behaupteten, Aggression und Gewalttätigkeit seien allein auf schlechte Gene zurückzuführen.

In den 1990er Jahren wurde sehr aufgeregt über die Rolle der Gene und ihren Einfluss auf unser Verhalten diskutiert. Gut vierzig Jahre nach Endeckung der DNA-Struktur im Jahr 1953 und seit bekannt war, dass dieses Molekül Träger der genetischen Informationen ist, sah sich die Wissenschaftswelt auf den nächsten Meilenstein hinarbeiten: die Entschlüsselung des Genoms, also der Sequenz des gesamten genetischen Materials eines Menschen. Ein Wettrennen um den Abschluss des Humangenomprojekts begann, damals lag Begeisterung in der Laborluft. Die Gene beherrschten alles.

Schlecht popularisierte Presseberichte aus der Wissenschaftswelt trugen zur Verbreitung der simplifizierenden Vorstellung bei, es sei für jedes Verhalten ein Gen da und man könne es entdecken. Diese

Auffassung wurde als „genetischer Determinismus" bezeichnet:[26] als der Glaube, dass wir wegen unserer genetischen Ausstattung und neuronalen Verschaltung dazu bestimmt seien, uns so und so zu verhalten. Bald nach Bekanntwerden des Humangenomprojekts jedoch wurde klar, wie vergleichsweise gering der Einfluss von Genen auf komplexes Verhalten ist. Sie sind nicht gewalttätig, weil Sie eine besondere Form eines Gens tragen. Nur in wenigen Fällen können wir gesichert von einer direkten kausalen Verbindung zwischen Genen und Verhalten ausgehen, dann nämlich, wenn ein defektes Gen zu Dysfunktionen des Gehirns führt.[27] Ein klassisches Beispiel dafür ist die Huntingtonsche Krankheit, eine neurodegenerative Störung, durch die Nervenzellen verkümmern, was zu mangelhafter Muskelkoordination und zu Demenz führt. Wer im Chromosom 4 seines Genoms eine exzessive Wiederholung einer kurzen DNA-Sequenz aufweist, die sogenannte CAG-Wiederholung, wird Huntington bekommen, gleichgültig, was er tut, wo er aufgewachsen ist oder in welcher Umgebung er lebt.

Der Ursprung der meisten Verhaltensmerkmale jedoch ist komplexer. Zunächst sind die meisten Merkmale „polygen", das heißt, bei ihnen wirken mehrere Gene zusammen. MAO-A ist das bislang am besten erforschte und bekannte Gen, das mit Aggression zu tun hat, aber es ist nicht das einzige. Und, um es noch komplizierter zu machen, es kann ein Gen auch für mehr als ein Verhaltensmerkmal verantwortlich sein. Wir können also von einem „Gen für" Huntington sprechen, doch es ist verkehrt, einem so komplexen Charakterzug wie Aggressivität ein „Gen" zuzuordnen. Zudem ließen sich der MAO-A weitere Etiketten anhängen: Sie könnte „Depressionsgen" oder „Spielergen" genannt werden, weil bei Personen, die die entsprechenden Verhaltensweisen zeigen, Variationen in ihrer Sequenz gefunden wurden.[28]

Allein zu wissen, welche Variante eines Gens jemand in sich trägt, genügt nicht, wenn wir voraussagen wollen, ob er oder sie ein bestimmtes Verhalten zeigen wird. Es sind weitaus mehr Variablen beteiligt.

Gene und Umwelt

Eine dieser Variablen ist zweifellos die Umwelt. Verhalten lässt sich nicht erforschen, wenn man nicht auch die Bedingungen in der Umgebung berücksichtigt, in der es sich manifestiert und die zu seiner Entstehung beiträgt. Erziehung und traumatische Erfahrungen haben starke Auswirkungen auf die persönliche Entwicklung. Die Umwelt greift ins genetische Geschehen ein und beeinträchtigt die Entwicklung. Eineiige Zwillinge zum Beispiel, die das genau gleiche Genom tragen, können sich zu ganz unterschiedlichen Persönlichkeiten entwickeln, wenn sie in verschiedenen Familien oder Nachbarschaften aufwachsen.

Einfluss haben, wie sich im Fall von antisozialem oder gewalttätigem Verhalten feststellen ließ, so unterschiedliche Faktoren wie Missbrauch oder Vernachlässigung in der Kindheit, unsichere Familienverhältnisse oder Gewalterfahrungen. Einen sehr guten Beweis dafür lieferte eine bahnbrechende Studie, die von einer neuseeländischen Forschergruppe unter der Leitung von Avshalom Caspi und Terrie Moffitt durchgeführt wurde. Zusammen mit ihren Kollegen untersuchten sie, ob Variationen im MAO-A-Gen die Folgen dieser verschiedenen Formen von Kindesmisshandlung beeinflussen können. Die Forscher hatten das Glück, Zugang zu Menschen zu finden, deren Werdegang von ihrem dritten bis zu ihrem sechsundzwanzigsten Lebensjahr mit Hilfe von Befragungen, Berichten aus der Familie, Tests und Interviews kontinuierlich beobachtet wurde. So gut sie konnten, verschafften sie sich einen Überblick darüber, wie die Studienteilnehmer aufgewachsen waren und welches Leben sie führten. Wie sich dabei herausstellte, hatte die MAO-A alleine keine großen Effekte, gleichwohl übte sie einen regulierenden Einfluss auf die Folgen aus, die in frühem Alter erlittene Misshandlungen auf die Entwicklung ihres antisozialen Verhaltens hatten: Menschen, die die schwach aktive Form des Gens trugen, waren signifikant anfälliger für die Folgen der Misshandlung als jene mit der hoch aktiven Form (Abb. 3).[29]

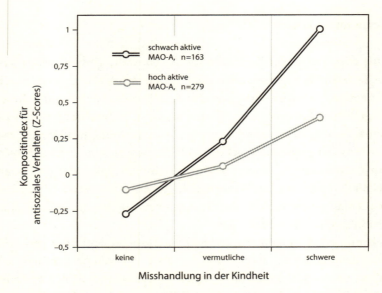

(3) Die Wechselwirkungen zwischen MAO-A-Gen und Umwelt. Personen, die in ihrer Kindheit schwer misshandelt wurden und die schwach aktive Form der MAO-A tragen, neigen deutlicher zu antisozialem Verhalten. (Aus Caspi u. a., 2002. Mit freundlicher Genehmigung der American Association for the Advancement of Science)

Über 80 Prozent der Personen mit der schwach aktiven Form entwickelten antisoziale Verhaltensweisen – aber nur, wenn sie in ihrem Leben Opfer von Misshandlungen und Missbrauch geworden waren. Dagegen neigten nur 20 Prozent der Träger der schlecht funktionierenden Enzymvariante zu Gewalttaten, wenn sie in einer gesunden Umwelt aufgewachsen waren, ohne misshandelt worden zu sein.

Anschlussstudien sind unabhängig voneinander zu nahezu gleichen Ergebnissen gekommen und machten die Probe auch auf andere Umwelteinflüsse und Maßkriterien der Gewalttätigkeit, unter anderem Berichte von Betroffenen über ihr aggressives Verhalten.[30]

Generell, als Ergebnis all dieser Untersuchungen, kann man festhalten, dass sich ein Gen allein nicht direkt in eine Emotion umsetzt. Ein Gen ist nicht die *Essenz* einer Verhaltensweise, und MAO-A kein Synonym für aggressives Verhalten und Kriminalität. Dass die Gene so wichtig genommen werden und Wissenschaftler hinter ihnen herjagen, liegt an der verlockenden Erwartung, durch Identifikation eines verantwortlichen Gens den allgemeinen Mechanismus eines Verhaltens finden zu können, zumal wenn dieses Ergebnis auch klinisch auszuwerten wäre. Findet man ein Gen, lässt sich der neurochemische Pfad bestimmen, der zu den Symptomäußerungen beiträgt, und, natürlich, erkennen, an welcher Stelle das Verhalten oder die Krankheit in der Kartierung zu verzeichnen ist.

Allerdings würde kein Neurowissenschaftler sagen, Variationen in einem Gen wie der MAO-A allein reichten aus, um späteres gewalttätiges Verhalten vorzuprogrammieren oder einen Menschen zum Kriminellen zu machen. Kürzlich bin ich auf die erstaunliche Geschichte von Jim Fallon gestoßen, einem amerikanischen Neurowissenschaftler, der über menschliches Verhalten arbeitet und dessen eigene familiäre Vergangenheit durch Verbrechen belastet ist.[31] Fallon untersuchte die Gehirne einiger Mitglieder seiner Familie, um herauszufinden, wie hoch das Risiko ist, dass sie Alzheimer bekommen. Später, als während eines Familientreffens über seine Forschungen gesprochen wurde, enthüllte ihm seine Mutter ein bis dahin gut gehütetes Geheimnis. Im Jahr 1673 wurde einer seiner Vorfahren zum Tod durch den Strang verurteilt, weil er seine Mutter umgebracht hatte – es war einer der ersten Fälle von Muttermord in der Neuen Welt. Sieben weitere Mordgeschichten haben Jims Familie seither in Verruf gebracht. Die wohl berüchtigtste war die seiner entfernten Kusine Lizzie Borden, die, weil sie Vater und Stiefmutter mit einer Axt erschlagen haben sollte, 1892 in England zunächst angeklagt, dann aber freigesprochen wurde.

Fallon, der an der University of California, Irvine, arbeitet, ist Träger der schwach aktiven Form der MAO-A und von vier weiteren Genvarianten, die mit Gewalttätigkeit in Verbindung gebracht werden. Ein Scan seines Gehirns ergab auch eine herabgesetzte Aktivität im Orbitofrontalbereich.[32] Im Prinzip ist Fallon Träger von mindestens zwei Merkmalen, die ihn durchaus zum Mörder machen könnten; zumindest war die Chance, dass er tatsächlich morden würde, bei ihm größer als bei anderen Menschen, die diese

WUT

biologischen Attribute nicht aufweisen. Doch er wurde nicht zum Mörder. Abgesehen von einer gewissen Risikofreudigkeit – zum Beispiel ist er ausgerechnet dort in Kenia zum Forellenfischen gegangen, wo häufig Löwen umherstreifen – deutet nichts in seinem Verhalten auf bedrohliche, gewalttätige Einstellungen hin. Warum? Dem Rezept für Gewalt fehlt, wie Fallon selbst sagt, eine wesentliche Zutat: eine schlimme Kindheit. Als Junge habe er weder etwas Traumatisches erlebt noch sei er einer feindseligen Umwelt ausgesetzt gewesen: Er hatte eine unbeschwerte Kindheit. Es liegt auf der Hand, dass sein Gehirn noch intensiver untersucht werden muss, ebenso seine Lebensgeschichte; das Gleiche gilt für seine Verwandten. Aber diese interessante Episode aus dem Leben eines Neurowissenschaftlers und Verhaltensforschers zeigt dennoch, wie relativ die Macht der Gene ist.

Während jenes Tages auf dem Land habe ich Bruce etwas besser kennengelernt. Er wollte unbedingt seine MAO-A-Variante feststellen lassen. Ich konnte ihn aber immerhin dazu bringen, der Wissenschaft noch einen weiteren Dienst zu erweisen und sich an einer Studie mit einigen Hundert Teilnehmern zu beteiligen, in der es nicht nur darum ging, ihr aggressives Verhalten im Verhältnis zu ihren DNA-Variationen zu bestimmen, sondern in der auch Informationen über Kindheit, Erziehung und Lebensgeschichte erhoben wurden – alles anonymisiert.

Auch ich habe meine DNA untersuchen lassen und trage, wenn ich offen reden darf, die hoch aktive Form des MAO-A-Gens. Also ist anzunehmen, dass ich keine spezielle Neigung zu Wutanfällen habe. Selbst wenn ich, wie Fallon, Träger der schwach aktiven Form wäre, müsste das aber nicht notwendig bedeuten, dass ich gewalttätig würde. Nur in Verbindung mit einer feindseligen Umwelt erhöht die genetische Ausstattung die Wahrscheinlichkeit, dass sich antisoziales Verhalten entwickelt.

Das Gehirn im Zeugenstand

Seit entdeckt wurde, dass aggressives Verhalten etwas mit den Genen zu tun hat, versuchten Rechtsanwälte, diese Information aus der Biologie als Beweismittel zu benutzen, um die Straftaten ihrer Mandanten mit dem Argument zu rechtfertigen, deren *schlechte* Gene oder ihr nicht richtig funktionierendes Gehirn hätten sie zu ihren Taten getrieben.

Auch wenn es nicht gegen Irrtum gefeit ist, das Rechtssystem folgt einer relativ einfachen Vorgehensweise. Ein Verdächtiger steht wegen eines Gewaltverbrechens unter Anklage. Wird festgestellt, dass er die Tat begangen hat, und dies aus freiem Willen, also im Bewusstsein seiner Schuld, wird er verurteilt. Ist ein Täter nachweislich nicht im Vollbesitz seiner geistigen Fähigkeiten gewesen, hat er ein milderes Urteil zu erwarten. Gleichwohl ist es häufig weder für Richter noch für hinzugezogene medizinische Sachverständige eine leichte Aufgabe, mit Sicherheit festzustellen, ob ein Angeklagter zurechnungsfähig ist oder nicht; außerdem sind solche Abwägungen und ihr Ergebnis abhängig vom medizinischen Wissen, das zu einem bestimmten historischen Zeitpunkt verfügbar ist.

Bis vor nicht allzu langer Zeit wurde die Schuldfähigkeit von Verdächtigen, die möglicherweise an mentalen Störungen leiden, ausschließlich auf der Grundlage ausführlicher psychiatrischer Gutachten festgestellt. Seit aber Genetik und Neurowissenschaft in den Gerichtssaal Eingang fanden, sind die herkömmlichen Begriffe von Täterschaft und Schuldfähigkeit ins Wanken geraten.

Zum weltweit ersten Mal haben Verteidiger in den Vereinigten Staaten die MAO-A als mildernden Umstand ins Spiel gebracht. Das geschah 1994, und seither wurden genetische Beweismittel weltweit in mindestens zweihundert Fällen in einen Prozess eingeführt, allein etwa zwanzig Mal in Großbritannien.[33] 2009 setzte ein italienisches Gericht die Strafe für einen verurteilten Mörder um ein Jahr herab, weil er die schwach aktive Version des MAO-A-Gens trug[34] – der erste Fall in Europa, bei dem eine genetische Information in ein Gerichtsurteil Eingang fand. Der Mörder war Abdelmalek Bayout, ein Algerier. Er hatte einen Mann erstochen, der sich über Bayouts Aussehen mokiert hatte: Aus religiösen Gründen waren Bayouts Augen mit Kajal geschminkt. Der Richter, der die mildere Strafe verhängte, sagte in seiner Urteilsbegründung, er halte vor allem die Beweisführung auf Grundlage eines funktionsschwachen MAO-A-Gens für zwingend, insofern folge er den hinzugezogenen Sachverständigen. Diese hatten zum Tatmotiv gesagt, die genetische Ausstattung des Angeklagten treibe diesen, sobald er provoziert werde, zur Gewalttätigkeit. In den Vereinigten Staaten wurden sogar Gehirnscans als Beweismittel für verminderte Schuldfähigkeit zugelassen, in Großbritannien und Deutschland bislang noch nicht.[35]

Im Frühjahr 2012 wurde eine interessante und informative Umfrage unter fast zweihundert amerikanischen Richtern durchgeführt. Ihr ist zu entnehmen, dass sich die Richter von Sachverständigengutachten mit biologischem Beweismaterial zu milderen Urteilen bewegen ließen. Die Befragten waren gebeten worden, in einem fiktiven, nach einer wahren Begebenheit konstruierten Fall von Körperverletzung zu entscheiden.[36] Im Schnitt kürzten die Richter das Strafmaß um ein Jahr. Allerdings waren sie uneins über die Bedeutung, die man biologischem Beweismaterial geben sollte – es ging um bestimmte Varianten des MAO-A-Gens und Funktionen der Amygdala. Einige der Befragten sahen in den biologischen Faktoren mildernde Umstände, denn jene seien als unveränderliche, intrinsische Ursachen für Verhaltensweisen aufzufassen, über welche die Täter keine Kontrolle hätten. Eine andere Gruppe von Richtern vertrat interessanterweise einen genau entgegengesetzten Standpunkt: Täter mit risikoreichen Genen und Gehirnen, argumentierten sie, seien eine ständige Gefahr für die Gesellschaft, sie könnten rückfällig werden und seien unfähig, aus Urteil und Strafe zu lernen. Diese Richter gaben möglichen zukünftigen Taten größeres Gewicht als vergangenen. Die Vorstellung, diese Täter früher in die Gesellschaft zu entlassen als nötig, erschien ihnen beunruhigend.

SIEDEND HEISSE AUSBRÜCHE

Ein interessanter Vorschlag zur Frage, wie neurowissenschaftliche Daten vor Gericht zu verwenden seien, stammt von David Eagleman, einem Neurowissenschaftler und Autor. Die derzeit gültigen Rechtsbegriffe von Schuld und Schuldfähigkeit, so seine These, müssten sich im Licht des neurowissenschaftlichen Fortschritts weiterentwickeln.[37] Ob Veränderungen der Gehirnmorphologie, ein deutlicher genetischer Defekt oder eine feine neurochemische Abweichung – stets werde es eine biologische Erklärung für das Verhalten eines Straftäters geben, und solche Erklärungen müssten Eingang finden in ein abgewogenes Strafurteil. Insofern veränderten sich Begriffe wie Willensentscheidung, freier Wille und Schuldfähigkeit. Die Frage nach der Schuld, so Eagleman, sei im Rechtssystem eine falsche Frage, denn schon bald werde die Neurowissenschaft nachweisen, welche Elemente in der Biologie seines Gehirns einen Täter dazu bringen könnten, wirklich zum Straftäter zu werden. Ein Urteil, das heute gegen jemanden ergehe, der einer Straftat schuldig befunden wurde, könnte in ein paar Jahren ganz anders ausfallen. Dann nämlich könnte es neue Möglichkeiten geben, die biologische Verfassung seines Gehirns festzustellen. Die richtige Frage, so Eagleman – und er kommt damit zum gleichen Schluss wie die in die Zukunft blickenden Richter in der genannten Umfrage –, sei vielmehr die nach der Wahrscheinlichkeit, mit der Täter rückfällig werden könnten, und zwar auf der Grundlage ihrer Biologie, die wir zunehmend besser zu verstehen lernten.

Am 19. Juli 2012 eröffnete James Holmes, ein vierundzwanzigjähriger Student, der aus einem neurowissenschaftlichen Promotionsprogramm ausgestiegen war, im Dunkel eines Kinos in Aurora, Colorado, plötzlich das Feuer auf die Zuschauer, die zur Premiere von *The Dark Knight Rises* gekommen waren, des dritten Films der Batman-Geschichte. Mitgebracht hatte Holmes eine Schrotflinte vom Typ Remington 870 und ein Sturmgewehr, er trug eine Sauerstoffmaske und einen Kevlaranzug, sah also aus wie der üble Schurke Bane im Film. Holmes warf zunächst eine Rauchbombe, und über-

WUT

lebende Zeugen sagten später aus, sie hätten zuerst gedacht, dies gehöre zur Premierenvorstellung; den kostümierten Mann hielten sie für einen begeisterten Batman-Fan, der sich wie eine der Filmfiguren verkleidet habe.[38] Zwölf Kinobesucher hat Holmes erschossen, weitere achtundfünfzig verwundet. Er wurde festgenommen und wartet noch auf sein Urteil. Kurz vor seinem Amoklauf hatte er versucht, die Psychiaterin telefonisch zu erreichen, bei der er in Behandlung war.[39]

Leider ist die Schießerei in Aurora kein Einzelfall. In den Vereinigten Staaten waren Holmes' Amoklauf allein im Jahr 2012 mehrere ähnliche Vorfälle vorausgegangen, andere folgten ihm. Drei Menschen wurden im Juni 2012 während einer Poolparty in der Nähe des Campus der Auburn University, Alabama, erschossen. Zwei Wochen nach dem Blutbad von Aurora tötete ein Mann in einem Sikh-Tempel in Oak Creek, Wisconsin, sieben Menschen und verwundete drei weitere. Im Dezember 2012, nur elf Tage vor Weihnachten, veranstaltete der zwanzigjährige Adam Lanza eines der grässlichsten und opferreichsten Massaker, die jemals an einer amerikanischen Schule stattgefunden haben: Er schoss auf Lehrer und Kinder einer Grundschule in Newtown, Connecticut, nachdem er zuvor zu Hause seine Mutter ermordet hatte. Insgesamt gab es achtundzwanzig Todesopfer;[40] zwanzig Kinder waren zwischen sechs und zehn Jahre alt. Die Zahl der Opfer in Newtown wird nur noch von der Schießerei an der Virginia Tech im Jahr 2007 übertroffen, bei der zweiunddreißig Menschen ums Leben kamen. Auch wird sich wohl jeder noch an das Massaker an der Columbine High School in Colorado im Jahr 1999 erinnern.

Mögen die Neurowissenschaften ihre Werkzeuge verfeinern, um die biologischen Grundlagen der Gewalttätigkeit zu verstehen, es wird mindestens ebenso nützlich sein, den Blick darauf zu richten, wie die Gesellschaft mit Gewaltverbrechen und mentalen Störungen umgeht. Seit den ersten Hinweisen darauf, dass Verbindungen bestehen zwischen genetischer Ausstattung und Verhaltensweisen wie Aggression, haben einige Intellektuelle – auch Wissenschaft-

50

ler – davor gewarnt, den Genen und der Gehirnstruktur die ausschließliche Macht über unser Verhalten einzuräumen: Das kann uns dazu bringen, dass wir die gesellschaftlichen Tendenzen und Praktiken, die wahrscheinlich zu aggressivem und gewalttätigem Verhalten beitragen, nicht mehr kritisch untersuchen und verändern. Gehen wir davon aus, es seien allein die Gene, die Intelligenz formten, welchen Grund gibt es dann noch, das Bildungswesen zu verbessern oder die Kultur zu fördern? Ähnlich ist es mit den biologischen Komponenten von Aggression und Gewalt: Dass es gelungen ist, sie aufzudecken, hat in gewisser Weise bereits jetzt die Aufmerksamkeit von den sozialen Faktoren abgelenkt, die bei ihrer Entstehung mitwirken. Die Tendenz, mentale Störungen generell misszuverstehen, ist eine nicht weniger beunruhigende Folge.

In den Wochen nach der Schießerei von Newtown haben Genetiker Adam Lanzas DNA untersucht; sie wollten Anomalien in ihrer Sequenz oder irgendeiner Variation auf die Spur kommen, die mit Gewalttätigkeit in Verbindung gebracht werden könnte.[41] Ergebnisse wurden bislang keine bekannt. Doch besäßen wir solches Wissen: Wie und für welche Zwecke würde es in Zukunft benutzt werden? Sollten wir beweiskräftige Erkenntnisse aus diesem Bereich erhalten, dann – das zumindest ist eine Möglichkeit – ließe sich damit begründen, die Gesamtbevölkerung nach solchen Anomalien zu durchleuchten – in der Hoffnung nämlich, künftigen Gewaltverbrechen vorbeugen zu können, indem man die potenziellen Täter frühzeitig identifiziert, möglichst schon im Schulalter.[42] Aber so einfach ist das nicht. Zweifellos formt genetische Abweichung unser Gehirn, zweifellos schwanken unsere Neurotransmitterpegel bei aggressiven Reaktionen. Schreiben wir solchen genetischen Veränderungen jedoch die Macht zu, bestimmte Verhaltensweisen oder Entscheidungen tatsächlich direkt zu verursachen, dann ist vieles zu bedenken. Bezogen auf das MAO-A-Gen beispielsweise hieße das, dass man Träger seiner schwach aktiven Version für ihre Taten milder bestrafen müsste; zugleich aber fallen gewiss nicht alle Träger dieser Genmutationen Leute an. Um es auf den Punkt zu bringen:

WUT

Die Verbreitung der schwach aktiven Form des MAO-A-Gens liegt, zumindest in der weißen Bevölkerung, bei 34 Prozent. Jeder Dritte in dieser Gruppe also trägt die schwach aktive Form, ganz sicher aber begeht nicht jeder Dritte Gewalttaten.

Vorbeugekampagnen in der Bevölkerung würden Menschen stigmatisieren. Zudem wird, wie wir gesehen haben, die Neigung zu Gewalt schon durch die Umwelt stark beeinflusst. Eine von Feindseligkeit geprägte Kindheit und biografische Erfahrungen von Misshandlung, Verlassenwerden oder einer ganz allgemein gewalttätigen Umwelt sind oft das Vorspiel für sich entwickelnde Gewalttätigkeit. Die Gene sind nur Modulatoren, sie vergrößern oder mildern die Wirkung solcher Erfahrungen – wie der Regler einer Musikanlage die Lautstärke. Parallel zum DNA-Screening oder an dessen Stelle sollte etwas anderes geschehen: Wir müssen in wirksame Sozialprogramme investieren.

Natürlich können wir inzwischen ins Gehirn von Gewalttätern schauen und im präfrontalen Kortex nach Anomalien suchen. Auch ihren Genotyp in Bezug auf MAO-A und andere Gene können wir feststellen. Dennoch: Jedes Gehirn ist anders, zudem verändert sich jedes Gehirn fortwährend. Um also die genauen psychischen Umstände herauszufinden, die jemanden zu einer Gewalttat veranlasst haben, müssten wir sein Gehirn zum Zeitpunkt der Tat untersuchen.[43]

Schließlich ist, zumindest was die Vereinigten Staaten angeht, nicht zu vergessen, dass dort Menschen wie James Holmes und Adam Lanza und alle diejenigen, die einen schlecht funktionierenden präfrontalen Kortex oder eine niedrige MAO-A-Aktivität haben, solche Straftaten gar nicht begehen könnten, gäbe es strengere Vorschriften für den Schusswaffenkauf.[44]

Nur Tage nach den Schüssen von Aurora brach in Manhattan, auf dem belebten Bürgersteig West 33rd Street und Fifth Avenue, nahe beim Empire State Building, Panik aus: Ein Mann zog eine Waffe und erschoss seinen früheren Arbeitgeber, der ihn eine Woche zuvor entlassen hatte. Wie der *New Yorker* nach der Schießerei berichtete, hat der New Yorker Bürgermeister Michael Bloomberg zum Schluss einer Pressekonferenz, mit der die Öffentlichkeit über die Ereignisse informiert werden sollte, lakonisch gesagt: „Es gibt da draußen einfach eine entsetzliche Menge Waffen."[45]

Befriede deinen Frust

Ich habe ausführlich über Wut gesprochen, dieses Vorspiel inakzeptabler, erbärmlicher Gewalt; habe sie als negative Emotion dargestellt, die zu vermeiden und unter Kontrolle zu halten ist. Aber Wut geht nicht immer in Aggression über. Es kann auch zu Gewaltausbrüchen kommen, wenn gar keine Wut im Spiel ist. Psychologen und Philosophen heben hervor, wie vorteilhaft es sein kann, wenn man Wut ignoriert und versucht, sich zurückzuhalten, anstatt sie weiter anzufachen. Schon Aristoteles schrieb in seiner *Nikomachischen Ethik*, in Wut geraten könne jeder; doch Wut im richtigen Ton, zur rechten Zeit und für den richtigen Zweck zu äußern, verlange reifliche Überlegung und setze ein gewisses Maß an Tugend voraus. Das ist eine Fähigkeit, die wir schon als Kinder zu üben beginnen, wenn wir lernen, auf Ungerechtigkeiten zu reagieren – wenn uns etwa jemand schikaniert oder in der Schule den neuen Bleistift klaut –, eine Fähigkeit, die während der Jahre ausgebaut wird, in denen wir erwachsen werden und hoffentlich ein bisschen klug und weise – wobei wir in dieser Hinsicht nie auslernen.

Manchmal ist es besser, wenn wir mit der Faust auf den Tisch schlagen und deutlich protestieren, als zuzulassen, dass sich in unserem Inneren Ressentiments zusammenbrauen, die uns eines Tages zu unangenehmen Taten hinreißen.

Spontane Wutausbrüche und Wut, die in uns auf kleiner Flamme köchelt, beide können sie ernste Rückwirkungen auf die Gesundheit haben. Erstens schlägt Wut aufs Herz. Aus vielen Studien geht deutlich hervor, dass Wutreaktionen in belastenden Situationen das

Risiko frühzeitiger Erkrankungen der Herzkranzgefäße und insbesondere von Herzinfarkten erhöhen.[46] Entlädt man seine Wut dagegen konstruktiv, in alltäglichen Situationen, die nicht zu Aggressionen eskalieren, dann hat dies positive Konsequenzen.[47] Ist unser Ärger gerechtfertigt, dann können wir, indem wir unsere Gründe klar und deutlich zum Ausdruck bringen, unsere Beziehungen zu anderen verbessern und zu vernünftigen Lösungen gelangen, von denen alle Beteiligten profitieren. Also ist es durchaus der Mühe wert, darauf zu achten, dass unsere Wut konstruktiv ist und stets in moderaten Grenzen bleibt.

Die Erkenntnisse über die Schaltkreise im Gehirn, die zuständig sind für die Kontrolle der Emotionen, haben zu technischen Entwicklungen geführt, zu Apparaten und Verfahren, die uns in unser Gehirn schauen lassen und dabei zeigen wollen, wie wir unsere Wut besänftigen und kontrollieren können. Es wird nicht mehr lange dauern, bis uns solches Wissen erlaubt, unser Gehirn durch effektive Selbstkontrolle zu zähmen. David Eagleman spricht von „präfrontalem Training"; es dreht sich, wie der Name erwarten lässt, darum, die regulierenden Kräfte der Stirnlappen zu üben.[48] Diese Technik wird darauf hinauslaufen, dass wir auf einem Bildschirm die Aktivität der Schaltkreise in unserem Gehirn verfolgen, während wir gegen die Versuchung ankämpfen, uns mit etwas zu verwöhnen, von dem wir wissen, dass es uns nicht guttut, zum Beispiel Schokoladenkuchen. Zuschauen könnten wir aber auch beim Versuch, diesmal nicht gleich vor Wut in die Luft zu gehen. Gelingt es uns, uns zusammenzunehmen, sehen wir einen Balken, der anzeigt, dass die frontalen Schaltkreise in Aktion treten und die Kontrolle hergestellt wird. Je höher der Wert der Anzeige, umso mehr müssen wir uns anstrengen, und indem wir uns darauf konzentrieren, den Drang zu zügeln, lernen wir, welche mentalen Strategien helfen, die Werte zu senken. So ließe sich der entsprechende Schaltkreis im Gehirn darauf trainieren, das gewünschte Ziel zu erreichen. Sollten solche Techniken in den nächsten Jahren wirklich anwendungsreif werden, dann könnten sie auch zur Resozialisierung von Straftätern eingesetzt werden, zusätzlich zur Gefängnisstrafe, vielleicht sogar an deren Stelle. Das klingt wie eine deutlich harmlosere Version der Ludovico-Technik, der der Protagonist in *Clockwork Orange* unterzogen wird. Der Gewalttäter Alexander DeLarge soll lernen, sich elend zu fühlen, sobald er Gewaltszenen sieht oder daran denkt, selbst eine Gewalttat zu begehen. Dies geschieht, indem man ihm brutale Filme zeigt und zugleich eine Pille verabreicht, die heftige Übelkeit verursacht. (Als die Verbindung Gewalt – Übelkeit „gelernt" war – DeLarge also beim Anblick von Gewalt auch ohne Pille schlecht wird –, wird er als „geheilt" entlassen.) Mit „präfrontalem Training" könnte man dem Gehirn direkt beibringen, auf gewalttätiges Verhalten zu verzichten.

Vor fast zweitausend Jahren schrieb der römische Philosoph Seneca ein ganzes Buch über die Wut. Darin findet sich ein kluger Vorschlag, Wut zu vermeiden. Natürlich wusste Seneca, dass Wut unumgänglich zum menschlichen Leben gehört. Sein ganzes Leben verbrachte er in Rom, einer Stadt, die auch damals gewiss nicht der ruhigste Platz auf Erden war. „Für jemanden, der von einem Termin zum nächsten hastet, verstreicht kein Tag so erfolgreich, dass nicht aus einer Begegnung mit einem Menschen oder einer Sache ein Ärgernis entstehen könnte."[49] In sehr belebten Gegenden einer Großstadt, und gerade im Straßenverkehr, können wir kaum vermeiden, dass wir mit anderen Passanten zusammenstoßen oder dass irgendwer uns auf die Füße tritt. Im Leben geschieht immer wieder das Gegenteil von dem, was wir gerne wollen. Nicht immer gehen unsere Pläne so auf, wie wir uns das gedacht und gewünscht haben: „Keinem ist das Glück so willig ergeben, dass es ihm bei seinen vielen Unternehmungen immer willig entgegenkäme", sagt Seneca. In der Tat, es ist so schwer nicht, die Geduld zu verlieren und wütend zu werden auf die Person oder Situation, die uns den Ärger bereitet hat; oft richtet sich die Wut auch auf uns selbst und unser Pech. Für Seneca jedoch hat Wut etwas Erniedrigendes und sollte darum am besten ganz vermieden werden. „Es kommt nicht darauf an, wie das Unrecht zugefügt wurde, sondern wie man es ertragen hat."

WUT

Wir sollten uns Zeit nehmen, so Senecas Rat, und untersuchen, was wirklich geschehen ist bei Zwischenfällen, in denen unsere Wut entstand, uns aber keinesfalls provozieren lassen: „Das wird von niemandem in Zweifel gestellt werden, dass der sich aus der Menge heraushebt und über allen anderen steht, der auf diejenigen, die ihn provozieren, hinabschaut."

Coda

Ein Großteil unseres Wissens über biologische Aspekte von hemmungslosem Verhalten, Aggressivität und Gewalt stammt aus besonderen Geschichten Einzelner. Deren Handlungen, die beobachtet wurden, genau lokalisierte Hirnverletzungen, genetische Defekte und Lebensumstände lieferten das Material für erste Versuche, die Mechanismen zur Regulierung der Emotionen physiologisch zu kartieren. Vom fast schon legendären Phineas Gage und Damasios Patienten bis hin zu Jays bizarrem Verhalten und den kriminellen Taten von Abdelmalek Bayout, James Holmes und Adam Lanza, selbst bei Bruce' ungeduldig impulsiven Reaktionen im Auto – in allen diesen Fällen haben wir, in verschiedenen Schattierungen, Wut gesehen und den Verlust der Fähigkeit, unsere Gefühlsregungen zu kontrollieren. Wie die dunklen Charaktere in Kriminalfilmen haben diese Menschen ihren eigenen Lebensweg gefunden. Jeder von ihnen war oder ist ein einzigartiges Individuum mit bestimmten Absichten, Motivationen und Werten. Alle haben sie ein Gehirn, das die Signatur ihrer eigenen Vergangenheit trägt. Zum Teil ähneln sie sich in ihrem Verhalten, teilweise auch nicht, sie haben die gleichen biologischen Merkmale, aber alle tragen auch individuelle Züge. Gages Gehirn ist ein bisschen anders als das von Elliot, und dieses unterscheidet sich von dem Jays. Gage und Elliot wurden nicht kriminell. Jim Fallon und Abdelmalek Bayout haben beide eine niedrige MAO-A-Aktivität, Fallon aber wurde niemals gewalttätig.

Die Geschichten der in diesem Kapitel Mitwirkenden haben gezeigt, wie bestimmte Anomalien in Gehirn und Genom spürbare, manchmal dramatische Folgen haben für das Verhalten. Das Wesen jedes einzelnen Individuums jedoch, das, was es zu dem macht, der er oder sie ist, ist das Produkt eines ausgedehnten und komplexen Zusammenspiels von mitwirkenden Faktoren – alle in Wechselwirkung mit der jeweils individuellen, biologischen Ausstattung –, das wir gerade erst zu verstehen beginnen.

Unser Gehirn und ganz allgemein unser Körper bilden das physische Substrat unseres Handelns. Aber Gehirn und Körper funktionieren nicht völlig unabhängig von den komplizierten zwischenmenschlichen, gesellschaftlichen und historischen Kontexten, in denen wir leben.

Der britische Neurowissenschaftler Steven Rose hat eine faszinierende Vorstellung entwickelt: Menschen, sagt er, sind lebende Organismen, die ihr Leben in Zeit und Raum und im Einklang mit ihrer Biologie führen. Er kennt die Macht der Gene und des Körpers, aber er ist kein Determinist. Wir sind keine Sklaven unserer Gene. Rose spricht in diesem Zusammenhang von „Lebenslinien", die wie Pfade seien, die wir anlegen und denen wir folgen.[50] Während wir uns an ihnen entlang bewegen, werden wir mit der Zeit vielleicht den Abstand verringern zwischen dem Verhalten, das wir zeigen, den Entscheidungen, die wir treffen, den Gefühlen, die wir haben, und dem, was wir über die Vorgänge in unserem Gehirn wissen. So lässt sich, was in diesem Kapitel dargestellt werden sollte, wie folgt zusammenfassen: Verhaltensmerkmale entstehen aus einer biologischen Architektur, die jene ermöglicht und deren Abweichungen jedem Individuum eine persönliche und einzigartige Schattierung dieser Merkmale verleihen. Letztendlich lässt sich jede unserer Handlungen auf mehreren Ebenen erklären, von den individuellen Mustern, in denen unsere Neuronen feuern, über die Ereignisse in unserer Biografie bis hin zu Umweltbedingungen und gesellschaftlichem Kontext.

Anmerkungen

1 Ch. Darwin, *Der Ausdruck der Gemütsbewegungen bei den Menschen und den Tieren*, Frankfurt 2000. Ansätze zu seinen Theorien über Verhalten und Gefühle finden sich bereits in Darwins frühen Notizbüchern.

2 P. Prodger, *Darwin's Camera: Art and Photography in the Theory of Evolution*, Oxford 2009.

3 Einen guten Überblick über Gefühle als entwickelte neurale Schaltkreise und ihre Erforschung bei niederen Tieren gibt Joseph LeDoux, „Rethinking the Emotional Brain", in: *Neuron* 73 (2012), S. 653–676.

4 Diese Unterscheidung hat in einer etwas anderen Begrifflichkeit schon Ende des neunzehnten Jahrhunderts der amerikanische Psychologe William James getroffen, auf dessen Werk ich in Kapitel drei eingehen werde. Ausgebaut und erweitert hat sie der Neurowissenschaftler Antonio Damasio, *Descartes' Irrtum. Fühlen, Denken und das menschliche Gehirn*, Berlin 2004, und: *Ich fühle, also bin ich. Die Entschlüsselung des Bewusstseins*, München 2000.

5 In den 1960er bis 1980er Jahren sammelte der Psychologe Paul Ekman Bilder und Daten aus entlegenen Gebieten wie Papua-Neuguinea, um Darwins Theorie zu bestätigen und den Ausdruck der Gesichtsmuskulatur genau zu beschreiben, siehe: *Gefühle lesen. Wie Sie Emotionen erkennen und richtig interpretieren*, Heidelberg 2010.

6 C. U. M. Smith, „The Triune Brain in Antiquity: Plato, Aristotle, Erasistratus", in: *Journal of the History of the Neurosciences*, 19 (2010), S. 1–14. Siehe im *Timaios* die Abschnitte 69c–71d.

7 Zum Konzept des „dreieinigen Gehirns" in der Neuropsychologie siehe den grundlegenden Text von Paul McLean, *The Triune Brain*, New York 1990.

8 Eine interessante, detaillierte Darstellung der Evolution des Neokortex findet sich bei P. Rakic, „Evolution of the neoKortex: perspective from developmental biology", in: *Nat. Rev. Neurosci.*, 10 (2010), S. 724–735.

9 Es gibt noch eine andere komplementäre Klassifizierungsmöglichkeit für unser emotionales und denkendes Selbst. Der großartige Psychologe Daniel Kahneman unterscheidet zwischen zwei Hauptsystemen für die Verarbeitung von Tatsachen, Wissen und Entscheidungen, siehe D. Kahneman, *Schnelles Denken, langsames Denken*, München 2012. System Eins ist schnell, intuitiv und irrational, System Zwei dagegen langsam, logisch, bewusst und rational. Mit dem ersten System treffen wir Entscheidungen in Sekundenschnelle, während das zweite eher kritisch ist und erst nach langem Überlegen zu Urteilen kommt. Es ist evolutionsgeschichtlich jünger und verbraucht mehr Energie. Die beiden Systeme lassen sich in etwa mit Freuds Es und Ich vergleichen. Zu den Unterschieden zwischen Kahnemans und Freuds Denken vgl. F. Dyson, „How to dispel your illusions", in: *New York Review of Books*, 22. Dezember 2011.

SIEDEND HEISSE AUSBRÜCHE

10 Eine ausführliche Beschreibung des Unfalls in: A. Damasio, *Descartes' Irrtum*, a. a. O.

11 Einen ausgezeichneten Bericht über die Untersuchung von Phineas Gages Schädel liefern H. Damasio u. a., „The return of Phineas Gage: clues about the brain from the skull of a famous patient", in: *Science*, 264 (2010), S. 1102–1105; zur ursprünglichen Veröffentlichung des Berichts von Phineas Gages Arzt: J. Harlow, *Pub. Mass. Med. Soc.*, 2, 1868, S. 327.

12 Während ich an diesem Kapitel schrieb, erlitt ein Mann in Brasilien einen ähnlichen Unfall wie Phineas Gage. Dieser neue Patient war kein Bergarbeiter, sein Gehirn wurde von einer Eisenstange durchbohrt, die von oben in den Schädel eindrang. Dieser Fall wird vielleicht dafür sorgen, dass Phineas Gage eine Weile in Ruhe gelassen wird, aber es dauert natürlich eine gewisse Zeit, bis die Folgen des Unfalls zu sehen sind und wissenschaftlich untersucht werden können: Eli MacKinnon, „Eduardo Leite dubbed modern-day Phineas Gage after pole pierces his brain", in: *Huffington Post* (Science), 22. August 2012.

13 A. Bechara, H. Damasio, D. Tranel und A. R. Damasio, „Deciding advantageously before knowing the advantageous strategy", in: *Science*, 275 (1997), S. 1293–1295.

14 David Brooks, im Gespräch mit Antonio Damasio, auf *Fora. TV*: http://fora. tv/2009/07/04/Antonio_Damasio_This_Time_With_Feeling

15 Es ist daran zu erinnern, dass der präfrontale Kortex anatomisch und funktional heterogen ist, sodass, je nachdem welcher seiner „Sektoren" verletzt ist, unterschiedliche Folgen auftreten. Die bei Gage und anderen Patienten festgestellten Läsionen betrafen große Sektionen des präfrontalen Kortex. Wenn Wissenschaftler solche Verletzungen mit modernen bildgebenden Techniken untersuchen, bestimmen sie, so gut es geht, deren Lage und Umfang, um Verhaltensschattierungen verschiedenen Teilbereichen zuzuordnen. Einen guten Überblick über den Zusammenhang von PFK und der Neigung zu Gewalttaten liefern Y. Yang und A. Raine, „Prefrontal Structural and functional brain imaging findings in anti-social, violent, and psychopathic individuals: a metaanalysis", in: *Psychiatry Research*, 174 (2009), S. 81–88. Zur Rolle des PFK für die soziale Wahrnehmung siehe D. M. Amodio und C. D. Frith, „Meeting of minds: the medial frontal Kortex and social cognition", in: *Nature Rev. Neurosci.*, 7 (2006), S. 268–277.

16 R. J. R. Blair und L. Cipolotti, „Impaired social response reversal. A case of ‚acquired sociopathy'", in: *Brain*, 123 (2000), S. 1122–1141.

17 Interessanterweise zeigen Patienten mit Beeinträchtigungen der frontalen Hirnpartien, die sie sich schon in der Kindheit zugezogen haben, lebenslange und auch schwerere Verhaltensveränderungen als Phineas oder andere Patienten wie Elliot und Jay, die ihre Hirnverletzungen im Erwachsenenalter erlitten haben. Ihre größere Insensibilität für moralische und gesellschaftliche

Regeln und ihre insgesamt mangelnde Fähigkeit, soziales Wissen zu erwerben, kann darauf zurückzuführen sein, dass die verletzten Regionen eine Rolle spielen beim Erwerb sozialen Wissens. Zu zwei Fällen von Patienten mit Läsionen des präfrontalen Kortex aus dem Kleinkindalter siehe S. W. Anderson, A. Bechara, H. Damasio, D. Tranel und A. R. Damasio, „Impairment of social and moral behavior related to early damage in human prefrontal Kortex", in: *Nature Neuroscience*, 2 (1999), S. 1032–1037.

18 A. Raine, J. R. Meloy, S. Bihrle, J. Stoddard, L. LaCasse und M. S. Buchsbaum, „Reduced pre-frontal and increased subcortical brain functioning assessed using positron emission tomography in predatory and affective murderers", in: *Behav. Sci. Law*, 16 (1998), S. 319–332; A. Raine, M. S. Buchsbaum und L. LaCasse, „Brain abnormalities in murderers indicated by positron emission tomography", in: *Biol. Psychiatry*, 42 (1997), S. 495–508.

19 R. J. Davidson, K. M. Putnam und C. L. Larson, „Dysfunction in the neural circuitry of emotion regulation – a possible prelude to violence", in: *Science*, 289 (2000), S. 591–594.

20 Ein von Dr. Shiva und seinen Kollegen 1999 durchgeführtes Experiment zeigte auf elegante Weise den unter der Kontrolle des PFK stehenden Kampf zwischen Gefühl und Denken und demonstrierte, dass der PFK nicht viele kognitive Aufgaben gleichzeitig bewältigen kann. Die Teilnehmer wurden aufgefordert, sich eine Zahl zu merken (also ihr Kurzzeitgedächtnis zu benutzen) und dann zwischen einer Schale mit Obstsalat und einem Schokoladenkuchen zu wählen. Diejenigen, die sich eine siebenstellige Zahl einprägen mussten, konnten der Versuchung nicht widerstehen und wählten den Schokoladenkuchen. Dagegen waren die Teilnehmer, die nur eine einstellige Zahl behalten mussten, in der Lage, ihren PFK einzusetzen, sie konnten ihren Willen aktivieren und sich für die gesündere Speise entscheiden. Bei einer niedrigeren kognitiven Belastung verfügen wir also über mehr Willenskraft und können Versuchungen eher widerstehen. Der PFK spielt auch eine Rolle für das Arbeitsgedächtnis, das Informationen für den künftigen Gebrauch und weitere Bearbeitungen speichert. Darauf werde ich in Kapitel Sechs zurückkommen.

21 H. G. Brunner u. a., „X-linked borderline mental retardation with prominent behavioural disturbance: phenotype, genetic localisation, and evidence for disturbed monoamine metabolism", in: *Am. J. Hum. Genet.*, 52 (1993), S. 1032–1039.

22 H. G. Brunner u. a., „Abnormal behaviour associated with a point mutation in the structural gene for monoamine oxidase A", in: *Science*, 262 (1993), S. 578–580.

23 Dazu kam es, weil diese Männer im MAO-A-Gen auf dem X-Chromosom eine Mutation trugen, die dafür sorgte, dass die Produktion des Enzyms frühzeitig abgebrochen wurde.

SIEDEND HEISSE AUSBRÜCHE

24 S. Sabol u. a., „A functional polymorphism in the monamine oxidase A gene promoter", in: *Hum. Genet.*, 103 (1998), S. 273–279.

25 O. Cases, I. Seif, J. Grimsby u. a., „Aggressive behavior and altered amounts of brain serotonin and norepinephrine in mice lacking MAO-A", in: *Science*, 268 (1995), S. 1763–1766. Vielleicht ist meinen Lesern aufgefallen, dass ich im Zusammenhang mit von MAO-A bedingter Gewalttätigkeit nur von Männern gesprochen habe. Das aber heißt nicht, dass Frauen nicht aggressiv sind und in Wut geraten können oder keine Gewaltverbrechen begehen. Da das MAO-A-Gen aber im X-Chromosom liegt, können Männer nur die gering produzierende Version des Gens von ihrer Mutter erben. Das bedeutet auch, dass die gering produzierende Form des Gens in einem X-Chromosom bei Frauen durch eine stark produzierende Kopie des Gens im X-Chromosom vom Vater ausgeglichen werden kann, bei Männern dagegen hilft das väterliche Y-Chromosom nichts. Deshalb treten Veränderungen des Verhaltens, die auf Defekte im MAO-A-Gen zurückzuführen sind, bei Männern häufiger auf als bei Frauen. Natürlich haben, wenn sie X-chromosomal sind, auch andere Gene, die bei Gewalt eine Rolle spielen, bei Männern größere Auswirkungen als bei Frauen.

26 S. und H. Rose, *Alas Poor Darwin: Arguments against Evolutionary Psychology*, Random House 2000.

27 Im Fall der Holländer führte die Mutation in der Sequenz des MAO-A-Gens dazu, dass überhaupt kein Enzym produziert wurde. In solchen Fällen hat die Mutation direkte Auswirkungen auf die Entstehung von Gewaltkriminalität, während die lange oder kurze Variante der MAO-A dafür nicht ausreicht.

28 A. Rakersting, K. Kroker, J. Horstmann u. a., „Association of MAO-A variant with complicated grief in major depression", in: *Neuropsychobiology*, 56 (2008), S. 191–196; C. Frydman, C. Camerer, P. Bossaerts und A. Rangel, „MAOA-L carriers are better at making optimal financial decisions under risk", in: *Proc. Royal Soc.*, 278 (2010), S. 2053–2059.

29 A. Caspi u. a., „Role of genotype in the cycle of violence in maltreated children", in: *Science*, 297 (2002), S. 851–854.

30 G. Frazzetto u. a., „Early trauma and increased risk for physical aggression during adulthood: the moderating role of MAOA genotype", in: *PLoS One* (2007), e486; C. S. Widom und L. M. Brzustowicz, „MAOA and the ‚cycle of violence': childhood abuse and neglect, MAOA genotype, and risk for violent and antisocial behaviour", in: *Biol. Psychiatry*, 60 (2006), S. 684–689; J. Kim-Cohen u. a., „MAOA, maltreatment, and gene-environment interaction predicting children's mental health: new evidence and a meta-analysis", in: *Mol. Psychiatry*, 11 (2006), S. 903–913.

31 Gautam, N., „What's on Jim Fallon's Mind?", in: *WSJ*, 30 (November 2009). Vgl. auch Dr. Jim Fallons Darstellung seiner Geschichte unter: http://www.youtube.com/watch?v=u2V0vOFexY4.

32 Die MAO-A-Variante mit niedriger Aktivität steht in Zusammenhang mit einer Verkleinerung des Volumens im limbischen Bereich, mit Überreaktionen der Amygdala und mit einer verringerten Reaktivität in den regulativen präfrontalen Regionen, vgl. A. Meyer-Lindenberg, J.W. Buckholtz, B. Kolachana u. a., „Neural mechanisms of genetic risk for impulsivity and violence in humans", in: *PNAS*, 103 (2006), S. 6269–6274.

33 E. Feresin, „Lighter sentence for murderer with ‚bad genes'", in: *Nature*, 30. Oktober 2009.

34 Ebd.

35 Zur Zulassung neurowissenschaftlicher Beweise in britischen Strafverfahren vgl. „Brain Waves: Neuroscience and the law" (Modul 4), ein Bericht der Royal Society in London, Dezember 2011.

36 L. G. Aspinwall, T. R. Brown und J. Tabery, „The double-edged sword: does biomechanism increase or decrease judges' sentencing of psychopaths?", in: *Science*, 337 (2012), S. 846–849.

37 D. Eagleman, *Inkognito. Die geheimen Eigenleben unseres Gehirns*, Frankfurt 2012.

38 Adam Gopnik, „One more massacre", in: *The New Yorker*, 20. Juli 2012.

39 Associated Press, 31. August 2012.

40 J. Barron, „Nation reels after gunman massacres 20 children at school in Connecticut", in: *New York Times*, 14. December 2012.

41 C. Hagan, „Geneticists studying Connecticut shooter's DNA", CNN online, 28. Dezember 2012.

42 2002 rief Präsident George Bush die neue Freedom Commission on Mental Health ins Leben, die die Verordnungspraxis amerikanischer Gesundheitsämter überwachen soll. Der Plan sah auch ein Gehirn-Screening bei den 52 Millionen amerikanischen Schülern und bei 6 Millionen Lehrern vor, dazu geeignete, auch medikamentöse Behandlungsinterventionen. Der Plan scheiterte an Interessenkonflikten: Politiker, die den Vorschlag gemacht hatten, saßen in Aufsichtsräten eben jener Pharmakonzerne, die das Programm entwickeln sollten. Vgl. J. Lenzer, „Bush plans to screen whole US population for mental illness", in: *BMJ*, 328 (2004), S. 1458.

43 Eine kritische Würdigung der Forschung über „gefährliche Gehirne" bei S. Schleim, „Brains in Context in the Neurolaw Debate: The Examples of Free Will and „Dangerous" Brains", in: *International Journal for Law and Psychiatry*, 35 (2012), S. 104–111

44 „Who calls the shots", Editorial in *Nature* nach der Schießerei in dem Kino in Aurora, Colorado, in: *Nature*, 488 (2012), S. 129.

45 L. Widdicombe, „Shots", in: *The New Yorker*, 3. September 2012.

46 P. P. Chang, D. E. Ford, L. A. Meoni u. a., „Anger in young men and subsequent premature cardiovascular disease", in: *Arch. Intern. Med.*, 162 (2002), S. 901–906.

47 R. C. Tafrate, H. Kassinove und L. Dundin, „Anger episodes in high- and low-trait anger community adults", in: *J. Clin. Psychol.*, 58 (2002), S. 1573–1590.
48 D. Eagleman, a. a. O.
49 Seneca, *De Ira/Über die Wut*, übers. von Jula Wildberger, Stuttgart 2007.
50 S. Rose, *Darwins gefährliche Erben: Biologie jenseits der egoistischen Gene*, München 2000.

2

Schuld: Ein unauslöschlicher Makel

Schuld hat sehr scharfe Ohren für eine Anklage.

Henry Fielding

Keine gute Tat wird unbestraft bleiben.

Gore Vidal

Das Fenster stand halb offen. Ein kräftiger warmer Wind ließ die Jalousie immer wieder gegen das Fenster schlagen, Morgensonne flimmerte durch die Ritzen. War ich schon wach oder schlief ich noch? Für einen Augenblick fühlte ich mich im Niemandsland zwischen Traum und Wirklichkeit, reglos lag ich da und versuchte zu begreifen, was ich um mich sah. Ich hatte vergessen, wo ich war. Ein unangenehmes Gefühl hatte mich in den frühen Morgenstunden aufgestört, verbunden mit einem Traum, den ich unbedingt festhalten wollte, ehe er sich durchs Sieb meines Bewusstseins davonmachte. Ein ziemlich merkwürdiger Traum war es, der sich um eine Verabredung mit meiner alten Freundin Esra drehte: Wie seit längerem geplant, wollten wir uns in Rom sehen. Für den Tag unseres Treffens hatten wir ausgemacht, uns am Flussufer zu treffen, nicht weit von ihrem Hotel in Trastevere. Als ich zum Treffpunkt kam, war sie nicht da, also setzte ich mich auf eine Bank. Während ich wartete, kamen einige Gestalten vorbei und fragten, eine nach der anderen, nach der Uhrzeit und nach dem heutigen Datum: ein Bettler, ein Parkwächter, ein Polizist, sogar eine Nonne. Jedes Mal sah ich auf meine Uhr und gab verbindlich Antwort, und prompt rannten sie alle eilig davon: Alles waren sie schon viel zu spät dran. Von Esra weiterhin keine Spur. Zeit vergeht in Träumen ziemlich unregelmäßig, diesmal aber fühlte sich das Warten an wie eine Ewigkeit, und das machte mich ungeduldig. Ich rief im Hotel an, aber niemand meldete sich. Ich versuchte ihre Handynummer, aber sie nahm nicht ab. Allmählich langweilte ich mich und wurde ärgerlich. Dann baute sich eine Reihe von Professoren vor mir auf, mit Brillen und mit Mikrofonen in der Hand. Alle starrten sie mich an, ich aber verstand nicht warum. Einige stellten Fragen, andere verhielten sich teilnahmslos. Ich hinterließ eine Nachricht auf Esras Mailbox. Plötzlich hörte ich lautes Getöse, so als werde immerfort etwas vom Himmel herab auf den Boden geworfen. Besorgt fragte ich mich, ob Esra etwas passiert sei, bedauerte zugleich, dass sie mich hatte sitzen lassen. Noch einmal rief ich sie an, wieder vergeblich, hinterließ eine weitere Nachricht. Endlich stand ich auf, wollte erkunden, woher der Krach kam. Ich drehte mich mehrfach in alle Richtungen, aber zu sehen war nichts. Damit wachte ich auf, der beunruhigende Krach war der Widerhall der unregelmäßigen Schläge, mit denen die Jalousie gegen das Fenster klapperte.

Wahrscheinlich wollen Sie wissen, worum es in dem Traum eigentlich ging. Ungefähr wusste ich das, kaum dass ich die Augen aufschlug. Diese ziemlich absurden Gestalten, ihr bizarres Gebaren, das lange Warten, die sich daran anschließenden Assoziationen über das Vergehen der Zeit, das Verschwinden meiner Freundin verbargen etwas, das mich beunruhigte: Schuld.

Seit mehreren Wochen schon hatte ich ein unangenehmes Gefühl mit mir herumgeschleppt, das ich immer wieder, mehr oder weniger erfolgreich, beiseite schieben konnte, abgelenkt durch tägliche Routine, die sich bekanntlich hervorragend eignet, um Emotionen zu verdrängen. Nun, während des kurzen Urlaubs in Rom, regte sich das unbestimmte Gefühl erneut. Jemand klopfte an die Tür meines Bewusstseins. Es war nämlich so, dass Esra mich einige Monate zuvor eingeladen hatte, auf einer interessanten Tagung, die sie organisiert hatte, einen Vortrag zu halten. Geschmeichelt von dieser Einladung, begeistert über die sich bietende Gelegenheit, hatte ich sofort zugesagt: aber vergessen, das Datum in meinen Kalender einzutragen! Es gab viel zu tun, und vor lauter Arbeit vergaß ich die Einladung komplett. Dann, nur wenige Wochen vor der Tagung, erreichte mich eine freundliche Erinnerung, doch bitte meine Teilnahme zu bestätigen und meinen Vortrag einzureichen. Ich fiel aus allen Wolken, absolute Panik!

Verabredet war ein Vortrag, den ich noch nie gehalten hatte, und vor Esras Symposion standen noch einige weitere Reisen und Vortragsverpflichtungen an. Selbst wenn ich bis zum gesetzten Termin die Nächte durcharbeiten würde, ich hätte mich nicht entsprechend vorbereiten und keinen der Einladung würdigen Vortrag abliefern können. Hin und her gerissen sagte ich ab, es blieb mir keine andere Wahl, natürlich entschuldigte ich mich tausendmal. Esra war alles andere als begeistert. Verständlich. Und mich quälten Schuldgefühle. Ich fühlte mich schlecht, schließlich hatte ich meine Zusage nicht eingehalten, und konnte einfach nicht glauben, dass ich versäumt hatte, alles zu tun, was ich für meine Teilnahme am Symposion hätte tun müssen – und dass die Anfrage von einer Freundin gekommen war, machte alles noch schlimmer. Ich habe selbst Tagungen organisiert und weiß, was es heißt, wenn jemand in letzter Minute absagt. Ich verfluchte mich wegen meines Verhaltens, dafür, dass ich nicht getan hatte, was ich hätte tun müssen – den Termin in meinen Kalender eintragen, den Kalender im Auge behalten, mich vorbereiten und mich erkenntlich zeigen für die nette Einladung der Freundin.

Wie ein Geist materialisieren sich Schuldgefühle häufig in Träumen, zeigen sich, mehr oder weniger unkenntlich, in bizarren Verwandlungen. Um Schuld ging es bekanntlich auch in jenem Traum,

SCHULD

den Sigmund Freud im Sommer 1895 hatte und der ihm half, seine Theorie zu diesem rätselhaften nächtlichen Strom des Unbewussten und dessen Deutung zu formulieren.[1] Alles in jenem Traum deutete auf ein Schuldgefühl hin, das Freud wegen einer Fehldiagnose einer Patientin – Irma genannt – verfolgte, die ihm und seiner Familie nahestand. Seiner Ansicht nach litt sie an Hysterie. Freud behandelte sie, zunächst besserte sich ihr Zustand, doch sie hatte weiterhin Schmerzen und fühlte sich unwohl. Freud jedoch beachtete ihre medizinischen Symptome nicht weiter, sondern ging davon aus, dass ihr Unwohlsein keine organischen Ursachen habe.[2] Am Abend vor Freuds Traum berichtete ihm Otto, einer seiner nächsten Freunde, der Irma kurz zuvor besucht hatte, es gehe ihr besser, „aber nicht ganz gut". Freud glaubte, im Ton seines Freundes eine leise Kritik zu hören, und deutete dessen Bemerkung als Vorwurf, dass er der Patientin zu viel versprochen habe; vielleicht auch als Botschaft von Irma und ihrer Familie, die, wie Freud meinte, seine Behandlung nie gerne gesehen hatte. Freud ärgerte sich, doch sei ihm die „peinliche Empfindung" nicht bewusst geworden. In besagtem Traum nun findet ein Empfang in seiner Wohnung statt, bei dem auch Irma zu Gast ist. Gleich in den ersten Momenten nimmt er sie zur Seite und sagt ohne Umschweife: „Wenn du noch Schmerzen hast, so ist es wirklich nur deine eigene Schuld." Jedoch, erschrocken über ihr Aussehen, untersucht er ihre Mundhöhle und entdeckt weißgrauen Schorf, eindeutige Hinweise auf eine Entzündung, was im Traum von einem anderen Arzt bestätigt wird. Irma hatte tatsächlich eine Injektion erhalten, und in dem Traum nun hat Freud den Verdacht, diese sei vielleicht nachlässig und mit „unreiner Spritze" vorgenommen worden.

Freud fühlt sich eindeutig verantwortlich, Irmas Zustand falsch eingeschätzt zu haben, doch er schiebt die eigene Schuld ihr und dem Arzt zu, der sie falsch behandelt habe. Das Gefühl der Verantwortung ist so stark und die Schuld so wenig annehmbar, dass er sie auf andere abwälzt. Doch er weiß sehr gut, dass es im Traum tatsächlich um das Unbehagen geht, das ihm, ob eingebildet oder nicht, seine falsche Behandlung Irmas verursacht. Aus dieser Einsicht schließt er, „der Traum habe einen Sinn, wiewohl einen verborgenen, er sei zum Ersatze eines anderen Denkvorganges bestimmt, und es handle sich nur darum, diesen Ersatz in richtiger Weise aufzudecken, um zur verborgenen Bedeutung des Traumes zu gelangen."[3] Außerdem, so schließt Freud, dienen Träume offenbar häufig der Wunscherfüllung. Im vorliegenden Fall wünscht er, seine Verantwortung für Irmas anhaltenden Krankheitszustand abschieben zu können. Ganz ähnlich habe ich wohl in meinem Traum versucht, mich für meine Schuld – nämlich meiner Verpflichtung nicht nachgekommen zu sein – zu revanchieren, indem ich den Vorwurf an Esra zurückgab, weil sie zur imaginierten Verabredung nicht erschienen war.

Noch immer lag ich im Bett, tauchte nun aber langsam aus einem Nebel intensiven Grübelns auf, erhob mich, zog die Jalousie hoch und schaute hinaus. Wieder ein herrlicher Tag in der ewigen Stadt, ohne Verpflichtungen! Ein ausgiebiger Spaziergang würde mir guttun, dachte ich, also machte ich mich auf in die Innenstadt und zum Fluss, um das Beste aus dem Tag zu machen.

Schlechtes Verhalten

Schuld hat mit Fehlverhalten zu tun oder auch nur mit dem Gefühl, etwas falsch gemacht zu haben. Und es ist ganz allgemein irgendeine Übeltat, die andere Menschen vor den Kopf stößt, sie missachtet und ihnen etwas antut, indem eine Regel oder eine gesellschaftliche Norm verletzt wird. Es gehört dazu, dass man unterscheiden kann, was richtig ist und was falsch, was annehmbar oder verächtlich, für andere von Vorteil oder verletzend. Ein ungerechtfertigter Wutanfall gegenüber jemandem, an dem uns liegt, eine gehässige Reaktion wie in Bruce' Fall führen dazu, dass Schuldgefühle aufkommen. Schuld ist ein moralisches Gefühl, vielleicht die Quint-

SCHULD

essenz aller moralischen Gefühle, und hat demzufolge mit Werten zu tun.

Als er sich mit komplexen Emotionen wie Schuld, Arroganz, Eitelkeit oder Demut befasste, fragte sich Darwin, ob sie sich an einem bestimmten physischen Ausdruck eindeutig und unmissverständlich identifizieren lassen, und er hielt dies für schwierig. Einige seiner ausländischen Korrespondenten, die an den verschiedensten Orten nach fotografischen Beispielen für diese oder jene Gefühlsregung suchten, lieferten ihm ein paar Antworten. Für Schuldgefühle verwiesen sie zumeist auf den Gesichtsausdruck, den jemand annimmt, der „vermeide, seinen Ankläger anzusehen … ihm nur verstohlene Blicke" zuwerfe; von den Augen sagen sie, dass sie „schräg hinschielen", „von einer zur anderen Seite schwanken".[4] Darwin selbst berichtet, er habe einen Ausdruck der Schuld dem Gesicht seines „zwei Jahre und sieben Monate alten Kindes" unverkennbar ablesen können, was zur Entdeckung „einer kleinen Missetat" geführt habe: nämlich „durch ein unnatürliches Glänzen der Augen und durch eine merkwürdige, affektierte, unmöglich zu beschreibender Art und Weise", sich zu verhalten.

Warum haben wir überhaupt Schuldgefühle? Woher kommen sie und wozu dienen sie?

Es ist intuitiv mehr oder weniger klar, welchen Nutzen wir von der Fähigkeit haben, Wut zu fühlen, auch wenn ungehemmte Wutanfälle viel Energie kosten und ruinöse, gefährliche Formen annehmen können: Wut ist eine Strategie, die wir entwickelt haben, um uns gegen Angriffe zu verteidigen; ein rebellischer Protest gegen Verletzungen der empfindlichen Grenzen, die unser Überleben sichern und, so scheint mir, unser Ansehen schützen.

Wie Wut ist auch Schuld von persönlichen Werten und von den Verhaltenscodes und -normen der Kultur bestimmt, in der wir leben. Schuld ist aber die Umkehrung von Wut. Wir werden wütend, wenn uns jemand kränkt. Wir fühlen uns schuldig, wenn wir jemanden beleidigt oder verletzt haben. Ich kann, neben dem Schuldgefühl, das ich wegen der Nichteinhaltung meiner Zusage verspürt

habe, mindestens ein Dutzend weitere Spielarten dieser destrukti-
ven Gefühlsregung nennen. Ich erinnere nur an das Schuldgefühl,
das man hat, wenn man zu spät zur Arbeit kommt oder einen Termin verpasst; wenn man seine Eltern über eine Woche nicht ange-
rufen hat; vielleicht auch, wenn man sich entschlossen hat, einige
Tausend Kilometer von ihnen entfernt zu leben. Auch uns selbst
gegenüber können wir schuldig werden, indem wir etwas tun oder
unterlassen: etwa eine Yoga-Stunde schwänzen; uns in der Kneipe
dann auch noch mit unwiderstehlichen Kartoffelchips vollstopfen;
es nicht schaffen, mit dem Rauchen aufzuhören. Eine vergessene
Antwort auf eine E-Mail kann uns ein ganzes Wochenende lang
verfolgen. Oder es überkommt uns ein Schuldgefühl, wenn wir
unsere Partnerin vernachlässigt oder schlecht behandelt haben oder
erfolgreicher sind als sie. Ja, man kann sich sogar schuldig fühlen,
weil man glücklich ist!

Wir können Schuldgefühle auch nutzen, um andere zu manipu-
lieren, zum Beispiel indem man Angestellten Fehler vorwirft oder
Familienangehörigen Vorwürfe macht, wenn sie zu viel verlangen
oder zu wenig geben. Die Liste ließe sich problemlos erweitern.

Mit der Zeit ergreifen Schuldgefühle so sehr Besitz von uns, dass
wir kaum noch davon loskommen.

Schuld macht Angst. Sie nagt. Sie beißt. Sie greift unablässig an.
Wie ein Dorn im Schuh ist sie, den man loswerden möchte, oder
wie eine schwere Last. Ein stechendes Insekt. Alle diese bekannten
Metaphern treffen etwas.

Gleichgültig, wie wir jeder auf seine Weise unter dem Druck von
Schuldgefühlen leiden, sicher ist, dass wir viel Zeit verbringen –
oder vergeuden – mit Grübeleien darüber, warum das so ist. Stellen
wir uns daher einmal vor, unser soziales und zwischenmenschli-
ches Leben wäre völlig frei von *jeder* Schuld. Wer diese Vorstellung
nicht als lächerlich abtut, sondern die Möglichkeit einer schuld-
losen Existenz ernsthaft erwägt, dem wird wohl durch den Kopf
fahren: Welche Erleichterung! Angesichts der vielen Gelegenheiten,
bei denen wir uns schuldig machen, Schuld verlängern oder er-

neuern können, würden wir in der Tat viel Zeit und Seelenfrieden gewinnen.

Andererseits, hätten wir überhaupt keine Schuldgefühle und könnten auch keine entwickeln, wir würden immer wieder Fehler machen. Es gäbe keinen Anreiz, unser Verhalten zu ändern oder zu verbessern. Wir würden keine sozialen oder moralischen Normen mehr beachten, auch Folgen unseres Handelns außer Acht lassen. Reumütige Mörder kämpfen bis zu ihrem Lebensende mit Schuldgefühlen. Psychopathen dagegen fühlen sich oft überhaupt nicht schuldig. Biologisch betrachtet, haben sich Schuldgefühle entwickelt als soziales Reparaturwerkzeug, mit dem verhindert wird, dass bestimmte Handlungen vorkommen oder sich wiederholen. Schuldgefühle stellen ein verbessertes Modell von uns her; legen unseren persönlichen Interessen Zügel an und schaffen Raum für altruistisches und soziales Verhalten. Freilich, Schuldgefühle sind unangenehm, langlebig zudem und schwer loszuwerden, aber sie regen dazu an, dass wir uns etwas einfallen lassen, um den Schaden, den wir womöglich angerichtet haben, wiedergutzumachen (zum Beispiel mit einer Entschuldigung); um ein kränkendes Verhalten abzustellen und für dessen Konsequenzen aufzukommen. Schuld ist ein starkes Motiv, um in moralisch und sozial akzeptabler Weise zu handeln und unser Verhalten zu korrigieren.

In diesem Kapitel will ich berichten, was die Neurowissenschaft über Schuldgefühle herausgefunden hat und wo im Gehirn sie sich verbergen. Zuvor aber möchte ich etwas sagen zum Verhältnis, in dem Schuldgefühle und Konzepte moralischer Reinheit zueinander stehen, und auch zu der besonderen Beziehung, in der sie zu Zeit und Gedächtnis stehen. Zuallererst jedoch möchte ich Ihnen kurz einige „Freunde der Schuld" vorstellen.

Bohrendes Schuldgefühl, bitteres Bedauern, heiße Scham

Schuldgefühle werden oft missverstanden und mit anderen Gefühlsregungen verwechselt, besonders mit Bedauern und Scham. Freilich bestehen Ähnlichkeiten zwischen diesen Emotionen, aber auch große Unterschiede.

Schuld und Bedauern haben mit Entscheidungen und Handlungen – und mit unterlassenen Handlungen – zu tun, die oft ungewollte Konsequenzen haben, Bedauern jedoch wiegt moralisch weniger schwer. Wir bedauern etwas, wenn das Ergebnis einer Entscheidung weniger wünschenswert ausfällt als erwartet oder sich als weniger vorteilhaft erweist als eine verworfene Option. Eine bedauernswerte Entscheidung aber fügt, im Unterschied zu einer schuldhaften Handlung, anderen keinen Schaden zu. Stellen wir uns zum Beispiel vor, jemand lässt nach einer Dusche seine Kleidung und seine Schuhe im Bad liegen. Der Nächste, der ins Bad geht, stolpert über die Sachen und bricht sich den Arm. In diesem Fall wird der Täter mit Bedauern auf den Vorfall reagieren. Wäre es aber sein kleiner Bruder gewesen, der hinfiel und sich den Arm brach, würde er sich wegen seiner Nachlässigkeit schuldig fühlen.[5] Bedauern ist auch das Gefühl der verpassten Chancen. Jemand mag sein Leben lang bedauern, dass er vier Jahre vergeudet hat, um Jura zu studieren, weil seine Eltern es so wollten, und erst später gemerkt hat, dass Jura eigentlich nichts für ihn ist und er besser Mathematik oder Kunst studiert hätte. Oder man bedauert, die schöne Frau neulich in der U-Bahn nicht angesprochen zu haben.

Interessanter ist der Unterschied zwischen Schuld und Scham. Diese beiden Gefühle sind sich in der Tat ähnlich, insofern, als beide unser moralisches Selbst ansprechen. Wenn wir uns schämen, schrumpfen wir zusammen, ziehen uns in uns selbst zurück. Wir fühlen uns unterlegen, unpassend, unwert. Am liebsten würden wir uns unsichtbar machen, in einem Erdloch verschwinden. Der erste Augenblick, in dem ich mich für etwas schäme, das ich getan habe, ist wie ein rasch aufflammendes Feuer, das mich verzehrt. Manchmal nistet sich Scham tief in unserer Seele ein und hinterlässt klaffende Wunden. Scham kann zerstörerisch sein.

Gefühle der Schuld und der Scham treten häufig zusammen auf. Durch die Reibung der Schuld entzündet sich die Hitze der Scham. Psychologisch gesehen, bestehen zwei wichtige, aber feine Unterschiede zwischen beiden.[6] Der erste bezieht sich auf Öffentlichkeit und Privatsphäre. Schuld ist eine private und einsame Erfahrung und von Grübeleien über die Missetat bestimmt, Scham dagegen bezieht sich auf die Öffentlichkeit, denn sie wird ausgelöst in der Begegnung mit anderen Menschen, ihren Urteilen über unser Verhalten, unsere vergangenen Fehler und Fehltritte, die für uns inakzeptabel oder beschämend sind. Grundsätzlich ist Schuld eine persönliche Angelegenheit, während Scham ein Publikum hat.[7]

Will man Schuld- und Schamgefühle unterscheiden, sieht man der betreffenden Person am besten ins Gesicht. Wer errötet, schämt sich. Erröten ist eine physiologische Reaktion, die von Schamgefühlen ausgelöst wird, nicht von Schuldgefühlen. Auch wenn Sie Ihr Gewissen beißt, erröten Sie nicht, weil Sie sich schuldig fühlen, sondern weil Sie daran denken, was die anderen von Ihnen halten werden. Auch reagieren wir empfindlicher auf Vorwürfe und Tadel als auf Lob und Bewunderung. Wangen, Hals, manchmal sogar die Ohren werden scharlachrot. Es kribbelt am ganzen Körper.[8]

Die Schuld abwaschen

Als ich über die Brücke zur Engelsburg ging, konnte ich nicht widerstehen, jenseits des Tiber die Schönheit von Sankt Peter zu bewundern: vollkommen und alles beherrschend. So wunderbar harmonisch und zugleich einschüchternd. Ich stand ein paar Minuten still und genoss den Blick, zog unter einem Himmel, der blauer nicht sein konnte, tief die Luft ein. Es war früher Morgen und ungewöhnlich ruhig in der Stadt. Schuld ist im Christentum ein alles durchdringendes Narrativ, vielleicht, denke ich, sein stärkstes Instrument, um zu moralischem Verhalten anzuspornen und es zu prägen. Schuld befleckt uns. Wir fühlen uns schmutzig. Sie hat mit Gefühlen der Unreinheit zu tun. Ständig erinnert uns die Kirche daran, dass wir Sünder sind, immer wieder fordert sie uns auf, uns durch Beichte von Schuld zu befreien, Buße zu tun und, wenn möglich, für Wiedergutmachung zu sorgen. Reinigende Handlungen sollen die moralische Unreinheit abwaschen. Die Taufe ist eine solche moralische Reinigung, das Wasser soll sogar die Erbsünde abwaschen, die wir mit Adam und Eva teilen, die den Apfel vom Baum der Erkenntnis pflückten.

Aber ob man religiös ist oder nicht, wenn man auf das Gewissen hört, wird schlechtes Verhalten Schuldgefühle erzeugen. Und wenn man sich schuldig fühlt, wirst man sich womöglich auch schrecklich, wenn nicht sogar abscheulich finden. Schuld ist innig mit Abscheu verbunden.

Evolutionsgeschichtlich bot die Fähigkeit, Abscheu oder Ekel zu empfinden, den Vorteil, dass verdorbene oder faule, möglicherweise infizierte Nahrung liegen blieb oder gemieden wurde. Abscheu ist ein Gefühl des Protests, es bittet um Rückkehr zur Reinheit, um Beseitigung von Elementen, die sie kontaminiert haben, um Trennung von diesen. Wir sagen zum Beispiel, wir sind „clean", wenn wir keine Drogen genommen haben. Wir sind auch „clean", wenn wir keine Krankheitserreger in uns tragen, wenn eine Untersuchung ergibt, dass keine Infektion durch Viren oder Bakterien vorliegt.

Und so wie dieser tief sitzende Ekel eine Reaktion auf physische Schadstoffe ist, so ist der von Schuld verursachte Abscheu ein Widerwille gegen moralische Verletzungen, eine moralische Empörung gegenüber Gedanken oder Handlungen, die wir nicht leiden können und bedauern. Vielleicht finden wir die Einstellung einer Person abscheulich. Wir können uns aber moralisch empören auch über ein ganzes politisches System oder über ein schreckliches Kapitel der Menschheitsgeschichte, auch sie können wir abscheulich finden. Aufgeladen und heftig hat sich das Gefühl moralischen Abscheus in letzter Zeit auf den Straßen vieler bedeutender Städte

SCHULD

bemerkbar gemacht: in Protestzügen gegen Habgier und Korrumpierbarkeit von Bankern und Politikern, wie sie sich im falschen Krisenmanagement zeigen. Was alle Demonstrierenden einte, war ein Gefühl der Empörung.

In vielen Sprachen wird moralische Integrität mit Bildern der Reinheit zum Ausdruck gebracht. Unser Gewissen zum Beispiel ist „rein", wenn wir uns, was unser Verhalten betrifft, nichts vorzuwerfen haben. Wer nie mit dem Gesetz in Konflikt gekommen ist, dessen Strafregister ist „sauber". Die Regionen unseres Gehirns, die an tiefen unwillkürlichen Ekelgefühlen vor verdorbenen Lebensmitteln beteiligt sind, überlappen sich mit solchen, die mit moralischer Empörung zu tun haben.[9] Wie aus einer Studie hervorgeht, waren Teile ihres orbitofrontalen Kortex aktiv, als Versuchspersonen zu entscheiden hatten, ob sie humanitäre Organisationen unterstützen oder ablehnen sollten, die zu Waffengesetzgebung, Todesstrafe oder Abtreibung Auffassungen vertreten, die den eigenen zuwiderlaufen.[10]

In einer anderen originellen und interessanten Studie wurde das Verhältnis zwischen Moral und körperlicher Reinheit untersucht: Es ging um Seife, um Geschichten und um antiseptische Mittel. Zuerst wollten die Wissenschaftler wissen, ob Menschen an körperliche Sauberkeit denken, wenn man sie mit Begriffen moralischer Unreinheit konfrontiert. Sie forderten die Teilnehmer ihrer Studie auf, sich an eine moralisch relevante, entweder ethisch einwandfreie oder aber verwerfliche Handlung zu erinnern und die Gefühlsregungen zu beschreiben, die damit verbunden waren. Anschließend wurden sie zu einem Buchstabenrätsel aufgefordert, bei dem sie lückenhafte Buchstabenfolgen zu sinnvollen englischen Wörtern ergänzen sollten. Zum Beispiel:

W _ _ H
S H _ _ E R
S _ _ P

Überlegen Sie einen Augenblick, wie würden Sie die Leerstellen ausfüllen? Nun, der Studie zufolge hängt die Antwort vor allem vom aktuellen Bewusstseinszustand der Ratenden ab. Aus der Untersuchung ergab sich, dass diejenigen, die an eine verwerfliche Handlung gedacht hatten, eher zu Wörtern wie WASH, SHOWER und SOAP fanden, die offensichtlich mit Reinigung zu tun haben. Anders die Teilnehmer, die ethisch einwandfreie Handlungen vor Augen hatten. Ihnen fielen eher neutrale Wörter ein, WITH, SHAKER und SHIP etwa. Zuletzt sollten sich alle Teilnehmer, gleichgültig an welche Art von Handlung sie sich erinnert hatten, ein kleines Geschenk aussuchen. Zur Auswahl standen ein Stift und ein antiseptisches Wischtuch. Fünfundsiebzig Prozent derjenigen, die an eine ethisch verwerfliche Geschichte gedacht hatten, entschieden sich für das Wischtuch![11]

Schuld und Zeit

Zu einem der regelmäßigen Besuche, die der irische Schriftsteller Samuel Beckett dem Maler Avigdor Arikha und der Dichterin Anne Atik, seinen nächsten Freunden in Paris, abstattete, schleppte er eine schwere Ausgabe von Kants gesammelten Werken mit. In ihren Erinnerungen an diese wunderbare Freundschaft erzählt Anne Atik, ausgerechnet zwischen den Seiten der *Kritik der reinen Vernunft* habe der kurze Entwurf eines Gedichts mit dem Titel *Petit Sot* (Kleiner Dummkopf) gesteckt – es handelte von Becketts erstem bewusst erlebten Schuldgefühl.[12] Im Alter von fünf oder sechs Jahren hatte er in kindlicher Unschuld einen Igel in einen Schuhkarton gesperrt. Er hatte das Tier gefunden, liebte es von ganzem Herzen und wollte es natürlich beschützen, fütterte es auch täglich mit Würmern – bis er eines Morgens zu seinem namenlosen Entsetzen feststellen musste, dass es gestorben war. Diese Geschichte hat Beckett, wie Anne Atik schreibt, seinen Freunden mehrfach erzählt. Sein ganzes Leben lang habe sie ihn verfolgt, und es sei ihm nie gelungen, sie zu unterdrücken. So tief habe sie ihn berührt, dass er sie in einem Gedicht zum Ausdruck bringen musste.

Emotionen stehen ganz generell in einer besonderen Beziehung zum Gedächtnis. Emotional unbedeutende Ereignisse werden leicht vergessen, Situationen dagegen, die mit starken, ob positiven oder negativen, Gefühlen einhergehen, schlagen tiefe Wurzeln. Schuldgefühle interpunktieren unsere Biografie mit Erinnerungen, die tief in unsere Vergangenheit zurückreichen. Ich kann mich heute noch an Ereignisse in meiner Kindheit erinnern, die Schuldgefühle in mir weckten, auch an die „kleinen Missetaten", von denen Darwin im Zusammenhang mit den Schuldgefühlen seines Sohnes spricht. Zum Beispiel werde ich, so lange dies auch her ist, nie den Augenblick vergessen, in dem ich den Stuhl wegstieß, auf den sich meine Schwester setzen wollte, sodass sie hart auf den Boden schlug und sich eine große Schramme holte. Meine Eltern schalten und bestraften mich dafür.

Eine Menge Untersuchungen haben sich mit autobiografischen Erinnerungen beschäftigt, die mit Schuldgefühlen verbunden sind. Eine Studie ging vor allem der Frage nach, wie sich solche Erinnerungen über die Zeit verteilt haben.[13] Unterscheiden sich moralisch relevante von anderen emotionalen Erinnerungen? Sind schuldbeladene Ereignisse, Taten oder Unterlassungen besonders einprägsam?

Ein Psychologenteam weckte moralische Erinnerungen der Teilnehmer, indem es ihnen Stichworte gab, die mit positiven wie negativen moralischen Gefühlen oder Handlungen zu tun haben: zum Beispiel „ehrlich", „verantwortlich", „betrügerisch", „hinterhältig". Dabei kam heraus, dass Erinnerungen der Teilnehmer an positive moralische Gefühle und Handlungen meistens aus der jüngeren Vergangenheit stammten, solche an moralisch negative Ereignisse dagegen waren überwiegend auf weiter zurückliegende Perioden ihres Lebens begrenzt. Diese Ergebnisse sind ein zusätzlicher Beweis dafür, dass moralisch schwerwiegende Taten, auch solche, die mit Schuld verbunden sind, nicht leicht zu vergessen sind: Wir können uns an sie auch dann noch erinnern, wenn sie in einer fernen Vergangenheit stattfanden. Noch auf einen weiteren interessanten Punkt machen die Resultate dieser Studie aufmerksam. Es scheint, als hätten Erinnerungen an moralisch fragwürdige Ereignisse eine Schlagseite, so als brächten wir in biografischen Erzählungen unsere jüngere Vergangenheit gern mit Taten in Verbindung, die uns als „gut" erscheinen lassen, während wir negative Handlungen in die fernere Vergangenheit abschieben. Wir erkennen zwar an, dass wir schlecht gewesen sind, ziehen es aber vor zu glauben, dass wir gegenwärtig bessere Menschen sind als früher. Dass wir gerne glauben würden, mit der Zeit bessere Menschen geworden zu sein, passt zu der Annahme, dass moralische Gefühle wie Schuld in unserem Leben auf Wiedergutmachung zielen.

Wahlmöglichkeiten

Bedenken Sie folgendes Dilemma: An einem Sonntagnachmittag, einem strahlend frischen Frühlingstag, fahren Sie zum Hochzeitsfest eines Freundes in einem schönen Haus außerhalb der Stadt.[14] Während sich alle im Haus aufhalten, erwartungsvoll in der Nähe des Büfetts, genießen Sie die frische Luft und erkunden die Gartenanlage, bis das Gedrängel am Büfett sich gelegt hat. Auf Ihrem Spaziergang kommen Sie zu einem flachen Fluss und bemerken ein Kind, das kurz vorm Ertrinken ist. Verzweifelt versucht das Mädchen, sich über Wasser zu halten. Was werden Sie tun? Ihr erster Impuls ist, das Kind so schnell wie möglich zu retten. Es wäre eine Kleinigkeit. Doch Sie wissen auch, dass Sie auf diese Weise den neuen Designer-Anzug ruinieren würden, der über 2000 Pfund gekostet hat.

In einer solchen Situation wird kaum jemand zögern. Kein Produkt der Haute Couture kann schließlich das Leben eines Kindes aufwiegen. Es wäre ein moralisch unvorstellbarer, gemeiner und erbärmlicher Akt, ein Kind ertrinken zu lassen, bloß um ein Kleidungsstück nicht zu ruinieren, so elegant und kostspielig es gewesen sein mag. Ließe man das Kind sterben, würde man sich sein Leben lang Vorwürfe machen.

Nun eine andere Situation. Sie kommen eines Abends nach Hause und finden den Brief einer internationalen Wohltätigkeitsorganisation vor, die Sie daran erinnert, dass Kinder in einigen Teilen Afrikas keinen Zugang zu sauberem Trinkwasser haben. Sie müssten eine nicht allzu hohe Summe spenden, sagen wir einhundert Euro oder weniger, und könnten damit leicht das Leben von zumindest einem dieser Kinder retten. Und es ginge auch ganz schnell, Sie müssten nur die Kreditkarte zücken, das Formular auf der Webseite der Organisation ausfüllen und das Geld in Richtung des Kindes schicken, das in Not ist. Zugleich aber wissen Sie, dass Sie sich mit dem Geld bei einem Besuch in der Bond Street einen Armani-Anzug oder ein anderes Luxusteil leisten könnten – etwas, das für Ihr Überleben nicht notwendig wäre, Sie aber schon immer haben wollten. Was würden Sie in diesem zweiten Fall tun?

Für Moralphilosophen besteht zwischen beiden Szenarien kein Unterschied. In beiden Fällen geht es um das Leben eines Kindes. Doch angesichts der Wahlmöglichkeiten im zweiten Fall finden es die meisten Menschen akzeptabel und moralisch unbedenklich, den Brief der Wohltätigkeitsorganisation beiseitezulegen und die Bitte zu ignorieren, irgendwo in der Welt ein Kind zu retten. Die meisten Menschen können das, ohne dabei Gewissensbisse zu spüren. Sie fühlen sich vielleicht ein bisschen schuldig, wenn sie beim Einkaufen mal wieder richtig zugeschlagen haben, für gewöhnlich aber hindert sie das nicht daran, auch das nächste Mal shoppen zu gehen.

Der Philosoph und Neurowissenschaftler Joshua Greene, der die obigen Szenarien für seine Studien einsetzte, meint, der Unterschied zwischen beiden Situationen liege darin, wie nahe sie uns emotional berühren. Wenn wir ein ertrinkendes Kind sehen, werden unsere Emotionen direkt stimuliert. Die Nähe zu dem Kind, seine Not, das Risiko, dass es stirbt – wir hören es rufen, hören, wie seine Händchen auf das Wasser schlagen –, seine verzweifelte Aufforderung zu helfen, all das sendet eine direkte Botschaft an unsere emotionalen Netzwerke im Gehirn. Ein Brief dagegen, der mit der Post kommt und in dem es ebenfalls um Kinder geht, die vom Tod bedroht sind, dies aber weit weg von uns, berührt uns vermutlich nicht so sehr. Wenn ich nicht spende, wird es wohl ein anderer tun.

Wie wir gesehen haben, besteht kein Zweifel, dass die Emotion das moralische Urteil beeinflusst.

Den eindrucksvollen Geschichten des vorigen Kapitels konnten wir entnehmen, dass Schädigungen des präfrontalen Kortex, in Arealen, die orbitofrontale und ventromediale Bereiche überlappen, Menschen hemmungslos und unzurechnungsfähig machen; sie können ihr Sozialverhalten nicht mehr kontrollieren und verlieren das Gefühl für gesellschaftliche Normen und Angemessenheitsstandards, neigen also dazu, Werte zu verletzen. In manchen Fällen, wenn es sich um Schädigungen handelt, die auf unausgeheilte Krankheiten oder auf entwicklungsbedingte Störungen zurückgehen, sind die Betroffenen nicht in der Lage, ihre Aggressionen zu zügeln und Gewalt zu vermeiden. Manche verhalten sich soziopathisch und zeigen kein oder kaum Schuldbewusstsein. Das Kartenspielexperiment hat gezeigt, dass Emotionen unser Handeln und unsere Entscheidungen bestimmen.

Greene und seine Kollegen setzten bildgebende Verfahren ein, um herauszufinden, wie das Gehirn arbeitet, wenn wir vor einem solchen Dilemma stehen. Auf den Bildern zeigte sich der graduelle Unterschied von „persönlicher Relevanz" und „emotionaler Nähe": Waren Situationen wie die mit dem ertrinkenden Kind zu beurteilen, wurden Gehirnregionen aktiviert, die mit Emotionen verbunden sind; bei Entscheidungen der Art, ob man Geld nach Afrika schicken soll oder nicht, werden dagegen genau diese Regionen nicht aktiviert.

Joshua Greene und andere haben ihre Ergebnisse dahingehend interpretiert, dass es einen evolutionsbiologischen Grund dafür gibt, dass wir das Kind schleunigst aus dem Wasser ziehen, den Spendenbrief aber eher beiseitelegen. Evolutionsgeschichtlich betrachtet, ist der Empfang eines Briefes oder einer E-Mail, in der um Geld für ein Kind in einem weit entfernten Land gebeten wird, ein sehr junges, modernes Szenario, das durch die heutigen globalen Kommunikationsnetze ermöglicht wird. Vermutlich ist es unseren biologischen Vorfahren häufiger als uns passiert, dass sie Menschen in Gefahr unter Einsatz ihres Lebens retten mussten. Unser Gehirn und besonders die Gehirnströme, die Emotionen vermitteln, sind Tausende von Jahren darauf trainiert worden, auf moralisch konnotierte Situationen dieser Art zu reagieren. Dagegen haben unsere Reaktionen auf Hilferufe von Kindern aus weit entfernten Ländern keine vergleichbar lange evolutionäre Verstärkung erfahren.[15] Die Entscheidung, zu ihrer Rettung beizutragen, setzt ein höher entwickeltes Denken voraus.

Schuldgefühle sitzen tief

Schuldgefühle sind entscheidend für dilemmatische Situationen wie die oben beschriebenen. Wenn Sie dem Kind nicht helfen, heißt das, dass Sie eine unglaublich schwere Last mit sich herumzutragen haben; spenden Sie nicht, dann hindert Sie nichts daran, Ihr bequemes Leben weiterzuführen, zumindest wird Ihr Schuldgefühl weitaus geringer sein, wenn Sie weiterhin Geld ausgeben für Luxusartikel und Dinge, die Sie eigentlich nicht brauchen.

Wie ich schon sagte, haben Schuldgefühle im Wesentlichen mit Wahlmöglichkeiten zu tun, die unmittelbar oder mittelbar Auswirkungen auf andere haben oder Normen verletzen, die in einer Gesellschaft gelten, explizit niedergelegt in Strafgesetzbüchern, implizit enthalten in Sitten und Konventionen.

Lange Zeit gehörten Schuldgefühle in den wissenschaftlichen Bereich der Psychologie, nicht der Neurologie. Es ging darum, Entscheidungsprozesse, Einstellungen und Verhaltensweisen bei moralischen Entscheidungen individuell oder in simulierten sozialen

EIN UNAUSLÖSCHLICHER MAKEL

Gruppen zu testen. Nun versuchen Wissenschaftler, solche Experimente und Testverfahren mit der aktuellen Hirnforschung zu verbinden. Diese setzt heute bildgebende Techniken ein, insbesondere die funktionelle Magnetresonanztomographie (fMRT), mit der sich der Blutfluss im Gehirn nachweisen und in Bilder übersetzen lässt. Inzwischen ist die fMRT zur maßgeblichen Methode geworden, um die Tätigkeit des Gehirns in Echtzeit abzubilden – eine in der Tat gewaltige Aufgabe.

Die bekannten Metaphern für die Übermacht und Langlebigkeit von Schuldgefühlen führen leicht zu der bildhaften Vorstellung, dass Schuldgefühle tief im Gehirn sitzen, dort in versteckten Neuronen eingeprägt unaufhörlich pochen, wie das Stechen einer nicht zu unterdrückenden bösen Erinnerung. Wenn wir uns schuldig fühlen, heißt das, dass irgendein Teil unseres Gehirns ununterbrochen Schuldgefühle feuert? Immerhin fühlen wir Schuld, auch wenn sie sich generell nicht abweisen lässt, besonders heftig, wenn wir an unsere Missetaten erinnert werden.

Studien, die den neuralen Sitz der Schuldgefühle erforschen, haben bislang aufgezeichnet, was in den Gehirnen von Versuchspersonen geschieht, wenn sie mit verschiedenen moralischen Szenarien konfrontiert werden. In einigen Fällen sollten sie hypothetische Drehbücher mit sozialen und moralischen, dem oben diskutierten Dilemma ähnlichen Stoffen beurteilen oder entscheiden, ob sie jemandem Schaden zufügen oder nicht. In anderen Versuchsanordnungen wurden die Teilnehmer mit Szenarien konfrontiert, die insofern emotional aufgeladen waren, als es um soziale Regelverletzungen wie physische Aggressionen ging; in anderen Situationen wiederum sollten sie Sätze lesen oder hören, in denen es um Schuld ging.[16]

Eine etwas andere Studie haben Ullrich Wagner und Kollegen an der Berliner Charité durchgeführt; es handelt sich um ein insofern besonderes Experiment, als sie erkunden wollten, wo sich der neurale Sitz eines persönlichen und uns bewussten Schuldgefühls befindet, das in der Erinnerung an schuldhaft erlebte Ereignisse entsteht; etwa in Becketts peinigender Erinnerung an den in seiner Obhut gestorbe-

83

nen Igel.[17] Eine weitere Besonderheit dieser Studie war, die Stelle im Gehirn anzugeben, an der sich das Schuldgefühl verbirgt, und zwar mittels eines Vergleichs zwischen den Vorgängen im Gehirn zum Zeitpunkt der Erinnerung an ein schuldhaftes Verhalten, der Erinnerung an Scham, die falsche Freundin der Schuld, und der an Trauer, ein weniger verwandtes Gefühl. Zu diesem Zweck baten die Forscher ein gutes Dutzend Versuchspersonen zunächst, Ereignisse in ihrer Vergangenheit (seit ihrem sechzehnten Lebensjahr) zu benennen, die tiefe und mächtige Schuldgefühle, aber auch die beiden anderen Emotionen nach sich zogen.

Ohne die Emotionen direkt zu benennen, nach denen sie suchten, forderten die Wissenschaftler die Teilnehmer auf, solche Ereignisse zu beschreiben, bei denen es um die Überschreitung von Regeln oder um Verletzungen anderer Personen ging (dies galt den Schuldgefühlen); oder Situationen, in denen die persönliche Ehre oder der gute Ruf des Betreffenden auf dem Spiel gestanden hatte, zuletzt noch Verlusterfahrungen (was über Schamgefühle und über Trauer Auskunft geben sollte). Die Grundemotionen wurden deshalb nicht genannt, die Situationen also nur objektiv beschrieben, damit die Beiträge der Teilnehmer einerseits etwas Gemeinsames hatten und zugleich frei waren von Einseitigkeiten, wie sie sich aus der je persönlichen Definition der drei Gefühle ergeben könnten. Zusätzlich sollten die Teilnehmer zu jedem Ereignis auf ihrer Liste Schlüsselwörter hinzufügen, die sie vermutlich veranlasst hatten, sich an das betreffende Ereignis zu erinnern. Hatte jemand zum Beispiel bei einer Geschichtsprüfung geschummelt, könnte er „Geschichte" als zugehöriges Schlüsselwort angeben, hätte aber auch sagen können: „Regen", wenn es nämlich zum Zeitpunkt des beschriebenen Ereignisses geregnet hätte. Während des Scan-Verfahrens wurden den Teilnehmern die erinnerungsträchtigen Schlüsselwörter zugerufen, und sie wurden aufgefordert, die Emotion wiederzubeleben, die sie während des schuldhaft erlebten Ereignisses hatten. Bei den beiden anderen Gefühlen verfuhren die Forscher ähnlich.

Da das Experiment darauf angelegt war, Erinnerungen wachzurufen, stellten die Wissenschaftler bei ihrer Analyse der Gehirnscans, wie zu erwarten, Aktivitäten in den Bereichen des Gehirns fest, die am Aufsuchen von Erinnerungen beteiligt sind. Doch verwiesen die bildgebenden Verfahren auch auf Veränderungen in den vorderen Gehirnpartien, im präfrontalen Kortex. Vereinfacht ausgedrückt waren, als die Schuldgefühle ausgelöst wurden, ein Teil des orbitofrontalen und Teile des dorso-medialen präfrontalen Kortex) aktiviert. Dies jedoch war nicht der Fall, und das ist entscheidend, als Scham- und Trauergefühle aufgelöst wurden (Abb. 4). Dies Ergebnis kann, angesichts dessen, was wir über diese beiden Bereiche des präfrontalen Kortex wissen, nicht überraschen. Denn Schuldgefühle haben mit Wahlmöglichkeiten und moralischen Entscheidungen zu tun, also mussten wir auch erwarten, dass sie in den Bereichen des Gehirns am Werk sind, deren Aufgabe die Verhaltenskontrolle ist und die eine hemmende Funktion haben, die dann gebraucht wird, wenn wir über mögliche schädliche Folgen unseres Handelns nachdenken.[18]

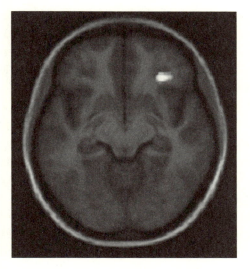

(4) Gehirnaktivität bei Schuldgefühlen (nach Wagner u. a., 2011, mit Genehmigung der Oxford University Press)

Aber können Gehirnscans wirklich Schuldgefühle darstellen? Was heißt es eigentlich, wenn „aufleuchtende" Hirnregionen gefunden werden, sobald sich Probanden an schuldhaftes Verhalten erinnern? Verwegen wäre die Behauptung, wir hätten den tiefen Sitz von Schuldgefühlen mit Hilfe von Gehirnscans auch nur annähernd kartiert, und wir können schon gar nicht sagen, eine bestimmte Region sei für Schuldgefühle zuständig, aber nicht, beispielsweise, für Gefühle der Scham und des Bedauerns.

Die Vorstellung, bildliche Darstellungen des Gehirns könnten Schuldgefühle quasi in ihrem neuralen Substrat einfangen, hilft uns nicht viel weiter, wenn wir verstehen wollen, warum es so schwer ist, Gewissensbisse loszuwerden, und noch schwerer, sie zu beschwichtigen.

Doch während meiner Tage in Rom habe ich einen noch besseren Einblick in das gewonnen, was Schuld ist – allerdings durch ein anderes Bild, nämlich ein zeitloses Gemälde in einem Museum.

Ein rastloses Genie

Von der Piazza del Popolo stieg ich die vielen Stufen hinauf zum Pincio. Vor meiner Reise nach Rom hatte mir ein befreundeter Bildhauer, ein leidenschaftlicher Verehrer Caravaggios, der sich zudem für das Problem der Schuld interessiert, geraten, mir die Caravaggios in der Villa Borghese anzusehen: vor allem den *David mit dem Kopf des Goliath*, die Leinwand mit der biblischen Geschichte von Davids Triumph über den Philisterriesen Goliath (Abb. 5), die in einem relativ kleinen Raum neben vielen anderen Werken hängt.

Die Schlange vor dem Eingang zur Villa war lang, doch endlich kam ich hinein und fühlte mich unter all diesen außergewöhnlich schönen Kunstgegenständen aus Renaissance und Barock glücklich in alte Zeiten versetzt. Eine Menge Touristen schwärmten durch die heißen Räume, schritten andächtig über die wundervollen Marmorfußböden und um die Statuen herum. Als ich in die Nähe meines Ziels gelangte, hatte sich eine kleine Gruppe vor dem Gemälde versammelt, und ich wartete, bis sie weitergezogen war und ich mich direkt vor das Gemälde stellen konnte. Dieser Anblick prägt sich wohl unauslöschlich ein. Es ist ein dunkles, sehr eindringliches Bild, und Sie spüren, es verbirgt sich etwas Unheilvolles in ihm. Caravaggio ist ein Meister des Chiaroscuro – des Ausdrucks durch scharfe Kontraste zwischen Hell und Dunkel –, und das kommt in diesem Bild besonders vollkommen zur Geltung. Von jedem Quadratzentimeter der Leinwand geht etwas Düsteres aus. Ein abgetrennter, noch blutender Kopf baumelt, an den Haaren gehalten, von der einen Hand Davids herab, in der anderen hält er glänzend das Schwert, mit dem er den tödlichen Streich geführt hat.

(5) Caravaggio, *David mit dem Kopf des Goliath* (1605, © Alinari Archives/Corbis Images)

SCHULD

Kunst ist ein mächtiges Mittel, um Gefühlsregungen zu wecken und einen Dialog zu stiften zwischen einem Objekt und dessen Betrachter.[19] Dieser Effekt des Sehens setzte bei mir sofort ein. Überwältigt von diesem Bild fühlte ich, wie es zusammenklang mit meinen schwierigen Gedanken dieses Morgens. Das wurde noch deutlicher, als ich mehr erfuhr über die Umstände seiner Entstehung und über das Leben dieses außerordentlichen Malers.

Geboren in Mailand und aufgewachsen in der Kleinstadt Caravaggio, kam Michelangelo Merisi (1571–1610) – der später einfach nach seinem Herkunftsort genannt wurde – mit etwa zwanzig nach Rom, begierig auf Erfolg suchte er eine Umgebung, in der er sein künstlerisches Talent entfalten konnte. Innerhalb weniger Jahre wurde er zum berühmtesten Maler der Stadt.[20]

Arrogant, rücksichtslos, leicht erregbar und empfindlich – Caravaggio war gewiss kein einfacher Mensch. Im Gerichtssaal war Caravaggio kein Fremder, sein Strafregister konnte es mit seinen künstlerischen Leistungen aufnehmen, denn er war, wenn er nicht malte, ständig in tätliche Auseinandersetzungen verwickelt. Die Anklagen lauteten auf Belästigung von Frauen, Prügeleien mit Wachen und Angriffe auf Kellner – einem hat er einmal einen Teller Artischocken an den Kopf geworfen. Auch wegen Verleumdung stand er vor Gericht.

Das Bild von David und Goliath entstammt einer besonderen Episode in Caravaggios Leben. Am Abend des 28. Mai 1606, einem Sonntag, wurde dieser Genius der römischen Kunstwelt, damals fünfunddreißig Jahre alt, in einen Fechtkampf verwickelt, der mit dem Tod seines Gegners endete und ihn für sein restliches Leben zum Flüchtling machte.

Caravaggio wurde als Mörder verurteilt und mit dem *bando capitale* bestraft, das heißt, jeder, der ihn aufstöberte, konnte ihn der zuständigen Behörde melden oder direkt töten und seinen Kopf – sein *caput* – der Behörde übergeben.

Caravaggio auf der Flucht, fern von Rom, hörte nicht auf, sich nach dem Kick zu verzehren, den ihm die Stadt Rom gegeben hatte.

In dieser Periode – das Exil war einer seiner dunkelsten und härtesten Lebensabschnitte – malte er ununterbrochen. Trotz oder gerade wegen seiner düsteren Stimmung und seiner Untröstlichkeit schuf er im Exil seine ausdrucksstärksten Bilder, darunter das, vor dem ich nun stand.

Noch eine weitere für das Bild aufschlussreiche Einzelheit muss ich erwähnen. Vor Caravaggio hatten verschiedene Künstler diese berühmte Szene, in der das Gute über das Böse siegt, gemalt und dabei sich selbst als David porträtiert. Caravaggios Version nun ist insofern einmalig, als hier der abgeschlagene Kopf des Goliath zugleich ein Selbstporträt des Malers ist. Das Gemälde zeigt David als offen und ehrlich, nicht sonderlich begeistert über seinen Sieg, eher schon voller Mitgefühl und Erbarmen. Caravaggios Gesicht dagegen ist gequält und vom Tod schwer entstellt.

Der kompositorische Einfall, dem Betrachter seinen abgeschlagenen Kopf zu präsentieren, lässt sich als Zeichen für die Reue des Malers über seine Taten deuten, zugleich als Versuch, seine Schuldgefühle zu besänftigen.

Auf Davids Schwert, nahe am Griff, befindet sich ein Akronym, das nur lesbar ist, wenn man ganz nah ans Bild herantritt: H. OC. S. Diese Buchstaben stehen für die lateinischen Worte *humilitas occidit superbiam*: Die Demut ist der Tod des Stolzes. Der Spruch geht wahrscheinlich auf Augustinus' Gedanken zu Psalm 33 zurück, in denen er Davids Sieg über Goliath mit Christi Triumph über den Teufel vergleicht.[21] Das Gute siegt über das Böse. In einem einzigen Bild haben wir die verschiedensten moralischen Gefühle beieinander. Schuldgefühl kann, von Demut gestützt, zu gutem Verhalten zurückführen.

Die Wahrheit des Kontexts

Es ist natürlich überhaupt nicht sicher, ob Caravaggio tatsächlich Schuldgefühle hatte. Bei seiner turbulenten Vergangenheit mit Verbrechen, Tätlichkeiten und Gewalt könnte es sehr wohl sein, dass er keine hatte. Dass er sein eigenes Gesicht als Modell nahm, als er seinen Goliath malte, ist kein sicherer Beweis für Gewissensbisse des Malers. Dokumente jedenfalls oder Briefe, die eine wirkliche Reue bezeugen, sind nicht überliefert. Manche sind der Ansicht, das Selbstporträt als Goliath sei nur ein weiterer Ausdruck seines Narzissmus.[22] Vielleicht war das Bild tatsächlich nur ein geschickter Schachzug, um sein Ansehen zurückzugewinnen und sich die Tore Roms wieder zu öffnen. Caravaggio schickte das Bild einem mächtigen Gönner in der Ewigen Stadt, Kardinal Scipio Borghese, Kardinalgroßpönitentiar im Vatikan, um Vergebung zu erlangen und die Stadt wieder betreten zu dürfen, aus der er in Schande geflohen war.[23] Sein unleugbares Talent, seine ungeheure Vorstellungskraft und seine Sensibilität müssen jeden gepackt haben, der bereit war, ihm eine neue Chance zu geben. Wenn er die Absicht hatte, ein tiefes Schuldgefühl und Reue mitzuteilen, dann ist ihm das gelungen. Er wusste bestimmt, wie er mit der emotionalen Macht seiner Bilder die Sympathie des Betrachters gewinnen konnte.

An dieser Stelle müssen wir uns kurz den geschichtlichen Kontext von Caravaggios Leben vergegenwärtigen. Im damaligen Rom waren Mord und Totschlag nicht selten. Die Sitten und Umgangsformen, das Elend in der Stadt waren Nährboden für häufige tätliche Auseinandersetzungen, Überfälle und Morde. Rom war ein täglicher Zirkus, ein chaotischer und gefährlicher Ort. Das heißt nicht, dass, um die Wende zum siebzehnten Jahrhundert, Morde auf die leichte Schulter genommen wurden oder straflos blieben. Aber sie waren häufig. Die anatomische Genauigkeit und realistische Unmittelbarkeit körperlicher Gewalt in Caravaggios Bildern reflektieren unmittelbare Erfahrungen mit der Gewalt, der er auf der Straße begegnete. Schuld und Scham werden auch deshalb zu moralischen Gefühlen, weil sie von den Werten des gesellschaftlichen Kontextes abhängig sind. Als moralische Gefühlsregung wird Schuld von Verhaltenscodes und -normen der Kultur beeinflusst, in der sie erlebt wird. Bestimmte Handlungen und Redewendungen gelten in der einen Kultur als anstößig, in einer anderen als unschuldig. In Großbritannien war Homosexualität bis 1967 ein Straftatbestand. In fast allen Religionen gilt sie noch immer als Sünde, und in verschiedenen Ländern, in Uganda etwa und den Vereinigten Arabischen Emiraten, steht sie weiter unter Strafe.

Einen Menschen zu töten, würde heute niemals als akzeptable Praxis oder als entschuldbare Tat betrachtet (obwohl es Länder gibt, die aus unerklärlichen Gründen die Todesstrafe beibehalten). Wenn sie jedoch die Schwere einer Mordtat zu beurteilen haben, berücksichtigen Gerichte rechtfertigende Gesichtspunkte – Notwehr zum Beispiel. In Ländern wie Italien wurden Ehrendelikte bis in die frühen 1980er Jahre gewöhnlich milder bestraft. In einer Gesellschaft, in der eine Tat nicht verpönt ist oder als ungesetzlich gilt, haben die Täter normalerweise kein habituelles Schuldgefühl. Dem biologischen Apparat, der Schuldgefühle verursacht, wird die Verausgabung von Energie erspart. Moralbegriffe und Normen unterliegen gesellschaftlichen Veränderungen, und unsere biologische Fähigkeit, moralische Entscheidungen zu treffen und sich, im negativen Fall, ihretwegen schuldig zu fühlen, passt sich entsprechend an.

Caravaggio erhielt schließlich die Vergebung des Vatikan, aber er erreichte Rom nicht mehr, weil er auf seinem Weg dorthin unter mysteriösen Umständen ums Leben kam.

Würde er heute leben, er wäre sicher ein interessanter Kandidat für neurologische Studien, sowohl zur Erforschung des neuralen Sitzes der Schuldgefühle als auch zur gründlichen Untersuchung seines umfangreichen Registers gewalttätiger und rebellischer Taten. War er Träger der kurzen Version des MAO-A-Gens? Wie sah sein präfrontaler Kortex aus? Spielten seine einsame Kindheit und seine zerfallende Familie eine Rolle für den Ausbruch seiner Gewalttätigkeit? Wir werden das nicht beantworten können.

SCHULD

Aber die unvergleichliche Qualität seiner Kunst, seine enorme Phantasie und seine Fähigkeit, den flüchtigen Regenbogen von Gefühlsregungen auf Leinwand zu bannen, bringen mich zu der Überzeugung, dass er sich unbehaglich gefühlt haben muss, nachdem er den Mord begangen hatte, und dass er von Schuldgefühlen nicht verschont blieb.

Was ist los in diesen Farbflecken?

Wenn ich, um eine möglichst authentische Darstellung der Schuld zu finden, einen Gehirnscan mit einem Gemälde von Caravaggio vergleiche, mag das meinen Lesern neu sein oder ungewohnt erscheinen. Aber schauen wir uns beide „Bilder" noch einmal genau an, zuerst den Farbfleck, den eine funktionelle Magnetresonanztomographie liefert, und dann das Gemälde. Von beiden ist anzunehmen, dass sie das Gefühl der Schuld zur Darstellung bringen. Beide sind, jedes in seiner Art, starke Bilder. Der Scan ist sehr technisch und schwer zu lesen, wenn man sich in der Gehirnanatomie nicht auskennt. Wo genau befindet sich dieser Fleck, wenn man versucht, sich ihn im eigenen Gehirn vorzustellen? Was bedeuten das Hellrot und die Gelbschattierungen wirklich? Das Gemälde wiederum ist zweifellos intensiv und düster, verlangt vielleicht auch Wissen und eine Deutung, die nicht nur Caravaggios Behandlung des Lichts und dessen kommunikative Macht einbezieht. Gleichwohl, beide Bilder erregen die Aufmerksamkeit des Betrachters.

Gute Gehirnscans, besonders von Personen, die Schuld oder andere Gefühlsregungen erleben, gibt es jede Menge. Gefühlsregungen werden durch Gehirntätigkeiten vermittelt. Ebenso wie es hilfreich ist, die äußeren Manifestationen von Gefühlsregungen, den Gesichtsausdruck, die Leitfähigkeit der Haut und Körperbewegungen zu beobachten, können wir auch wesentliche Komponenten der Emotionen erkennen, wenn wir Gehirnscans betrachten.

Der größte Vorteil der fMRT besteht darin, dass wir das Gehirn beobachten können, ohne den Schädel zu öffnen. Früher musste man, um die Windungen und Furchen des Gehirns zu studieren, durch die Schädeldecke bohren oder ein Gehirn außerhalb des Kopfes untersuchen. Heute können wir sehen, was im Gehirn vor sich geht, während es mit allen möglichen Aufgaben beschäftigt ist. Dabei liefert die fMRT keine bloßen Schnappschüsse, eher so etwas wie Standbilder aus einem Film. Sie ist darauf angelegt, die Hirntätigkeit in Zeit und Raum einzufangen. Das ist ein gewiss unglaubliches und beispielloses Privileg. Allerdings gibt es noch Probleme mit dem Maßstab und der Auflösung.

Eine genaue und gründliche Erklärung dessen, was geschieht, wenn man sich in den großen fMRT-Scanner legt, würde bedeuten, dass wir uns mit komplizierten Problemen von Technik und Quantenmechanik befassen müssten; doch die wesentlichen Merkmale dieser Technik sowie ihre Stärken und Grenzen lassen sich auch ohne ein Physikstudium begreifen.[24]

Vorab: Es ist es nicht ganz richtig, wenn man sagt, die Farbflecken oder Blobs, die sich beim Gehirnscan von einem grau-schwärzlichen Hintergrund abheben, seien direkte Signale von Gehirnaktivität. So genau sie zu lokalisieren sein mögen, zunächst bedeuten die Blob-Signale der fMRT nicht viel mehr, als dass sich in diesem Bereich viel Sauerstoff befindet, der durch einen gesteigerten Gehirnstoffwechsel dorthin gelangt ist und den die Neuronen brauchen, um zu arbeiten – ähnlich wie Blut zum Magen strömt, wenn Speisen verdaut werden, damit der Körper Nährstoffe aufnimmt.

Grundsätzlich braucht das Gehirn zur Erfüllung einer mentalen Aufgabe – etwa sich an eine siebenstellige Zahl zu erinnern, eine Aufgabe, die den präfrontalen Kortex in Schwung bringt – Energie. Und woher kommt diese? Nicht anders als Muskelzellen brauchen auch die Neuronen Glukose, die durch Sauerstoff aufgespalten wird.[25] Dieser wiederum wird durch das Hämoglobin im Blut zu dieser Stelle transportiert, die arbeitet und Energie braucht. Was nun mit Hilfe der fMRT tatsächlich festgestellt wird, ist das Verhältnis zwischen der Menge des herangeschafften frischen Sauerstoffs

SCHULD

und des bei der Durchführung der Aufgabe verbrauchten Sauerstoffs: angezeigt durch die Sauerstoffmoleküle auf den Hämoglobinmolekülen in diesem Bereich. Die „oxygenierten" (mit Sauerstoff angereicherten) beziehungsweise desoxygenierten Formen des Hämoglobins haben unterschiedliche magnetische Eigenschaften – die Protonen in ihren Atomen verhalten sich unterschiedlich –, und diese Differenz wird mit dem riesigen Magneten des Scanners aufgenommen (entdeckt wurden die magnetischen Eigenschaften des Hämoglobins in den 1930er Jahren vom großen Linus Pauling).[26] In der Laborsprache heißt diese Differenz BOLD-Kontrast (BOLD = „blood oxygen level dependent"). Was also bei einer fMRT vom Scanner aufgenommen wird, sind unvorstellbar winzige Differenzen auf der subatomaren Ebene des Blutes.

Glukose und Sauerstoff werden natürlich vom ganzen Gehirn gebraucht, auch von den Partien, die gerade keine bestimmte Aufgabe zu erledigen haben. Das Gehirn führt viele Hintergrundaktivitäten durch, ohne dass wir es merken. Die fMRT kartiert nun entweder die Orte im Gehirn, die während einer bestimmten Aufgabe eine im Verhältnis zu einem angenommenen Ruhezustand (der *baseline*) erhöhte Sauerstoffzufuhr erhalten, oder sie misst die Differenz zwischen der jeweiligen Sauerstoffzufuhr während zwei verschiedenen Aufgaben. Grundsätzlich also sucht und entdeckt dies Verfahren Veränderungen, die sich mit und nach der zusätzlichen Aktivität ergeben, die mit einer Aufgabe verbunden ist. Bezogen auf das erwähnte Experiment zum Sitz der persönlich bewussten Schuldgefühle heißt das: Das entdeckte Sauerstoffsignal bildet Aktivitätsunterschiede ab zwischen den Augenblicken der Erinnerung an schuldhaftes Verhalten und einem Ruhezustand; ebenso Unterschiede zwischen Erinnerungen an Schuld und Scham beziehungsweise an Schuld und Trauer.

Sehen ist Glauben

Neurowissenschaft hat enorme Anziehungskraft auf das Laienpublikum. Eine Studie fand heraus, dass Laien das gleiche neurowissenschaftliche Ergebnis als glaubwürdiger betrachten, wenn es durch einen Scan und nicht bloß durch ein traditionelles Balkendiagramm oder vielleicht gar nicht bildlich dargestellt wird.[27]

Sehen ist Glauben. Vielleicht sind Gehirnscans deshalb überzeugender, weil sie eine physische Erklärung anbieten. Verführerisch sind sie insofern, als mit ihrer Hilfe demonstrierte wissenschaftliche Ergebnisse Laien plausibler erscheinen. Wie Röntgenbilder oder die Doppelhelix der DNA sind auch die Scans zu Kultobjekten geworden, zu finden auf Umschlägen von Büchern über das Gehirn, in der U-Bahnwerbung und in Werbebroschüren für Managerkurse zur Verbesserung ihrer Leistungsfähigkeit.[28]

Wie Susan Fitzpatrick berichtet, fand während einer Tagung der American Association for the Advancement of Science, 2005 von der James S. McDonnell Foundation organisiert, eine Podiumsveranstaltung statt unter dem provokativen Titel: „Functional Brain Imaging and the Cognitive Paparazzi: Viewing Snapshots of Mental Life Out of Context".[29] Der Vergleich zwischen begeisterten Nutzern bildgebender Techniken in der Gehirnforschung und aggressiven Boulevardfotografen mag ungewöhnlich, wenn nicht schräg erscheinen, aber er trifft einiges. Paparazzi dringen in die Privatsphäre von Prominenten ein und veröffentlichen ihre Bilder in der Boulevardpresse. Die Fotos werden aufgemotzt, überarbeitet und aus ihrem ursprünglichen Kontext gerissen, sodass, zusätzlich befördert durch pikante irreführende Unterschriften, zufällige Aufnahmen von einem langen Gesicht, einem einsamen Parkspaziergang oder einer deutlich dünner gewordenen Person als offensichtliche Zeichen für Depressionen, eine bevorstehende Scheidung oder verborgene Essstörungen verkauft werden. Auch Kognitionswissenschaftler fangen mit leistungsstarken Magnetfeld-Scannern private Momente unseres mentalen Lebens ein. Sicher wollen sie ihre Bilder weder für Klatsch- und Tratschgeschichten verwenden noch ihre Daten fälschen – gleichwohl, die Bilder sind nichts als Auszüge aus mentalen Prozessen. Und wenn fMRT-Bilder in die Schlagzeilen geraten, dann ohne ihren Kontext im Labor, in dem sie entstanden sind.

Die Bildgebung durch fMRT, wie vorhin gesagt, soll die Arbeit des Gehirns in Raum und Zeit auffangen. Nun sind noch einige Bemerkungen zum Maßstab fällig.

Zeit ist ein kritisches Thema. Die Geschwindigkeit des Blutflusses im Gehirn wird in Sekunden gemessen, während die feinen neuronalen Aktivitäten einige Hundert Mal schneller ablaufen. Daher besteht immer eine gewisse zeitliche Inkongruenz zwischen neuronalen Aktivitäten und Blutfluss.

Jedes fMRT-Bild ist eine bunte, vom Computer hergestellte Landkarte, die entsteht, indem der Rechner über verschiedene Hirnregionen hinweg Signalstärken vergleicht. Die kleinen Punkte, aus denen das Bild zusammengesetzt ist, heißen Voxel – entsprechen etwa den Pixeln der Fotos auf dem iPad, allerdings handelt es sich um dreidimensionale Rauminhalts- und nicht um zweidimensionale Flächeneinheiten. Was man sieht, ist eine Farbschattierung, eine winzige herausgepickte Stelle im Gehirn, hinter der ein riesiger Komplex von Nervengewebe und neurochemischen Reaktionen liegt. Ein Voxel entspricht ungefähr fünfundfünfzig Kubikmillimetern oder rund fünf Millionen Neuronen mit zweiundzwanzig bis fünfundfünfzig Milliarden Synapsen, den Verbindungspunkten zwischen den Neuronen. Ausgewickelt und aneinandergereiht entspräche die Länge aller Verzweigungen der beteiligten Neuronen in etwa der Entfernung zwischen London und Manchester.[30]

Auf der Suche nach bedeutsamen Informationen stellen die Wissenschaftler komplizierte statistische und numerische Berechnungen an, quer durch diesen riesigen, durch den Scanner erfassten Neuronenbereich. Jedes Voxel wird mit allen anderen verglichen. Die unterschiedlichen Farbstärken geben Aufschluss über die statistische Signifikanz der gemessenen Differenzen. Je stärker die Farbe, desto bedeutender ist die Veränderung des im Hämoglobin entdeckten Sauerstoffs. Welche Gefahren bei solchen statistischen Vergleichen bei der fMRT auftreten können, hat eine etwas seltsame Studie aus dem Jahr 2012 gezeigt. Was die Forscher anstellten, war so originell und unglaublich, dass ihre Studie mit dem Ig Nobel Prize for Neuroscience – dem Gegenstück zum eigentlichen Nobelpreis – ausgezeichnet wurde, der jährlich vergeben wird für Entdeckungen, die „erst zum Lachen und dann zum Nachdenken bringen".[31]

Tatsächlich, die Studie ist zum Lachen: Ihr einziger Teilnehmer war ein toter Lachs.[32] Ihn hatten die Forscher in einen fMRT-Scanner gelegt und ihm Bilder von Personen in verschiedenen emotionalen Szenarien gezeigt. Dann wurde er gefragt, welche Gefühle die Personen jeweils zum Ausdruck brachten – ich muss gestehen, liebend gern wäre ich dabei gewesen. Wie zu erwarten, bekamen die Forscher keine Antwort vom Lachs – aber sie stellten eine neurale „Aktivität" in Gehirn und Rückenmark fest! Wie ging das zu? Der Fleck im Lachs war, wie sich herausstellte, ein Resultat der üblichen fMRT-Praxis. Da, so die Autoren, in einer Datenanalyse mittels fMRT Tausende von Vergleichen zwischen einem Voxel und den anderen angestellt werden, besteht eine hohe Wahrscheinlichkeit, dass es zu falschen positiven Daten kommt. Da sind Sachen zu sehen, die eigentlich gar nicht zu sehen sein sollten. Ein toter Lachs kann unmöglich über Emotionen verfügen.

Natürlich kennt die Statistik Methoden, die solche Fehler „korrigieren". Und tatsächlich verschwand der Fleck im Lachsgehirn, als die Autoren diese Korrekturmethoden einsetzten. Wie die Forscher, die den toten Lachs zum Versuchsobjekt machten, weiter berichteten, sind solche Methoden in den meisten Softwarepaketen für fMRT-Analysen enthalten, aber sie werden nicht immer angewandt, weil die Korrekturen falscher positiver Daten die statistische Aussagekraft der Analysen reduzieren. Das Forscherteam fand zum Beispiel heraus, dass solche Korrekturmethoden nur in 61,8 Prozent der Artikel eingesetzt wurden, die 2008 im *Journal of Cognitive Neuroscience* erschienen waren, einer der vielen Zeitschriften, in der

Ergebnisse der fMRT veröffentlicht werden. So absurd das Lachs-Experiment war, machte es immerhin deutlich, dass Daten aus Gehirnaufnahmen oft recht nachlässig erzeugt werden.[33]

Kehren wir zurück zu Caravaggios ernstem Bild. Es hat zweifellos etwas Düsteres und Unheilvolles an sich, doch wenn man etwas über die turbulente Vergangenheit des Künstlers weiß, auch über den Mord, den er begangen hat, kann dies sehr wohl helfen, das mitspielende Schuldgefühlzu erkennen. Wir brauchen solche Hintergrundinformationen tatsächlich. Wie schon Darwin bemerkte, Schuld ist nicht das Gefühl, das sich am leichtesten an einem Gesicht ablesen lässt. Er vermutete, dass wir komplexe Gefühle wie Schuld zwar „mit unseren Augen entdecken können, dabei aber häufig in einem höheren Grade als wir vermuteten, durch unsere vorausgehende Kenntnis der Personen und der Umstände geleitet" werden.[34] Wie gewöhnlich hat der große Naturforscher auch darin recht. Ohne dass wir wissen, worauf wir achten sollen, und ohne dass wir mit der Anlage der Studie vertraut sind, werden uns, wenn wir Gehirnscans betrachten, Stärke und Position der Farbflecken nur wenig sagen.

Schuldgefühle haben viele Schattierungen, und es gibt sehr viele unterschiedliche Szenarien und Verhaltensbedingungen, in denen sie sich messen ließen. Die Frage bleibt, ob alle diese verschiedenen Formen von Schuldgefühlen am gleichen Ort und durch die gleichen Prozesse verarbeitet werden. Aus diesem Grund werden, vergleicht man die Gehirnscans aus verschiedenen unabhängigen Studien, die Ergebnisse voneinander abweichen, manchmal nur marginal, gelegentlich aber auch beträchtlich. Das bringt mich zu einer allgemeinen Bemerkung über das Messen von Emotionen durch fMRT.

Werden unsere Emotionen gemessen, während wir in einem Scanner liegen, wird man uns in der Regel bitten, eine bestimmte Aufgabe durchzuführen, zum Beispiel Bilder anzusehen, sich an Ereignisse zu erinnern oder – wie in bereits erwähnten Studien über moralisches Handeln – moralisch relevante Entscheidungen zu treffen wie jene, ob man ein Kind, das zu ertrinken droht, retten soll. Wie realistisch diese Aufgaben auch angelegt sein mögen, stets bleiben sie experimentelle Reproduktionen von Situationen, die viel komplexer sind, auch unmittelbarer und drängender, wenn sie im wirklichen Leben erlebt werden. Die Aufgaben im Scanner sind zweckdienlicher Ersatz für echte Lebensfragmente. Zwischen beiden bleibt eine Lücke, und bislang wissen wir nicht, wie die Gehirnaktivitäten bei realen Gefühlsregungen aussehen. Außerdem steht der Fleck im Gehirnscan für das *Durchschnittsergebnis*, errechnet aus den Messungen, die bei Dutzenden von Versuchspersonen vorgenommen wurden. Das Bild, das zum Schluss zu sehen ist, ist nicht der Sauerstofffluss in einem Gehirn, sondern der statistisch signifikante Sauerstofffluss bei allen Teilnehmern der Studie. Schuldgefühle aber funktionieren auf individueller Ebene. Sie sind persönliche, private Gefühlsregungen, die man sich nicht verdünnt durch die Schuld von anderen vorstellen kann. Nicht jedermann fühlt Schuld mit gleicher Intensität. Es gibt Menschen, die, ohne darum Psychopathen zu sein, einfach weniger zu Schuldgefühlen neigen.

Ein Letztes noch. Ich greife gern zu einem anderen Vergleich, wenn ich beschreiben will, was wir wirklich sehen, wenn wir einen fMRT-Scan betrachten. Dies ist, so denke ich mir, als befinde man sich ganz oben auf dem London Eye und erlebe von diesem Hochhaus aus, ohne Fernglas, einen nächtlichen 360-Grad-Blick über die hell erleuchtete Londoner Skyline. Sie freuen sich an den Umrissen von Westminster, sehen mehr oder weniger deutlich, wo Marylebone aufhört und Bayswater anfängt, deuten auf Trafalgar Square jenseits der Themse und bemerken schwächere und stärkere Kontraste zwischen hellen und dunklen Arealen. Ihr Blick kann vielleicht der Trennungslinie, die von Tottenham Court Road gezogen wird, und der vorwärts eilenden Spur der Autos folgen, auch das dunkle Loch des Regents Park entdecken. Sie sehen die Lichter des Londoner Lebens, wie sie in den verschiedenen Stadtteilen und zu

SCHULD

verschiedenen Zeiten aufflackern und verlöschen, sehen wann am meisten los ist und wann es ruhiger wird. Haben Sie gute Augen und kennen den Londoner Stadtplan genau, werden Sie wissen, woher die Lichter kommen. Dann erkennen Sie vielleicht, dass ein Licht aus einem Loft irgendwo zwischen Maida Vale und Belsize Park kommt oder aus South Kensington oder aus Knightsbridge. Was aber in den Gebäuden vor sich geht, können Sie nicht sehen, nicht das Leben und die Motive der Menschen, die diese Lichter an- und ausschalten und der Stadt Farbe und Bewegung geben. Sie wissen weder, ob ein Licht von einer Lampe, einer Kerze oder einem Kerzenständer kommt, auch nicht, ob es in einem Schlafzimmer, einer Küche oder einem Wohnzimmer brennt. Noch wissen Sie, wer das Licht angeschaltet hat und warum: zur Beleuchtung eines intimen Abendessens oder einer Party oder eines ernsthaften Familiengesprächs oder weil ein Kind Angst hat, im Dunkeln zu schlafen. Vielleicht hat irgendwer auch einfach vergessen, es auszuschalten. Der Blick vom London Eye ist spektakulär, ebenso wie der, den man durch eine fMRT gewinnt, aber er zeigt nicht alles. Heute ist der Blick durch eine fMRT noch unscharf, nur eine Annäherung, aber mit der Zeit wird sich die Technik verfeinern und es möglich machen, mit größerer Genauigkeit auch Einzelheiten in einem kleineren Maßstab abzubilden und das Potenzial dieser Technik voll zu realisieren.

Wenn Sie also Sätze lesen wie: „Diese Hirnregion *leuchtet auf,* wenn du Angst verspürst" (oder Wut oder eine andere Gefühlsregung), dann ist das nur eine umgangssprachliche und abgenutzte Redeweise, die die komplizierten Grundlagen der Magnetresonanz vereinfacht darstellen soll. Für mich zumindest steht fest, dass mir ein fMRT-Bild weder hilft, wirklich schlau zu werden aus einem Schuldgefühl, noch seinen genauen Sitz festzustellen, geschweige denn herauszufinden, wie ich es besänftigen kann.

Das für Moral zuständige Gehirn

Zu Beginn des Kapitels habe ich berichtet, wie mir Schuld in der Verkleidung eines Traums entgegentrat und wie Sigmund Freud eines Morgens zu seiner Theorie der Traumdeutung inspiriert wurde, nachdem er auch einen Traum gehabt hatte, in dem es um Schuld ging, den Traum von seiner Patientin Irma und der Injektion.

Immer wieder haben enthusiastische Vertreter der Psychoanalyse versucht, in der gegenwärtigen neurowissenschaftlichen Forschung die Bestätigung für Freuds Ideen zu finden. Sie weisen darauf hin, dass in heutigen Studien über Läsionen und mit modernen bildgebenden Techniken eine Landkarte des Gehirns gezeichnet werde, die in etwa mit Freuds Strukturtheorie der Seele übereinstimmt.[35] Das Es, das Ich und das Über-Ich, die der Wiener Arzt postuliert hat, finden ihren Platz in der Neuroanatomie. Psychoanalytiker haben Freuds Grafik mit den heute vorhandenen Daten zur Rolle von Hirnregionen verglichen und die folgende allgemeine Karte entworfen (Abb. 6). Wie zuvor vermutet, nimmt das Es die innersten Teile des Gehirns ein, den Hirnstamm und das limbische System. Das Ich liegt im rückwärtigsten Teil des präfrontalen Kortex und im Rest des somatosensorischen Kortex, in Arealen, die das Selbstgefühl vermitteln und die Außenwahrnehmung ermöglichen. Der ventromediale frontale Teil des Gehirns – der sich teilweise mit den Bereichen deckt, die Studien anhand von Hirnaufnahmen den Schuldgefühlen zugewiesen haben – entspricht Freuds Über-Ich, dem moralischen Apparat, der Triebregungen einschränkt oder verbietet. Innerhalb dieses Rahmens wäre es kein Wunder, wenn Schuldgefühle, die moralische Schildwache gegen unangemessenes Verhalten, irgendwo in Arealen zu finden wären, die sich mehr oder weniger mit dem orbitofrontalen Kortex decken.

SCHULD

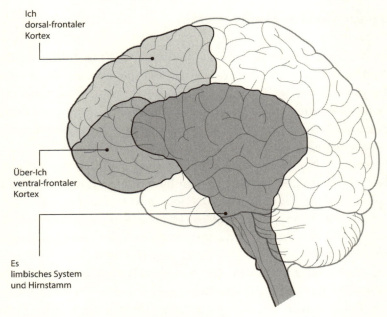

(6) Eine Gehirnkartenansicht von Freuds Strukturtheorie der Seele (aus Solms, 2004)

In den letzten zehn Jahren ist eine beeindruckende Zahl von Studien erschienen, die mit Gehirnscans arbeiteten und die neurale Grundlage von Moralität oder moralischen Gefühlen zu finden suchten. Von Bedauern zu Schuld und Scham: Eine ganze Reihe moralisch bedeutsamer Gefühlsregungen und Begriffe wurde mit Hilfe von Gehirnscannern untersucht. Selbst Gefühle, die im sozialen Vergleich eine Rolle spielen wie Neid und Schadenfreude – der Unmut über das Glück eines anderen und die Erleichterung oder Freude über einen Misserfolg beneideter Personen –, sind erforscht worden.[36]

Manche Moralpsychologen nehmen an, dass allen Menschen ein grundlegendes moralisches Gefühl gemeinsam ist – eine Vorstellung, die an Kants „angeborene Moralität" erinnert – und das Gehirn möglicherweise sogar der Sitz eines „moralischen Organs" sein könne, das uns hilft, unbewusst und intuitiv zwischen Gut und Böse zu unterscheiden.[37] Dabei erhebt sich die Frage, ob Moralität etwas ist, das uns in unserer biologischen Verfassung mitgegeben ist, oder ob sie sich im gesellschaftlichen Verkehr als eine Folge von Verhaltensmustern manifestiert, die Regeln oder Normen verlangen. Haben Werte ihren Ursprung im Gehirn? Mit Gehirnscans durchgeführte Studien über so komplexe Gefühle wie Schuld und Begriffe, die so viele Facetten haben wie Moralität, sind gewiss aufregend, aber in den meisten Fällen dienen sie allein Forschungszwecken. Was heißt es, dass Schuld im orbitofrontalen Kortex sitzt oder sich teilweise mit dem ventromedialen PFK deckt? Sind sich Bedauern und Schuld ähnlich, nur weil sich fMRT-Daten decken?

Was bildgebende Techniken in der Hirnforschung leisten können, ist, durch Versuch und Irrtum die Bereiche einzugrenzen, die bei dieser oder jener Gefühlsregung aktiv werden. Daran schließt sich eine weitere Frage an. Die Vorstellung, dass das Gehirn mit unterschiedlichen Modulen arbeitet, die für die Durchführung oder Anpassung einer besonderen Funktion zuständig sind, ist durchaus reizvoll, verträgt sich aber nicht mit dem, was wir über den wirklichen *modus operandi* des Gehirns wissen. Seit man die ersten Zusammenhänge zwischen bestimmten Bereichen des Hirngewebes und speziellen Funktionen ausgemacht hatte – zum Beispiel für das Sprachzentrum –, nahm man an, dass sich immer mehr spezialisierte Regionen würden identifizieren lassen. Doch selbst wenn das Gehirn einen gewissen Spezialisierungsgrad erkennen lässt: Es arbeitet, indem es Verbindungen herstellt und deren Interaktionsfähigkeit in den Gesamtprozess integriert. Das gilt auch für die Emotionen. Eine Region kann an mehreren verschiedenen Gefühlsregungen beteiligt sein, zudem verteilt sich die neurale Aktivität, die zu jedem Gefühl gehört, über mehrere Regionen. Daher bewegt sich die Forschung immer mehr hin zur Suche nach *Netzwerken* für Emotionen; nach Netzwerken parallel arbeitender Regionen also. Eine Region kann auf eine Gefühlsregung spezialisiert oder an dieser stärker beteiligt sein, doch zugleich auch für andere Emotionen eine, wenn auch weniger prominente, Rolle spielen.[38]

SCHULD

Mit der Zeit werden sich Umfang und Begrenzung des Gehirnscannens verbessern. Auch für Schuldgefühle werden wir bessere Beobachtungs- und Messmethoden haben. Vorläufig aber müssen wir akzeptieren, dass wir für die genaue Lokalisierung von Schuldund anderen Gefühlen auf Schätzungen angewiesen sind: Wie gut eine Schätzung ist, hängt ab von der Weiterentwicklung unserer heutigen Technik und von Wissen, Geschick und Interpretationsfähigkeit des Wissenschaftlers.[39]

Coda

In seinem *Kulinarischen Traktat für traurige Frauen* stellt Héctor Abad mit Bedauern fest, dass man heutzutage kein Dinosaurierfleisch mehr bekommt.[40] Dies nämlich sei, neben Mammutmilch, das einzige Mittel, um ein bohrendes Schuldgefühl zu besänftigen. Die Ironie dieses kulinarischen Vergleichs bleibt dem Leser nicht lange verborgen: Die Aussichten, prähistorisches Fleisch zu bekommen, sind genauso gering wie die Chancen, ein Schuldgefühl zu besänftigen.

Abad hat allerdings eine Alternative in petto, ein anderes Mittel gegen Schuldgefühle, diesmal das Fleisch eines Quastenflossers, eines sehr seltenen Fisches, von dem man angenommen hatte, er sei seit der Zeit der Dinosaurier ausgestorben. Er selbst, behauptet Abad, sei einem solchen Fisch begegnet, als er 1946 im Indischen Ozean gefischt habe. Nach einigen Nachforschungen habe er den taxonomischen Namen gefunden: *Latimeria chalumnae*, nach Ms. Marjorie Latimer aus East London, Südafrika, die ihn acht Jahre zuvor entdeckt hatte. Bei der Bekämpfung von Schuldgefühlen, so Abad, wirke ein mariniertes Filet dieses seltenen Fisches Wunder, achtunddreißig Monate halte seine Wirkung an. Ein Bissen genüge.

Doch auch abgesehen von derart kuriosen Rezepten gibt es Wege, ein Schuldgefühl zu besänftigen. Im Justizsystem können, wie wir sahen, Täter erleben, dass Strafe und Rehabilitation helfen, Schuld zu tilgen. (Bei Psychopathen allerdings funktioniert das nicht.) Das beste Mittel gegen Schuldgefühle aber ist Vergebung: Vergebung, die wir von anderen erlangen, und Vergebung, die wir uns selbst gewähren. Caravaggio hat seine Bitte, ihm zu verzeihen, gemalt. Nach meinem Museumsbesuch und nachdem ich mich in Caravaggios Leben und Malerei vertieft hatte, kehrte ich rasch in mein Zimmer zurück. Ich hatte damals, als ich meine Zusage zu Esras Symposium zurückzog, alle möglichen Entschuldigungen vorgebracht, doch nun spürte ich, dass noch etwas fehlte. Also beschloss ich, ihr einen Brief zu schreiben. Ich hielt dies für die beste und einzige Möglichkeit, meine Nachlässigkeit wiedergutzumachen, und auch für mich eine Art Vergebung zu erlangen. „Es liegt eine Wollust in Selbstanklagen", heißt es in Oscar Wildes Roman *Das Bildnis des Dorian Gray*, als die Hauptfigur einen Brief an seine Geliebte schreibt: Er bittet um Vergebung dafür, dass er sie, die gerade als Julia eine miserable Vorstellung gegeben hatte, so grausam verlassen hat. „Wenn wir uns selbst schmähen, haben wir das Gefühl, dass kein anderer uns schmähen dürfe."[41]

Ich war völlig vertieft ins Schreiben dieses Briefes. Weder wollte ich mich einem Urteil entziehen noch meine Schuld unter den Teppich kehren, erwartete auch nicht, dass mein Schuldgefühl völlig verschwinden werde. Ich suchte einfach nur Verständnis. Anstatt zuzulassen, dass meine Schuldgefühle in mir zu stocken beginnen, schien es mir sinnvoller, ihnen mit Worten Raum zu geben. Ich entschuldigte mich nochmals und erklärte meine Gründe, so gut ich konnte. Daraufhin fühlte ich mich besser.

Nachdem ich Seite um Seite gefüllt hatte, ging ich aus zum Abendessen. Es war der letzte Abend meiner Romreise. Quastenflosser stand auf keiner Karte, dafür ein guter Wein. Um Mitternacht ging ich zu Bett: in der Hoffnung, nicht wieder einem bösen Traum ausgesetzt zu sein. Ich fühlte mich bereit, nach London zurückzukehren.

SCHULD

Anmerkungen

1 S. Freud, *Die Traumdeutung*, Gesammelte Werke II/III, hier besonders: S. 126–140. London 1940–52, Frankfurt ab 1960.

2 Ebd., S. 111.

3 Ebd., S. 100 f.

4 Ch. Darwin, *Der Ausdruck der Gemütsbewegungen…*, a.a.O., S. 293.

5 Dieses Szenario untersuchen M. Zeelenberg und S.M. Breugelmans in „The role of interpersonal harm in distinguishing regret from guilt", in: *Emotion*, 8 (2008), S. 589–596.

6 Für eine gründliche psychologische Untersuchung über Schuld und Scham siehe J.P. Tangney und R.L. Dearing, *Shame and Guilt*, Guilford Press 2000.

7 Allerdings trifft diese Unterscheidung nicht immer zu. Nicht alle moralischen Regelverletzungen, die Schuldgefühle verursachen, entgehen anderen Menschen. Wenn jemand ein Verbrechen verübt hat, werden Bekannte dahinterkommen, und der Name des Täters wird schließlich in einer Zeitung stehen. Scham wiederum kann auch sehr verborgen sein. Wir können uns einer Sache schämen, tun sie im Geheimen aber weiter.

8 Erröten ist auch ein Zeichen für Verlegenheit. Verlegenheit ähnelt Scham- und Schuldgefühlen, auch sie ist eine Emotion, die das Selbst betrifft. Auf der anderen Seite ist sie flüchtig und auch weniger ernst oder moralisch unproblematischer. Verlegenheit ist ein relativ oberflächliches Gefühl und entsteht zum Beispiel aus einem Missgeschick, für das man sich verantwortlich fühlt, das aber keine dauerhaften Folgen hat und auch nicht die ganze Person entwertet. Vgl. N. Eisenberg, „Emotion, regulation and moral development", in: *Annual Review of Psychology*, 51 (2000), S. 665–697.

9 Zum körperlichen und moralischen Ekel siehe D. Jones, „The depths of disgust", in: *Nature*, 447 (2007), S. 768–771.

10 J. Moll u.a., „Human fronto-mesolimbic networks guide decisions about charitable donation", in: *Proceedings of the National Academy of Sciences*, 103 (2006), S. 15623–15628.

11 Eine interessante Folgestudie zeigte, dass die psychische Wirkung des Händewaschens über den moralischen Bereich hinausgeht und den typischen Konflikt „abwäscht", den wir fühlen, wenn wir uns für eine Sache entscheiden und eine andere fallen lassen. Überlegen wir beispielsweise, ob wir eine Urlaubsreise nach Paris oder Rom unternehmen sollen, entsteht ein Konflikt, der nicht schwerwiegend ist, aber doch knifflig. Denn beide Optionen haben ihren Reiz. Um diesen Konflikt zu vermeiden, neigen wir normalerweise dazu, die Option, der wir den Vorzug geben, mit Gründen zu rechtfertigen, die erklären sollen, warum diese viel besser ist als jene, die wir abgelehnt haben. Aus der Studie ging hervor, dass Händewaschen nach einer solchen Entschei-

dung diese typische Reaktion abschwächt. Es beseitigt die Spuren vergangener Entscheidungen und macht die abgelehnte Option weniger unattraktiv. Mit anderen Worten, das Händewaschen diente dem Zweck, dem Bedauern vorzubeugen. S. W. S. Lee und N. Scharz, „Washing away post-decisional dissonance", in: *Science*, 328 (2010), S. 709.

12 A. Atik, *How It Was: A Memoir of Samuel Beckett*, Faber and Faber 2001.

13 J. R. Escobedo und R. Adolphs, „Becoming a better person: temporal remoteness biases autobiographical memories for moral events", in: *Emotion*, 10 (2010), S. 511–518.

14 Das Dilemma des ertrinkenden Kindes benutzte Joshua Greene auf einer moralwissenschaftlichen Tagung als Beispiel: http://www.edge.org/3rd_culture/morality10/morality.greene.html. Vgl. auch P. Unger, *Living High and Letting Die: Our Illusion of Innocence*, Oxford 1996.

15 J. Greene, „From neural ‚is‘ to moral ‚ought‘: what are the moral implications of neuroscientific moral psychology?", in: *Nature Reviews Neuroscience*, 4 (2003), S. 847–850. Zur ursprünglichen Studie, mit der Joshua Greene und Kollegen „emotionale" Netzwerke untersucht haben, die dem moralischen Urteil zugrunde liegen, vgl.: J. D. Greene, R. B. Sommerville, L. E. Nystrom, J. M. Darley und J. D. Cohen, „An fMRI investigation of emotional engagement in moral judgment", in: *Science*, 293 (2001), S. 2105–2108.

16 B. Basile, F. Mancini, E. Macaluso, C. Caltagirone, R. S. Frackowiak und M. Bozzali, „Deontological and altruistic guilt: evidence for distinct neurobiological substrates", in: *Human Brain Mapping*, 32 (2011), S. 229–239; J. Moll, R. Oliveira-Souza, G. J. Garrido, I. E. Bramati, E. M. Caparelli-Daquer, M. Paiva, R. Zahn und J. Grafman, „The Self as a moral agent: linking the neural bases of social agency and moral sensitivity", in: *Social Neuroscience*, 2 (2007), S. 336–352; G. Kedia, S. Berthoz, M. Wessa, D. Hilton und J. L. Martinot, „An agent harms a victim: a functional magnetic resonance imaging study on specific moral emotions", in: *Journal of Cognitive Neuroscience*, 20 (2008), S. 1788–1798; H. Takahashi, N. Yahata, M. Koeda, T. Matsuda, K. Asai und Y. Okubo, „Brain activation associated with evaluative processes of guilt and embarrassment: an fMRI study", in: *Neuroimage*, 23 (2004), S. 967–974.

17 U. Wagner, K. N'Diaye, T. Ethofer, T. und P. Vuilleumier, „Guilt-specific processing in the prefrontal cortex", in: *Cerebral Cortex*, 21 (2011), S. 2461–2470. Ich danke Dr. Ullrich Wagner für die freundliche Erlaubnis, seine Arbeiten über Schuldgefühle und moralische Emotionen zu diskutieren.

18 M. F. Fendez, „The neurobiology of Moral Behavior: review and neuropsychiatric implications", in: *CNS Spectre*, 14 (2009), S. 608–620.

19 In einem derzeit wachsenden Forschungsgebiet werden die körperlichen Reaktionen, die beim Betrachten eines Kunstwerks entstehen, und die empathische Beschäftigung des Betrachters mit den in ihm dargestellten Gefühlen untersucht. Diese Forschungsrichtung will grundlegende neurale Mechanismen

SCHULD

aufdecken, die eine Rolle spielen, wenn ein Kunstwerk betrachtet wird. Mit Empathie werde ich mich in Kapitel Fünf beschäftigen. Eine großartige und umfassende Untersuchung zur Neurobiologie der ästhetischen Wertschätzung ist E. Kandel, *Das Zeitalter der Erkenntnis: die Erforschung des Unbewussten in Kunst, Geist und Gehirn von der Wiener Moderne bis heute*, München 2012.

20 Meine Hauptquellen für das Leben Caravaggios sind die hervorragenden Biografien von A. Graham-Dixon, *Caravaggio: A Life Sacred and Profane*, Penguin 2010, und F. Prose, *Caravaggio, Painter of Miracles*, Harper Perennial 2010.

21 A. Graham-Dixon, *Caravaggio*, a.a.O., S. 333.

22 J.C. Harris, „Caravaggio's Narcissus", in: *American Journal of Psychiatry*, 67 (2010), S. 1109.

23 A. Graham-Dixon, *Caravaggio*, a.a.O., S. 333.

24 Einen Überblick über die Grundlagen der fMRT bietet: N.K. Logothetis, „What we can do and what we cannot do with fMRI", in: *Nature*, 453 (2008), S. 869–878, siehe auch S. Fitzpatrick, „Functional Brain Imaging. Neuro-Turn or Wrong Turn?", in: M. Littlefield und J.M. Johnson (Hg.), *The Neuroscientific Turn: Transdisciplinarity in the Age of the Brain*, University of Michigan Press 2012.

25 M. Jueptner und C. Weiller, „Review: does measurement of regional cerebral blood flow reflect synaptic activity? Implications for PET and fMRI", in: *Neuroimage*, 2 (1995), S. 148–156.

26 N.K. Logothetis, „What we can do and what we cannot do with fMRI", *Nature*, 453 (2008) (Ergänzungsmaterial) und L. Pauling und C. Coryell, „The magnetic properties and structure of hemoglobin", in: *Proceedings of the National Academy of Sciences*, 22 (1936), S. 210–216.

27 D.P. McCabe und A.D. Castel, „Seeing is believing: the effect of brain images on judgments of scientific reasoning", in: *Cognition*, 107 (2008), S. 343–352.

28 Zum öffentlichen Kult um Gehirnscans und seiner Entstehung vg. J. Dumit, *Picturing Personhood: Brain Scans and Biomedical Identity*, Princeton University Press 2003.

29 Wie besprochen in S. Fitzpatrick, „Functional Brain Imaging", a.a.O..

30 N.K. Logothetis, „What we can do and what we cannot do with fMRI" (Ergänzungsmaterial), a.a.O.

31 Webseite des Ig Nobel Prize: www.improbable.com.

32 Die Studie: C.M. Bennett, A.A. Baird, M.B. Miller und G.L. Wolford, „Neural correlates of interspecies perspective taking in the post-mortem atlantic salmon: an argument for proper multiple comparisons correction", in: *Journal of Serendipitous and Unexpected Results*, 1 (2010), S. 1–5.

33 Eine weitere ausgezeichnete kritische Diskussion der statistischen Berechnungen hinter fMRI-Daten zu Emotionen ist E. Vul, C. Harris, P. Winkielman und H. Pashler, „Puzzlingly high correlations in fMRI studies of emotion, personality, and social cognition", in: *Perspectives on Psychological Science*, 4

(2009), S. 274–290. Dieser Artikel bezieht sich auf einen weiteren problematischen Aspekt von statistischen Analysen in der fMRT: dass nämlich die Forscher bei der Berechnung von Korrelationen zwischen fMRT-Daten und Persönlichkeitsmerkmalen oder der Messung von Emotionen häufig eine eigene Korrelation für jede Einheit (Voxel) der beteiligten Gehirnpartie herstellen. Dann berichten sie über die Ergebnisse solcher Voxel, deren Werte eine bestimmte Signifikanzschwelle überschreiten, und blähen damit die Korrelationen möglicherweise auf.

34 Ch. Darwin, *Der Ausdruck der Gemütsbewegungen* ..., a. a. O., S. 292.

35 Die These von der Entsprechung zwischen Freuds Theorie der Seele und der physiologischen Gehirnkarte stammt von Mark Solms, einem Pionier auf dem Gebiet der Neuropsychoanalyse, einer Disziplin, die nach Bestätigungen von Theorien der Psychoanalyse durch die Methoden der Neurowissenschaften sucht. Einen Überblick gibt M. Solms, „Freud returns", in: *Scientific American*, Mai 2004, S. 83–88.

36 S. G. Shamay-Tsoory, Y. Tibi-Elhanamy und J. Aharon-Petrez, „The green-eyed monster and malicious joy: the neuroanatomical bases of envy and gloating (Schadenfreude)", in: *Brain*, 130 (2007), S. 1663–1678; H. Takahashi, M. Kato, M. Matsuura, D. Mobbs, T. Suhara und Y. Okubo, „When your gain is my pain and your pain is my gain: neural correlates of envy and Schadenfreude", in: *Science*, 323 (2009), S. 937–939.

37 Marc Hauser behauptet zum Beispiel, dass zu unserer biologischen Ausstattung eine universale „moralische Grammatik" gehöre, mit der wir intuitiv moralische Urteile formulieren, siehe M. D. Hauser, *Moral Minds: How Nature Designed Our Universal Sense of Right and Wrong*, Ecco/HarperCollins 2006. Man muss jedoch darauf hinweisen, dass in einer 2010 an einer Universität abgeschlossenen Untersuchung Hauser wissenschaftliche Verfehlungen vorgeworfen wurden, die ein zweifelhaftes Licht auf manche seiner Befunde werfen, siehe C. Y. Johnson, „Ex-Harvard scientist fabricated, manipulated data, report says", in: *Boston Globe*, 5 September 2012.

38 Zu den Schwierigkeiten der Lokalisierung von Gefühlsregungen im Gehirn siehe S. Hamann, „Mapping discrete and dimensional emotions onto the brain: controversies and consensus", in: *Trends in Cognitive Sciences*, 16 (2012), S. 458–466.

39 Ich werde im Folgenden mehrere Studien nennen, die sich mit Gehirnbildgebungstechniken beschäftigen, welche sich für die Erforschung der neuralen Geographie verschiedener Aspekte des mentalen Lebens als nützlich erwiesen haben. In diesen Fällen werde ich hervorheben, was sie über Gefühle zu Tage gefördert haben, aber die technischen Grenzen, die ich in diesem Kapitel beleuchtet habe, müssen immer mitberücksichtigt werden.

40 H. Abad, *Kulinarisches Traktat für traurige Frauen*, Berlin 2006.

41 O. Wilde, *Das Bildnis des Dorian Gray*, München 2013, 8. Kapitel.

3

Angst: Furcht vor dem Unbekannten

*Angst ist der Zins, den wir auf Schwierigkeiten zahlen,
bevor sie fällig werden.*

William Ralph Inge

Angst ist die Magd der Kreativität.

T. S. Eliot

In mein langsames Wegdämmern hinein schrillte das Telefon. Den
ganzen Tag hatte ich im Labor verbracht, Dutzende von Mäusehirnen zerdrückt, um ein paar kostbare Milligramm reines Protein zu
gewinnen, danach wollte ich nur noch ins Bett. Viermal klingelte
es, bis ich erschöpft den Hörer abnahm. Am anderen Ende Robert,
ein alter Studienfreund.

„Hast du schon gehört?", fragte er.

„Was?"

„Die Finanzwirtschaft geht den Bach runter."

„Und um mir das zu sagen, rufst mich du an?" Ich gähnte.

„Diesmal ist es wirklich schlimm, glaub mir."

Es war eine kalte, dunkle Nacht im Dezember. Überall auf der
Welt stürzten die Aktienkurse, die Arbeitslosenzahlen stiegen im-

mer weiter. Es war einer der schlechtesten Tage für die Wirtschaft in diesem Jahr, und ich hatte ihn, abgeschottet, in einem Biochemielabor verbracht.

Nun war ich wach, sprang zu meinem Schreibtisch, wollte das Neueste auf dem Laptop nachlesen.

„Du verstehst anscheinend nicht." Ich konnte die Spannung in seiner Stimme hören.

„Machst du dir Sorgen?"

„Ob ich mir Sorgen mache? Angst, schreckliche Angst habe ich. Ich kriege kein Auge zu."

Ich überflog die Überschriften, und es sah wirklich schlecht aus. Und, ja, ich wusste, Robert hatte vor kurzem bei einer Investmentbank in der City angeheuert, bei einem dieser Finanzgiganten, die noch vor einem Jahr völlig immun zu sein schienen gegen jede Turbulenz. Noch lief es gut für ihn, doch er klang so, als könne es nur noch ein paar Wochen dauern und er säße als Bettler an einer U-Bahnstation.

„Ich könnte immer noch Geld als Straßenmusiker verdienen", sagte er, „oder doch endlich Rockstar werden."

„Robert, ich bin wirklich müde." Mehr brachte ich nicht heraus.

„Ach komm, du arbeitest in einem Neurolabor, du solltest doch wissen, was unter solchen Umständen zu tun ist." Robert ließ nicht locker.

„Vielleicht die Wirtschaftskrise in Ordnung bringen? Du bist der Banker."

„Nein, du sollst mir helfen, mit meiner Angst klarzukommen", erwiderte er.

Mit dem Versprechen, am nächsten Tag vorbeizukommen, legte ich auf, löschte das Licht und sank ins Bett zurück. Schlaf fand ich keinen. Zu blöd, düstere Zahlen und die Krisenindizes gingen mir nicht aus dem Kopf, wie der Gedanke an unerledigte Hausaufgaben in Mathe oder eine in ihrer Unlösbarkeit an die Nerven gehende Gleichung. Ich starrte ins Dunkel. Dabei hatte ich einen guten Arbeitsplatz, und meine Ersparnisse würden sich auch nicht gleich in

FURCHT VOR DEM UNBEKANNTEN

Rauch auflösen. Doch ich war beunruhigt, die drohende Rezession. Meine Gedanken wanderten weiter, meine Unruhe wuchs. Eine Sorge zog die nächste nach sich, und in Minuten war plötzlich alles zweifelhaft. Ich spürte, wie sich mein Herzschlag beschleunigte, Druck auf Kopf und Brust, die Kehle wie abgeschnürt, und alle möglichen Gedanken und Fragen wirbelten mir durch den Kopf.

- Habe ich die Zentrifuge richtig ausgestellt?
- Die furchtbaren Kopfschmerzen heute Morgen, bestimmt eine seltene chronische Krankheit.
- Ist die Eingangstür auch abgeschlossen?
- Diesen Facebook-Post hätte ich mir sparen können!
- Und wenn meiner Universität die Mittel für Forschungsaufträge ausgehen?
- Die Experimente bis zu meinem nächsten Vortrag, das schaffe ich nie!
- Der Nachbar hat nicht gegrüßt heute Morgen, war die Party am Wochenende doch zu laut?
- Der neue rote Fleck auf meinem Arm, bestimmt Krebs im Anfangsstadium.
- Noch kein Weihnachtsgeschenk gekauft, auch das schaffe ich niemals rechtzeitig.
- Ob der Boiler nächste Woche wieder ausfällt?
- Ein Eigenheim kaufen? Nein, das kann ich mir wohl abschminken.
- Und Rente? In diesem Leben nicht.
- Was, wenn ich morgen einen Fahrradunfall habe?
- Droht der nächste Terroranschlag, gleich um die Ecke?

Die Liste könnte endlos verlängert werden. Alles stürzte auf eine Katastrophe zu, konnte nicht anders sein.

Bei Licht betrachtet, klingen manche dieser Sorgen lächerlich, zumindest überflüssig. Aber allein in meinem dunklen Schlafzimmer hatte ich nicht viel Macht über sie.

Schließlich wurde aus meinen Sorgen etwas anderes, ein Strudel der Verwirrung, der mich mitriss, ich fühlte mich richtungslos, meine ganze Existenz stand zur Debatte. Gerade dreißig geworden, Single, überarbeitet, ein Karrieresprung war fällig, und plötzlich zweifelte ich an allem, was ich getan hatte. Waren das wirklich die richtigen Entscheidungen für mein Leben? Es war einer dieser Momente, in denen man denkt, jetzt muss ich alles auf einmal schaffen, als ginge die Welt unter und man hätte nur noch ein paar Stunden Zeit, um alles das zu erledigen, was man schon immer hatte schaffen wollen. Als hätte jemand den gewohnten Soundtrack zu meinem Tag abgestellt, so fühlte ich mich, als hätte mich ein starker hartnäckiger Wind aus dem Lebenskarussell hinausgeschleudert, in dem ich bequem saß, als hätte er die Pfeiler meiner Zukunftserwartungen umgestoßen, die Bühne leergefegt, auf der ich mitten im Rampenlicht stand.

Dieser Sturmwind hatte einen Namen – ANGST –, und er blies stark und unerbittlich.

Als ich das Licht wieder anknipste, war es zu meinem Erstaunen erst Mitternacht. Ich rief Robert an.

(7) Edward Hopper, *Nighthawks* (Nachtschwärmer, 1942. © Francis G. Mayer/Corbis)

FURCHT VOR DEM UNBEKANNTEN

„Bist du noch auf?", fragte ich.

„Ja."

„OK. Dann sehen wir uns in einer halben Stunde auf einen Drink."

Da hockten wir also – ein Wissenschaftler und ein Banker, in den frühen Stunden einer Winternacht in einer Bar, die die ganze Nacht offen hatte, hockten und versuchten, unsere Ängste zu besänftigen (Abb. 7).

Die Umstände erinnerten mich an W. H. Audens *Das Zeitalter der Angst*, auch in diesem Gedicht hängen vier Gestalten in einer Bar an der New Yorker Third Avenue, reden über ihr Leben, teilen sich ihre Hoffnungen mit und ihren Kummer über die Lage der Menschheit.

Wenn der Gang der Geschichte unterbrochen ist, ... wenn die Notwendigkeit sich mit Grauen und Freiheit sich mit Langeweile verbinden, dann hat das Bar-Geschäft gute Aussichten. [1]

So die Anfangszeilen. Nun gut, ein Glas Wein kann tatsächlich helfen, wenn die Zeiten schlecht sind und man sich beruhigen will. Die Gestalten im Gedicht sind Quant, ein Angestellter, Malin, Sanitätsoffizier bei der kanadischen Luftwaffe, Rosetta, eine Kaufhauskundin, und Emble, ein junger Mann, der sich gerade zur Marine gemeldet hat. Ungewissheit ist die Grundstimmung des Gedichts. Die vier fühlen sich verloren, ohne klare Richtung. Auden hat das Gedicht im Juli 1944 begonnen, vor dem Hintergrund eines Krieges, der die Menschheit in Zweifel über die Zukunft stürzte und hungrig machte nach Frieden. Jeder in diesen Kriegszeiten, schrieb er, sei „zu einem schattenhaften Dasein der Angst gezwungen und auf den Zustand einer *displaced person* reduziert."[2] Auden war siebenunddreißig und hielt sich, wie es in der amerikanischen Ausgabe heißt, „für zu jung, um irgendeinen sicheren Sinn für die Richtung zu haben".[3]

Und wir, über fünfzig Jahre später, leben wir noch immer in einem Zeitalter der Angst?

Natürlich waren wir zwei in dieser Nacht nicht allein: Unsere Ängste klangen wider in den Ängsten von Millionen Menschen

115

ANGST

weltweit. Die globale Rezession drohte nicht nur, sie kam. Noch heute, fünf Jahre später, ist eine vollständige Erholung nicht in Sicht. Woche um Woche hören wir bedrohliche Nachrichten über die allgemeine Wirtschaftslage und warten auf eine Lösung. Mehrmals stand der Euro vor dem Zusammenbruch, Schuldnerländern wie Griechenland, Italien und Spanien drohte der Ausstieg aus der Währungsunion. Unser Geld, die Zukunft unserer Volkswirtschaften liegen in den Händen von ein paar Herren in Maßanzügen, und man fordert uns auf, ihnen zu vertrauen. Die gegenwärtig düstere Wirtschaftslage beunruhigt Menschen rund um den Globus. Wir hören die Nachrichten über Entlassungen, Bankrotts, volatile Indices, Spreads, andere Finanzkatastrophen. Und bei immer mehr Menschen führen sie zu Angstsymptomen: zu Schlaflosigkeit, allgemeiner Nervosität, Kopfschmerzen.

Wie ein medizinischer Bericht aus dem Jahr 2010 festgestellt hat, leiden 52 Prozent der Arbeitnehmer, die wegen der Rezession ihren Arbeitsplatz verloren hatten, unter Angstsymptomen, 71 Prozent unter depressiver Verstimmung;[4] am stärksten betroffen waren die Achtzehn- bis Dreißigjährigen. Nach Schätzungen des britischen National Health Service leidet einer von zwanzig Erwachsenen unter Angstzuständen.[5] In den Vereinigten Staaten melden sich jedes Jahr etwa 18 Prozent der Bevölkerung wegen Angststörungen in Arztpraxen.[6] 2009 startete die britische Regierung ein Hilfsprogramm für die Millionen Menschen, die mit Arbeitslosigkeit und Schulden fertigwerden müssen, zusätzliche Therapiezentren und Beratungsstellen wurden geschaffen, Hotlines eingerichtet.[7] Angst ist eine Belastung auch für die Wirtschaft. Gegenwärtig belaufen sich die von Angststörungen verursachten Kosten in Europa auf 77,4 Milliarden Euro jährlich, eine Zahl, die ihrerseits Angst machen kann; an vielen Stellen denkt man über Sofortprogramme nach, um die Krise zu beenden und die enormen Aufgaben im Gesundheitswesen anzupacken.[8]

Auch ohne Rezession leben wir in einer Welt, in der es genügend Gründe gibt, Ängste zu entwickeln, private und globale, ganz direkte und fernliegende Gründe.

Einerseits müssen wir den täglichen Arbeitsdruck aus- und dem erbitterten Konkurrenzdruck standhalten, sollen erfolgreich sein, die Karriereleiter emporklettern. Dazu noch unsere Finanzen in Ordnung halten, zusehen, dass wir bis zum Monatsende auskommen, zugleich vorausdenken und etwas für die Zukunft zurücklegen. Vielleicht tragen wir auch Verantwortung für eine Familie, müssen Kinder versorgen, und man erwartet von uns, soziale Beziehungen zu knüpfen und zu pflegen.

Auch die globale politische Lage ist nicht gerade beruhigend. Seit dem 11. September 2001 und den folgenden Anschlägen von Al Qaida denkt die Welt anders über die Gefahr des internationalen Terrorismus, und die Furcht hat im letzten Jahrzehnt mehrere westliche Länder zu zwei großen Kriegen mobilisiert. Ständig leben wir unter der Drohung, dass heikle politische und ideologische Streitigkeiten über Nuklearprogramme und mögliche Atomwaffen im Nahen Osten zu einem dritten Weltkrieg führen könnten. Erbarmungslose Epidemien wie AIDS, der Ausbruch neuer, sich unerwartet rasch ausbreitender Infektionen wie Vogel- oder Schweinegrippe sind eine Realität, mit der zurechtzukommen wir erst lernen müssen, auch das bedroht weiterhin die Gesundheit der Weltbevölkerung.

Als sei dies nicht genug, hören wir auch noch, dass der sich abzeichnende globale Klimawandel unseren Planeten unwiderruflich zu verändern droht und schreckliche Naturkatastrophen auslösen wird. Der Wirbelsturm Sandy, der im November 2012 die amerikanische Ostküste heimsuchte, könnte ein Vorzeichen dafür gewesen sein.

Freilich, jede historische Periode hatte mit eigenen Bedrohungen fertigzuwerden, es waren andere, doch nicht weniger besorgniserregend und ernst. Aus Sicht des Biologen gesprochen: Die Mechanismen, die uns gegeben sind, um solchen Bedrohungen und Angsterfahrungen entgegenzutreten, unterscheiden sich nicht von denen unserer Vorfahren. Aber Nachrichten über Risiken, Gefahren und Katastrophen treffen uns immer häufiger und immer rascher hintereinander, und das führt zu seelischen Belastungen, die es in dieser Form bislang nicht gab. Kaum dreht man das Radio an oder liest die Zeitung, ist man erschlagen von den beängstigenden Ereignissen und Berichten.

Während Robert und ich in der Bar hockten, tranken und redeten, ging mir auf, wie selten ich mich bemüht hatte, aus den vielen im Hirnforschungslabor verbrachten Stunden etwas mitzunehmen, etwas zu gewinnen, mit dem der Not des wirklichen Lebens entgegenzutreten wäre. Jedes Mal, wenn ich neuen Bekannten sagte, ich arbeite in einem Labor über Furcht und Angst, wollten sie sich als Freiwillige für meine Experimente zur Verfügungen stellen: Sie seien erstklassige Versuchspersonen, die besten, die man für Forschungen über diese unangenehmen Gefühle finden könne. Sinn und Bedeutung meiner Experimente blieben jedoch allzu oft abstrakt, beschränkt auf den von Mauern umschlossenen Laborraum. Gespräche, Vorträge über Hirnregionen, Gene, Neurotransmitter, Messverfahren für Verhalten klangen so anders als die Monologe individuell erlebter Angstattacken, endlos weit davon entfernt. Es wurde Zeit, darüber nachzudenken, ob mein im Labor erworbenes Wissen unter solchen Umständen von Nutzen sein könnte.

Furcht oder Angst: lerne deinen Feind kennen

Wenn Sie sich gegen Feinde zur Wehr setzen oder sie unschädlich machen wollen, müssen Sie sie genau kennen. Ein wichtiger erster Schritt in dieser Richtung ist die Unterscheidung zwischen Angst und Furcht.

Furcht, als eine unserer grundlegenden Emotionen, ist in den Laboren wohl am breitesten erforscht worden. Nach der klassischen Definition wird Furcht verstanden als Reaktion auf eine direkte Bedrohung oder Gefahr. Wenn wir uns fürchten, dann normalerweise vor etwas Konkretem, vor Löwen beispielsweise oder vor Schlangen oder vor dem Fliegen. Evolutionsgeschichtlich ist Furcht eine nützliche, schützende Eigenschaft, unerlässlich für unser Überleben. Sie schärft unsere Sinne und stellt unseren Körper darauf ein, plötzli-

FURCHT VOR DEM UNBEKANNTEN

chen Gefahren zu begegnen. Könnten wir keine Furcht empfinden, wir wären nicht lebensfähig, denn dann würden wir gefährlichen und lebensbedrohlichen Situationen nicht aus dem Weg gehen.[9] Furcht ist der Grund, warum wir eiligst zum Strand schwimmen, wenn wir glauben, einen Hai gesehen zu haben; aber Furcht vergeht auch schnell wieder, sobald der Hai keine Bedrohung mehr ist.

Auch hier ist uns Darwin wieder eine Hilfe. Im Abschnitt seines Buches über Furcht schreibt er:

Der Furcht geht häufig ein Erstaunen voraus; und insoweit ist sie dem letzteren verwandt, dass beide dazu führen, die Sinne des Gesichts und des Gehörs augenblicklich anzuspannen. … Der zum Fürchten gebrachte Mensch steht anfangs bewegungslos wie eine Statue und atemlos da oder drückt sich nieder, als wolle er instinktiv der Entdeckung entgehen. Das Herz zieht sich schnell und heftig zusammen, so dass es gegen die Rippen schlägt oder stößt … die Haut wird augenblicklich bleich, wie bei einer beginnenden Ohnmacht … Schweiß bricht sofort aus ihr empor.[10]

Die Pupillen weiten sich. In den Gedärmen rumort es. Der Atem wird flach. Die Haare stehen zu Berge. Schlägt Furcht um in „Seelenangst des Schreckens", schnappen die Lippen und bewegen sich konvulsivisch, die Stimme zittert und bricht …[11]

Alle diese von Furcht ausgelösten Reaktionen laufen unbewusst ab, in Bruchteilen von Sekunden. Mit der Zeit nehmen wir sie wahr, aber sie finden auch statt, wenn wir sie nicht bewusst wahrnehmen. Das hat der amerikanische Psychologe William James in einem einflussreichen Essay deutlich gemacht, der 1884 unter dem Titel „What is an emotion?" erschienen ist. Er ging der Frage nach, was eigentlich geschieht, wenn wir in uns erregte Gefühle zum Ausdruck bringen („emote").* Damals wurde eine Emotion als mental

---

* Weil das deutsche Wort „Gefühl" mehrdeutig ist, folgende Erläuterung: Im englischen Wort *emote* stecken die lateinischen Worte *ex* und *motus*, „aus … heraus" und „Bewegung, Erschütterung, Körperbewegung", wörtlich also „sich aus sich herausbewegen", einem inneren Anstoß körperlichen Ausdruck geben. In der Übersetzung verwenden wir „Emotion" (*emotion*) im Sinn von: spontaner Ausbruch, auch Ausdruck einer (noch) unbewuss-

ANGST

wacher Zustand betrachtet, in dem wir unsere Reaktion auf eine Tatsache oder eine Veränderung in unserer Umwelt wahrnehmen. Diese Wahrnehmung löse dann ihrerseits eine Kaskade körperlicher Reaktionen aus. Bezogen auf Furcht würde dies bedeuten: Wenn wir im Wald einen Bären sehen, sind wir zunächst erschrocken und beginnen dann zu zittern. James war der Ansicht, diese Abfolge der Ereignisse sei falsch dargestellt, was wirklich geschehe, sei genau das Gegenteil: Wir spüren Angst, weil wir zittern, nicht umgekehrt. Emotionen sind, so James, in erster Linie körperliche Reaktionen. Dann erst kommt das Gefühl oder die Wahrnehmung, die wir von ihnen haben.

Er war so überzeugt von dieser Abfolge emotionaler Ausbrüche, dass er sogar behauptete, es bliebe, wenn wir von den Emotionen die körperlichen Symptome wegnähmen, nichts als ein kalter und neutraler „Zustand geistiger Wahrnehmung".

Welche Art von Angst dann noch übrig bliebe, wenn das Gefühl weder von beschleunigtem Herzschlag noch von flachem Atem, zitternden Lippen, von Gänsehaut und dem Grummeln in den Därmen wahrzunehmen wäre, ist unmöglich vorzustellen.[12]

Doch zurück zu unserer Unterscheidung zwischen Furcht und Angst. Furcht richtet sich gegen etwas Bestimmtes. Und wie steht es mit der Angst? Angst ist nicht so einfach zu fassen. Sie ist normalerweise eine Furcht vor etwas Unbestimmtem, vor etwas, das wir nicht erklären oder gar räumlich und zeitlich einordnen können. Angst ist unvorhersagbar, manchmal die Vorwegnahme einer unbekannten oder nicht notwendigerweise drohenden Gefahr – eben das, was mir an jenem Abend widerfuhr, als Robert mich anrief. Wir fühlen uns unruhig und zitterig, weil wir irgendwie spüren, da ist etwas Schlimmes oder Katastrophales im Anmarsch, etwas, das

---

ten Gefühlsregung. „Gefühle" (*feeling*) dagegen sind insofern (mehr oder weniger) „bewusst", als wir durch Deutung dieses körperlichen Ausdrucks (oder Zustands), Erfahrung oder Introspektion wissen, was uns bewegt: Wut, Schuld, Angst etc. Zugespitzt: Wir „haben" Gefühle, Emotionen dagegen packen uns. A. d. Ü.

möglicherweise nie eintritt. Mit anderen Worten: Angst ist Furcht, die nach einem Grund sucht.[13]

Die Ahnentafel der Angst

Die dunklen und schwer zu durchschauenden Gründe der Angst können sich hervorragend verstecken, aber es lohnt sich, sie zu suchen. Auf diese Suche hat Sigmund Freud viel Zeit verwandt. Er war überzeugt, dass „das Angstproblem ein Knotenpunkt ist, an welchem die verschiedensten und wichtigsten Fragen zusammentreffen, ein Rätsel, dessen Lösung eine Fülle von Licht über unser ganzes Seelenleben ergießen müsste.“[14] Ende des neunzehnten, Anfang des zwanzigsten Jahrhunderts begann sich in den modernen Großstädten eine Krankheit schleichend auszubreiten, insbesondere unter Mitgliedern der Oberschicht und Freiberuflern. Wen es traf, der klagte über Magenbeschwerden, Kopfschmerzen und Neuralgien, fühlte sich schlapp und ausgelaugt. Fast so schnell wie eine Grippewelle breitete sich das Unbehagen aus, als Reaktion auf die schnelle Urbanisierung und die hektische Lebensweise, die das Industriezeitalter mit sich brachte. Der amerikanische Arzt George Beard hat diesen neuen Zustand „Neurasthenie“ genannt, er bezeichnete damit die Überreizung oder „Erschöpfung“ des Nervensystems, die seiner Ansicht nach besonders in Amerika verbreitet war. Die amerikanische Gesellschaft, sagte er, bringe größere Erregung des Nervensystems mit sich als die europäische.[15] Tatsächlich wurden „amerikanische Nervosität“ oder „Amerikanitis“ populäre Synonyme für diese Krankheit.[16] Freud teilte die Auffassung, dass die zermürbenden Beschwerden, die er bei seinen Patienten beobachtete, etwas mit dem unablässigen Stress des Großstadtlebens zu tun hätten, meinte aber, es müsse über die äußeren Faktoren hinaus etwas geben, das zu solchen Zuständen führe. „Angstneurose“ nannte er diesen Zustand und vermutete, sie resultiere aus dem Gegensatz zwischen der Konstitution eines Menschen, seinen Wünschen und Hoffnungen einerseits, und dem, was das moderne Leben von ihm fordere, auf der anderen Seite.

Bekanntlich hat Freud auf seiner Suche nach den inneren Ursachen von Neurosen vielen Patienten zugehört, während sie in seiner Praxis in der Wiener Berggasse auf seiner Couch lagen. Angeregt zu diesem Verfahren hatte ihn sein Freund Josef Breuer, der, ebenfalls Arzt in Wien, seine Patienten hypnotisierte und unter Hypnose aufforderte, über sich zu sprechen.

Nachdem er eine große Zahl von Fällen untersucht hatte, entwickelte Freud seine Theorie der Neurosen: Sie seien Manifestationen ungelöster Konflikte, die ihren Ursprung zumeist in der Kindheit hätten, oft mit traumatischen, häufig sexuellen Erlebnissen verknüpft. Zum Neurotiker werde ganz allgemein jemand, der die Abfuhr gewisser seelischer Energien unterdrücke, die nach außen drängten. Also hörte Freud seinen Patienten weiterhin zu, um ihnen zu helfen, diese Erinnerungen auszugraben und an die Oberfläche gelangen zu lassen, was ihre ungelösten Probleme verursacht hatte. Bemerkenswert an dieser therapeutischen Methode war unter anderem, dass die Symptome eines Patienten zumeist in dem Augenblick verschwanden, in dem die Situation ihres ersten Auftretens zur Sprache kam und die mit diesem Geschehen verbundenen unangenehmen und traumatischen, aber vergessenen Ereignisse in Erinnerung gerufen wurden.

Ein geradezu emblematisch gewordener Fall, das Beispiel für diesen Mechanismus, das Freud beeindruckte und inspirierte, war der von Anna O., einer von Breuers Patientinnen.[17] Anna kam in Freuds Sprechstunde wegen eines nervösen Hustens, Sehstörungen, Lähmungserscheinungen und Aphasien. Merkwürdigerweise entwickelte sie an einem bestimmten Punkt auch eine akute Form von Wasserscheu. Über Wochen konnte sie keine Flüssigkeiten zu sich nehmen. Schon ein unschuldiges Glas Wasser brachte sie in Aufruhr und machte sie nervös, erklären jedoch konnte sie das nicht. In einer Hypnosesitzung kam schließlich heraus, dass sie einmal in der Wohnung einer Engländerin, der sie einen Besuch abstattete, einen

FURCHT VOR DEM UNBEKANNTEN

Hund gesehen hatte, der aus einem Glas trank. Die Szene verursachte ihr heftigen Ekel, ihre Manieren jedoch verboten es, ihrer Gastgeberin etwas davon zu sagen. Nachdem sie sich an diese Episode erinnert hatte, konnte sie wieder trinken.

Ein Blick auf das, was in der Folgezeit aus dem Begriff der Neurose geworden ist, ist sicher lohnend.

Im letzten Jahrhundert, als die Zahl der seelischen Erkrankungen in der Bevölkerung wuchs, hielten es Ärzte für notwendig, sie alle in einem Buch zusammenzufassen. Zu diesem Zweck veröffentlichte die American Psychiatric Association einen Band mit dem Titel *Diagnostic and Statistical Manual of Mental Disorders* (DSM; deutsch „Diagnostisches und Statistisches Handbuch psychischer Störungen"; seit Mai 2012 gilt DSM-5). Das Handbuch sollte Psychiatern zu gemeinsamen Definitionen und Diagnosen von psychischen Störungen verhelfen und als Handbuch für die an Symptomen orientierte Bestimmung der jeweiligen Störung dienen, sodass sich diese bei den unterschiedlichsten Patienten eindeutig benennen ließen. Dieses Kompendium, heute das Standardwerk für alle, die im psychologischen Bereich arbeiten und mit Diagnose und Behandlung von psychischen Störungen zu tun haben, hat die diagnostische Sprache vereinheitlicht. Indem sie auf den Seiten des DSM nachschlugen, konnten Psychiater aus verschiedenen Städten und sogar Ländern die gleichen Parameter für Diagnosen von Patienten anwenden, die ähnliche Symptome zeigen.

„Neurose" wurde bereits in der ersten Auflage des DSM aufgeführt, noch als sehr weite Kategorie, unter der emotionale Bedrängnisse zusammengefasst wurden, die sich in diversen physiologischen und seelischen Störungen äußern. In gewisser Weise galt als „neurotisch", wer eine leichte Veränderung des Normalverhaltens zeigte. Auch die zweite Auflage von 1968 behielt die weite Klassifikation von „Angstneurosen" bei, erst die dritte Auflage demontierte sie dramatisch. Dieser Übergang eröffnete ein wichtiges Kapitel in der Geschichte der Psychiatrie und schuf die Grundlagen für das gegenwärtige System der kategorialen Erfassung der Angststörungen und aller anderen Klassifikationen seelischer Krankheiten. Der wesentliche Schritt bestand darin, dass der Begriff der Neurose eliminiert wurde – und zugleich alles andere, was irgendwie an Psychoanalyse erinnerte. Außerdem wurde von nun an strikt zwischen Panikattacken und -störungen und anderen Formen der Angst unterschieden – vor allem deshalb, weil diese Störungen auf jeweils andere Medikamente reagierten.[18]

Diese Aufteilung blieb auch in der vierten Auflage erhalten, zugleich wurden neue Klassifikationen der Angst mit jeweils eigenen Symptomen eingeführt.[19] Dazu zählten spezifische Phobien, also die Furcht vor besonderen Objekten oder besonderen Situationen, die gewöhnlich in keinem Verhältnis zu einer realen Gefahr steht, beispielsweise übertriebene Furcht vor Spinnen, die Sozialphobie oder Soziale Angststörung (Furcht vor sozialen Situationen), ferner die Agoraphobie (Furcht vor öffentlichen Räumen), posttraumatische Belastungsstörungen (PTBS; Angstzustände nach traumatischen Erlebnissen oder furchterregenden Bedrohungen), Panikstörungen, in denen der Leidtragende unerwartete, aber häufige Episoden intensiver Furcht (Panikattacken etwa) erlebt, und Zwangsstörungen, gekennzeichnet durch unabweisbare Gedanken sowie durch den Zwang, einen Gedanken oder eine Handlung zu verfolgen, um ein Angstgefühl loszuwerden – beispielsweise ein Waschzwang aus nicht abzuschüttelnder Furcht, sich Bakterien einzufangen.

Eine weitere Kategorie ist die generalisierte Angststörung (abgekürzt GAS). Sieht man sich die diagnostischen Kriterien für diese Störung genauer an, drängt sich der Schluss auf, dass sie auf jeden zutreffen, den wir kennen, auch auf uns selbst. So fallen nach dem DSM tatsächlich alle unter diese Diagnose, die „übermäßige Angst und Sorge (furchtsame Erwartung) bezüglich mehrerer Ereignisse oder Tätigkeiten (wie etwa Arbeiten und Schulleistungen) [erleben], die während mindestens 6 Monaten an der Mehrzahl der Tage auftraten." Diese Angst muss zusätzlich mit „mindestens drei der folgenden Symptome" verbunden sein: „Ruhelosigkeit oder ständi-

FURCHT VOR DEM UNBEKANNTEN

ges ‚auf dem Sprung sein‘, leichte Ermüdbarkeit, Konzentrations-
schwierigkeiten oder Leere im Kopf, Reizbarkeit, Muskelspannung,
Schlafstörungen (Ein- und Durchschlafschwierigkeiten oder un-
ruhiger, nicht erholsamer Schlaf).“ Angst und Sorge sollen nicht auf
andere psychische Störungen beschränkt sein (also Angst vor Angstattacken etc.) und „in klinisch bedeutsamer Weise Leiden oder Beeinträchtigungen in sozialen, beruflichen oder anderen wichtigen
Funktionsbereichen“ verursachen.*

Eigentlich soll es das DSM erleichtern, Störungen bei Menschen
zu entdecken, die ernsthaft medizinische Hilfe brauchen. Wer aber
fiele, nach den zitierten Kriterien, nicht unter die Diagnose „Angststörung“? In gewisser Weise steht die GAS ganz in der Nähe jenes
Zustands, der früher Neurose hieß, und ist nicht mehr als der gewöhnliche Typus der Angst, die uns in aller Regelmäßigkeit befällt.

Festzuhalten ist, dass GAS und andere im DSM aufgeführte
Angstzustände offensichtlich willkürliche Konstrukte von Psychiatern sind, also Krankheiten, die vom medizinischen Establishment
geschaffen wurden und allein auf klinischen Symptomen beruhen
und nicht nach biologischen Kriterien bestimmt werden. Die Störungen sind starre Entitäten für rasche Diagnosen, die uns als solche nichts darüber sagen können, wie der Einzelne solche Störungen erlebt.

Wichtig ist auch festzuhalten, dass sich die Diagnosen sowohl auf
symptomatischer wie auf biologischer Ebene beträchtlich überschneiden. Den verschiedenen Formen der Angst liegt das gleiche
neurale Substrat zugrunde. Auch spielen Gene, die einer Form der
Angst zugrunde liegen, auch bei Manifestationen anderer Formen
eine Rolle. (Darauf werde ich im nächsten Kapitel genauer eingehen.)

---

* nach: *http://www.neuro24.de/show_glossar.php?id=121* (A. d. Ü.).

125

ANGST

Angstkonditionierung

Leider kündigt sich eine Angstattacke nicht immer vorher an, sie erwischt uns vielmehr aus dem Hinterhalt, wenn wir es am wenigsten erwarten. Dennoch braucht sie einen Auslöser, und der kann ganz harmlos erscheinen.

Eine Sorge kann einen Schwall weiterer Befürchtungen nach sich ziehen, so können etwa Nachrichten über eine Rezession oder irgendein anderer Auslöser tiefer sitzende Ängste wachrufen, die häufig verknüpft sind mit Erinnerungen an traumatische Ereignisse oder überhaupt mit ungelösten Konflikten oder Lebensproblemen. Der Assoziationsmechanismus zwischen einem Auslöser und der anschließend auftretenden Angstreaktion steht seit langem im Mittelpunkt der Erforschung von Furcht und Angst. Dieser Komplex steht dann auch im Zusammenhang mit allgemeinen Theorien über Verhaltenskonditionierung; mit Theorien also, die der Frage nachgehen, wie Organismen lernen, auf Veränderungen in ihrer Umwelt mit einem bestimmtem Verhalten zu reagieren.

Das sprichwörtlich gewordene Experiment des russischen Wissenschaftlers Iwan Petrowitsch Pawlow mit Hunden kennt wohl fast jeder; 1904 wurde der Verhaltensforscher mit dem Nobelpreis ausgezeichnet. Eigentlich hatte Pawlow an seinen Hunden Funktionen und Mechanismen des Verdauungssystems untersucht. Ebenso wie uns das Wasser im Munde zusammenläuft, wenn ein leckeres Gericht auf den Tisch kommt, beginnt der Speichel auch bei Hunden zu laufen, wenn sie etwas zu fressen sehen. Eines Tages fiel Pawlow auf, dass die Hunde zu sabbern begannen, sobald er sie im Labor besuchte – auch wenn er ihnen nichts zu fressen brachte. Es stellte sich heraus, dass die Hunde auf den Laborkittel reagierten: Die Hunde hatten gelernt, diesen mit Futter zu assoziieren. Später veränderte Pawlow den Stimulus und läutete jedes Mal eine Glocke, wenn die Hunde gefüttert wurden. Und nach einer Weile begannen die Tiere, wann immer sie die Glocke hörten, Speichel abzusondern – auch wenn es nichts zu fressen gab.

Ein typisches Laborexperiment zur Konditionierung von Angst geht so: Eine Ratte oder eine Maus wird in einem Käfig einem Auslöser ausgesetzt, meist einem Summton, danach erhält sie einen leichten elektrischen Schlag an den Füßen. Der Summton ist dazu da, um den Nager auf die Ankunft des nächsten Schocks zu *konditionieren*. Nachdem das Tier diesem Doppelereignis einige Male ausgesetzt war, bekommt der Summton aversive Eigenschaften. Sobald das Tier nun den Ton hört, entwickelt es die für Angst typischen Verhaltensweisen und physiologischen Reaktionen. Am häufigsten antizipiert das verängstigte Tier den Elektroschock, indem es erstarrt.

Die Angstreaktionen eines Nagers sind denen eines Menschen ähnlich. Stellen Sie sich vor, wie Sie reagieren würden, wenn Sie von Ihrem Chef oder Lebenspartner die drei lakonischen Worte hören: „Wir müssen reden." Ich jedenfalls würde augenblicklich erstarren, wie die Ratten in ihrem Käfig: weil ich weiß, dass es Ärger gibt. Der Blutdruck steigt, das Herz schlägt schneller und so weiter. Wir sind alarmiert und total konzentriert. Das ist bei vielen von uns so, weil wir das letzte Mal, nachdem diese Worte gefallen waren, in einen denkwürdigen Streit gerieten. Diese drei Worte funktionieren wie der Summton im Experiment. Außenreize wie diese Drohworte können, besonders wenn sie an traumatische Ereignisse erinnern, wirken wie konditionierte Reize, die verschiedene Angstreaktionen auslösen. Das alles kostet Energie. Furcht und Angst laugen aus.

Angst im Gehirn

Begrifflich sind Furcht und Angst verschieden, aber ihre anatomische Position im Gehirn ist die gleiche, und in über zwanzig Jahren Forschungsarbeit ist es gelungen, die ihnen zugrunde liegenden Schaltkreise dingfest zu machen, fast hinunter bis zur einzelnen Nervenzelle.

Die hauptsächlich beteiligte Region ist die Amygdala, wegen ihrer Form nach dem griechischen Wort für Mandel benannt. Sie befindet sich an der Gehirnbasis im Schläfenlappen (Abb. 8). Damit Sie sich die Position der Amygdala besser vorstellen können, denken Sie sich einen Strahl, der durch ein Auge, und einen anderen, der durch ein Ohr hindurchgeht: Dort, wo sie sich schneiden, liegt die Amygdala, genauer die beiden Amygdalas, denn dieses Organ haben wir zweifach, auf jeder Seite eines. Sie liegen im Zentrum des emotionalen Lebens, besonders der Angstreaktionen. Ohne sie hätten wir wahrscheinlich vor nichts Angst! Ganz ähnlich würde eine Beeinträchtigung ihrer Funktion verhindern, dass wir Emotionen überhaupt wahrnehmen. Jemand mit – sehr selten auftretenden – Verletzungen an beiden Amygdalas ist nicht mehr fähig, den furchtsamen Ausdruck auf einem anderen Gesicht zu erkennen.[20] Die Amygdala ist nicht größer als ein Daumennagel, gleichwohl hat sie eine komplizierte Struktur, ist zusammengesetzt aus verschiedenen Teilen mit unterschiedlichen Funktionen. Hier genügt es zunächst, sich den sogenannten zentralen Kern (CeA) zu merken und den weiter außen liegenden „basolateralen Komplex". Ein konditionierter Außenreiz – wie der Summton im Experiment der Angstkonditionierung – trifft zunächst auf den Thalamus, den Teil des Gehirns, der als Integrationszentrum zwischen Außenwelt und Wahrnehmung fungiert. Vom Thalamus wandert der Reiz weiter zum audiovisuellen Kortex, wo er verarbeitet wird. Doch dieses Signal kann auch eine Abkürzung nehmen, die direkt in die emotionalen Zentren führt. Tatsächlich hat der Thalamus eine direkte Verbindung zur Amygdala, genauer: zum basolateralen Komplex der Amygdala. Dort nämlich werden emotionale Erinnerungen wie der Summton gespeichert, oder was sonst unsere eigenen emotionalen Auslöser sind. Von der Amygdala wird dann ein Gefahrensignal an den Hirnstamm geschickt, das unsere Angstreaktionen auslöst.

FURCHT VOR DEM UNBEKANNTEN

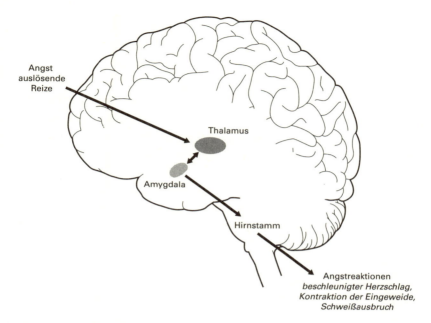

(8) Die Anatomie von Furcht und Angst

Einige der Gehirnmechanismen zu entdecken, die einem so komplexen Gefühl wie Angst zugrunde liegen, ist ein faszinierendes Unternehmen. Dass wir Angst mit neurochemischen Erregungsstufen oder durch entsprechende Muster des Neuronenfeuers in bestimmten Hirnregionen beschreiben können, ist inspirierten und engagierten Experimenten zu verdanken, die uns einen Schritt weiterbringen bei der Entwicklung besserer diagnostischer und therapeutischer Instrumente zur Bekämpfung der Angst.

Doch so viel derartige Experimente an Tieren dazu beitragen mögen, einige universelle Komponenten der Angst herauszupräparieren, die *gelebte Erfahrung* der Angst, die uns Menschen im Innersten packt, bleibt damit unerforscht.

Wenn Ratten aus Angst erstarren, lässt sich diese Reaktion vergleichen mit dem Zustand der Lähmung oder des Nichtstuns, in den Menschen verfallen; das Gefühl der Qual und Ohnmacht

ANGST

jedoch, das Gefühl totaler Hilflosigkeit, das Gefühl, unsere ganze
Zukunft ist ungewiss und überhaupt nicht mehr absehbar – diese
Gefühlsregungen lassen sich in einem Experiment kaum reproduzieren und molekular erfassen. Schon gar nicht durch das Studium
von Ratten! Angst ist auch die Manifestation eines unausdrückli-
chen Bewusstseins von etwas, das in unserem Leben fehlt, vielleicht
auch falsch läuft, oder davon, dass uns unsere Wertvorstellungen,
Hoffnungen und Erwartungen entgleiten oder sonstwie bedroht
sind.

Dieser Gegensatz zwischen wissenschaftlicher Forschung und
Erfahrung ist ganz wesentlich beim Studium der Emotionen. Die
Wissenschaft liefert ein äußeres Bild vom Gerüst der Emotionen,
konstruiert aus allgemeinen, messbaren und reproduzierbaren Fak-
ten; unsere unmittelbare Erfahrung der Emotionen ist so etwas wie
das Leben im Innern dieses Gebäudes, hinter dem Gerüst. Sie ist
Frucht unseres Bewusstseins oder dessen, was man auch Phänomenologie nennt, rein naturwissenschaftlicher Beobachtung aber nicht
durchweg zugänglich.

Der Sturmwind der Angst

Angst ist ein innerer Zustand, und ich kenne die Grenzen ihrer
naturwissenschaftlichen Erforschung, gleichwohl suchte ich nach
Ideen und Erfahrungen, die mir brauchbar erschienen, um mehr
Klarheit zu gewinnen. Schließlich wandte ich mich der Philosophie
zu, vor allem der Existenzphilosophie, einer philosophischen Richtung, die sich mit der Frage beschäftigt, wie wir Menschen auf der
Suche nach einer Bedeutung unserer Existenz handeln, fühlen und
leben. Für Existenzphilosophen gibt es keine starre, unbedingte
Theorie, die Definitionen des Menschseins liefert. Die Existenz
steht über jeder Essenz. Existenzphilosophen lehnen den Vorrang
von allgemeinen Gesetzen, wie sie die Naturwissenschaften formulieren, ab und gehen davon aus, dass wir geboren sind, um in einer

FURCHT VOR DEM UNBEKANNTEN

Welt, die in vieler Hinsicht chaotisch und desorientierend ist, ein Ziel zu suchen und zu wählen. Ebenso müssen wir selbst Werte und Sinn für unser Leben finden.

Unter den existenzphilosophischen Denkern hat mich der deutsche Philosoph Martin Heidegger (1889–1976) am meisten beeindruckt. Bekannt wurde er vor allem als Autor des Buchs *Sein und Zeit* (1927),[21] das als eines der einflussreichsten philosophischen Werke des zwanzigsten Jahrhunderts gilt. Die Bedeutung von Heideggers Denken für das Verständnis der Emotionen wird sofort deutlich, wenn wir uns genauer ansehen, wie er zwischen zwei Hauptweisen unterscheidet, in denen wir die Dinge wahrnehmen, für die er auch zwei anschauliche Begriffe fand: *Vorhandenheit* und *Zuhandenheit*. Vorhanden ist das, was vorliegt, *Vorhandenheit* ist also Grundlage eines theoretischen Verständnisses der Realität, dafür, wie wir Dinge beobachten und theoretisch zu erfassen versuchen: Dies nämlich geschieht durch interesseloses Studium – eben mit dem Verfahren der Wissenschaftler. Der Begriff *Zuhandenheit* dagegen bezieht sich darauf, wie uns die Welt entgegentritt, an der wir teilhaben und in der wir uns engagieren. Hierher gehören die vielfältigen Weisen, auf die wir unter den verschiedensten Umständen durch unsere Interaktionen mit Gegenständen und Menschen, mit der Welt verbunden sind. Dieser Weise der Welterfahrung räumt Heidegger größere Macht ein: Die Erfahrungen, die wir auf diese Weise machen, haben größere Bedeutung als unser wissenschaftliches Wissen. Sie kommen zuerst, durch sie lernen wir die Welt kennen. Wir könnten auch sagen, die Erfahrung unseres emotionalen Lebens ist mächtiger als unser theoretischer Zugriff auf die Welt. Wissenschaft, so Heidegger, kann die *gelebte Erfahrung* der Angst oder Sorge nicht voll erfassen.

Die Vorstellung, dass ein Unterschied besteht zwischen Angst und Furcht, war ihm geläufig. Zwar seien sie verwandte Erscheinungen, würden darum häufig verwechselt, dennoch müsse man sie unterscheiden. Etwas Bedrohliches sei dann „furchterregend", wenn es uns als etwas Wirkliches und Bestimmtes begegnet. Angst weiß

131

nicht, „was es ist, wovor sie sich ängstet", weil die Bedrohung nirgendwo bestimmt zu verorten sei und keinen erkennbaren Ursprung habe.[22]

Heidegger misst der Angst und der Sorge hohe Bedeutung bei. Natürlich müssen wir, um zu überleben, imstande sein, uns angesichts einer realen Gefahr auch zu fürchten, nicht weniger brauchen wir aber, so Heidegger, die Angst, damit wir überhaupt „in der Welt sein" können. Was heißt das? Tagtäglich bewegen wir uns in einem Netz von Dingen, Menschen und Umständen. Wir stehen auf, bringen unsere Kinder zur Schule, gehen zur Arbeit, treffen uns mit Kollegen und Freunden, gehen ins Fitnessstudio oder in eine Kneipe, planen einen Urlaub, kaufen ein neues Möbelstück oder eine neue CD oder das neueste Handymodell, spielen mit unserem iPad. Von alledem sind wir völlig absorbiert. Dieses Absorbiertsein von den Dingen dieser Welt bezeichnet Heidegger als „in die Welt fallen". Wir „fallen" in unsere Routinen, übersehen dabei die eigentliche Bedeutung unseres Lebens oder hören auf, nach ihr zu suchen, richten uns vielmehr ein in der „Trägheit des Fallens" und wenden uns ab von uns selbst: fliehen also vor einem bedeutsamen Leben, weil das einfacher ist. So unterdrücken wir die Angst, das aber hilft nicht, denn, so Heidegger, die Angst ist da, „sie schläft nur".

Doch wenn sie erwacht, lässt unser symbiotisches Verhältnis zur Welt nach. Haben wir Angst, werden Dinge, Umstände und Menschen, mit denen wir zu tun haben, bedeutungslos und verschwinden: Alles versinkt. Alle vorherigen Beziehungen zur Welt und alle Deutungen, die wir von ihr haben, werden zweifelhaft. Es ist kein Zufall, dass Heidegger, um das in der Angst Beunruhigende zum Ausdruck zu bringen, das Wort *unheimlich* gebraucht – man fühlt sich nicht länger zu Hause, vielmehr „entfremdet".[23] Überfällt uns Angst, werden wir mit uns selbst konfrontiert und müssen uns überlegen, ob die Dinge, die uns so wichtig schienen, wirklich alle die Bedeutung haben, die wir ihnen zuschreiben. In einer solchen Situation stellen wir uns in Frage. Angst – und darum ist sie nach

Heidegger notwendig – öffnet uns die Welt und führt uns unsere Lage vor Augen, wie sie ist, ungeschminkt und ohne überflüssige Verzierungen.

Angst verbindet auch mit Zukunft. Als Menschen leben wir, wie Heidegger betont, in der Zeit, aber wir ängstigen uns nicht über Vergangenes oder über das, was gerade geschieht, sondern in erster Linie über das, was geschehen *könnte*. Häufig schleichen sich Angst und Besorgnis ein, wenn wir an die endlosen Möglichkeiten denken, die wir im Leben ergreifen könnten oder auch nicht. Angst hat ihre Wurzeln dort, wo wir erkennen, dass wir die Freiheit haben zu wählen, wer wir sein wollen und wie leben. Für Heidegger ist Wahlfreiheit stets mit beträchtlichen Schwierigkeiten verbunden, weil es bei dieser Wahl im Grunde genommen stets um die Frage nach der Art zu leben geht, die uns authentischer macht. Diese Wahl ist mehr als die Frage, welche Arbeit man suchen, welche Wohnung man kaufen oder mit wem man sein Leben teilen soll; hier geht es darum herauszufinden, welche Arbeit, welche Wohnung, welche Frau, welcher Mann unserem Sein das höchste Potenzial geben wird, und sich dann auch dafür zu entscheiden: für ein Sein nämlich, auf das wir uns verlassen, um unser Glück zu erreichen. Da helfen keine Rezepte. Nur wir selbst können wissen, was am besten für uns ist. Es geht darum, uns für etwas zu entscheiden allein der Bedeutung wegen, die es für uns hat, und nicht bloß, weil es den gesellschaftlichen Normen oder den Werten eines anderen entspricht.

Wie oft schon mussten wir wichtige Entscheidungen treffen und waren verblüfft über die vielen Möglichkeiten, die wir hatten? Manchmal ist die Entscheidung relativ einfach, und es gibt nur einige wenige Optionen. Bei anderen Gelegenheiten steht viel auf dem Spiel, und die Möglichkeiten, die man hat, sind weniger klar. Denken wir nur an die Zeit, als wir erwachsen wurden und uns für einen bestimmten Werdegang zu entscheiden hatten.

Hatte man Glück, so hatte man bereits als Kind eine Leidenschaft, die man pflegen konnte, und die notwendige Wahl verschaffte einem die Möglichkeit, dem eigenen Weg zu folgen und seinen Traum zu verwirklichen. Für andere war die Entscheidung, was sie sein und werden wollen, eine eher qualvolle Angelegenheit. Die wirklichen Neigungen zu entdecken und ihnen zu folgen, kann sehr mühsam sein.

Sich selbst gegenüber wahrhaftig zu sein – eine endlose Aufgabe, vor der wir, unterschiedlich bewusst, Tag für Tag stehen. Und stets lauert die Angst hinter der nächsten Ecke; ununterbrochen stehen wir in Verhandlung mit ihr.

So also ist Angst der Ausgangspunkt für unsere Reise, unser wirkliches Selbst zu werden, und zugleich das Bewusstsein, dass wir jeder allein einer Fülle von Lebensmöglichkeiten gegenüberstehen. Furchtbar, oder?

Als ich Heidegger entdeckte, merkte ich, dass seine Beschreibung der Angst auf dasselbe hinauslief wie meine persönliche Metapher, nämlich dass Angst wie ein Sturmwind ist: Ein Sturmwind, der alles hinwegfegt, der mich aus dem Karussell des Lebens schleudert und auf einer leeren, dunklen Bühne mit nur einem auf mich gerichteten Scheinwerfer zurücklässt. Heideggers Worte sprechen zu mir, wie es kein Experiment kann. Ideen und Philosophie trafen mein persönliches Gefühl besser als Labor und Wissenschaft.

Nimm den anderen Weg

Heidegger hat entschieden dazu beigetragen, dass ich die Neurowissenschaft von Furcht und Angst in neuem Licht zu sehen begann und nun nach Studien suchte, welche die nützliche Rolle, die Angst für das Leben spielt, auf irgendeine Weise hervorheben und praktische Hinweise geben, wie mit Angst umzugehen ist.

Um auf die Ratten zurückzukommen, so stieß ich tatsächlich auf eine Reihe von interessanten Experimenten, welche die bis dahin bekannten verfeinert und einen Schritt weitergebracht haben. In einem davon, durchgeführt vom Neurowissenschaftler Joseph

LeDoux und seinen Kollegen an der New York University, hatten Ratten, die durch den Summton konditioniert waren, die Möglichkeit, in einen anderen Raum zu gehen, wenn sie das Geräusch hörten. Entschieden sie sich dafür, endete das Summen, und der Elektroschock blieb aus. Nach einigen Wiederholungen lernten die Tiere, dass ihr neues Verhalten – nämlich der Entschluss, in einen anderen Raum zu gehen – für sie vorteilhaft war, und diese Entdeckung wiederum veränderte ihre Angstreaktionen. Das in der Amygdala gespeicherte Gefahrensignal gelangte nicht mehr zum Hirnstamm und löste nicht die bekannte Erstarrung aus. Es ging stattdessen zu motorischen Schaltkreisen und ermunterte die Ratte zu neuen Aktionen.[24] Das Bemerkenswerteste an diesen Experimenten ist, dass der Informationsfluss nur dann umgeleitet wird, wenn die Ratten etwas tun und nicht passiv bleiben. Es gibt zwei verschiedene neurale Ausgänge von der Amygdala, die die Wirkung des Summtons weiter vermitteln, einen, der passive Angstreaktionen auslöst, und einen anderen, der ein neues Verhalten ermöglicht (Abb. 9). Sowohl bei Nagern als auch bei Menschen sind beide Pfade vorhanden, wobei der zweite allerdings gelernt werden muss. Geschieht dies, wird die passive Angstreaktion durch Handeln ersetzt, ein Phänomen, das im Fachjargon „aktive Bewältigungsstrategie" genannt wird.

Im Jahr 2010 haben zwei Kollegen in dem Labor, in dem ich arbeitete, diese Befunde in Zusammenarbeit mit anderen vertieft. Mit einer Kombination aus Gentechnik, fMRT und Verhaltenstests gelang es ihnen, die Neuronen in der Amygdala zu lokalisieren, die an der neuralen Schaltung von passiver zu aktiver Angst beteiligt sind.[25] Zu diesem Zweck schufen sie eine transgene Maus, das heißt eine Maus, die hohe Beträge eines besonderen Proteins in einer ausgewählten Hirnregion haben sollte. Die ausgewählte Region war in diesem Fall der zentrale Kern der Amygdala (CeA), weil die Wissenschaftler dessen Rolle erforschen wollten. Bei dem Protein handelte es sich um den Serotonin-Rezeptor 1A (Htr1a). Rezeptoren sind Moleküle, die außen an den Neuronen sitzen und als Ziel-

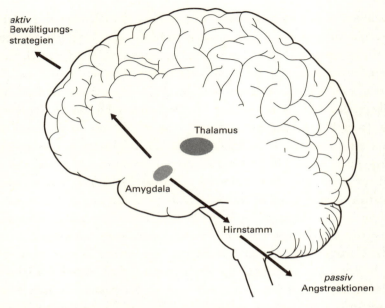

(9) Auslösung von aktiven statt passiven Angstreaktionen durch Umkehren der neuralen Pfade

strukturen für Neurotransmitter fungieren. Htr1a hat die besondere Eigenschaft, die Übertragungsaktivität zu hemmen: Sobald ein Molekül andockt und den Rezeptor aktiviert, wird die neurale Aktivität unterdrückt. Infolgedessen kommt es zu einer verminderten Angstreaktion.

Meine Kollegen verabreichten den Mäusen ein Medikament, um den CeA selektiv ruhigzustellen. Nun konnten sie beobachten, dass nur eine spezielle Untergruppe von Zellen im CeA auf das Medikament reagierte, sie wurden Zellen Typ-1-Zellen genannt. Um zu sehen, was geschieht, nachdem die neurale Aktivität in diesen Typ-1-Zellen gehemmt war, wurden die Mäuse, die das Medikament bekommen hatten, in einen Magnetresonanzscanner gesetzt. Die Forscher entdeckten, dass die Aktivitätshemmung bei diesem Neuronentyp mit einer Aktivität im Frontalbereich des Gehirns verbunden war, nämlich im cholinergen basalen Vorderhirn, von dem man weiß, dass es erregend auf Teile des Kortex einwirkt. Waren die Typ-1-Zellen im CeA ruhiggestellt, verminderte sich die Erstarrung der Mäuse und sie wurden aktiver: Sie begannen zum Beispiel, den Raum zu erkunden, in dem sie sich befanden.

Um es zusammenzufassen, bestätigten die Experimente die Rolle, die der CeA und eine besondere Zellgruppe darin für die Regelung der Signale spielen, die die Amygdala zum Hirnstamm beziehungsweise zu kortikalen Strukturen sendet. Nachgewiesen wurde, dass jene Zellgruppe Stärke und Art der Angstreaktionen bestimmt – diese sind passiv, wenn die Signale an den Hirnstamm gehen, dagegen aktiv, wenn sie die kortikalen Regionen erreichen.

Daraus folgt, dass wir schreckliche Angsterlebnisse umgehen können, indem wir trainieren, alternative Wege einzuschlagen. Doch wie gelingt uns das?

Wir können lernen, uns nicht von der Angst packen zu lassen. Das heißt, wir dürfen uns weder ständig Sorgen machen noch uns aus dem Leben zurückziehen (denn das würde die Angstsymptome nur verstärken). Wir müssen uns aktiv von negativen Gedanken abwenden, angenehmen Tätigkeiten nachgehen und zu konstruktivem Verhalten finden.[26] Was genau wir dann tun, ist nicht so wichtig, Hauptsache ist, wir tun etwas, das uns von unseren Besorgnissen abbringt, und konzentrieren uns auf positive Dinge. Also: die Lieblingsmusik hören, spazieren gehen, einem Freund schreiben, meditieren. Wir alle haben etwas, das wir gerne tun. Wohlgemerkt: Es geht nicht darum, unsere Probleme einfach zu ignorieren, sondern darum, einen seelischen Zustand zu erreichen, der uns hilft, sich unseren Problemen bewusster zu stellen.

Die Aufforderung, zu einer positiven Einstellung zu finden, mag zu einfach scheinen, fast wie ein Hausrezept, aber sie wird häufig erst gar nicht wahrgenommen. Ich habe bisweilen bewusst versucht, das, was ich über die Wege weiß, die meine Ängste im Gehirn nehmen, zu nutzen, fast so, als wollte ich die mentalen Bilder dieser neuralen Kreuzwege in den resoluten Entschluss übersetzen: Ich will nicht, dass die Angst ihren üblichen Verlauf nimmt, ich will sie umleiten. Ich kann nicht sagen, dass dies besser funktioniert, als wenn ich mir auftrage, ruhig zu bleiben oder mich an Heideggers Gedanken zu erinnern, immerhin jedoch trägt es dazu bei, dass meine Gemütsverfassung positiver wird.[27]

Dass wir, Robert und ich, an jenem Abend, als die globalen Finanzmärkte so dramatisch kollabierten, in eine Bar gingen, war sicher besser für uns beide, als dass wir jeder für sich zu Hause gesessen und uns sinnlosen Ängsten überlassen hätten. Wenn wir mit jemandem reden und unsere Sorgen teilen, wiegen unsere Ängste nur halb so schwer, und das muntert auf. Zusammen waren wir in der Lage, einige unserer unerheblichen negativen Gedanken herauszufiltern. Es ist merkwürdig, aber Heideggers Ansichten stimmen in mancher Hinsicht tatsächlich mit heutigen psychologischen und neurowissenschaftlichen Erkenntnissen überein.[28] Beide Anschauungsweisen, jede auf ihre Art, können als Anreiz betrachtet werden für positive Bemühungen, können helfen, das Leben für den Augenblick und auch langfristig in den Griff zu bekommen.

Zwar können, wie ich schon sagte, scheinbar harmlose Reize Ängste auslösen, in einem tieferen Sinn jedoch ist Angst ein Zustand, in den wir geraten, wenn wir persönliche Wertvorstellungen und Entscheidungen, die den Kern unserer Existenz ausmachen, aus den Augen verlieren. Die Nachricht vom Börsenkrach ist nur der Auslöser, ein Funke, der tiefer sitzende Konflikte entzündet, und die verwirrenden Angstreaktionen, die diese Nachricht zur Folge haben kann, sind eine Botschaft unseres Körpers, dass wir uns daran machen sollten, diese Konflikte zu lösen. Paradoxerweise sorgen wir uns, weil wir denken, dass es hilft, sich zu sorgen, ja wir meinen sogar, dass es uns Sicherheit gibt. (Es hält uns nämlich davon ab, tätig zu werden.) In Wirklichkeit aber hält es uns fest bei unseren Ängsten, und das führt zu gar nichts. Derart entschlossen auf Ängste zu reagieren, erscheint zunächst wie eine übermenschliche Anstrengung. Aber mit der Zeit kann das Gehirn lernen, die Aufmerksamkeit von Sorgen und Ängsten abzulenken.

Das plastische Gehirn

Ich weiß, das alles ist leichter gesagt als getan. Manchmal ist Angst wirklich lähmend und gnadenlos. Wer gegen ihre lähmenden Wirkungen ankämpft, wird womöglich lange brauchen, um zu lernen, wie er sich von ihnen befreien kann. Nicht einen Augenblick will ich Probleme und die Qualen herunterspielen, die Angst bereiten kann. Denken wir nur an Menschen, die ein Trauma erlitten haben und deren seelisches Leben und Verhalten ständig von der furchterregenden Erinnerung daran beherrscht sind.

Knapp ein Jahr nach den Bombenanschlägen auf die Londoner U-Bahn im Juli 2005 konnte Thomas, ein Computerwissenschaftler, der die Explosion in einem U-Bahnwagen in Edgware Road überlebt hatte, nachts nicht richtig schlafen.[29] Immer wieder hatte er Alpträume von der Explosion, verfolgten ihn Erinnerungen an diesen furchtbaren Morgen. Immer wieder geschah auch etwas Merkwürdiges mit ihm. Sobald er lachte, wurde er auf der Stelle traurig. Stets folgte auf sein Gelächter über irgendetwas Lustiges tiefe Niedergeschlagenheit.

Ein Therapeut vom National Health Service half ihm, den Tag des Anschlags wiederzuerleben und seine Erinnerung an die Augenblicke vor der Explosion zurückzurufen. Als Thomas in den Zug der Circle Line stieg, setzte er sich und schlug ein Buch von Wladimir Kaminer auf, einem seiner Lieblingsautoren, dem Verfasser komischer Geschichten. Und so saß er da, nur ein paar Meter vom Selbstmordattentäter entfernt, fröhlich und gut gelaunt. Möglicherweise hat er tatsächlich gelacht, kurz bevor der Terrorist sich in die Luft sprengte. Und so kam es: Sein Gedächtnis speicherte die Folge der Ereignisse und spielte sie in den folgenden Monaten immer wieder nach, sodass, wenn er lachte, seine Stimmung augenblicklich umschlug und er in Verzweiflung geriet.

Die grässlichen Vorgänge am Morgen des 7. Juli 2005 – nur einen Tag zuvor hatte London die Ausschreibung der Olympischen Spiele 2012 gewonnen – hatten verheerende Folgen. Sechsundfünfzig

Personen, darunter die Selbstmordbomber, kamen ums Leben. Hunderte wurden verletzt, manche verloren Gliedmaßen oder trugen dauerhafte Lähmungen davon. Und es kam, wie im Fall von Thomas, auch zu unsichtbaren Verletzungen im Gedächtnis vieler Pendler, die in diesem Zug saßen. Mächtige Erinnerungen an Momente großer Angst, an das Gefühl von Hilflosigkeit und Schrecken angesichts eines lebensbedrohenden Geschehens sind das Kernsymptom einer posttraumatischen Belastungsstörung (PTBS). Eines ihrer Kennzeichen ist ein anhaltendes Gefühl der Bedrohung, auch wenn die Gefahr längst vorüber ist. Dieser fortwährende Zustand übermäßiger Wachsamkeit und übertriebener emotionaler Reaktionen kann ein normales Berufsleben und einen normalen Alltag mit anderen blockieren. Menschen mit einer PTBS sind niemals völlig angstfrei. Ständig erwarten sie, dass ihnen etwas widerfährt.

Dennoch, auch angesichts schrecklicher Ereignisse – Terroranschläge, Kriege oder Naturkatastrophen wie Erdbeben – reagieren Menschen sehr unterschiedlich. Bei den meisten – zumal bei denen, die das traumatisierende Ereignis nur indirekt miterlebt haben – sind die Belastungssymptome vorübergehend, mit der Zeit lassen sie nach und haben keine bleibenden psychischen Folgen. Im Grunde wollen die Menschen nichts lieber, als ihr Leben wie gewohnt weiterführen.

Wie aber kommt es, dass ein traumatisches Geschehen bei manchen Menschen tiefe, unauslöschliche Narben zurücklässt und bei anderen kaum eine Spur? Dafür gibt es viele Gründe.

Manche davon wurzeln in unserer Vergangenheit und in persönlichen Lebensgeschichten. Wenn wir als Erwachsene zu vorschnellen Angstreaktionen neigen, kann das daran liegen, dass sich in kritischen Entwicklungsphasen unseres Lebens entsprechende Mechanismen herausgebildet haben. Diese wiederum sind stark beeinflusst von der Umgebung, in der wir aufgewachsen sind. Doch es gibt auch biologische Faktoren, die, im Zusammenwirken mit Umgebungsfaktoren, unsere Einstellung zur Außenwelt und unsere

FURCHT VOR DEM UNBEKANNTEN

Reaktionen darauf jeweils unterschiedlich gestalten. Manche Amygdalas zum Beispiel sind schneller erregbar als andere, werden auch schneller aktiv, daher zeigen ihre Besitzer bei der Verarbeitung von Emotionen eine erhöhte Sensibilität, ebenso in ihren Reaktionen auf äußere Umstände. Natürlich spielen auch genetische Varianten eine Rolle. Zum Beispiel zeigte sich bei Personen mit besonders feinen Unterschieden in der Gensequenz des Htr1a eine geringere Reaktivität der Amygdala, womit sich die Rolle dieses Rezeptors für die Feinabstimmung der Angstreaktionen bestätigt.[30] Der kumulative Effekt von vergangenen Erlebnissen und biologischer Disposition lässt Menschen mit größerer oder geringerer Widerständigkeit auf widrige Erfahrungen reagieren.

Alle, die am 7. Juli 2005 in London waren, werden sich an diesen Tag und an das, was sie erlebt haben, erinnern und müssen mit den Ereignissen auf ihre Weise fertigwerden.

Ich selbst saß an diesem Julimorgen an meinem Schreibtisch im Büro, als die Bomben hochgingen. Nur eine halbe Stunde zuvor war ich auf meiner Jogging-Tour zum Russell Square an der Stelle vorbeigekommen, an der später der 30er-Bus in die Luft flog. Meine lebhafteste Erinnerung an diesen Tag ist die Ruhe, die sich am Abend über die ganze Stadt senkte. Nie habe ich London so still und traurig erlebt. Mehrere Wochen lang zögerte ich, eine U-Bahn oder einen Bus zu benutzen. Glücklicherweise brauchte ich keine öffentlichen Verkehrsmittel, um morgens zur Arbeit zu kommen, mein täglicher Weg zum Büro war nur ein kurzer Fußmarsch von Fitzrovia nach Covent Garden. Im Allgemeinen erledigte ich, wann immer es ging, meine Wege zu Fuß. Ich mied auch belebte Straßen und Plätze, denn ich dachte, sie könnten Ziele für neue Anschläge sein. Tatsächlich wurden im Jahr nach den Bombenanschlägen die öffentlichen Verkehrsmittel in London um 15 Prozent weniger benutzt.[31]

Gegen Ende des Sommers hatte meine Angst vor neuen Terroranschlägen so weit abgenommen, dass ich wieder mit der U-Bahn fuhr. Aber, das muss ich gestehen, ich blieb wachsam. Ein- oder zweimal stieg ich aus, weil ich jemanden mit einem Rucksack sah.

ANGST

Ich konnte nicht anders. Mit der Zeit lernte ich, das Risiko eines Terroranschlags realistischer einzuschätzen, und sah ein, dass es sinnlos ist, aus Angst vor einem möglichen Anschlag nicht so zu leben, wie ich es gewohnt war.

In seinem berühmt gewordenen Essay „What is an emotion?" von 1884 äußerte sich William James klar und deutlich zu der Frage, wie wir unsere Gefühle unter Kontrolle bekommen können: „Wenn wir unerwünschte emotionale Tendenzen in uns überwinden wollen, müssen wir beharrlich und vor allem kaltblütig die Äußerungen jener gegensinnigen Dispositionen durchleben, die wir kultivieren wollen." Neigen wir dazu, Angst zu kultivieren, müssen wir sorgfältig unsere Fähigkeit üben, ihr ruhig und positiv entgegenzuwirken, und dabei vom Körper ausgehen. „Pfeifen, um uns Mut zu machen, ist mehr als eine Redensart", so James.

Das Gehirn und seine Neuronen sind unglaublich plastisch, und jede gezielte Aktion zur Veränderung, sei sie noch so geringfügig, trägt zur Festigung neuer Verhaltensmuster und neuraler Schaltkreise bei, die unsere Angstreaktionen umgehen.[32]

Wir können uns selbst konditionieren und unser Verhalten so verändern, dass wir uns von Angst nicht mehr überwältigen lassen. Schritt um Schritt wird sich die Angst vermeidende Strategie als bevorzugter neuraler Pfad im Gehirn etablieren, und im Endeffekt sind wir besser gewappnet, wenn die Angst sich nähert. Droht sie uns zu überwältigen, können wir den alternativen Pfad „anschalten". Wenn wir die Plastizität des Gehirns nutzen, dann ist das, als wählten wir eine andere Route, um zum Ziel zu gelangen. Stellen Sie sich vor, dass Sie immer denselben Weg nehmen, wenn Sie zu einem See mitten im Wald wollen. Eines Tages entdecken Sie einen im Gebüsch verborgenen, wenig begangenen Pfad, den jemand ein Stück weit freigeschlagen hat, und Sie entschließen sich, ihm zu folgen. Am Anfang ist der Pfad uneben und holprig, aber je häufiger Sie ihn gehen, desto breiter und ebener wird er: Mit der Zeit weitet er sich zu einem richtigen Weg, und Sie werden ihn zu Ihrer bevorzugten Route machen.

FURCHT VOR DEM UNBEKANNTEN

Unser zunehmendes Wissen über das Phänomen der Neuroplastizität hat auch einen neuen Bezugsrahmen für unser Verständnis der Psychoanalyse und anderer Psychotherapien geschaffen. Wir wissen nun, dass „talking cures" (Freud) aller Art nicht bloß ein intellektueller Austausch sind, sondern eine ins Biologische wirkende Behandlung, mit direkten Auswirkungen auf das Gehirn. Studien, bei denen vor und nach einer Therapie Gehirnscans durchgeführt und verglichen wurden, haben gezeigt, dass sich das Gehirn während der Therapie tatsächlich neu organisiert, und zwar umso mehr, je erfolgreichen sich die Therapie entwickelt. Das Zurückholen von Erinnerungen, ihr Durcharbeiten, die bewusste Ausrichtung der Aufmerksamkeit auf neue Verhaltensmuster bewirken dauerhafte biologische Veränderungen im Gehirn: Synaptische Verbindungen vermehren und verändern sich, neue neuronale Schaltungen werden hergestellt. So entsteht eine neue mentale Realität. So etwa zeigte ein Gehirnscan mittels fMRT, dass eine vierwöchige Therapie von Patienten, die unter einer Panikstörung litten, die Überaktivität der Amygdala normalisiert hat.[33]

Die kognitive Verhaltenstherapie beruht auf der Annahme, dass Angst durch kognitive Verzerrungen verursacht wird, also durch unrealistische oder übertriebene Gedanken – beispielsweise mag einer fürchten, dass an einem friedlichen Sonntagnachmittag irgendwer sein Lieblingscafé mit einer Pistole betritt und alle Gäste niederschießt, obwohl wir doch wissen, dass ein solches Ereignis zwar nicht unmöglich, aber doch sehr unwahrscheinlich ist. Oder, um auf den Anfang des Kapitels zurückzukommen, wir können darüber herumgrübeln, ob und wie uns die Finanzkrise doch erwischen könnte, weil wir es versäumt haben, unsere Ersparnisse rechtzeitig von der Börse abzuziehen.

In einer kognitiven Verhaltenstherapie kann man unter anderem lernen, derart abwegiges Denken zu erkennen, Ängste einzugrenzen, sie aus einer gewissen Distanz zu beurteilen und alle Gründe zu benennen, die erklären, warum einige Ängste sinnlos sind und jeder Grundlage in der Realität entbehren. Mit anderen Worten, die The-

ANGST

rapie lehrt uns, der Angst die Gründe zu geben, nach denen sie sucht. Wenn uns die immer wieder ausgemalte Möglichkeit einer Schießerei in unserem Stammcafé veranlasst, nicht mehr dorthin zu gehen, wird der Therapeut uns ermutigen, diese irrationale Angst dadurch zu überwinden, dass wir wie gewohnt ins Café gehen und erleben, dass keine Gefahr besteht. Wir werden aufgefordert, alte und negative Verhaltensweisen durch neue zu ersetzen und anders zu handeln: die Plastizität unseres Gehirns zu nutzen. Ein geschickter und erfahrener Therapeut greift tief in unser Gehirn ein, wie ein Neurochirurg. Wir verlassen den Therapieraum wie neu geboren, nicht nur weil wir unsere vergangenen und gegenwärtigen Verhaltensmuster besser kennen, sondern auch, weil dieses Bewusstsein auf chemischen Veränderungen in unserem Gehirn beruht.

Reisen in beruhigtes Gebiet

Im Sommer 1958 wurden die Besucher der Jahrestagung der American Medical Association in San Francisco vom Anblick einer zwanzig Meter langen, wurmähnlichen Kreatur aus Fallschirmseide überrascht. Sie „atmete" regelmäßig, als solle sie die Bewegungen einer Raupe nachahmen. Die Installation, geschaffen von Salvador Dalí, war auch von innen zu betrachten, wo sich vier menschliche Figuren befanden. Hatte man das Innere des Wurms betreten, sah man als Erstes einen ausgemergelten Mann, der einen Stab hielt, an dessen Spitze ein schwarzer Schmetterling saß. Für Dalí war dies eine Darstellung der Angst. Die nächste Figur war eine fast durchsichtige Frau, auch sie hielt einen Stab, diesmal hockte eine Motte auf dessen Spitze. Dann kam die Figur eines Mädchens mit einem Kopf voller Blumen, Dalí nannte sie „Wahrer Schmetterling der Ruhe". Zum Schluss sahen die Besucher ein Mädchen heiter und gelassen seilhüpfen.

Die Raupenkreatur, die überhaupt nicht beruhigend wirkte, war ein Kunstwerk, das die Wallace Laboratories in Auftrag gegeben

FURCHT VOR DEM UNBEKANNTEN

hatten – die Hersteller von Miltown, einem eigentlich zur Muskelentspannung entwickelten Medikament, das, als man rein zufällig seine sedative Wirkung entdeckte, nämlich 1955, in der Frühzeit der Psychopharmakologie, zum meistkonsumierten Beruhigungsmittel wurde.

Der exzentrische Künstler, als Surrealist versiert im Porträtieren des seelischen Lebens und besonders des Unbewussten, hatte seine Kreation *Crisalida* genannt: „Die äußere Struktur von Miltown ist die einer Larve, des stärksten Symbols des lebenswichtigen Nirvana, das den Weg ebnet für die blendende Morgenröte des Schmetterlings, seinerseits das Symbol der menschlichen Seele."[34] Anscheinend war Dalí vertraut genug mit Angsterfahrungen, um sie zuversichtlich in Bilder zu fassen und das Medikament als eine Reise durch das Innere einer scheinbar beunruhigenden und erschreckenden Kreatur zu präsentieren. Die erste Station ist die Angst, und die Reise endet mit der Ankunft an einem harmonischen Ort. So, wie *Crisalida* die Geschichte erzählt, bahnt Miltown den Weg zur seelischen Ruhe weitab von den Turbulenzen der Angst. Als *Crisalida* gezeigt wurde, hatten die mit Miltown generierten Profite bereits schwindelerregende Höhen erreicht. Es waren die *anni mirabiles* der Pharmaindustrie, die fruchtbaren Boden fand in einer Gesellschaft, die mit den Belastungen durch das moderne Leben zu kämpfen hatte.[35]

Später kam eine andere Klasse angsthemmender Medikamente auf den Markt, die sogenannten Benzodiazepine, die ihre beruhigende Wirkung durch Anbindung an die GABA-Rezeptoren erzielen, welche, wie der oben erwähnte Htr1A-Rezeptor, die Übertragungsaktivität von Neuronen hemmen. Fast schlagartig verlangsamen sie das Herzrasen, senken die Atemfrequenz, und bald auch befrieden sie die angstvollen Gedanken. Effizient und relativ billig in der Herstellung, wurden diese Medikamente mit Blick auf eine spezielle Zielgruppe vermarktet. Das den Ärzten zugesandte Werbematerial zeigt gewöhnliche Menschen, die das Medikament offensichtlich brauchen, um mit Ängsten fertigzuwerden, wie sie sich aus alltäglichen Widrigkeiten sowie aus sozialen und zwischenmenschlichen Beziehungen ergeben.[36] Da ist die Hausfrau zu sehen, die mit ihrer Hausarbeit nicht klarkommt, der junge Mann, der keine Freunde findet, der Manager oder Banker, der – wie Robert – von seiner Arbeit erdrückt wird. Eine häufig wiederkehrende Figur ist eine Frau, die unter Spannungen und Ängsten leidet, weil sie Probleme mit ihrem Haushalt hat. Männer dagegen werden öfter in ihrer Arbeitsumgebung gezeigt, wo sie eine Vielzahl geschäftlicher Dinge zu erledigen haben und ihnen perfektes Arbeiten auf unterschiedlichen Gebieten sowie überdurchschnittliche soziale und interaktive Fähigkeiten abverlangt werden – wichtige Geschäfte sind unter Dach und Fach zu bringen, zudem sollen sie sich im Büro erfolgreich integrieren. In der Presse wurden die Medikamente mit griffigen Slogans etikettiert, die Lesern und potenziellen Konsumenten eine Vorstellung von dem geben sollten, was sie erwarten konnten: „Pillen für den Seelenfrieden", „Aspirin für die Seele", „Glückspillen", „Seelenlaxativa", sogar „Das türkische Bad in einer Tablette".[37]

Bald nachdem die leichten Beruhigungsmittel auf den Markt gekommen waren und beachtliche Verbreitung gefunden hatten, wurden sie als Chance, zugleich aber auch als Gefahr für die Gesellschaft betrachtet. Die Pharmaindustrie wurde der „Mystifizierung" bezichtigt, weil sie Probleme, die zum ganz normalen Leben gehören, der Aufmerksamkeit von Ärzten empfahl.[38]

Die Benzodiazepine sind nie vom Markt verschwunden, gehören vielmehr bis heute zu den am meisten verschriebenen Medikamenten. Es gibt Leute, die eine Xanax schlucken, bevor sie ein Flugzeug besteigen oder ein wichtiges Gespräch zu führen haben. Ich habe nie Xanax oder Ähnliches genommen. Wenn bei mir, wie an dem Abend, als mein Freund Robert anrief, die Angst an die Tür klopft, greife ich zu anderen Mitteln: Yoga, Kamillentee, Alkohol (in Maßen!) oder ein Gespräch mit einem Freund.

Dabei habe ich ganz und gar nichts gegen Medikamente: Eine Welt ohne synthetische Arzneimittel ist unvorstellbar. Psychopharmaka gegen die Angst können tatsächlich wirksam dabei helfen, kurzfristig mit Ängsten zurechtzukommen. Vielleicht habe ich solche Tabletten nur deshalb nie genommen, weil ich auch nie das Gefühl hatte, dass meine Angst einen Pegel erreicht, den ich allein nicht mehr bewältigen kann. Vielleicht war ich auch der Überzeugung, ich sollte meine Gefühle ohne Hilfe von außen durcharbeiten und meinen Verstimmungen erst einmal auf den Grund kommen. Pillen sind verführerisch. Wenn nichts mehr hilft, sind sie eine greifbare Alternative. Und, natürlich, Anti-Angst-Pillen sind ohne Probleme zu bekommen, man braucht nur ein Rezept. Doch sie können auch abhängig machen. Wenn eine Pille in einer besonders schwierigen Situation geholfen hat, ist man versucht, sie wieder zu nehmen, wenn man in der gleichen Klemme steckt. Sie schaffen momentan Erleichterung, aber die Angst kommt wieder.

Fragwürdig bleibt allerdings, ob man Menschen auch dann solche Medikamente verschreiben sollte, wenn sie zwar Angstzustände haben, doch nicht solche, die ihr ganzes Leben in Unordnung bringen, sondern nur die gewöhnlichen, allzu vertrauten Ängste, mit denen fast jeder zu tun hat und für die es keine klaren Diagnosen und Behandlungsmethoden gibt. Von dieser Art Angst war Robert befallen, und sie trifft gelegentlich uns alle. Sie wird heute „generalisierte Angststörung" genannt und ist ziemlich weit verbreitet.

Das Streben nach einem sorgenfreien, ruhigen Leben, die Vorstellung, die Dalís *Crisalida* zugrunde liegt, ist vielleicht ein Grundzug des menschlichen Daseins. Wir träumen von einer angstfreien Existenz, zumindest von Zeiten, in denen wir uns keine Sorgen zu machen brauchen. Diejenigen, die unter Angst leiden, und diejenigen, die, ob im Labor, in der Klinik oder in Pharmaunternehmen, daran arbeiten, Abhilfe zu schaffen, haben alle das Ziel, die Pein zu lindern, die Ängste bereiten. Doch eben diese Einstellung trägt dazu bei, Angst mit negativen Konnotationen aufzuladen, sie als unerwünschten Zustand hinzustellen. Angst ist plötzlich nur noch ein ungewollter und vermeidbarer, ein psychischer Zustand, der behandelt werden muss. An einer Stelle in *Das Zeitalter der Angst*, dem Gedicht, das mir in jenem Nachtcafé einfiel, beschreibt Auden Angst als „Ungewissheit" von der die „meisten jungen Männer" erfüllt sind „wie von einem schlechten Geruch, wobei die Mehrzahl von ihnen sich einbildet, dass ihr Mangel an Selbstvertrauen eine nur ihnen eigene und schandbare Furcht sei, die, würden sie sie zugeben, sie vor ihren normalen Zeitgenossen lächerlich machen würde."[39]

Angst wird noch immer etikettiert als etwas, das zu vermeiden ist, ja dessen man sich zu schämen hat.

Grundsätzlich problematisch an psychiatrischen Kategorien ist deren Abhängigkeit vom gesellschaftlichen Kontext. Was auch immer mit solchen Kategorien und Klassifikationen gemeint ist, wie immer sie heißen mögen, sie lassen sich nicht trennen von dem Kontext, in dem sie entstehen.

Der französische Wissenschaftshistoriker Georges Canguilhem (1904–1995) hat einen allgemeinen Rahmen entwickelt, in dem sich diese ständige Spannung zwischen der Störung selbst und der Bedeutung, die ihr beigemessen wird, erklären lässt und der ihm auch dazu diente, eine Unterscheidung zu treffen zwischen Normalem und Pathologischem. Jeder Organismus, davon ging er aus, und daher auch jeder Mensch tritt mit den ihm eigenen Eigenschaften und Funktionen in Erscheinung – mit, wenn man so will, seiner eigenen allgemeinen Physiologie –, die es ihm erlauben, in der Welt zu funktionieren und sich an die Umwelt anzupassen. Darin sieht Canguilhem den konstitutiven Grund der jedem Individuum eigenen, überlebenswichtigen Normativität. So betrachtet, gehört auch eine Beeinträchtigung körperlicher Abläufe zur Normativität, die diesem Individuum eigen ist: Auch Beeinträchtigungen sind Bestandteil der Normen, die sein Leben ermöglichen. Außerhalb dieses Individuums aber, in der Gesellschaft, herrschen andere Normen, die besagen, dass bestimmte Verhaltensweisen unannehmbar sind, zumindest problematisch. Diese ständige Spannung zwischen individuell lebenswichtigen und allgemeinen Normen ist die Basis, auf der sich neue psychische Leiden herausbilden, sie entspringen der Etikettierung normativer Aspekte unserer Physiologie als bedauerliche Störungen.[40]

Heutige Gesellschaften, gerade die westlichen mit ihrer Verehrung von Werten wie Selbstständigkeit, Initiative, Leistung, Härte und Effizienz, haben an Toleranz selbst milden Angstzuständen gegenüber verloren, und damit haben sich die Erwartungen verändert, die wir an Menschen richten. Für Angst haben wir weder Zeit übrig noch Geduld. Diese Werte haben allgemein normativen Charakter, und Unterschiede oder Abweichungen wie Mangel an Energie, Niedergeschlagenheit oder Resignation gelten als pathologisch, und damit auch Menschen, die solche Abweichungen erkennen lassen. Darum die immer größeren Anstrengungen, solche Abweichungen zu beseitigen, wie sie sich in der unentwegt steigenden Verordnung von Anti-Angst-Drogen spiegeln und in der ständigen Suche nach neuen und noch wirkungsvolleren Medikamenten.[41] So ist es bittere Ironie, dass wir in einer Gesellschaft leben, die Angst produziert, zugleich aber deren existenziell positive Rolle übersieht. Mehr noch: Unsere Bemühungen, unsere Ängste loszuwerden, tragen bei zur Verbreitung einer Kultur, die weiterhin Ängste produziert.[42]

Coda

Robert hat seinen Job bei der Bank schließlich doch verloren. Zunächst tat er sich sehr schwer damit. Als er arbeitslos war, haben wir uns mehrfach getroffen, um zusammen zu überlegen, wie es weitergehen könnte. In unseren Gesprächen über Wissenschaft und Philosophie und das Leben im Allgemeinen kamen wir gemeinsam zu dem Schluss, dass wir die wirtschaftliche Lage im Ganzen nicht ändern können, wohl aber unser Verhältnis zu ihr.

Manchmal dachten wir länger darüber nach, wie das Leben aussehen würde, wäre die Krise nicht ausgerechnet in diesen Abschnitt unseres jungen Erwachsenenlebens eingebrochen. Resigniert fragten wir uns, ob wir nicht zu spät geboren seien. Sei's drum, auch wenn wir uns der Tatsache beugen, dass wir in einem Zeitalter größerer und unverhältnismäßiger Angst leben, viel können wir wirklich nicht tun. Wir leben nun einmal in diesen Zeiten und müssen das Beste daraus machen.

Die meisten Ängste – natürlich abgesehen von ernsthaften traumatischen Erfahrungen, die eine dauerhafte Markierung in unserem Gedächtnis hinterlassen – nisten in unserem beständigen Wunsch, unsere Identität zu wechseln, und in der Einsicht, dass es unmöglich ist, eine *definitive* Anleitung für unser Handeln zu finden. Angst ist stets unfähig, mit Ungewissheiten fertigzuwerden, und in schweren Fällen kann diese Erfahrung erschreckend sein.

Aber ist denn alles im Leben ungewiss?

Mag alle Welt versuchen, Ängste zu stigmatisieren, wir sollten sie nicht gering schätzen. Wir brauchen sie, um objektiv festzustellen, wie es um unsere Existenz bestellt ist, und daraufhin unser Leben zu ändern und für etwas Positives zu kämpfen. Angst ist unser Warnsignal: auch für unsere Chance, die richtige Wahl zu treffen und uns für Ziele und Aktivitäten zu entscheiden, die wir für erstrebenswert halten, wenn wir denn ein authentisches Leben führen sollen oder zumindest ein Leben, das bedeutungsvoll für uns ist. Solche Ziele werden sich natürlich individuell unterscheiden. Aber ob wir uns eine große Familie wünschen, eine Stelle als Verkäuferin, eine Karriere als Musiker oder einen perfekten Körper, nichts geht ohne einen festen Entschluss. Wenn Angst auf uns einstürmt, müssen wir stark genug sein, um an unseren Hoffnungen festzuhalten, zugleich flexibel genug, um uns auf Veränderungen einzustimmen, die wir nötig haben. Angst ist eine Chance, zu größerer Gewissheit zu gelangen, Vagheiten zu beseitigen und Licht ins Dunkel zu bringen. Wenn wir dazu imstande sind, wird sie vergehen und angenehmeren Gefühlen weichen.

Zu meiner großen Freude hat Robert eine mutige Entscheidung getroffen. Er nahm einen Teil seiner Altersvorsorge und eröffnete mitten in Soho einen Buchladen mit Café. Immer schon hatte er von einem solchen Laden geträumt, nun ergriff er die Gelegenheit, die ihm die Rezession bot, um seiner Leidenschaft für Bücher zu frönen. Und wenn wir nun einen Meinungsaustausch über Fragen des Lebens nötig haben, besuche ich ihn in seinem Laden und spreche dort mit ihm.

Manch einer, der in der Rezession seinen Bankjob in der Welt ständigen Konkurrenzdrucks verlor, entwickelte plötzlich kreative Ideen für eine alternative Tätigkeit, entdeckte alte, lange unterdrückte Interessen, denen er sich jetzt widmen konnte. Wer weiß, ob das Café Robert durch die Wirtschaftskrise bringen wird. Aber er hat einen Sieg errungen, denn er hat akzeptiert, dass das Leben voller Unsicherheiten steckt. Angst und Mut sind zwei Seiten der gleichen Medaille. Mut ist, weiterzumachen, obwohl man Angst hat, und Wege zu gehen, von denen man nicht weiß, wohin sie führen.

Wenn ich es nötig habe, mich an all das zu erinnern, denke ich manchmal an einen wunderbaren Text von Rainer Maria Rilke. Er handelt von der „Angst vor dem Unaufklärbaren", eine Wendung, die in Kurzform zum Ausdruck bringt, was Angst bedeutet:

Aber die Angst vor dem Unaufklärbaren hat nicht allein das Dasein des einzelnen ärmer gemacht, [...] es ist die Scheu vor irgendeinem neuen, nicht absehbaren Erlebnis, dem man sich nicht gewachsen glaubt. [...] Denn wie wir dieses Dasein des einzelnen als einen größeren oder kleineren Raum denken, so zeigt sich, dass die meisten nur eine Ecke ihres Raumes kennen lernen, einen Fensterplatz, einen Streifen, auf dem sie auf und nieder gehen. So haben sie eine gewisse Sicherheit. Und doch ist jene gefahrvolle Unsicherheit so viel menschlicher ...[43]

Rilke ermutigt uns, Unsicherheit und Ungewissheit zu akzeptieren. Diesen fundamentalen und tief in uns verankerten Aspekt unserer Existenz zu akzeptieren, zu lernen, sich mit ihm auseinanderzusetzen, ist der beste Weg, mit und durch Angst zu leben.

ANGST

Anmerkungen

1 W. H. Auden, *Das Zeitalter der Angst*, München 1979, S. 21.

2 Ebd.

3 W. H. Auden, *The Age of Anxiety* (1947), Princeton University Press 2011, S. xiii.

4 D. Campbell, „Recession causes surge in mental health problems", in: *Guardian*, 1. April 2010.

5 Nach einem Merkblatt des NHS zu generalisierten Angststörungen: http:// www.nhs.uk/conditions/anxiety/Pages/Introduction.aspx.

6 Nach einer vom US-amerikanischen National Institute of Mental Health veröffentlichten Statistik zu Angststörungen auf der Grundlage von: R. C. Kessler, W. T. Chiu, O. Demler u. a., „Prevalence, severity, and comorbidity of twelve-month DSM-IV disorders in the National Comorbidity Survey Replication (NCS-R)", in: *Archives of General Psychiatry*, 62 (2005), S. 617–627; http://www.nimh.nih.gov/statistics/1ANYANX_ADULT.shtml.

7 T. Helm, „Victims of recession to get free therapy", in: *Guardian*, 8. März 2009.

8 R. Collier, „Recession stresses mental health", in: *Canadian Medical Association Journal*, 181 (2009), S. 3–4; http://www.nhs.uk/conditions/Anxiety/Pages/; K. Smith, „Trillion-dollar brain drain", *Nature*, 478 (2011), S. 15.

9 R. Nesse, „Proximate and evolutionary studies of anxiety, stress and depression: synergy at the interface", in: *Neuroscience and Biobehavioral Reviews*, 23 (1999), S. 895–903.

10 Ch. Darwin, *Der Ausdruck der Gemütsbewegungen …*, a. a. O., S. 326 f.

11 Ebd.

12 W. James, „What is an emotion?", in: *Mind*, 9 (1884), S. 188–205; in dem Auszug, den ich zitiere, gebraucht James das Wort „feeling", um zu beschreiben, was wir heute „emotions" nennen würden. Das hat wahrscheinlich mit dem Wortgebrauch gegen Ende des neunzehnten Jahrhunderts zu tun, aber James hatte durchaus die Vorstellung, dass körperliche Veränderungen („emotions") Informationen für unsere Wahrnehmung von Gefühlen („feelings") liefern.

13 Im Jahr 2011 produzierte ich am Berliner Institute for Cultural Inquiry zusammen mit der Choreographin und Theaterregisseurin Sommer Ulrickson eine Theaterperformance über Angst, ihr Titel war (in Anlehnung an Pirandellos Stück *Sechs Personen suchen einen Autor*) *Fear in Search of a Reason*.

14 S. Freud, *Vorlesungen zur Einführung in die Psychoanalyse*, Ges. Werke, Bd. 11, S. 407.

15 G. M. Beard (mit A. D. Rockwell), „Nervous Exhaustion (Neurasthenia)", Kapitel 1 von: *A Practical Treatise on Nervous Exhaustion: Its Symptoms, Nature,*

FURCHT VOR DEM UNBEKANNTEN

Sequences, Treatment, E. B. Treat 1889. – Vgl. für die deutsche Diskussion z. B. Georg Simmel, „Die Großstädte und das moderne Geistesleben" (1903), in: ders., *Individualismus der modernen Zeit*, Frankfurt 2008 (A. d. Ü.).

16 Wahrscheinlich war es der Psychologe William James, der „Amerikanitis" als Spitznamen für Neurasthenie prägte.

17 S. Freud, *Studien über Hysterie* (1895), Ges. Werke, Bd. 1.

18 D. F. Klein, „Delineation of two drug responsive anxiety syndromes", in: *Psychopharmacologia*, 5 (1964), S. 397–401.

19 American Psychiatric Association, *Diagnostic and Statistical Manual of Mental Disorders*, 4. Aufl., Text Revision (DSM-IV TR), American Psychiatric Press 2000.

20 R. Adolphs, D. Tranel, H. Damasio und A. Damasio, „Impaired recognition of emotion in facial expressions following bilateral damage to the human amygdala", in: *Nature*, 372 (1995), S. 669–672.

21 Ich bin Simon Critchley zu großem Dank verpflichtet, dessen Schriften mir einen Zugang zu Heideggers Werk ermöglicht haben. Von Critchleys 2009 im *Guardian* erschienenen Erläuterungen zu *Sein und Zeit* habe ich viel gelernt. Für unzutreffende Interpretationen von Heideggers Denken bin ich natürlich allein verantwortlich. Die Zitate von Heidegger sind dem 40. Abschnitt 40 des 6. Kapitels von *Sein und Zeit* (1927) und dem wundervollen Essay *Was ist Metaphysik?* entnommen. Dieser Essay, ein 1929 an der Universität Freiburg gehaltener Vortrag, beschreibt die Rolle der Angst in unserem Leben und die Unzulänglichkeit naturwissenschaftlicher Methoden für das Verständnis unserer Existenz.

22 M. Heidegger, *Sein und Zeit*, Tübingen 2006, Kap. 6, Abschn. 40.

23 „In der Angst – sagen wir – ist es einem unheimlich'": *Was ist Metaphysik?*, Frankfurt 1998 (15. Aufl.), S. 34.

24 Joseph LeDoux' Arbeiten über die Gefühle von Furcht und Angst waren bahnbrechend. Was wir heute über Angstkonditionierung und die beteiligten Hirngewebe wissen, geht zum großen Teil auf die Forschungen in seinem Labor zurück. Die Neuausrichtung des Signalpfads für Angst ist beschrieben in P. Amorapanth, J. E. LeDoux und K. Nader, „Different lateral amygdala outputs mediate reactions and actions elicited by a fear-arousing stimulus", in: *Nature Reviews Neuroscience*, 3 (2000), S. 74–79.

25 A. Gozzi, A. Jain, A. Giovanelli u. a., „A neural switch for active and passive fear", in: *Neuron* 67 (2010), S. 656–666.

26 J. LeDoux und J. M. Gorman, „A call to action: overcoming anxiety through active coping", in: *American Journal of Psychiatry*, 158 (2001), S. 1953–1955. Dieser Artikel entstand nach dem 11. September.

27 Jede Art von Wissen kann als Anleitung für entschlossenes Handeln dienen oder allgemein unser Leben verbessern, manchmal aber übersehen wir seinen Wert. In einem Interview mit dem Online-Magazin *Slate* antwortete Joseph

153

ANGST

LeDoux auf die Frage, wie die Neurowissenschaft sein Leben verändert habe: Wenn er etwas aus seinen Studien über Angst gelernt habe, dann sei dies Einsicht, dass Angst der Auslöser für Angst ist, und dass Atemübungen, wie sie zur Meditation genutzt würden, ein wirkungsvolles Mittel seien, um Angst zu zerstreuen, denn sie reduzierten körperliche Erregungszustände. Er gab aber auch zu, dass er solche Übungen nicht so oft mache, wie er eigentlich wolle. Siehe http://www.slate.com/articles/life/brains/2007/04/brain_lessons.html.

28 Vermutlich hätte Heidegger dieser Vergleich nicht gefallen, weil er der Wissenschaft grundsätzlich ablehnend gegenüberstand. In *Was ist Metaphysik?* schreibt er: „… keine Strenge einer Wissenschaft (erreicht) den Ernst der Metaphysik. Die Philosophie kann nie am Maßstab der Idee der Wissenschaft gemessen werden." *Was ist Metaphysik?*, a. a. O., S. 45.

29 Die Geschichte wird berichtet in: *Guardian*, 17. Juni 2006.

30 E. Fakra, L. W. Hyde, A. Gorka, P. M. Fisher, K. E. Munoz, M. Kimak, I. Halder, R. E. Ferrell, S. B. Manuck und A. R. Hariri, „Effects of Htr1a C(-1019) G on amygdala reactivity and trait anxiety", in: *Archives of General Psychiatry*, 66 (2009), S. 33–40.

31 „From describing to nudging: choice of transportation after a terrorist attack in London", eine Studie über die Auswirkungen der Bombenanschläge vom Juli 2005 auf das Verhalten der Londoner Bevölkerung im öffentlichen Nahverkehr: http://research.create.usc.edu/project_summaries/67.

32 Eine hervorragende Arbeit zur Plastizität des Gehirns, auch in traumatischen Fällen, ist Norman Doidge, *The Brain That Changes Itself*, Penguin 2007.

33 M. E. Beutel, R. Stark, H. Pan, D. Silbersweig und S. Dietrich, „Changes of brain activation pre-post short-term psychodynamic inpatient psychotherapy: an fMRI study of panic disorder patients", in: *Psychiatry Research*, 184 (2010), S. 96–104.

34 „Medicine: To Nirvana with Miltown", in: *Time*, 7. Juli 1958.

35 Eine umfassende Geschichte der leichten Beruhigungsmittel in den USA liefert A. Tone: *The Age of Anxiety: A History of America's Turbulent Affair with Tranquilizers*, Basic Books 2008.

36 Einen guten Überblick über die Tablettenkultur in den 1950er Jahren und die entsprechende Werbung, besonders in den USA, gibt J. M. Metzl *Prozac on the Couch: Prescribing Gender in the Era of Wonder Drugs*, Duke University Press 2003.

37 M. Smith, *Small Comfort: A History of the Minor Tranquilizers*, Praeger 1985.

38 H. L. Lennard, L. J. Epstein, A. Bernstein und D. C. Ranson, „Hazards implicit in prescribing psychoactive drugs", in: *Science*, 169 (1970), S. 438–441.

39 W. H. Auden, *Zeitalter der Angst*, a. a. O., S. 23.

40 Vgl. zu diesen Fragen auch G. Frazzetto, „Genetics of behavior and psychiatric disorders: from the laboratory to society and back", in: *Current Science*, 97 (2009), S. 1555–1563. Zu einer ausführlicheren Diskussion der Relevanz von

FURCHT VOR DEM UNBEKANNTEN

Canguilhems Ideen im Licht der Fortschritte in den Biowissenschaften siehe N. Rose, „Life, reason and history: reading Georges Canguilhem today", in: *Economy and Society*, 27 (1998), S. 154–170, und G. Canguilhem, *Das Normale und das Pathologische*, Berlin 2013.

41 Zur Frage, wie die gegenwärtige Gesellschaft antreibt zu Aktivität, Leistung und Selbstverwirklichung und sich immer weniger tolerant zeigt gegenüber leichteren Angstzuständen, wie dadurch Menschen zu einem „neurochemischen Selbst" werden, siehe N. Rose, „Neurochemical selves", in: *Society*, 41 (2003), S. 46–59.

42 Zu einer trefflichen Begründung dieses Punktes siehe R. Salecl, *On Anxiety*, Routledge 2004.

43 R. M. Rilke, *Briefe an einen jungen Dichter*, 12. August 1904, Köln 2009.

4

Trauer: Anwesenheit in der Abwesenheit

Deine Abwesenheit umringt mich,
wie die Schlinge die Kehle,
das Meer den Verschwindenden.

Jorge Luis Borges[1]

Glück ist gut für den Körper,
aber Kummer stärkt den Geist.

Marcel Proust

Langsam und bedächtig pflückt Nonna Lucia, meine Großmutter mütterlicherseits, in einer Ecke ihres Hausgartens die besten Früchte eines alten Feigenbaums und legt sie in einen Strohkorb. Im September sind die Feigen hier im Südosten Siziliens richtig reif, und Nonna hat mir Feigenmarmelade versprochen, ich soll sie nach London mitnehmen. Ich bin zu Besuch bei ihr, und meine Aufgabe ist es, die Früchte von den höchsten Ästen zu holen, von denselben Ästen, auf die ich als Kind geklettert bin. Der Feigenbaum ist ungefähr genauso alt wie ich. Wie alles andere im Garten hat ihn mein Großvater gepflanzt, nachdem er und Lucia aus ihren Heimatort hierher ans Meer gezogen waren. Nicht nur die köstlichen Früchte

TRAUER

jedes Jahr, der Baum bietet auch Schatten, wenn sich die Familie an schwülen Sommernachmittagen im Freien versammelt.

Mit dem vollen Korb kehren wir ins Haus zurück, und ich fange an, die Feigen zu schälen, esse auch ein paar, während Nonna sich einen Moment ausruht und aufs Meer schaut. Von ihrem Küchenfenster ist ein Streifen Wasser zu sehen. Großvater hat ihr einmal ein Fernrohr geschenkt und es so aufgestellt, dass sie aufs Meer schauen, ihn sehen konnte, wenn er am Wochenende, auf seinen Angeltouren, mit seinem Boot vorbeifuhr. Immer um die Mittagszeit. Sie musste nur durchs Fernrohr schauen und warten, bis das Boot in Sicht kam.

Nach all diesen Jahren weiß ich immer noch nicht, ob das Fernrohr da war, um sie zu beruhigen, oder ob Großvater insgeheim gar nichts gegen eine private Küstenwache hatte, die kontrollierte, ob alles in Ordnung war. Wie auch immer, wenn er mit seinem Boot dort vorbeikam, wo sie ihn mit dem Fernrohr sehen konnte, war er auf dem Rückweg und erreichte kurz darauf den Pier, also war es Zeit, die Kräuter klein zu schneiden, Wasser aufzusetzen und den Enkelkindern, wenn sie da waren, aufzutragen, den Tisch zu decken und frische Petersilie, Zitronen und Salbei aus dem Garten zu holen.

Das Fernrohr steht noch immer da, das Boot aber kommt nicht mehr in Sicht, außer im Fadenkreuz ihrer Erinnerungen; Erinnerungen an ein Leben, das sie und er sechzig Jahre lang gemeinsam verbracht hatten. Jetzt ist kein frischer Fisch mehr auszunehmen, und es gibt auch kein Frühstückspaket mehr für Großvaters Angeltouren am frühen Morgen. Nur ein Foto, das ihn stolz am Steuerruder seines Bootes zeigt, hängt an der Wand, darunter stehen frische Blumen und eine Kerze. Nonno Nino starb im Juni 2007 im Alter von achtzig Jahren an Magenkrebs, nachdem er ein Jahr lang gegen die Krankheit gekämpft und zwei Operationen überstanden hatte. Nie verlor er den Mut und die Hoffnung. Die ganze Familie war tieftraurig, aber für Lucia, seine Frau, war die Trennung wirklich hart, sie hatte ihren Lebensgefährten verloren. Wenn meine Großmutter aus dem Fenster auf das Meer blickt, gelangt sie an einen Ort, den nur sie kennt. Trauer macht aus einer Stunde zehn, heißt es bei Shakespeare oder, wie Oscar Wilde in *De Profundis* schreibt: Leiden ist ein einziger langer Augenblick. Für Trauernde verstreicht die Zeit in einem anderen Tempo, Jahreszeiten, Tage, Stunden und Minuten kriechen dahin, als drehe sich die Erde selbst langsamer. Verlust lässt die Ebene unserer Existenz kippen. Wir verlieren die Orientierung, ein emotionales Erdbeben, das uns die Kompasspunkte durcheinanderbringen kann, wenn wir uns durch das hindurchlavieren, was, ohne den geliebten Menschen, vom Leben bleibt.

Wenn wir trauern, rufen wir uns Erinnerungen an Augenblicke zurück, die wir gemeinsam mit der gestorbenen Person erlebt haben. Erinnerungen sind zuerst kaum abzuwehren und können, auch die schönsten, recht schmerzlich sein. So sagte der antike Theaterdichter Aischylos einmal: „Kein Schmerz ist so groß wie die Erinnerung an Glück in Trauerzeiten." Erinnerungen wecken Sehnsucht und den unerfüllbaren Wunsch nach erneutem Zusammensein. Bestenfalls versuchen wir, Umstände, Ort oder Aktivitäten zu meiden, die uns an den Verlust erinnern. Mit der Zeit jedoch lernen wir, die Realität zu akzeptieren und besser mit ihr umzugehen, und die Erinnerungen werden zum Kostbarsten, sie helfen uns, den Toten nahe zu sein. Zeit, sagt das Sprichwort, heilt alle Wunden.

Trauer ist ein intensives Gefühl, das sich auch als Prozess betrachten lässt, in den andere Emotionen einbezogen werden wie Knoten in einer Kette, die zu entwirren sind. Trauer altert. Zuerst ist sie jung und beharrlich, dann wird sie ruhig und diskret. Zwar gibt es keine vorgeschriebenen oder typischen Reaktionen auf den Verlust geliebter Menschen, aber es lassen sich bestimmte Entwicklungsstadien ausmachen, die von den meisten Menschen in ähnlicher Weise erlebt werden.[2] Zuerst kommt die Verleugnung. Sie können einfach nicht glauben und auch nicht akzeptieren, was Ihnen widerfahren ist; dass Ihnen jemand weggenommen wurde, den Sie geliebt haben. Anschließend folgt Wut, auf Sie selbst und auf andere: Niemand hat genug getan, den Tod zu verhindern. Wird die Wut nach innen gewendet, verwandelt sie sich häufig in Schuldgefühle. Zuletzt schließlich lernen wir, mit dem Verlust zu leben, wir finden einen Rahmen, eine distanziertere Perspektive für ihn; wir lernen, mit den Erinnerungen umzugehen, und erreichen schließlich eine gewisse Ebene der Akzeptanz. Doch vor diesem Punkt, der vielleicht erst nach langer Zeit erreicht wird, kommt das langsamste, schmerzlichste und empfindlichste Stadium, das wir durchmachen müssen: tiefe Traurigkeit.

Den Kopf hängen lassen

Der englische Titel dieses Abschnitts, „Down in the mouth", ist ein umgangssprachlicher Ausdruck, belegt seit Mitte des siebzehnten Jahrhunderts,[3] und bedeutet so viel wie mutlos, deprimiert, zutiefst enttäuscht sein.

Es gibt aber noch weitere bekannte Metaphern, zum Beispiel solche, die Trauer mit Bewegungsbegriffen zum Ausdruck bringen. Wir sinken oder verfallen in Trübsinn und Verzweiflung. Wir fühlen uns *down*, am Boden und ganz unten, haben unseren Elan verloren, als seien wir einer doppelten Schwerkraft ausgeliefert. Es geht überhaupt um abwärts gerichtete Bewegungen. Eine allumfassende Zerknirschtheit und ein inneres Schrumpfen. In seinem Kapitel über „Gedrücktsein und Niedergeschlagenheit" beschreibt Darwin diese als einen Zustand, der durch träge Blutzirkulation, Blässe und erschlaffte Muskulatur gekennzeichnet ist. „Der Kopf hängt auf eine zusammengezogene Brust herab; die Lippen, Wangen und der Unterkiefer sinken alle ihrem eigenen Gewichte herab."[4]

Der Ausdruck „down in the mouth", auf Deutsch etwa: „den Kopf hängen lassen", hat seine konkrete Entsprechung in den minimalen Bewegungen des Gesichtsausdrucks. Ein erstes wahrnehmbares Zeichen der Trauer zeigt sich im Herunterziehen der Mundwinkel, das von kleinen Muskelgruppen, den *depressores anguli oris*, bewerkstelligt wird. Die Abwärtskurve der Lippen wird begleitet von etwas, das in der oberen Gesichtshälfte vor sich geht – Darwin spricht davon, dass „die Augenbrauen nicht selten schräggestellt" werden.

Eine Kontraktion im Ringmuskel des Mundes *(orbicularis oris)*, des für das Stirnrunzeln zuständigen Augenbrauenmuskels *(corrugator supercilii)* und des *musculus pyramidalis* der Nase hebt die inneren Enden der Augenbrauen und zieht sie zusammen, sodass ein kleiner Wulst entsteht. Selbst der obere Teil der Augenlider hebt sich und bildet ein spitzes Dreieck. Darwin unterstreicht die Macht, die diese besondere Muskelkontraktion für den Gesamtausdruck von Trauer hat. Manchmal, nicht bei allen Menschen, bilden sich zugleich tiefe Furchen auf der Stirn, die aussehen wie Hufeisen. Diese Muskeln, sagt Darwin, könne man auch „Gram-Muskeln" nennen.[5]

Was mir an diesen äußeren, physischen Anzeichen von Gefühlregungen besonders interessant scheint, ist ihre einzigartige und unverwechselbare Gesamtwirkung. Wie wir in den vorherigen Kapiteln gesehen haben, durchfluten sie uns mit einer ganzen Palette spontaner körperlicher Veränderungen, vor allem solchen des Gesichtsausdrucks, die jeweils genau passend erscheinen. Es ist gar nicht so einfach, Trauer zu mimen. Die Muskelbewegung, die zu einer Wölbung der Augenbrauen führt, ist auch für Schauspieler willentlich nur schwer zu erreichen.

Zwar lernen sie, Gefühle darzustellen, aber es gelingt ihnen nicht unfehlbar, die Einzigartigkeit eines Ausdrucks oder alle seine Elemente zu reproduzieren. Der Mann und die Frau auf Abb. 10 sind keine Trauernden, sondern Schauspieler, die Trauer nachahmen und von Oscar Rejlander verewigt wurden, dem schwedischen Fotografen, der Darwins Buch illustriert hat. Darwin notiert dazu, dass bei der Frau die Augenbrauen nicht ganz genau so geformt sind, wie sie es wären, wäre die Trauer wirklich empfunden. Die Stirnfalten dagegen seien ihr recht gut gelungen. Der Mann habe die Wölbung der Augenbrauen besser zustandegebracht, allerdings auch er nicht auf beiden Seiten gleich.

TRAUER

(10) Schauspieler, die Trauer simulieren. Nur der Mann gibt den Effekt der inneren Enden seiner Augenbrauen richtig wieder. (Wellcome Library, London)

Insgesamt kostet es gewaltige Anstrengungen, Gefühle authentisch zum Ausdruck zu bringen, besonders wenn ein Fachmann dabei zuschaut (ich werde auf Schauspieler, Gesichtsausdruck und Gefühle im nächsten Kapitel genauer eingehen). Andererseits sind echte Emotionen auch schwer zu verbergen.

Etwas anderes jedoch macht Trauer unnachahmlich, nämlich Tränen.

„Cry me an ocean"

Wunden und Schnitte auf der Haut werden gereinigt, um Infektionen zu vermeiden. Auch emotionale Verletzungen müssen ausgewaschen werden. Trauer, Kummer und Leid sind Empfindungen, die von emotionalem Weinen überschwemmt werden. Tränen sind ein Empfindungsexzess, lösender Balsam für unsere Gefühle.

In einigen Aspekten ist die Physiologie der Tränen relativ einfach zu verstehen. Zunächst dienen sie als Augengleitmittel. Ohne Trä-

ANWESENHEIT IN DER ABWESENHEIT

nen wären die Augen trocken und wehrlos gegen Irritationen von außen. Als Gleitmittel produzieren die Tränendrüsen, winzige mandelförmige Knollen in den Augenwinkeln, ständig Tränen und benetzen die Oberfläche der Hornhaut. (Die gleichen Drüsen sind auch zuständig für die emotionalen Tränen.) Zur Erfüllung ihrer Schutzfunktion enthalten Tränen auch Lyzym, ein natürliches Desinfektionsmittel.

Doch wenn sie vergossen werden, um den empfindlichen trockenen Boden der Trauer zu benetzen, als *emotionale* Tränen, sind sie mehr als Salz und Antiseptikum. Sie kommen häufig vor, sind nichts Außergewöhnliches, in evolutionärer Hinsicht allerdings eine Ausnahmeerscheinung, denn nur Menschen weinen aus emotionalen Gründen. Niemand hat je beobachtet, dass Tiere weinen, auch die uns am nächsten stehenden Primaten nicht, die Schimpansen.

Das hängt natürlich davon ab, wie man Weinen definiert. Man kann junge Mäuse, Ratten und Affen laute Schreie ausstoßen hören und die Verzweiflung in ihren Augen und Bewegungen sehen, wenn sie auch nur für kurze Zeit von ihren Müttern getrennt werden. Das sind klare und starke Anzeichen für Schmerz und Leid. Menschliche Säuglinge tun das auch, auch sie klagen und jammern, wenn sie von der Mutter getrennt werden. In allen diesen Fällen ist Weinen die Externalisierung eines Protests. Aber das Vergießen von Tränen in Reaktion auf einen Verlust oder als Beweis für eine andere Art emotionaler Erschütterung ist ein Merkmal, das ausschließlich Menschen zukommt und das selbst Säuglinge erst einige Monate nach ihrer Geburt erlernen – und dies nicht aus dem Grund, dass ihre Tränendrüsen zunächst nicht richtig entwickelt sind oder nicht arbeiten. Darwin hat das bei seinen eigenen Kindern beobachtet: Als er aus Versehen mit einem Zipfel seines Mantels das Auge seines zwei Monate alten Kindes streifte, schrie es aus vollem Hals, und das berührte Auge wurde nass, während das andere trocken blieb. Erst im Alter von fünf Monaten begannen bei dem Baby die Tränen die Wangen herunterzulaufen, wie wir es kennen.[6]

TRAUER

Warum aber weinen wir? Welchen Zweck haben Tränen? Das haben sich Psychologen lange gefragt.

Tränen, heißt es beim römischen Dichter Ovid, „sprechen manchmal eine deutliche Sprache". Ihre kommunikative Macht ist tatsächlich gewaltig. Wie die weinerlichen Schreie, die sie mit dem ganzen Tierreich teilen, die Verzweiflung eines Babys, das von seiner Mutter getrennt wird, unmissverständlich zum Ausdruck bringen, so sind emotionale Tränen bei Menschen wirkungsvolle Signale der Trauer. Der Psychologe und Neurowissenschaftler Robert Provine, der über verschiedene Verhaltenseigentümlichkeiten – Gähnen, Husten und Schluckauf – gearbeitet hat, hat auch die kommunikative Macht der Tränen untersucht und kommt zu dem Ergebnis, dass Tränen eindeutig das Gefühl der Trauer unterstreichen. Er und seine Mitarbeiter zeigten einer Gruppe von achtzig Versuchspersonen jeweils zwei identische Porträts von Menschen mit traurigem Gesichtsausdruck. Jeweils eines der beiden Porträts zeigt Tränen, beim anderen waren sie digital entfernt worden. Die Versuchspersonen fanden die Porträts mit Tränen ausnahmslos trauriger als die, auf denen die Tränen wegretuschiert waren.[7] Außerdem ließen die Tränen keinerlei Zweifel aufkommen, was der Gesichtsausdruck zu bedeuten hat. Waren die Tränen aus den Porträts trauriger Gesichter herausretuschiert, wurde der gleiche Gefühlsausdruck leichter missverstanden und unterschiedlich gedeutet: als Nachdenklichkeit, Verwirrung oder Ehrfurcht.[8]

Tränen werden häufig als Zeichen für Verletzlichkeit verstanden. Tatsächlich machen sie uns, indem sie die Sicht trüben, durch andere angreifbar. Weinen ist auch eine verwirrende Erfahrung, vor allem heftiges, verzweifeltes Weinen legt uns lahm. Es hält uns fest in einem Zustand der Verwirrung und Paralyse, in dem wir nur schwer klar sehen oder handeln können. Auch verzerrt Weinen vorübergehend die Wahrnehmung und hindert uns so, mit etwas umzugehen, für das wir keine rationale Erklärung und fertige Lösungen haben. Zum Ausgleich dafür können Tränen anderen Menschen vermitteln, dass wir an ihnen hängen und sie brauchen; sie geben uns also die Möglichkeit, unsere Beziehungen zu stärken.[9] Verletzlichkeit bindet.

Vor allem aber gilt ein Tränenstrom in bewegenden Situationen gemeinhin als kathartischer, befreiender Vorgang. Wenn Sie sich richtig ausheulen, haben Sie die Chance, dem Teufelskreis Ihrer Stimmung zu entkommen; Weinen reinigt die Emotionen. Haltloses Heulen mag wie ein Sturm sein und zutiefst erschreckend, aber wenn die Dinge sich lichten und Ruhe einkehrt, dann hat uns die Erschütterung gutgetan.[10]

Eine Frage bleibt offen. Was ist das Besondere an emotionalen Tränen? Sind, anders gefragt, Tränen, die wir beim Zwiebelschneiden vergießen, andere als jene, die uns die Wangen herablaufen, wenn wir uns am Flughafen von jemandem verabschieden? Unterschiede in der chemischen Zusammensetzung beider Tränenarten sind bisher nicht schlüssig nachgewiesen. Provine hat darüber nachgedacht, dass der molekulare Schlüssel zu emotionalem Tränenvergießen vielleicht ein Molekül ist, das neurotropher Wachstumsfaktor genannt wird (Neurotrophic Growth Factor, NGF). Entdeckt wurde es zuerst als ein Protein, das die Entwicklung und das Überleben von Nervenzellen ermöglicht, einen Heileffekt für die Augen hat und eine Rolle spielt für die Stimmungsregulierung.[11] Obwohl die Wege und Reaktionen, die dies ermöglichen, noch nicht klar sind, sieht Provine im NGF, der in der Tränenflüssigkeit vorhanden ist und auch Zugang hat zum Nervensystem, einen aussichtsreichen Kandidaten für den Faktor, der der salzigen Tränenflüssigkeit ihre emotionale Textur gibt.

Was mich beschäftigt und, wie ich glaube, noch weiter geklärt werden muss, ist zum einen die Reizschwelle, ihre Stärke, die bei gegebenem Anlass die Reaktion Weinen auslöst, zum anderen die Frage, warum manche Menschen eher als andere dazu neigen, in Tränen auszubrechen. Tränen sind verbunden mit Traurigkeit und Verzweiflung, aber wir weinen ja auch vor Freude und Glück, aufgrund von Emotionen, die uns Belohnung verschaffen und Bestätigung, anstatt dass uns etwas genommen wird. In beiden Fällen wissen wir

TRAUER

nicht, was die Ursache des Weinens ist. Wir alle kennen das flaue Gefühl, wenn uns zum Heulen ist und die Augen feucht werden. Es ist wie eine abendliche Flut, die unter unseren Füßen plötzlich anschwillt. Manchmal werden wir von Tränen überschwemmt, ohne dass wir uns dagegen wehren können. Die Tränen drücken heftig gegen unsere Türen und überfluten die Kammern unseres Seins, ungebeten. Bei anderen Gelegenheiten jedoch kommen sie nicht, obwohl wir gern weinen würden, und wir fühlen uns wie in einer trockenen Wüste. Auch wenn wir nicht sagen können, warum wir weinen, haben die Tränen doch eine wichtige Botschaft für uns, die irgendwo in den geheimen Bezirken des Unbewussten verborgen ist.

Ist Trauer dem körperlichen Schmerz ähnlich?

Trauer über einen Verlust oder andere peinigende Gefühle werden oft in der Sprache körperlicher Schmerzen ausgedrückt. Wenn wir enttäuscht sind, abgewiesen werden, wenn unsere Beziehung schlecht läuft, sagen wir, wir seien verletzt, jemand oder etwas lasse uns leiden oder habe uns gekränkt. Wir fühlen uns niedergeschlagen, tragen Narben davon.

Das Verhältnis von körperlichem und emotionalem Schmerz ist nicht nur semantischer Art. Körperliche und emotionale Schmerzen – die Schmerzen, unter denen wir leiden, wenn soziale und emotionale Bindungen zerbrechen – haben auch bestimmte neurale Mechanismen gemeinsam, die ihnen zugrunde liegen.[12] Unter einem evolutionstheoretischen Gesichtspunkt wäre diese Annahme naheliegend. Das System, das das Gefühl von körperlichem Schmerz vermittelt, hat ältere Wurzeln, aus denen sich das System für emotionalen Schmerz entwickelt haben könnte. Wir erfahren körperliche Schmerzen, um künftig schmerzliche Erfahrungen vermeiden zu können. Trauer ist eher so etwas wie ein Zins auf emotionale Schulden. Sie ist der unvermeidliche Preis, den wir für unsere Verbundenheit mit anderen Menschen zu zahlen haben.

Körperlicher Schmerz hat andere Ursachen als Trauer, aber vergleichbare Auswirkungen, zumindest auf neuronaler Ebene. Emotionen werden von Ereignissen ausgelöst, auch von Gedanken und Bildern, die an solche Ereignisse erinnern. In jedem Fall bewegt sich etwas unter der Haut, und der Körper verarbeitet die Veränderung. Als ich vom Tod meines Großvaters erfuhr, lag ich in meiner Londoner Wohnung noch im Bett. Der Anruf kam sehr früh morgens. Ich wusste, dass es meinem Großvater die letzten Tage sehr schlecht gegangen war. Als ich das Telefon läuten hörte, wusste ich sofort, woher der Anruf kam und was ich hören würde. Ich war auf die Nachricht vorbereitet, doch erst als ich die Stimme meiner Schwester hörte, die mir Nonnos Tod mitteilte, löste dies die Kaskade der Trauer aus. Der körperliche Schmerz, den wir spüren, wenn wir mit einem Zeh gegen etwas stoßen oder gegen eine Wand laufen, ist die Folge eines *Zusammenpralls*, der das Gewebe schädigt. Der Schmerz, den der Verlust eines nahestehenden Menschen oder der Abbruch einer emotionalen Bindung verursacht, ist dagegen die Folge einer physischen *Trennung*. Etwas entfernt sich aus unserer Umgebung oder aus unserem Leben. Das Verschwinden kränkt uns und schmerzt wie der Zusammenprall mit der Wand. Anders als bei einem Schnitt oder einem blauen Fleck ist es die Abwesenheit eines geliebten Menschen, die uns verletzt und zeichnet, und das kann schlimmer sein und langsamer heilen. Wir müssen uns mit der Vorstellung vertraut machen, diesen Menschen nicht mehr sehen oder berühren zu können. Es kostet unglaubliche Anstrengungen, sich an die Tatsache zu gewöhnen, dass jemand nicht mehr da ist. Wir müssen die körperliche Anwesenheit dieses Menschen und seinen angestammten Platz in unserer Gefühlswelt *verlernen*. Alle unsere Sinne müssen sich anpassen. Wir beschwören die verlorene Person herauf, indem wir die neuralen Netze, mit denen wir sie wahrgenommen haben, neu knüpfen. Wie es Borges in den Zeilen, die ich als Motto für dieses Kapitel gewählt habe, ausdrückt, sind wir von ihrer Abwesenheit umgeben, und diese Erfahrung kann so erstickend sein wie eine um den Hals geschnürte Schlinge.

TRAUER

Anhaltspunkte für neurale Gemeinsamkeiten zwischen den Effekten körperlicher und emotionaler Schmerzen ergaben sich aus verschiedenen Quellen. Eine davon sind Forschungen über Palliativa. Opiate wie Morphium stellen ruhig, sie lindern qualvolle körperliche Schmerzen und sie helfen auch, Trennungsschmerz zu mildern. Wie ich schon kurz erwähnt habe, weinen Tiere nicht, aber sie protestieren gegen die Trennung von der Mutter, indem sie gellende Schreie ausstoßen. Wenn man Jungtieren (verschiedener Säugetierarten) Opiate gibt, lassen ihre Protest- und Verzweiflungsschreie nach.[13] Weitere Daten, die Zusammenhänge zwischen physischem und sozialem Schmerz belegen, lieferten neuroanatomische und von bildgebenden Verfahren unterstützte Studien zum dorso-anterioren cingulären Kortex (dACC), einer großen Struktur im mittleren Bereich des Frontallappens, die lange mit körperlichem Schmerzempfinden in Verbindung gebracht wurde. Mit Hilfe eines Cingulotomie genannten chirurgischen Eingriffs herbeigeführte Läsionen des dACC haben sich bei chronischen Schmerzstörungen als wirkungsvolle Behandlungsmethode erwiesen. Kürzlich wurde dann auch untersucht, ob der dACC an der Modulation sozialer und emotionaler Schmerzen beteiligt ist. Die Neurowissenschaftlerin Naomi Eisenberger und ihre Kollegen erforschten soziale Schmerzgefühle im Experiment, indem sie während einer simulierten sozialen Ausschlusserfahrung mittels fMRT die neurale Aktivität gemessen haben.[14] Simuliert wurde ein Wurfballspiel. Den in dem Gehirnscanner liegenden Teilnehmern wurde mitgeteilt, dass sie über eine Internetverbindung mit zwei anderen Personen spielten. (Tatsächlich spielten sie allein, die anderen Spieler waren computergenerierte Bilder von Spielern.) In einer Runde wurde die Versuchsperson im Gehirnscanner einbezogen, das heißt, einer der „Mitspieler" warf ihr einen Ball zu. In einer weiteren Runde wurde sie ausgeschlossen. Die Gehirnregion, in der während der Periode von Zurückweisung und Ausschluss ein stärkerer Sauerstoffzufluss zu verzeichnen war als in der Phase des Mitspielens, war tatsächlich der dACC (und eine andere, Periaquäduktales Grau genannte Region).

Zu ähnlichen Ergebnissen kam eine Studie, die gezielt Trauer untersuchte. In diesem Experiment bekamen mehrere Frauen Bilder ihnen nahestehender Personen gezeigt, die sie verloren hatten. Den Bildern wurden Worte zugeordnet, die den Berichten der Teilnehmerinnen über den jeweiligen Todesfall entnommen waren.[15] Als Nächstes verglich man die schmerzlichen Reaktionen der Frauen auf Bilder ihrer Lieben mit Reaktionen auf Bilder von Fremden, und es ergab sich: Die an den emotional schmerzlichen Reaktionen beteiligten Gehirnareale waren die gleichen wie die, die mit körperlichem Schmerz in Verbindung stehen.

Dass die gleichen Hirnregionen bei Schmerzen unterschiedlicher Art aktiv sind, ist ein wirklich interessanter Befund. Gleichwohl heißt das auch hier nicht, dass Trauer sich ohne weiteres in bestimmten Bereichen des Gehirns dingfest machen lässt. Meine im zweiten Kapitel zur Vorsicht mahnenden Bemerkungen über Versuche, den neuralen Ort der Schuld zu bestimmen, und über deren Grenzen gelten genauso für die Trauer, diesen vielfältigen Begriff, der, wie ich später erklären werde, eine lange Geschichte hat.

Gute Trauer

Obwohl uns Trauer völlig aus dem Gleichgewicht bringen, uns schwächen und lähmen kann, nehmen wir sie intuitiv nicht als Krankheit wahr. Doch in der heutigen Gesellschaft können auch Trauer und Verlassenheitsgefühle medizinische Aufmerksamkeit auf sich ziehen – mit der Tendenz, Zustände dieser Art als Abweichung von der Norm zu betrachten und die psychiatrische Kategorie der Depression auf ganz normale Erscheinungen von Trauer, Traurigkeit und Niedergeschlagenheit auszudehnen und diese als Krankheiten zu behandeln. Um zu verstehen, was ich meine, müssen wir uns kurz der Geschichte der Depressionskonzepte zuwenden und auch noch einmal auf das DSM zurückkommen.

Die Richtlinien zur Klassifizierung psychischer Störungen wer-

TRAUER

den, wie ich im dritten Kapitel bereits gesagt habe, nicht aus ihrer Ätiologie abgeleitet – ein in der Medizin gebräuchlicher Begriff für die Feststellung der *Ursachen* einer Krankheit –, sondern aus Gemeinsamkeiten beziehungsweise Unterschieden in ihren Symptomen. In den 1950er Jahren wusste niemand, was die Ursachen für eine depressive Stimmung sind, wohl aber wusste man mehr oder weniger, wie und worin sie sich zeigt, wenn man ihr bei einem Patienten begegnet.

Die erste, 1952 erschienene Auflage des DSM enthielt ungefähr hundert Begriffe; die zweite Auflage von 1968 bereits doppelt so viele. Noch einmal ein gutes Jahrzehnt später, in der dritten Auflage von 1980, stieg die Zahl der aufgeführten seelischen Krankheiten auf etwa dreihundert, in der 1994 erschienenen, 2000 überarbeiteten vierten und bis vor kurzem (Mai 2013) aktuellen Auflage schließlich auf fast vierhundert Störungen. Zählen wir nach: Die anerkannten psychischen Krankheiten nahmen in den fünfzig Jahren seit Erscheinen der ersten Auflage um das Vierfache zu, in jeder folgenden Auflage kamen hundert neue hinzu – eine eindrucksvolle Steigerungsrate, und es sieht nicht so aus, als verlangsame sie sich.

Schon Mitte des neunzehnten Jahrhunderts wurde der Begriff Depression zur Beschreibung einer bedrückten, niedergeschlagenen, trübseligen Stimmung verwendet, als klinischer Begriff tauchte er denn auch in allen DSM-Bänden auf, in unterschiedlichen Aufmachungen.[16] Die Ausgabe des DSM aus dem Jahr 2000 (DSM-IV TR) unterscheidet grundsätzlich zwischen der bipolaren Störung, die durch drastische Stimmungsschwankungen gekennzeichnet ist, und der depressiven Störung (*major depressive disorder,* MDD), womit eine anhaltende gedrückte Stimmung gemeint ist, also das, was wir heute im Allgemeinen als Depression bezeichnen. Die aktuelle Liste von Kriterien für die Diagnose der MDD umfasst Symptome wie „depressive Verstimmung fast den ganzen Tag, vermindertes Interesse und Freude an gewohnten Aktivitäten, verminderter Appetit, Gewichtsverlust (ohne Diät) oder Gewichtszunahme, Schlaflosigkeit oder vermehrter Schlaf, psychomotorische Unruhe,

Müdigkeit und Energieverlust, Gefühle von Wertlosigkeit oder unangemessene Schuldgefühle, verminderte Denk- und Konzentrationsfähigkeit, verminderte Entscheidungsfähigkeit sowie häufig wiederkehrende Gedanken an Tod und Selbstmord, Selbstmordversuche". Wenn, und das ist entscheidend, aus diesen Symptomen die Diagnose Depression gestellt werden soll, müssen mindestens fünf der neun aufgelisteten Symptome auftreten – in jedem Fall dabei sein müssen Verstimmung und der Verlust des Interesses an erfreulichen Dingen –, und dieser Zustand muss „für eine Periode von mindestens zwei Wochen" angedauert haben, die Symptome in dieser Zeit „fast täglich bestehen".*

Wer selbst Phasen von Trauer und Niedergeschlagenheit erlebt oder bei anderen beobachtet hat, kennt diese Symptome. Jeder, der einen Partner, einen Freund oder einen Verwandten verloren hat, muss gewaltige Anstrengungen unternehmen, um mit dem Verlust zurechtzukommen. Merkwürdig wäre eher, wenn es anders wäre.

In seinem einflussreichen Essay *Trauer und Melancholie* beschäftigt sich Freud mit den Gemeinsamkeiten zwischen dem, was wir heute Trauer und Depression nennen würden. Beide Zustände sind Reaktionen auf eine erzwungene Trennung von einer Person oder Sache, die uns wichtig war oder die wir geliebt haben. Dass sie nicht mehr da ist, empfinden wir, wenn man dies so sagen kann, als Diebstahl einer emotionalen Investition. Im Fall der Trauer ist die Trennung verursacht durch einen tatsächlichen Tod; bei Depressionen bleibt die Trennung unbewusst und kann physisch nicht wahrgenommen werden. Es mag uns etwas abhandengekommen sein, wir mögen darauf reagieren, dass wir uns „beleidigt" oder „vernachlässigt" fühlen, es kann sich eine ambivalente Gefühlsregung bemerkbar machen, die keine Erfüllung findet. Mit anderen Worten: Der Grund der Trauer kommt von außen, der von Depressionen von innen. Doch in beiden Fällen ist die Trennung schmerzhaft, die Betroffenen ziehen sich aus der Wirklichkeit in ihr Inneres zurück

---

* Nach: dr-elze.de/depressionen-dsm-iv.html.

und verlieren das Interesse an der Außenwelt. Erholen sie sich wieder von der Trauer, dann passen sie sich allmählich der Realität wieder an und finden sich mit dem Verlust ab. Depressive Menschen isolieren sich, neigen zu Selbstkritik und Selbstvorwürfen und zum Verlust der Selbstachtung. Trauer ist also gerechtfertigt und befreiend, Depressionen dagegen können aus dem Ruder laufen. Freud findet es „bemerkenswert, dass es uns niemals einfällt, die Trauer als einen krankhaften Zustand zu betrachten und dem Arzt zur Behandlung zu übergeben, obwohl sie schwere Abweichungen vom normalen Lebensverhalten mit sich bringt. Wir vertrauen darauf, dass sie nach einem gewissen Zeitraum überwunden sein wird, und halten eine Störung derselben für unzweckmäßig, selbst für schädlich."[17]

In der 4. Auflage des DSM (2000) wird Trauer noch nicht als klinische Störung aufgeführt. Trauerfälle werden ausgeschlossen, weil die Autoren dem Tatbestand Rechnung tragen, dass bei Menschen, die vor nicht langer Zeit eine ihnen nahestehende Person verloren haben, depressive Symptome zu erwarten sind. In der Einleitung des Handbuchs, in der eine allgemeine Definition seelischer Störungen gegeben wird, heißt es, dass „zu erwartende, kulturell sanktionierte Reaktionen auf besondere Ereignisse, zum Beispiel auf den Tod eines geliebten Menschen", keine klinische Relevanz haben.[18]

Im Mai 2013 erschien eine fünfte, auf den letzten Stand gebrachte und neu geordnete Auflage des DSM. Und in dieser neuen Version des Handbuchs wurde nun eine besonders bedenkliche Änderung vorgenommen: Die Arbeitsgruppe, die die neue Version erstellt hat, hat den Ausschluss von Trauerfällen kassiert.[19] Auf den Punkt gebracht heißt das: Jemand, der trauert und dessen Symptome länger als zwei Wochen anhalten, kommt grundsätzlich für die Diagnose einer seelischen Erkrankung in Frage. Die Befürworter begründen diese Veränderung tatsächlich damit, dass – auf der Ebene der Symptome – kein oder nur ein geringer Unterschied bestehe zwischen Menschen, die trauern, und denjenigen, die aus anderen Gründen als dem Tod einer nahestehenden Person Depressionen entwickeln.[20]

ANWESENHEIT IN DER ABWESENHEIT

Damit stellt sich nun die Frage: Ist unter beiden Umständen auch die Biologie hinter den Symptomen die gleiche? Einige Forscher versuchen, symptomatische und biologische Faktoren zu identifizieren, die eine neue Kategorie namens „verlängerte Trauerstörung" (*prolonged grief disorder,* PGD) oder „komplizierte Trauer" (*complicated grief,* CG) rechtfertigen würden, womit sie normale Trauer von einer Art ungelöster Trauer unterscheiden, die sich zu einem lähmenden Zustand verschlechtert und damit schweren Fällen von Depression vergleichbar wird.[21]

Alles in allem, der Vorschlag kommt in bester Absicht daher. Ärzte sind nicht sonderlich erpicht darauf, die ohnehin sehr große Anzahl psychischer Störungen durch Überdiagnose noch zu erhöhen. Gegenwärtig liegt die Häufigkeit schwerer Depressionen weltweit bei zehn Prozent der Bevölkerung.[22] Das heißt, dass eine von zehn Personen, die man auf der Straße sieht, depressiv ist. In England und Wales sterben in allen Altersgruppen jedes Jahr fast eine halbe Million Menschen.[23] Wenn es bei jedem Todesfall durchschnittlich vier oder fünf Hinterbliebene gibt, ließe sich allein in England und Wales jedes Jahr bei ungefähr zwei Millionen Menschen PGD diagnostizieren. Das Hauptargument für die Einführung des Krankheitsbefunds „verlängerte Trauerstörung" ist, dass Ärzte sie feststellen und schnell behandeln können, um eine kompliziertere Erkrankung zu verhindern. (Eine praktische Konsequenz wäre auch, dass, besonders in den USA, die Versicherungen mit größerer Wahrscheinlichkeit die mit der Verschlechterung des psychischen Zustands anfallenden Behandlungskosten übernehmen würden.)

Die in der neuen Auflage des DSM vorgenommene Änderung hat ungewollte Folgen. Allen Frances, ein führender Psychiater, der auch als Vorsitzender der Arbeitsgruppe für das DSM-IV fungierte, hat mehrmals davor gewarnt, eine neue Kategorie Trauer zu schaffen.[24] Wenn man zeitliche Grenzen festlegt, um das normale Trauern von einer Form der Trauer zu unterscheiden, die spezielle Aufmerksamkeit und eventuell eine Behandlung verlangt, führt das unwei-

TRAUER

gerlich zu einer Vielzahl falscher Befunde. Niemand kann sagen, wie lange eine normale Trauerphase dauern sollte. Zwei Wochen jedoch sind mit Sicherheit zu wenig, um die Trauerphase um den Tod eines geliebten Menschen abzuschließen. Die meisten Menschen, die ich tiefe Trauer habe meistern sehen, haben viel länger gebraucht. Und mir sind keine empirischen Beweise dafür bekannt, dass alle diejenigen, die länger als besagte zwei Wochen brauchen, um sich aus dem Griff der Trauer und ihrer Symptome zu lösen, am Ende durch den Verlust gelähmt zurückbleiben. Je nach den Lebensumständen der Trauernden – ihrer Gesundheit, Arbeitsbedingungen und Einkommen, vergangenen Trauersituationen und anderen schwierigen Lebenserfahrungen – variieren die individuellen Trauerzeiten erheblich, und so steht es auch mit den Symptomen von Depressionen und ihrer Dauer, deren Ursache nicht der Tod eines nahestehenden Menschen ist.[25]

Die Art, in der sich Trauer äußert, wird auch von kulturellen Faktoren bestimmt. Unterschiedliche Trauerrituale und Traditionen führen zu unterschiedlich langen Trauerzeiten, die, als Reaktion auf die desorientierende Verlusterfahrung, den Trauernden helfen, indem sie ihnen Anleitungen und Formen bieten, um mit dem Verlust zurechtzukommen. Würde ich Nonna sagen, ihre Trauerzeit könnte als anomal missverstanden werden, wäre sie vermutlich gekränkt. Davon zu sprechen, dass die einen mehr, die anderen weniger intensiv trauern, führt zu einer Hierarchie der Emotionen, was deren Wert generell erschüttert. Zuletzt würde die Kategorisierung der Trauer aus dieser eine Ware machen.

Der Schriftsteller Julian Barnes sagte einmal, Trauern schmerze „ebenso viel, wie es wert ist".[26] Trauern ist schmerzlich, aber es ist auch notwendig, um mit dem Verlust zurechtzukommen. Insofern: Die gefährlichste, möglicherweise tatsächlich unbeabsichtigte Konsequenz dieses Schritts der Psychiatrisierung ist, dass normale Trauer, eine völlig verständliche Reaktion auf den Verlust eines geliebten Menschen, als unerwünschtes Problem gebrandmarkt wird. Eine neue Kategorie für Trauer ist nur ein Etikett. Aber wenn sie eingeführt ist, werden Millionen Patienten kommen, die, bevor es dieses Etikett gab, nicht als Kandidaten für ärztlichen Beistand betrachtet worden wären.

Mit jedem anderen Namen ...

Im Jahr 1953, nur ein Jahr nach der Veröffentlichung der ersten Auflage des DSM, erblickte ein anderes wichtiges Buch das Licht der Welt – die posthume Publikation eines charmanten, geheimnisvollen und ungewöhnlichen Philosophen, eines Österreichers, der an der Universität Cambridge gelehrt hatte. Das Buch trägt den Titel *Philosophische Untersuchungen*,[27] sein Autor ist Ludwig Wittgenstein (1889 – 1951). Er war besessen von Sprache. In der Sprache sah er den Grundstoff unseres sozialen Lebens und zugleich die Grundlage der meisten Missverständnisse und Meinungsverschiedenheiten.

Die Bedeutung der Worte, das war Wittgensteins feste Überzeugung, ist nicht eine starre Entsprechung zwischen einer willkürlichen Reihe von Buchstaben einerseits und andererseits einem Objekt oder einer Entität in der Welt. Bedeutung bekommen die Worte vielmehr durch den *Gebrauch,* den wir von ihnen in der Außenwelt machen. Den Gebrauch, den wir von Worten machen, nannte der Philosoph ihren *öffentlichen* Aspekt, dem er größere Macht zuschrieb als dem privaten. In der *Grammatik* einer Sprache geht es Wittgenstein zufolge nicht darum, richtige Sätze zu bilden und die Regeln der Syntax und der Rechtschreibung zu berücksichtigen, sondern um die Regeln und Gewohnheiten, die mit Gebrauch und Bedeutung eines Wortes verbunden sind. Er übernahm den Begriff *Sprachspiel*, um alltägliche soziale Kontexte zu beschreiben, in denen nach besonderen Regeln Worte für bestimmte Zwecke benutzt werden.

Sein berühmtestes Beispiel ist denn auch das Wort Spiel. Wir haben Brettspiele, Kartenspiele, Ballspiele, Olympische Spiele, Kriegsspiele usw. Alle diese Worte haben „Spiel" gemeinsam, bedeuten aber jeweils etwas ganz anderes.

Die Praxis der psychiatrischen Diagnose besteht genau darin, einer Reihe von Symptomen oder Verhaltensmustern, von denen man annimmt, sie bedeuten eine Krankheit, einen Namen zu geben. Jeder diagnostische Begriff impliziert seinerseits die Existenz einer Krankheits-Entität, von der wir wissen, dass sie ein komplexes biologisches Gerüst hat, das wir jedoch gerade erst zu verstehen beginnen. Das gilt auch für die Depression – in all den verschiedenen Bezeichnungen, unter denen sie im Lauf der Geschichte aufgetreten ist. Die vorgeschlagene neue Kategorie der verlängerten Trauerstörung gibt daher vor, einer Besonderheit zu entsprechen, die sich von der eigentlichen Depression und der „normalen" Trauer unterscheidet.

Wittgenstein war weder Arzt noch Naturwissenschaftler, aber er interessierte sich sehr für Psychiatrie. Die sprachtheoretischen Probleme, die er für die Alltagssprache formulierte, gelten auch für die Kategorien des DSM, die in der einen oder anderen Weise in die Alltagsprache von Ärzten, Forschern und Patienten, ja sogar in die Sprache der Medien und öffentlichen Debatten eingehen. Schwere Depression, bipolare Störung und alle die anderen Kategorien sind bereits in alltägliche Redeweisen eingedrungen und fungieren als Begriffe, mit denen die Menschen sich und ihre Situation definieren. Zu wissen, dass es eine Diagnose gibt, einen Namen für eine seelische Krankheit und eine biologische Beschreibung, ist häufig eine tröstliche Entdeckung für Patienten, denn das nimmt ihnen das Gefühl, selbst daran schuld zu sein, dass sie krank sind.

Wittgensteins Werk hatte seine nachhaltigsten Auswirkungen auf die Logik und die allgemeine Sprachphilosophie, gleichwohl war sein Beitrag zum Studium der Gefühle alles andere als marginal. Gehen wir noch einmal einen Schritt zurück und sehen genauer hin.

Eines der gegenwärtig vorherrschenden Konzepte in der Emotionsforschung ist, wie ich in diesem Buch mehrfach betont habe, die Unterscheidung zwischen Emotionen *(emotions)* und Gefühlen *(feelings)*. Diese Unterscheidung wird häufig benutzt, um klarzumachen, dass Emotionen spontane Körperreaktionen auf Ereignisse und Umstände, Gefühle dagegen innere, subjektive und persönliche Zustände sind und anderen nicht direkt zugänglich, insofern sie Produkte der Introspektion und der bewussten Wahrnehmung dieser emotionalen Zustände sind. Andere Menschen können nur deduktiv erschließen, was wir fühlen, und nur ein näherungsweises Verständnis unseres inneren Zustands gewinnen. So weit, so gut.

Wittgenstein teilte die Auffassung, dass Emotionen unmittelbar sichtbare Erscheinungen sind.[28] „Denk nicht, sondern schau!", mahnte er und meinte damit, dass der körperliche Ausdruck einer Emotion mehr zu sagen hat als seine Beschreibung, auch müsse man wenig wissen oder interpretieren, um einen solchen Ausdruck zu verstehen.[29] Wittgenstein maß dem Verhalten und dem, was man davon mit bloßem Auge sehen kann, große Bedeutung bei, und er war überzeugt von der Macht des körperlichen Ausdrucks, Gefühle mitzuteilen: Trauer, sagte er, sei personifiziert im Gesicht und insofern wesentlich für das, was wir ‚Emotion' nennen. Mimik, Stimme und andere körperliche Ausdrucksformen seien gültige Manifestationen von Gefühlsregungen, Sprache dagegen ein sekundäres, allerdings entscheidendes Attribut. Manchmal fügte Wittgenstein seinen Texten Zeichnungen hinzu, um einen Gefühlsausdruck zur Unterstützung seiner Erklärungen bildlich zu fassen – zum Beispiel in folgender Passage:

Wäre ich ein guter Zeichner, könnte ich eine unzählbare Anzahl von Ausdrücken durch vier Striche erzeugen –

… Wenn wir dies täten, wären unsere Beschreibungen viel flexibler und unterschiedlicher als sie es durch den Ausdruck von Adjektiven sind.[30]

Diese bildlichen Darstellungen sehen fast so aus wie unsere heutigen Emoticons.[31]

Was Wittgensteins Zustimmung hingegen nicht fand, war die Auffassung, dass Introspektion den wesentlichen Gehalt von mentalen Zuständen zuverlässig zu erschließen vermag. In seiner philosophischen Grammatik stehen die Begriffe, die wir benutzen, um Gefühle wie beispielsweise Trauer zu bezeichnen, in keinem direkten Entsprechungsverhältnis zu unseren inneren Zuständen. Das sollte nicht heißen, dass wir keine inneren Gefühle bilden können oder dass Introspektion nicht funktioniert. Natürlich haben wir subjektive Erfahrungen unserer Emotionen. Wittgenstein aber dachte, dass wir sie nicht ausschließlich durch innere Erfahrung zu identifizieren lernen, sondern durch die Sprache, die wir benutzen, um sie zu beschreiben – zusätzlich zu dem Ausdruck, den wir ihnen verleihen. Wie im Fall des Wortes „Spiel" gäbe es ohne öffentliche Beschreibungskriterien für Emotionen keine Möglichkeit zu verstehen, was wir mit ihnen meinen, geschweige denn zu beurteilen, was andere fühlen. Die Art und Weise, in der wir Gefühle beschreiben, ist abhängig von der *vorhandenen* öffentlichen Sprache der Emotionen und damit von Situation und geschichtlichem Kontext, in denen sie entstehen.

Meine Trauer ist nicht deine Trauer

Es ist nicht ohne Ironie, dass die beiden Publikationen zu fast der gleichen Zeit erschienen sind: das Handbuch der American Psychiatric Association, das die Sprache und die Kategorien vorschreibt, mit denen seelische Krankheiten und im Weiteren auch Gefühle wie Trauer bezeichnet werden sollten, und Wittgensteins Überlegungen zum Einfluss, den Sprache und Worte auf die Art und Weise haben, wie wir unser Leben verstehen und miteinander umgehen. Wittgenstein lebte nicht lange genug, um die Veröffentlichung des DSM zu erleben oder den Fortschritt der Wissenschaften in der

ANWESENHEIT IN DER ABWESENHEIT

zweiten Hälfte des zwanzigsten Jahrhunderts zu bewundern. Weder kannte er die Struktur der DNA – deren Entdeckung zwei Jahre nach seinem Tod bekannt wurde – noch die Rolle, die wir heute der Amygdala, dem präfrontalen Kortex und Neurotransmittern wie Norepinephrin und Serotonin beimessen. Letzteres wurde bereits 1933 isoliert, aber erst nach dem Tod des Philosophen mit emotionalen Zuständen in Verbindung gebracht.

Wittgenstein muss jedoch eigene Vorstellungen von Trauer und Trauererfahrungen gehabt haben. Es spielt keine Rolle, ob er an die Existenz von undefinierbaren inneren Gefühlszuständen und an die Erklärungskraft der Introspektion glaubte oder nicht. Letzten Endes kennt niemand die genaue Zusammensetzung der inneren Gefühle und des Bewusstseins, und erst recht weiß niemand, wie wir sie messen können. Und nicht jeder ist der Meinung, dass sie jemals exakt zu messen sein werden. Wenn Wittgenstein heute noch lebte, sechzig Jahre nach der Veröffentlichung der *Philosophischen Untersuchungen*, wäre es hochinteressant, seine Meinung zum gegenwärtigen Stand der Psychiatrie und den neuesten Entwicklungen in den Neurowissenschaften zu hören. Würde er sich überhaupt für das ganze neurowissenschaftliche Unternehmen interessieren? Wahrscheinlich wäre er verblüfft und würde zusammenzucken bei der bloßen Vorstellung, man könne eine einzige diagnostische Kategorie – „verlängerte Trauerstörung" – definieren, um damit das weite und komplexe Spektrum des emotionalen Zustands zu erfassen, den wir Trauer nennen. Vermutlich würde er sich auch fragen, was sich wirklich hinter diesem Namen verbirgt.

Die Forschung in der psychiatrischen Neurowissenschaft zielt heute darauf ab, Biomarker ausfindig zu machen, messbare biologische Werte, die als Beweise für bestimmte Veränderungen im Körper gelten können. So sind hohe Gonadotropinwerte (Sexualhormone, die die Keimdrüsen stimulieren) im Urin einer Frau Biomarker für ihre Schwangerschaft; der Insulinwert ist ein zuverlässiger Indikator für Diabetes. Im Fall seelischer Krankheiten würden Biomarker Dysfunktionen in der Neurochemie mentale Zustände anzeigen und damit die Diagnose „Depression" oder „komplizierte Trauer" ermöglichen, zugleich die Wahl entsprechender Therapien. Über die Jahrzehnte neurologischer und molekularbiologischer Forschungen zur Depression sind immer wieder andere Arten von Biomarkern ins Gespräch gekommen. Um einige Beispiele zu nennen: Cortisol – das Hormon, das an Reaktionen auf starke Belastungen eines Organismus beteiligt ist – scheint bei depressiven Menschen in größeren Mengen aufzutreten, besonders in den frühen Morgenstunden. Auch hat man nachweisen können, dass bestimmte Veränderungen der Gehirnmorphologie oder der Hirntätigkeit, die sich mit bildgebenden Techniken feststellen lassen, Depression anzeigen;[32] außerdem fand man heraus, dass depressive Patienten im Allgemeinen einen verminderten Blutfluss im Vorderhirn aufweisen. Forscher und die Autoren des DSM-V geben sich alle Mühe, so viele zuverlässige und präzise Biomarker wie möglich dingfest zu machen und sie als diagnostische Kriterien in den Katalog aufzunehmen.[33] Diese Suche ist ein aufregendes Unternehmen, weil sie zu verfeinerten diagnostischen Methoden führen kann. Zugleich aber ist es ein sehr anspruchsvolles Unternehmen, wenn wir die große Variationsbreite innerhalb nur einer psychischen Störung bedenken, und dies sowohl auf symptomatischer wie auf biologischer Ebene. Es sind viele Variablen beteiligt, und damit ist unwahrscheinlich, dass ein biologisches Maß ausreichend sein kann für eine Diagnose.

Selbst wenn wir, als menschliche Wesen, Trauer auf universelle Art erleben würden und auch einige ihrer biologischen Komponenten gemeinsam hätten, so variiert Trauer von Individuum zu Individuum doch sehr stark. Auch hier ergibt sich ein Teil dieser Variationen, darauf habe ich schon hingewiesen, aus kulturell bestimmten Ritualen. Wie verlassen sich meine Großmutter fühlt, sehe ich an den Blumen, die sie kauft, und an den Kerzen, die sie anzündet, an der bescheidenen schwarzen Kleidung, die sie trägt, am Fernrohr, das sie abstaubt, an den Pausen, die sie macht, wenn sie von Großvater spricht, und an der Fischsuppe, die sie bei Familientreffen zu seinen Ehren kocht – so eben sieht Trauern bei ihr aus. Und nichts davon lässt sich durch das bloße Wort Trauer – oder gar „verlängerte Trauerstörung" – mitteilen.

Der Psychiater Ronald Pies hat Wittgensteins Konzept der „Familienähnlichkeiten" benutzt, um zum Ausdruck zu bringen, wie schwierig es ist, mentale Zustände zu beschreiben, insbesondre im psychiatrischen Kontext.[34] Wittgenstein hat darauf hingewiesen, dass wir, wenn wir auf ein Familienfoto schauen, sehr wahrscheinlich kein einziges Merkmal entdecken, dass allen Familienmitgliedern gemeinsam ist. Wenn wir das Bild jedoch näher betrachten, werden sich doch ein paar Ähnlichkeiten zeigen. Fünf Familienmitglieder haben vielleicht Sommersprossen und drei blaue Augen, die sich auch bei den Porträtierten finden, die keine Sommersprossen haben; drei andere wiederum sind gleich groß. Alle diese Merkmale zusammengenommen sind Anzeichen dafür, dass die Personen, die auf dem Bild zu sehen sind, miteinander verwandt sind, obwohl kein einziges Merkmal allen gemeinsam ist. Das Gleiche gilt für psychische Störungen. Keine zwei Menschen, bei denen Depression diagnostiziert wird, sind genau gleich. Und was Trauer anbelangt, so passt auch hier nicht eine Messgröße für alle. Die je individuellen Trauererfahrungen werden stets eine große Bandbreite aufweisen. Auch der Weg, den jeder Einzelne zu seiner Genesung findet, wird sein individueller sein. Die Kategorien der Psychiatrie sind Schwarz-Weiß-Diagnosen: Entweder man hat diese oder jene Störung oder man hat sie nicht. Schaut man sich die Symptome jedoch genau an oder untersucht die neurologischen und genetischen Faktoren, die einer Störung zugrunde liegen, werden Feststellungsverfahren und Messsysteme hilfreicher sein, die diese Vielfalt tatsächlich berücksichtigen.

TRAUER

Das Trauermolekül

Eine der Volksweisheiten zur Depression, die derzeit in aller Munde sind, ist, dass sie die Folge eines chemischen Ungleichgewichts sei, genauer: eines sinkenden Neurotransmitterpegels im Gehirn.

Neurotransmitter, die Moleküle, die Botschaften zwischen den Nervenzellen des Gehirns übermitteln, sind ins alltägliche Vokabular eingegangen. Nur einige Beispiele: Die Befriedigung, die sich aus sportlichen Aktivitäten ziehen lässt, werde, so hört man überall, von den dabei freigesetzten Endorphinen bewirkt. Oder man spricht von einem „Adrenalin-Hoch", wenn man sich, nach einer Prüfung etwa, nach einer Vorstellung oder einem wichtigen Treffen aufgekratzt und hellwach fühlt. Gelegentlich hört man auch vom Hormon Cortisol, das dafür verantwortlich gemacht wird, wenn sich einer gestresst fühlt. Wenn es aber ein Molekül gibt, das zum Allerweltswort wurde, zum Thema für Fernsehrunden oder Partygespräche, das immer wieder in Titelgeschichten der Wissenschaftsmagazine auftaucht, dann ist es der Neurotransmitter Serotonin. Wie oft schon habe ich Äußerungen gehört, die mich zusammenzucken ließen, etwa: „Mein Serotoninspiegel muss heute ganz schön niedrig sein", oder: „Dieser Typ sollte mal was für sein Serotonin tun!"

Serotonin hat einen einfachen molekularen Aufbau (Abb. 11): fünfundzwanzig übersichtlich angeordnete Atome. Es wird als *das* Glücksmolekül gepriesen und als saloppe Kurzformel für den Zu-

(11) Molekülstruktur des Serotonins

182

stand unseres Gehirns und für unser Wohlbefinden gebraucht. So populär ist Serotonin geworden, dass man seine molekulare Struktur auf Bechern, T-Shirts und Postkarten abgebildet findet, auch als Schmuck und sogar als Tattoo, stets zum Lob seiner Eigenschaften als Aufheller.

Serotonin kommt nicht ausschließlich im Gehirn vor. Fast 90 Prozent seiner Gesamtmenge im Körper wird in den Eingeweiden gelagert. Dort erleichtert es die Darmbewegungen, indem es die Blutgefäße veranlasst, sich zu erweitern oder zusammenzuziehen, es unterstützt die Funktion der Blutplättchen, die Blutgerinnung und das Schließen von Wunden. Nur die restlichen zehn Prozent des Serotonins erfüllen eine andere Aufgabe, nämlich die eines Neurotransmitters im Gehirn, wo es von besonderen serotonergen Nervenzellen produziert wird, meistens in einer Struktur, die als Raphe-Kerne bezeichnet werden. Diese liegen in einem Zentralbereich des Gehirns, entlang der Mittellinie über dem Hirnstamm, und haben neurale Verbindungen, die in fast jeden Bereich des zentralen Nervensystems reichen.

Die Entdeckung, dass Stimmungen mit einem neurochemischen Ungleichgewicht im Gehirn korrespondieren könnten, geht auf die 1950er Jahre zurück. Man stellte fest, gestützt auf unerwartete Beobachtungen, einige davon wurden bei Tierversuchen gemacht, dass einige Medikamente die Stimmung beeinflussen können. Manche hoben die Stimmung, andere verdüsterten sie. Jene, die die Stimmung verbesserten, ließen auch den Neurotransmitterspiegel steigen; wurde die Stimmung düsterer, hatte das Medikament den Serotoninspiegel gesenkt. Die meisten dieser Medikamente zielten auf das System der Monoamine, einer Familie von Molekülen im Gehirn, zu der auch Norepinephrin und Serotonin gehören. So war Ärzten aufgefallen, dass beispielsweise die Gabe von Reserpin die Stimmung sinken ließ. Später fand man heraus, dass Reserpin bei Kaninchen sedierende Wirkung hat und den Serotoninpegel senkt.[35]

Alle diese Daten legten eine schlichte Hypothese nahe: Depression ist gleich plötzlicher Anstieg dieser Amine, und Hochgefühle bedeuten ein Übermaß solcher Amine.[36] Diese Theorie hatte gewaltige Auswirkungen auf die Psychopharmakologie. Die Pharmaindustrie begann mit der Herstellung synthetischer Medikamente zur Vermehrung von Neurotransmittern.

Um zu verstehen, wie Medikamente das Serotonin tatsächlich beeinflussen, wollen wir uns kurz einige Grundlagen der Neurochemie in Erinnerungen rufen.

Die hundert Milliarden Nervenzellen, aus denen das Gehirn besteht, tun nichts anderes, als ständig miteinander zu kommunizieren. Um solche Verbindungen herzustellen, müssen sich die Neuronen erstaunlicherweise nicht direkt berühren. Die „Sprache", in der Botschaften übertragen werden, besteht aus Sequenzen von Neurotransmittermolekülen, und der Dialog zwischen den Zellen findet über einen winzigen Spalt hinweg statt, die Synapse; das ist die Stelle, an denen Neuronen miteinander im Kontakt treten. Man kann sich diesen Zwischenraum wie einen Kanal zwischen zwei Ufern vorstellen, den neurochemischen Informationsaustausch zwischen einem Neuron und einem anderen wie einen altmodischen Briefwechsel, bei dem Neurotransmitter wie Serotonin als Briefträger auf Booten fungieren. Hat ein Neuron eine Botschaft zu überbringen, schickt es den zuständigen Neurotransmitter über den Kanal. Am gegenüberliegenden Ufer warten Rezeptoren, die Briefempfänger. Mindestens fünfzehn verschiedene Typen von Rezeptoren gibt es, die die Botschaft vom Serotonin entgegennehmen können und von denen jeder eine andere Rolle für die Koordination verschiedener Stimmungsaspekte spielt. (Im dritten Kapitel habe ich zum Beispiel den Serotoninrezeptor 1A erwähnt, der mit seiner hemmenden Funktion dazu dient, die Angst in Grenzen zu halten.) Das Zustellungssystem ist äußerst genau und, wenn man so will, vertraulich: Die Botschaft kann nur vom vorgesehenen Empfänger gelesen werden, das heißt, Serotonin verbindet sich nur mit Serotoninrezeptoren. Die Empfänger wiederum behalten die Botschaft nicht für sich. Sobald die Briefe geöffnet und gelesen sind, werden sie in den Kanal, die Synapsenspalte, zurückgegeben. Inzwischen haben Neuronen noch weitere Briefe über den Kanal geschickt, und irgendwann können es zu viele Boote werden, die sich auf dem Kanal drängeln – zu viel Serotonin. Wenn das geschieht, müssen überzählige Boote weggeschafft werden, weil das ganze System nach einem Gleichgewicht strebt.

Es gibt zwei Hauptstrategien, mit denen das Serotonin aus dem Kanal entfernt und die richtige Balance wiederhergestellt wird. Die erste ist Serotoninabbau durch Enzyme. Bleiben wir beim nautischen Vergleich, dann können wir uns die Enzyme als Haie vorstellen, die das flottierende Serotonin auffressen. Einer dieser Haie ist die berüchtigte MAO-A, ein großer Serotoninabbauer. Unter den ersten Medikamenten, die entwickelt wurden, um hohe Serotoninpegel aufrechtzuerhalten, gab es nicht zufällig auch die Klasse der MAO-A-Hemmer.

Die zweite Strategie, um die Synapsenspalte von Serotonin zu reinigen, besteht darin, es dahin zurückzuschicken, woher es gekommen ist, es gewissermaßen zu recyceln. Dafür sind die Dämme oder Böschungen an den Ursprungsneuronen zuständig, sie verschlucken die überschüssigen Neurotransmitter.[37] Eine solche für die „Rücknahme" des Serotonins vorgesehene Böschung ist ein großes Protein, das an den Außenwänden des Neurons sitzt, der sogenannte Serotonintransporter. Auch diesen haben Forscher bald ins Visier genommen, als sie Medikamente zur Erhöhung des Serotoninpegels zu entwickeln begannen. Die so entwickelte Medikamentenklasse, die sogenannten Serotonin-Wiederaufnahmehemmer (engl. SSRIs), schlugen in der Szene ein wie eine Bombe. Prozac wurde geboren, viele ähnliche Mittel eiferten seinem unglaublichen Markterfolg nach. Medikamente wie Prozac, Zoloft, Sertralin und Paxil hemmen den Serotonintransporter und erhöhen die Menge des Serotonins, das für seine Rezeptoren zur Verfügung steht – für die Empfänger am jenseitigen Ufer der Spalte.

Seit ihrer Einführung auf dem Pharmamarkt haben die SSRIs eine eindrucksvolle Karriere hingelegt, zumindest unter wirtschaftlichem Gesichtspunkt betrachtet. Über dreißig Antidepressiva wurden freigegeben. Allein in den Vereinigten Staaten, einem Land, in dem der Verbrauch mit am höchsten ist, wurden 2011 über 250 Millionen Antidepressiva verschrieben, gut hundert Millionen mehr als 2001.[38] Diesen erstaunlich hohen Zahlen entspricht ein Verkaufswert von etwa 25 Milliarden Dollar.

Entsprechende Verbesserungen der seelischen Volksgesundheit freilich stehen diesem wirtschaftlichen Erfolg nicht gegenüber – wir müssen nur an die weltweit hohe Verbreitung von Depressionen denken. In Europa stellen die psychischen Störungen den höchsten Anteil der Erkrankungen insgesamt.[39]

Und trotz alledem ist keineswegs gesichert, dass ein Mangel an Serotonin die Ursache ist für Niedergeschlagenheit; die Behauptung ist nicht mehr als eine Hypothese, und die Ergebnisse der laufenden Forschungen, die dieser Frage gewidmet sind, bleiben widersprüchlich. Einmal abgesehen von einigen allgemeinen Stadien und dem Eröffnungszyklus in der Reaktionskette, die ich gerade beschrieben habe: Wir wissen längst nicht genau, wie der molekulare Mechanismus funktioniert, durch den die herkömmlichen Antidepressiva arbeiten. Wir haben zwar ein ziemlich klares Bild davon, wie Serotonin seine Rolle in der Synapse erfüllt, sehr wenig aber wissen wir darüber, wie dessen chemische Botschaft in den Zellen übersetzt wird und wie Stimmungswechsel zustande kommen. Genau besehen: Wir wissen nicht, was die Wirkung des Medikaments ausmacht. Doch davon ganz unbeirrt nutzt die Pharmaindustrie seit einigen Jahrzehnten einen simplen und leicht fasslichen Slogan: Je höher Ihr Serotoninspiegel, desto besser fühlen Sie sich. Die Werbung, die sich direkt an den Verbraucher wendet, setzt auf diese vereinfachende Gleichung; sie soll dem Laienpublikum eine komplizierte Frage „erklären", die für einen Neurowissenschaftler noch lange nicht geklärt ist.[40]

Im Jahr 2012 wurde der Pharmakonzern GlaxoSmithKline zu einer hohen Geldstrafe verurteilt, weil er Ärzte bestochen hat, damit sie Kindern und Teenagern weiterhin das Antidepressivum Paxil (Paroxetin) verschreiben – obwohl Versuche längst gezeigt hatten, dass es nur bei Erwachsenen wirkt; nehmen es dagegen junge Menschen, so hat dies bei ihnen eine erhöhte Selbstmordgefahr zur Folge.[41]

Für Produzenten und Konsumenten von Antidepressiva kam es zu einem unguten Erwachen, als im Februar 2008 ein wissenschaftlicher Bericht die Wirksamkeit dieser Mittel in Frage stellte. Der Bericht nahm die vielen Daten (auch bislang unveröffentlichte) aus klinischen Versuchen unter die Lupe, die der US Food and Drug Administration vorgelegt worden waren, um Zulassungen für die üblichsten SSRIs zu bekommen. Diese Daten dokumentierten Vergleiche zwischen der Wirkung von Pillen und von Placebos auf Depressionspatienten. Das Ergebnis dieser Untersuchung, knapp zusammengefasst: Die rezeptpflichtigen Medikamente für die Behandlung von Patienten mit milderen oder mäßigen Depressionen wirkten nicht besser als Placebos.[42] Vor allem diejenigen, für deren Wohlergehen die fraglichen Medikamente von größter Bedeutung waren, oft die einzige Hilfe für eine funktionierende Existenz darstellten, haben die Ergebnisse mit Entsetzen aufgenommen. Mussten sie doch denken, dass sie Medikamente genommen hatten, die nicht besser waren als Zuckerpillen. In den letzten fünf Jahren haben einige große Pharmaunternehmen daraufhin ihre Investitionen in Psychopharmaka heruntergefahren und suchen nach neuen Chancen.[43]

Wo genau auf der Skala der depressiven Symptome die Verschreibung eines Medikaments sinnvoll wird, bleibt umstritten, ebenso wie die Entscheidung, ob man überhaupt eine Diagnose stellen soll oder nicht. Ich will keineswegs behaupten, Antidepressiva hätten überhaupt keine Wirkungen oder sollten nicht verschrieben werden. Einigen Menschen, das ist offensichtlich, helfen sie sehr. Doch aus den Verbrauchsstatistiken geht hervor, dass sie zu leichtfertig verschrieben werden – und wenn man nun auch noch eine Diagnose eigens für Trauer einführt, wird man diesem Trend kaum entgegenwirken. Was wir nicht vergessen sollten, ist die Tatsache, dass es bei

TRAUER

Depressionen um mehr geht als um den Serotonin-Stoffwechsel. Es lohnt sich durchaus, nach neuen Medikamenten zu suchen und dabei andere Moleküle und neurochemische Pfade einzubeziehen.[44]

Alte und neue Therapiemethoden

Wenn ich an der Küste Siziliens, dort wo ich aufgewachsen bin, spazieren gehe und vor allem, wenn ringsum niemand zu sehen ist, denke ich oft daran, wer wohl hier vor Jahrtausenden entlanggegangen sein mag. An dieser Ecke der Welt sind sich viele große Kulturen begegnet, sie war der Schauplatz vieler Kriege, aber auch die Wiege großer Ideen und wunderbarer Kunstwerke. Nicht weit von hier muss Archimedes entlangspaziert sein, der Mathematiker und originelle Denker, berühmt für seinen Ausruf „Eureka!", „Ich hab's gefunden!" – noch heute ist er zu hören, wenn jemand einen bedeutenden Einfall hat.

Im fünften Jahrhundert v. Chr. betrat, auf einer Reise von Athen kommend, ein illustrer Besucher diese Küste: Hippokrates, der berühmte Arzt, der als Gründervater der Medizin gilt und bestimmt wusste, wie man einen Anfall von Traurigkeit kuriert.

Werden Trauer und Depression heute mit Neurotransmittern und ihrem Ungleichgewicht im Gehirn erklärt, so galten sie damals als Folgen eines anderen Ungleichgewichts. Hippokrates nämlich erklärte Stimmungen und Verhalten aus dem Zusammenwirken verschiedener *Körpersäfte*. Im englischen Wort *humours* ist das ursprüngliche griechische Wort *chymos* erhalten, das „Saft" bedeutet. (Auch das lateinische *umor*, das Nass, Flüssigkeit, gehört in diese Wortfamilie.) Die damalige Grundidee war, dass vier Flüssigkeiten durch unseren Körper strömen, die für unsere Gesundheit verantwortlich sind, für die physische wie für die psychische.[45] Diese vier Körpersäfte sind Schleim (Phlegma), Blut, gelbe Galle und schwarze Galle (Melancholie). Woher kommen sie? Der Arzt Galen hielt sie – als Abkömmlinge der vier kosmischen Elemente Wasser, Erde, Feuer,

ANWESENHEIT IN DER ABWESENHEIT

Luft – für Nebenprodukte der Verdauungsvorgänge im Magen, wei-
terverarbeitet durch die Leber und verfeinert im Blutstrom. Sie
benetzen alle Körperteile, auch das Gehirn. Diesem Gehirn schrieb
schon Hippokrates eine primäre Rolle für die Gesundheit, für das
Modulieren der Gefühle, das Denken und das Fühlen zu:

*Die Menschen sollten wissen, dass unsere Lust, unsere Freude, unser
Lachen und unsere Scherze von nirgendwo anders kommen als von
dort, wo auch Trauer, Leid, Kummer und Weinen herstammen. [sc. aus
dem Gehirn] Und damit vor allem denken, überlegen, sehen, hören
und erkennen wir das Hässliche und das Schöne, das Schlechte und das
Gute, das Angenehme und das Unangenehme ... Und durch eben dieses
Organ geraten wir in Raserei, werden wahnsinnig, ergreift uns Furcht
in der Nacht und am Tage...* [46]

Wie genau die Körpersäfte beschaffen sind, ließ sich damals nicht
erkennen, doch sie alle sollten sich in den sichtbaren Flüssigkeiten
und Ausscheidungen des Körpers befinden. Der Körpersaft Blut
gehörte natürlich zum Blut, das in unseren Arterien und Venen zir-
kuliert. Phlegma befand sich im Schleim einer Triefnase und in Tränen, gelbe Galle trat mit Eiter und Erbrochenem aus und schwarze
Galle in Blutklumpen und dunklem Erbrochenen. Nach Hippokrates hatte jedes Individuum eine eigene Mischung der Körpersäfte.
Krankheiten betrachtete er als eine Störung, als Veränderung des
Säftegleichgewichts. Daher bestand die Behandlung in Heilmitteln,
mit denen versucht wurde, das ursprüngliche Gleichgewicht wieder-
herzustellen, denn wo ein Gleichgewichtszustand herrscht, da war
auch Gesundheit zu erwarten. Den Konzentrationsgrad der jeweiligen Säfte und deren Proportionen in der inneren Mischung jedes
Einzelnen hielt man verantwortlich für Verhalten, Temperament
und Stimmung der betreffenden Person: Ein Überschuss an Schleim
zum Beispiel lasse einen Menschen phlegmatisch und friedfertig
werden, zu viel Galle jähzornig und zu viel Blut sanguinisch, d. h.
optimistisch und positiv; ein Übermaß an schwarzer Galle dagegen
mache Menschen melancholisch.

TRAUER

Ein faszinierender Aspekt der Säftelehre ist, dass die Säfte in ständigem Dialog mit der Außenwelt gesehen wurden. Der Mikrokosmos des Körpers wurde als ein Spiegel des Makrokosmos, der Ordnung des Universums gedacht. Außerdem standen die Säfte in Entsprechung zum Wechsel der Jahreszeiten und zu den Lebensabschnitten. Blut wurde mit Frühling und Kindheit zusammengedacht, Galle mit Sommer und Jugend, schwarze Galle mit dem melancholischen Herbst und mit Reife, Phlegma mit Winter und Alter. Die Säfte eines Menschen, so dachte man, reagieren empfindlich auf äußere Bedingungen; Temperaturen und Jahreszeiten beeinflussen ihre Zusammensetzung; Hitze und Kälte, Trockenheit und Feuchtigkeit ziehen die allgemeine Balance der Säfte und die von ihr abhängige Stimmung in Mitleidenschaft. Im Sommer also ist es normal, sich heiß und trocken zu fühlen und voller Galle zu sein, im kalten und feuchten Winter dagegen war zu viel Phlegma nicht verwunderlich (Abb. 12). Hippokrates gibt genau an, wie diese Ungleichgewichte das Gehirn beeinflussen:

Die Schädigung des Gehirns erfolgt durch Phlegma und Galle. Man erkennt beide Fälle auf folgende Weise: Die durch das Phlegma wahnsinnig Gewordenen sind ruhig, schreien nicht und machen keinen Lärm, die aufgrund der Galle Wahnsinnigen aber schreien, sind bösartig und halten nicht still, sondern tun immer etwas Unpassendes.[47]

Da man die Wärme des Verdauungsprozesses im Magen zuständig hielt für die Produktion der Säfte, reagierten diese auch empfindlich auf die Ernährung eines Menschen.

Aufgrund der Autorität von Hippokrates und Galen überlebte die Körpersäftelehre über tausend Jahre und wurde mindestens bis zur Aufklärung von Heilern an Philosophen und Ärzte weitergegeben; sie stand bei römischen und arabischen Ärzten hoch im Kurs, ebenso in der Medizin des europäischen Mittelalters und der Renaissance.

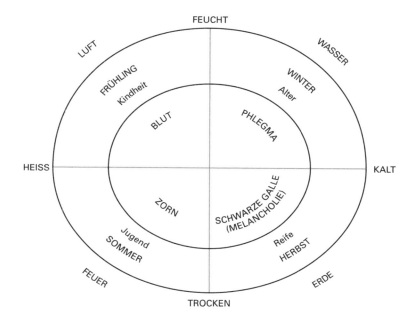

(12) Schematische Ansicht der vier Säfte und ihrer Entsprechung mit den vier Elementen, Jahreszeiten und Lebensphasen. (Grafik aus Arikha, 2007)

Innerhalb dieses Systems der Körpersäfte gehören Trauer und Niedergeschlagenheit zum Zustand der Melancholie, deren Ursache sah man folglich in Klumpen schwarzer Galle. War sie im Übermaß vorhanden, brachte dies Symptome hervor wie Niedergeschlagenheit, Gedrücktheit, Neigung zum Selbstmord, Appetit- und Schlaflosigkeit – Symptome, wie sie einerseits heutigen Diagnosekriterien für Depression, andererseits früheren Versionen depressiver Erkrankungen gleichen, zum Beispiel Freuds Melancholie. Manche der antiken medizinischen Traktate nennen die Trauer eine emotionale Reaktion, ausgelöst durch äußere Ereignisse wie die Trennung von einem geliebten Menschen.[48]

Solche Ereignisse, so dachte man, führten ganz allgemein zum Abflauen der inneren lebenserhaltenden Wärme. Auch spezielle Vorschriften und therapeutische Empfehlungen enthalten die Traktate, physische Kuren reichten von körperlichen Übungen bis zu Diäten. Besonderen Wert legten antike Ärzte darauf, dass der Leib stets warm gehalten wurde, und auch auf die Abwehr der kalten Trockenheit der schwarzen Galle durch lauwarme Bäder. Auch Ratschläge für eine spezielle Ernährung finden sich: Ein Melancholiker sollte vor allem Salat, Eier, Fisch und reifes Obst zu sich nehmen, dafür säurehaltige Nahrungsmittel wie Essig meiden. Zudem viel spazieren gehen, Leibesübungen machen, sich mit Veilchenöl massieren lassen, Musik und Gedichte hören und sich Geschichten aus dem Leben der Weisen erzählen lassen.[49]

Heute gilt die Theorie der Körpersäfte als unzulänglich, weil sich die Vielfalt der Stimmungen und Verhaltensweisen mit ihr nicht erfassen lässt, die wir in unserem Leben haben können. Dennoch spielen die heutigen Neurotransmitter und elektrischen Impulse keine andere Rolle als die, die man den Körpersäften jahrtausendelang zugeschrieben hat. Beide, die humorale Medizin und die Tatsache, dass der Typus des Melancholikers in allen geschichtlichen Epochen bekannt war, können uns nachdrücklich daran erinnern, dass es die Emotionen der Trauer, der Betrübnis und der Melancholie immer schon gab. Depression, die „verlängerte Trauerstörung" und die Melancholie sind verschiedene Erscheinungsformen der gleichen Emotion, die unterschiedlich begriffen wurden. Ich sage nicht, dass wir die Theorie der Körpersäfte übernehmen oder auf die neurowissenschaftliche Erforschung der molekularen Grundlage der Trauer verzichten sollten. Doch angesichts einiger Probleme des aktuellen Diagnosesystems, der Unterschiedlichkeit der Symptome und der biologischen Faktoren, die einem psychischen Zustand zugrunde liegen können, der Vielzahl seiner möglichen Ursachen, ganz zu schweigen von Unsicherheiten heutiger Therapien – angesichts dessen haben wir doch einen breiten Behandlungsspielraum, vor allem wenn es um Trauer geht. Auch wenn Hippokrates das Gehirn als Zentrum der Gefühle und Stimmungen betrachtet hat, bezogen sich seine Behandlungsvorschläge auf den ganzen Körper und gingen vom je besonderen Leiden jedes einzelnen Menschen aus.

Der Leitartikel einer erst kürzlich erschienenen Ausgabe des *Lancet*, ein leidenschaftliches Plädoyer gegen die Diagnosekategorie „verlängerte Trauerstörung" (PGD) und die Gefahren von Überdiagnostizierung und Übermedikamentisierung, riet Ärzten, die Patienten zu behandeln haben, die sich nach dem Verlust eines geliebten Menschen verlassen fühlen, sie „sollten sich besser Zeit nehmen, Mitgefühl zeigen, Erinnerungen zulassen und einfühlsam reagieren", anstatt einfach nur auf die fortgeschrittensten synthetischen Möglichkeiten der Therapie zurückzugreifen, wie sie die schnelle Entwicklung der Psychopharmakologie hervorgebracht hat.[50] Das ist nicht weit entfernt von den alten Heilmitteln und steht im Einklang mit einem der hippokratischen Grundsätze für die medizinische Praxis, nämlich der Verpflichtung, Patienten „keinen Schaden zuzufügen".

Coda

„Die Heilung für alles liegt in salzigem Wasser: Schweiß, Tränen oder Meer", schrieb Karen Blixen (unter dem Pseudonym Isak Dinesen) zu Beginn des zwanzigsten Jahrhunderts. Ein beruhigender Satz: Wir werden belohnt für jede Anstrengung; wir fühlen uns befreit, wenn wir einmal losgelassen und richtig geweint haben, wir können Kraft schöpfen aus der Ruhe der weiten See.

Aufs Meer zu blicken ist in der Tat heilsam. Jedes Mal, wenn ich nach Sizilien komme, um meine Großmutter zu besuchen, und zu den Orten zurückkehre, an denen ich als Kind den Sommer verbracht habe, schöpfe ich Trost und Energie. Ich fahre zur südlichsten Spitze der Insel, um den Sonnenuntergang zu erleben. Als mir in meiner Kindheit die Anfänge der Geographie beigebracht wurden, auch die Bewegungen der Erde, des Mondes und des Universums, war es für mich ein magischer Gedanke, dass die Sonne, die stets über der Ostküste aufging und hinter den Hügeln verschwand, auch über dem Meer untergehen konnte, wenn ich nur um die

TRAUER

Spitze der Insel herum nach Westen lief – das gelingt nur, wenn man auf einer Insel lebt. Ich wollte jeden Tag an diese Stelle, weil mir schien, als könne ich die Welt auf den Kopf stellen, und ich genoss das Ritual und den Perspektivenwechsel in vollen Zügen.

Sonnenuntergänge haben hypnotisierende Wirkung und versetzen Sie leicht in eine melancholische Stimmung. Am angenehmsten ist Melancholie in der Stunde der Dämmerung. Sie gehört zum Abend. Das Licht ist wie ein Pinsel, der alles mit der sanften Farbe der Dämmerung überzieht. Irgendjemand sagte einmal, wenn man nach Westen schaut, ist es, als suche man Unsterblichkeit. Wenn ich weit hinaus blicke, auf den Horizont, denke ich an meinen Großvater und halte Ausschau nach seinem Boot. Die stärkste und vertrackteste Eigenschaft des Todes ist seine Unumkehrbarkeit. Wie eine Kerze brennt das Leben nur in einer Richtung, bis nichts mehr übrig ist.

Es gibt ein Gedicht von Robert Pinsky, das ich in der Wohnung eines Freundes fand.[51] Es geht so:

Du kannst nicht sagen, niemand stirbt wirklich: alle sterben sie ...
Merkwürdig jedoch: Dieser Mensch behält Gestalt, dem Geist bestimmt
*   und gegenwärtig*
wie ein Ding in unserer Hand. Anwesenheit in Abwesenheit: kein Trost
*   ist das, Trauer.*

Als mein Großvater starb, verlor meine Großmutter den Mann, der, als er noch lebte, ohne jeden Zweifel der Mensch war, der sie am besten trösten konnte, wenn sie traurig war. Jetzt muss sie meinen Großvater in ihrer Erinnerung zum Leben erwecken und mit den Bildern, die dann aufsteigen, Leerstellen füllen, die einfach zu groß sind, um ausgefüllt zu werden. Und ich tue das Gleiche, mit Großvater und mit den anderen Menschen, die ich verloren habe.

Anmerkungen

1 Die Schlusszeilen von Borges' Gedicht „Abwesenheit" (Übersetzung Gisbert Haefs).

2 E. Kübler-Ross und D. Kessler, *Dem Leben neu vertrauen: den Sinn des Trauerns durch die fünf Stadien des Verlusts finden*, Stuttgart 2006.

3 Der erstmalige Gebrauch des Ausdrucks „down in the mouth" wird Bishof Joseph Hall in seinen *Resolutions and Decisions of Diverse Practical Cases of Conscience* (1649) zugeschrieben, zit. in James Rogers *Dictionary of Clichés*, Wing Books 1970.

4 Ch. Darwin, *Der Ausdruck der Gemütsbewegungen...*, a. a. O., S. 196.

5 Ebd., S. 198.

6 Ebd., S. 170 ff.

7 R. R. Provine, K. A. Krosnowski und N. W. Brocato, „Tearing: breakthrough in human emotional signaling", in: *Evolutionary Psychology*, 7 (2009), S. 52–56; R. R. Provine, *Curious Behavior: Yawning, Laughing, Hiccupping and Beyond*, Belknap Press (Harvard University Press) 2012.

8 R. R. Provine, K. A. Krosnowski und N. W. Brocato, „Tearing: breakthrough in human emotional signaling", a. a. O.

9 O. Hasson, „Emotional Tears as Biological Signals", in: *Evolutionary Psychology*, 7 (2009), S. 363–370.

10 Das gilt offenbar aber nicht allgemein. Die „heilende" Qualität eines Heulanfalls hängt von den Umständen ab, von den Gründen hinter den Tränen und davon, wer sie vergießt. Eine Studie über dreitausend Weinanfälle zeigte zwar, dass sich die meisten Probanden nach dem Weinen besser fühlten, aber einige bemerkten keine Veränderungen ihrer Stimmungslage, und manche fühlten sich eher schlechter. L. M. Bylsma, A. J. J. M. Vingerhoets und J. Rottenberg, „When is crying cathartic? An international study", in: *Journal of Social and Clinical Psychology*, 27 (2008), S. 1165–1187.

11 R. R. Provine, „Emotional tears and NGF: a biographical appreciation and research beginning", in: *Archives Italiennes de Biologie*, 149 (2011), S. 269–274.

12 N. I. Eisenberg und M. D. Lieberman, „Why it hurts to be left out. The neurocognitive overlap between physical and social pain", in: K. D. Williams, J. P. Forgas und W. von Hippel (Hg.), *The Social Outcast: Ostracism, Social Exclusion, Rejection, and Bullying*, Cambridge University Press 2005, S. 109–127.

13 J. Panksepp, *Affective Neuroscience*, Oxford 1998.

14 N. I. Eisenberger, M. D. Lieberman, K. D. Williams, „Does rejection hurt? An fMRI study of social exclusion", in: *Science*, 302 (2003), S. 290–292.

15 M. F. O'Connor, D. K. Wellisch, A. L. Stanton, E. I. Eisenberger, M. R. Irwin

TRAUER

und M. D. Lieberman, „Craving love? Enduring grief activates brain's reward center", in: *Neuroimage*, 42 (2008), S. 969–972.

16 Im Laufe der Entwicklung des psychiatrischen Denkens und der Fortschritte in der klinischen und neurologischen Forschung nahm die Depression verschiedene Formen und Namen an, z. B. „involutive Depression", „depressive Reaktion", „manisch-depressive Krankheit" und „depressive Neurose". Siehe A. M. Gruenberg, R. D. Goldstein und H. A. Pincus, „Classification of Depression: Research and Diagnostic Criteria: DSM-IV and ICD-10", in: J. Licinio und M. L. Wong (Hg.), *Biology of Depression: From Novel Insights to Therapeutic Strategies*, Wiley-VCH Verlag 2005. Für eine umfassende Geschichte des Begriffs der Depression siehe S. W. Jackson, *Melancholia and Depression: From Hippocratic Times to Modern Times*, Yale University Press 1986.

17 S. Freud, *Trauer und Melancholie* (1917), Ges. Werke Bd. X., S. 429.

18 American Psychiatric Association *Diagnostic and Statistical Manual of Mental Disorders*, 4. Aufl., Text Revision (DSM-IV TR), American Psychiatric Press 2000.

19 Die American Psychiatric Association hat Vorschläge und erste Entwürfe für die fünfte Auflage des DSM auf www.dsm5.org publiziert. Im Mai 2013 erschien dann das gesamte Handbuch.

20 K. S. Kendler, J. M. S. Myers und S. Zisook, „Does bereavement-related major depression differ from major depression associated with other stressful life events?", in: *American Journal of Psychiatry*, 165 (2008), S. 1449–1455.

21 H. G. Prigerson, M. J. Horowitz, S. C. Jacobs u. a., „Prolonged Grief Disorder: Psychometric Validation of Criteria Proposed for DSM-V and ICD-11", in: *PLOS Medicine*, 6 (2009), e1000121. So war die mittels fMRT durchgeführte Studie von O'Connor u. a., die Ähnlichkeiten ergab zwischen Schmerz und Trauer (siehe Anm. 151), darauf angelegt, die spezifischen Aktivitätsregionen bei trauernden Patienten zu identifizieren, die Symptome einer schweren Depression gezeigt haben, und diese mit den Aktivitätsregionen einer Gruppe zu vergleichen, die leichtere Symptome zeigte. Die Autoren sagen nun, dass bei den Patienten mit schweren Symptomen eine höhere Aktivität im *Nucleus accumbens* vorliege, einem Gewebe im Belohnungssystem des Gehirns, auf das ich im Kapitel über Freude eingehen werde. Sie verstehen dies als Folge einer unerlösten Sehnsucht in Verbindung mit Wunschträumen vom verstorbenen Ehepartner, was nicht unbedingt hilfreich sei, um sich mit dem Verlust abzufinden und den Tod des Partners zu akzeptieren.

22 E. Bromet u. a., in: *BMC Medicine*, 9 (2011), S. 90. Diese Zahlen beziehen sich auf die Anzahl der Menschen, die bereits diagnostiziert sind und unter Beobachtung stehen oder behandelt werden, entweder psychotherapeutisch oder medikamentös oder auf beide Weisen.

23 Die Gesamtzahl der 2011 in England und Wales registrierten Sterbefälle nach

ANWESENHEIT IN DER ABWESENHEIT

dem Office for National Statistics betrug 484 367. Quelle: *The Guardian*, 6. November 2012.

24 Siehe zum Beispiel http://www.psychologytoday.com/blog/dsm5-in-distress/ 201008/good-grief-vs-major-depressive-disorder. Ebenso: A. Frances, *Saving Normal: An Insider Revolts against Out-of-control Psychiatric Diagnosis, DSM-5, Big Pharma, and the Medicalization of Everyday Life*, William Morrow 2013.

25 Ein bewegender Appell gegen die Aufnahme der Trauer in das DSM findet sich in Arthur Kleinmans Leitartikel in *Lancet*, 379 (18. Februar 2012), S. 608 – 609.

26 „Hurts as much as it is worth" – Ich habe dieses Zitat in einem Artikel von Zadie Smith über Freude gefunden. Offenbar hörte Barnes diese Äußerung von einem Freund, der sie in einem Kondolenzschreiben verwendete. Z. Smith, „Joy", in: *New York Review of Books*, 10. Januar 2013.

27 L. Wittgenstein, *Philosophische Untersuchungen*, Frankfurt 1967.

28 Zu einer ausführlicheren Diskussion über Wittgenstein und Gefühle siehe M. F. Mascolo, „Wittgenstein and the discursive analysis of emotion", in: *New Ideas in Psychology*, 27 (2009), S. 258 – 274.

29 Wittgenstein, *Philosophische Untersuchungen*, a.a.O., #66. Erstaunlicherweise hatte Wittgenstein, zumindest in der frühen Phase seines Denkens, eine starke antinaturalistische Einstellung und ignorierte Darwin völlig. Die Evolutionstheorie reichte seiner Meinung nach nicht aus, um die „Vielfalt" der Arten zu erklären. Dies geht aus einer Korrespondenz mit Maurice Drury hervor: M. O'C. Drury, „Conversations with Wittgenstein", in: R. Rhees (Hg.), *Ludwig Wittgenstein: Personal Recollections*, Rowman und Littlefield 1981. Später jedoch, in den *Philosophischen Untersuchungen*, schrieb Wittgenstein dem Körper eine größere Bedeutung zu, um geistige Operationen zu erklären, und war eindeutig der Meinung, dass der Gesichtsausdruck ein starkes Instrument sei, um Gefühle zu vermitteln.

30 Zeichnungen und Zitat aus: L. Wittgenstein, *Vorlesungen über Ästhetik*, Düsseldorf 1994, S. 13.

31 Ein Emoticon (eine Zusammenziehung von „emotion" und „icon") begleitet einen Text, um einer vielleicht missverständlichen Nachricht eine „Gefühlsnote" hinzuzufügen. Erfunden habe es, so wird verschiedentlich behauptet, Professor Scott Fahlman, ein Computerwissenschaftler an der Carnegie Mellon University. Er soll am 19. September 1982 in einer E-Mail an seine Universitätskollegen das Zeichen :-) benutzt haben, versehen mit dem Kommentar: „Lest sie seitlich". Er wollte ihnen helfen, den Ton schriftlicher Mitteilungen aufzufassen, um Missverständnisse zu vermeiden. Das Smiley ☺ jedoch wurde vom amerikanischen Kommerzkünstler Harvey Ball 1963 entworfen. Eine noch frühere Verwendung von Drucktypen zur Nachahmung des Gesichtsausdrucks fand sich im Transkript einer Rede von Abraham Lincoln aus dem Jahr 1862. Im Transkript erscheinen die Zeichen ;) nach dem

TRAUER

Wort „lachen". Das mag ein Druckfehler sein – wenn aber nicht, dann sind diese Zeichen das älteste dokumentierte Beispiel für ein „Emoticon". Diese fügen der Sprache visuelle Elemente hinzu, die sie selbst nicht hat. Heute stößt man in der virtuellen Kommunikation überall auf sie. Wenn ich mit meinem iPhone eine Textnachricht verschicke und eine Emoticon-App benutze – die beliebteste ist Emoji –, um Worte zu begleiten oder zu ersetzen, bin ich völlig verloren, weil ich nicht weiß, was alle diese Gesichter bedeuten. Ich habe etwa sechzig verschiedene Bilder von Gesichtern gezählt, von denen die eine Hälfte einen positiven Ausdruck wiedergibt, die andere einen negativen. Es gibt mehr Emoticons, als ich Worte finden kann, um sie zu beschreiben. Heißt das, dass wir Emotionen auf eine raffiniertere Art empfinden können als früher oder dass unsere Sprache und ihr öffentlicher Gebrauch reicher geworden sind? – Zur Geschichte der Emoticons siehe J. Lee, „Is that an emoticon in 1862?", in: *New York Times*, 19. Januar 2009.

32 T. Hahn, „Integrating neurobiological markers of depression: an fMRI based pattern classification approach", Dissertation, Julius-Maximilians-Universität Würzburg 2010.

33 Eine kurze Einführung in forschungsbasierte Diagnosekriterien liefert ein Text von Thomas Insel, dem Leiter des US National Institute of Mental Health: http://www.nimh.nih.gov/about/director/directors-biography.shtml.

34 R. Pies, „Why psychiatry needs to scrap the DSM system: an immodest proposal", http://psychcentral.com/blog/archives/2012/01/07/why-psychiatry-needs-to-scrap-the-dsm-system-an-immodest-proposal/.

35 A. Pletscher, P. A. Shore und B. B. Brodie, „Serotonin release as a possible mechanism of reserpine action", in: *Science*, 122 (1955), S. 374–375. Eine umfassende Geschichte der Antidepressiva findet sich in D. Healy, *The Antidepressant Era*, Harvard University Press 1997.

36 J. J. Schildkraut, „The catecholamine hypothesis of affective disorders: a review of the supporting evidence", in: *American Journal of Psychiatry*, 122 (1965), S. 509–522.

37 Der Wiederaufnahmemechanismus für das Serotonin wurde von Sir Bernard Katz, Ulf von Euler und Julius Axelrod entdeckt, die dafür 1970 den Nobelpreis für Medizin bekamen: http://www.nobelprize.org/nobel_prizes/medicine/laureates/1970/.

38 Daten von IMS Health Inc, Biopharma Forecasts and Trends nach T. R. Insel, „Next-generation treatments for mental disorders", in: *Science Translational Medicine*, 4 (2012), S. 1–9.

39 H. U. Wittchen, F. Jacobi, A. Rehm, A. Gustavsson, M. Svensson, B. Jönsson, J. Olesen, C. Allgulander, J. Alonso, C. Faravelli, L. Fratiglioni, P. Jennum, R. Lieb, A. Marcker u. a., „The size and burden of mental disorders and other disorders of the brain in Europe 2010", in: *European Neuropsychopharmacology*, 21 (2011), S. 655–679.

ANWESENHEIT IN DER ABWESENHEIT

40 J. R. Lacasse und J. Leo, „Serotonin and depression: a disconnect between the advertisements and the scientific literature", in: *PLOS Medicine*, 2, Issue 12 (2005), e392. Eine scharfsichtige Analyse, wie Mehrdeutigkeit und Ungewissheit rund um die Wirkung von Antidepressiva zur Stärkung des Glaubens an sie benutzt werden können, liefert L. McGoey: „On the will to ignorance in bureaucracy", in: *Economy and Society*, 36 (2007), S. 212–235, und: „Profitable failure: antidepressant drugs and the triumph of flawed experiments", in: *History of the Human Sciences*, 23 (2010), S. 58–78.

41 S. Neville, „GlaxoSmithKline fined $3bn after bribing doctors to increase drug sales", in: *Guardian*, 3. Juli 2012.

42 I. Kirsch, B. F. Deacon, T. B. Huedo-Medina u. a., „Initial severity and antidepressant benefits: a meta-analysis of data submitted to the Food and Drug Administration", in: *PLOS Medicine*, 5 (2008), e45.

43 G. Miller, „Is Pharma running out of brainy ideas?", in: *Science*, 329 (2010), S. 502–504.

44 Zu einem Überblick über aktuelle neue Wege bei der Entdeckung neuer Behandlungsmethoden für seelische Störungen siehe T. Insel in: *Science Translational Medicine*, 4, Issue 155 (2012), S. 1–9.

45 Meiner Kurzdarstellung der Lehre von den Körpersäften habe ich die ausgezeichnete Geschichte dieser Theorie zugrundegelegt, die Noga Arikha geschrieben hat: *Passions and Tempers: A History of the Humours*, Ecco 2007.

46 Hippokrates, *Über die heilige Krankheit*, §14; in: *Ausgewählte Schriften*, Düsseldorf 2006, S. 97.

47 Ebd., §15, S. 99.

48 N. Arikha, *Passions and Tempers*, a. a. O. Ein solches Traktat ist das *Buch der Fieber* des arabischen Arztes Isaak ben Salomon Israeli. In Kapitel XI dieses Traktats ist die Rede von einem von Gefühlen, Aufregung und Appetitlosigkeit bestimmten Fieber, das durch Kummer verursacht wird: C. Sluzki, „On Sorrow: Medical Advice from Ishaq ben Sulayman al-Israeli, 1000 years ago", in: *American Journal of Psychiatry*, 167 (2010), S. 5. Ich danke Dr. Sluzki, der mir freundlicherweise eine frühere, längere Version seines Artikels über das Traktat zur Verfügung gestellt hat.

49 N. Arikha, *Passions and Tempers*, a. a. O.; C. Sluzki, „On Sorrow", a. a. O.

50 „Living with grief", Leitartikel, *Lancet*, 379 (2011), S. 589.

51 Ich fand das Gedicht „Grief" – das mich auch zum Motto dieses Kapitels inspirierte – im Heft der *New York Review of Books* vom 7. Juni 2012.

5

Empathie: Die Wahrheit hinter dem Vorhang

Wer zwischen Seele und Körper einen Unterschied sieht,
besitzt keines von beiden.

Oscar Wilde

So wünsche ich dir vor allem einen Sinn fürs Theater;
nur wer die Illusion liebt
und kennt, wird weit kommen

W. H. Auden

Langsam erlosch das Licht, zum dritten Mal ertönte die Glocke.

„Bitte nehmen Sie Ihren Platz ein und vergessen Sie nicht, Ihr Mobiltelefon auszuschalten." Die freundliche Stimme der automatischen Ansage. „Die Vorstellung beginnt."

Dann hört man nur noch die Geräusche von Menschen, die es sich, voller Erwartung, auf ihren Sitzen bequem machen. Hier und da ein Flüstern, letzte zischende Geräusche, bevor die Vorstellung beginnt.

Alle halten den Atem an. Theater ist ein Ritual, eines der Geburt und der Veränderung. Jede Vorstellung ist wie eine Knospe, und jeden Abend entfaltet sie sich zu etwas Neuem, auch wenn das Stück das gleiche ist.

EMPATHIE

Ich bin hier, um meinen Freund Ben Crystal auf der Bühne zu sehen. Er wird Hamlet sein, jetzt aber wartet er wohl noch irgendwo hinter den Kulissen. Jedes Mal, wenn ich mich aufmache, Ben spielen zu sehen, frage ich mich, was er wohl anstellt, kurz bevor er die Bühne betritt.

Geht er ungeduldig auf und ab? Ringt er mit seinem Gedächtnis, murmelt er einige besonders widerspenstige Verse vor sich hin? Wird er mich, hier unten in der zweiten Reihe, sehen?

Wenn der Beginn einer Vorstellung für das Publikum den Eintritt in eine andere Dimension markiert, dann muss für den Schauspieler das Betreten der Bühne wie ein Übergangsritus sein, ein Überschreiten der Grenze zwischen zwei Welten. Je nachdem, wie Ben zu Mute ist, muss sich dieser erste Schritt an einem Tag federleicht anfühlen, an einem anderen steinschwer – und ich frage mich, welche Stimmung für einen, der Hamlet spielt, die bessere ist? Hamlets Wesen ist Melancholie, sie ist die Quelle seiner Gewitztheit wie seines Elends. Für Ben jedenfalls muss der Schritt auf die Bühne so etwas Ähnliches sein wie das Auswerfen eines Ankers, der ihm sicheren Halt geben soll in seinem Element. Schauspielerei ist seine zweite Natur.

Wenn er auftritt, ist die Aufmerksamkeit aller auf ihn gerichtet. *„Mehr als befreundet, weniger als Freund.“* Der erste Vers kommt frisch und volltönend.

Eine Passage im zweiten Akt packt mich in ihrer Intensität jedes Mal wieder, geradeheraus offenbart sie, was Schauspielerei und Theater sind. Hamlet hat vom Geist seines toten Vaters erfahren, dass dieser von seinem Bruder Claudius getötet wurde, von Hamlets Onkel. Hamlet ist entsetzt. Seine Trauer mischt sich mit Wut und Empörung. Schmerz erfasst ihn. Zugleich ist er niedergedrückt, weil er sich unfähig fühlt zur Rache. Mit einigen Schauspielern arrangiert er die Aufführung von *Der Mord von Gonzago* – dem Stück fügt er einige von ihm selbst geschriebene Verse hinzu –, er will den Tod seines Vaters nachspielen lassen, will sehen, wie Claudius reagiert, um so einen Beweis seiner Schuld zu bekommen. Einen der Schauspieler bringt er dazu, Hekubas Trauerrede zum Tod ihres

Gatten Priamos zu rezitieren, des Königs von Troja. Der leidenschaftliche Vortrag des Schauspielers lässt Hamlet erschauern. Wie kann die gemimte Emotion eines Schauspielers so mächtig sein, Hamlets wirklicher Schmerz im Vergleich dazu so wehrlos?

Was ist ihm Hekuba, was ist er ihr?, fragt Hamlet. Wie ist es möglich, dass ein Schauspieler Trauer nur imaginieren muss, und er erblasst, seine ganze Erscheinung verdüstert sich, Tränen fließen aus seinen Augen und es bricht seine Stimme? Alles für Hekuba, eine Frau so fern in Zeit und Raum? Was täte ein Schauspieler, hätte er Hamlets Gründe, traurig zu sein? Sein Fühlen jedenfalls, das deutet Hamlet an, würde verstärkt.

Doch wie es aussieht, kann Hamlet seine Emotionen nicht so weit beherrschen, dass er den Tod seines Vaters rächen könnte.

Während ich höre, wie der Mann vor mir auf der Bühne seine einsame Schwäche beklagt, findet eine einzigartige, so verlässliche wie großzügige Übertragung der Gefühle statt. Dieser Gesang der Verzweiflung, verkörpert in jeder Einzelheit von Bens Darstellungskunst, Wort um Wort von Bens stimmlicher Geschmeidigkeit getragen und übermittelt, fliegt über das Rampenlicht zu mir und dringt in mich ein. Ich sitze bewegungslos, und doch regt sich etwas in mir. Ich spüre den Hieb. Fast unterschiedslos nehme ich Anteil zugleich an Hekuba, am Schauspieler und an Hamlets Trauer.

Unmerklich verschiebt sich das Bild, ich sehe nicht mehr Ben, sondern allein den dänischen Prinzen.

In derart hypnotischen Augenblicken vergesse ich, wo ich bin. Ein träumerischer Zustand überkommt mich, und just in diesem Zustand wünschte ich, diese Augenblicke dauerten ewig, die Vorstellung ginge niemals zu Ende.

Eine Art Magie

Jeder, der noch irgendwelchen dualistischen Vorstellungen der Trennung von Seele und Körper anhängt, kann nicht umhin, sie aufzu-

EMPATHIE

geben, wenn der Samtvorhang aufgezogen wird. Indem wir eine Theatervorstellung schauen, erkennen wir das harmonische Ineinandergreifen von Körper, Intellekt und allem, was wir Bewusstsein und Gefühle nennen.

Auf den letzten Seiten seiner Abhandlung *Der Ausdruck der Gemütsbewegung bei den Menschen und den Tieren* spricht auch Darwin von der Macht des Theaters, Emotionen in uns zu wecken: „Selbst das Heucheln einer Gemütsbewegung erregt dieselbe leicht in unserer Seele."[1] Um dem Nachdruck zu verleihen, erinnert er an Hamlets ehrfürchtige Bewunderung der Kunstfertigkeit, mit der ein Schauspieler Gefühle hervorzurufen weiß.

Darwins genaue und lebendige Beschreibungen des Gesichtsausdrucks und der mit diesem korrespondierenden Emotionen könnten ohne weiteres eine reiche Quelle für Schauspieler abgeben. Zitate aus Shakespeare sind gleichsam Beweise für Darwins eigene Beobachtungen. Er lobt den Dichter, der „wegen seiner wunderbaren Kenntnis der menschlichen Seele ein ausgezeichneten Beobachter" sein müsse. Wenn er die Regung der Angst beschreibt, zitiert Darwin Brutus' Reaktion auf das Erscheinen von Caesars Geist: „Bist du ein Gott, ein Engel oder Teufel, / Der starren macht mein Blut, das Haar mir sträubt?"[2] Zur Bestätigung seiner Beobachtungen zur Wut zitiert Darwin Heinrichs V. Rede an seine Soldaten vor der Schlacht von Agincourt: „Spannt eure Sehnen, ruft das Blut herbei! / … / Nun knirscht die Zähne, schwellt die Nüstern auf."[3] Ein Beispiel für das Achselzucken holt er sich bei Shylock aus dem *Kaufmann von Venedig*.[4] Das Theater ist ganz gewiss wie ein Prisma, durch das Licht auf einen ganzen Regenbogen von Emotionen fällt.

Aber wie kann das Theater uns derart verzaubern? Wie eine Bühnenhandlung ein Publikum so tief bewegen und so starke Gefühle auslösen?

Im dunklen Zuschauerraum nehmen wir an einem aktiven Austausch von Emotionen teil. Wir werden in eine Geschichte gestoßen und erleben die Not ihrer Protagonisten. Erleben die Schicksale von erdichteten Figuren mit ihren Wünschen und Absichten, deren

DIE WAHRHEIT HINTER DEM VORHANG

Verwirklichung oft von Konflikten begleitet ist: Das lässt uns ein Licht auf unsere eigenen Konflikte werfen. Indem wir auf der Bühne Momentaufnahmen aus dem Leben der anderen verfolgen, sehen wir, was uns selbst widerfahren könnte, und erfahren so etwas über unsere eigene Welt.[5] Wir fühlen uns mit den Figuren des Stücks *empathisch* verbunden und erfassen, was sie durchmachen.

Das Wort „empathy" taucht im Englischen erstmals 1909 auf, als Übersetzung des deutschen Begriffs *„Einfühlung"*, den der Philosoph Robert Vischer eingeführt hat.[6] Zum ersten Mal gebraucht Vischer diesen Begriff, um im Zusammenhang seiner Psychologie ästhetischer Erfahrung darzustellen, wie ein Betrachter ein Kunstwerk wahrnimmt. Der Betrachter, der vor einem Gemälde, einer Skulptur oder vor sonst einem Kunstwerk steht, fühle sich ein, er verschmelze mit diesem und lasse sich absorbieren – so wie es mir vor Caravaggios Bild in der Villa Borghese erging.[7]

Mit der Zeit wurde der Begriff Empathie nicht nur gebraucht, um unser Verhältnis zu unbelebten Objekten zu erklären, sondern auch um zu beschreiben, wie wir instinktiv seelische Zustände anderer Menschen verstehen können.

Empathie lässt alle möglichen Gefühle in uns widerhallen. Sie ist die Fähigkeit zu erkennen, was eine andere Person denkt oder fühlt, uns damit zu identifizieren und mit einem vergleichbaren emotionalen Zustand zu *reagieren*.[8]

Empathie oder Einfühlung ist das Rückgrat unseres sozialen Lebens. Ob in Gedanken oder Handlungen, sie ist eine Einstellung, die grundsätzlich auf Interaktion ausgerichtet ist. Sie hat die Macht, Freude, Euphorie oder Gelächter zu verbreiten, hilft aber auch, schwierige Umstände zu mildern und negative Gefühle zu lindern. Angst, Schuld, Trauer, Verzweiflung lassen sich leichter nehmen, werden sie mit anderen geteilt. Empathie ist ein unsichtbares Band, stark genug, uns mit anderen menschlichen Wesen zu vereinigen und die Trennungslinie zwischen uns und ihnen ein wenig zu verwischen – wie es, während Bens Darstellung, mir mit Hamlet erging.

In diesem Kapitel werde ich das Theater als Mittel einsetzen, um

EMPATHIE

verständlich zu machen, was Empathie ist und wie Gefühle wahrgenommen und kommuniziert werden. Zunächst werde ich die Mechanismen des Gehirns vorstellen, die, wie Wissenschaftler glauben, die empathischen Reaktionen vermitteln; auch kurz darstellen, wie sie entdeckt wurden. Dann möchte ich über das dynamische Verhältnis zwischen Schauspieler und Publikum und die Techniken sprechen, die Schauspieler nutzen, um die Zuschauer mit ihren Emotionen zu bezaubern. Zum Schluss geht es mir um die Frage, wie das Gehirn zwischen Wirklichkeit und Fiktion unterscheidet und was mit ihm geschieht, wenn wir von der Fiktion völlig absorbiert sind und auf magische Weise in die Welt imaginärer Figuren versetzt.

Das Theater ist natürlich nicht das einzige Mittel, um empathisch mit einer fiktiven Welt zu kommunizieren. Auch Bücher oder Filme rufen unter Umständen mächtige Emotionen hervor. Im Theater jedoch werden uns Emotionen „live" vorgeführt, ähnlich wie bei Experimenten im Labor. Wer Bücher liest, ist meistens allein, eine Theatervorstellung aber ist eine kollektive Aktion. Wenn wir einen Roman oder eine Kurzgeschichte lesen oder ein Theaterstück sehen, stellen wir vom Anfang bis zum Ende zusammenhängende Repräsentationen der Figuren, der Orte und der Bilder her, die im Werk dargestellt werden. Durch die Beschreibungen des Autors nehmen die Figuren eine Gestalt und bestimmte Eigenschaften und Merkmale an. Wir können sie uns körperlich vorstellen, und sie beginnen, in unserem Kopf ein Eigenleben zu führen. Auch nach Beendigung der Lektüre behalten sie die Erscheinung, die sie während des Lesens angenommen haben – so lange, bis das Buch verfilmt wird und die Romanfiguren die Gesichter von berühmten Filmstars erhalten.

Im Kino werden unsere emotionalen Reaktionen durch suggestive Musik, Nahaufnahmen und besondere Kameraeinstellungen enorm erweitert und verstärkt. Aber die Geschichte wird auf der fest installierten und physisch eingeschränkten Oberfläche von Leinwand oder Bildschirm vorgeführt. Uns wird eine flache, zweidimensionale Darstellung geboten. Die Handlung, die wir sehen, ist vorbei, wenn sie für die Filmversion bearbeitet und in den Kinos angeschaut wird. Im Theater dagegen werden die Geschichten von Schauspielern aus Fleisch und Blut unter raumzeitlichen Bedingungen dargestellt, die sie mit den Zuschauern teilen, die ihrerseits einen Einfluss auf die Vorführung haben. Insofern ist das Theater ein einzigartiger Raum, um Erfahrungen zu verbinden und diese mit anderen zu teilen.

Ein Spiegel für unsere Gefühle

Der spanische Neurowissenschaftler Santiago Ramon y Cajal (1852–1934) schrieb: „Das menschliche Gehirn befruchtet aus der Ferne, wie eine Palme in der Wüste."[9] Faszinierend, diesen Satz ausgerechnet von diesem Mann zu hören, denn er war es, der mit seinem Werk den Weg geöffnet hat, auf dem wir verstehen lernten, wie neuronale Verbindungen entstehen. Dank einer vom italienischen Wissenschaftler Camillo Golgi entwickelten Silberfärbungstechnik konnte Cajal nachweisen, dass das Nervensystem nicht ein ununterbrochenes Bündel von umeinander gewickelten Nervenzellen ist, wie man damals annahm, sondern aus einzelnen, voneinander getrennten Nervenzellen aufgebaut ist, die nur durch ihre Verästelungen miteinander in Kontakt treten. Und diese neuronalen Kontakte brauchen wir unbedingt, um uns einfühlen zu können.

Ein neuer und attraktiver Rahmen für die Erklärung der Empathie entstand mit der Entdeckung der sogenannten Spiegelneuronen, jener Nervenzellen, die unser Verständnis der emotionalen Verbindungen mit anderen Menschen revolutioniert haben.[10] Die Entdeckung war so bedeutsam und sensationell, wie sie zufällig war. In einem Labor in der italienischen Stadt Parma untersuchten Giacomo Rizzolatti, Vittorio Gallese und Mitarbeiter in den 1980er Jahren, welche Gehirnregionen an der Ausführung von Bewegungen beteiligt sind. Sie bemerkten, dass in einer F5 genannten Region des prämotorischen Kortex von Makake-Affen eine Gruppe von Neuronen feuerte, wenn die Affen eine einfache Handlung voll-

EMPATHIE

führten, zum Beispiel die Hand ausstreckten, um einen Bissen oder eine Erdnuss aufzunehmen. Die F5-Neuronen waren aber nur aktiv, wenn die Bewegung eine Interaktion zwischen einem Akteur und einem Objekt betraf, und nicht, wenn die Handlung kein besonderes Ziel hatte oder keine Absicht dahinterstand. Einfach nur den Arm zu schlenkern und nichts weiter zu wollen, reichte nicht aus, damit die Neuronen sich feuernd in den Kontrollinstrumenten bemerkbar machen.

Um ihre Befunde zu vertiefen, implantierten die Wissenschaftler Mitte der 1990er Jahre Elektroden im Gehirn der Affen: Sie wollten die Aktivität von *einzelnen* Motoneuronen in Region F5 aufnehmen, während sie den Affen verschiedene Gegenstände zum Greifen gaben. Zu ihrer Überraschung meldeten die Elektroden in just dem Augenblick, in dem die Experimentatoren einen Gegenstand nahmen, um ihn den Affen zu reichen, eine neuronale Aktivität. Die aufgezeichnete Aktivität kam von exakt den gleichen Neuronen, die feuerten, wenn die Affen ihrerseits das gleiche Objekt ergriffen. Die neuronale Aktivität beim Beobachten einer Handlung *spiegelte* die Aktivität beim Ausführen der gleichen Handlung.[11]

Ein aufregender Befund, denn bis dahin ging man davon aus, dass die Region F5 ausschließlich an motorischen Funktionen beteiligt sei. Die neu entdeckten Spiegelneuronen zeigten nun aber motorische *und* wahrnehmungsbezogene Fähigkeiten. Wenn der Affe eine Handlung beobachtete, ohne einen Muskel zu rühren und ohne sie zu reproduzieren, war sein motorisch-perzeptives System so aktiviert, als würde er ausführen, was er sieht. Mit anderen Worten: Das Gehirn hat die Handlung simuliert.[12] Nach diesen aufregenden Entdeckungen bei Affen war die große Frage: Haben auch Menschen Spiegelneuronen?

Elektroden tief ins Gehirn eines Menschen einzuführen, um eine einzelne neuronale Aktivität aufzuspüren, ist keine mögliche Prozedur. Bei Menschen muss man weniger invasive Techniken benutzen, zum Beispiel die funktionelle Magnetresonanztomographie. Diese allerdings stellt nicht die elektrische Aktivität einzelner Neuronen dar, sondern den Blutfluss im ganzen Gehirn; die Daten zeigen also Bereiche, die sowohl während der Beobachtung als auch in der Zeit aktiv sind, in der eine Handlung ausgeführt wird: Diese Bereiche *könnten* also Neuronen mit Spiegelfunktionen enthalten. Darum spricht man bei Menschen vorsichtiger von „Spiegelneuronen-Systemen" und nicht von einzelnen Spiegelneuronen.

In einer der ersten Studien über Spiegelneuronen bei Menschen wurden die Teilnehmer gebeten, die Fingerbewegungen der Forscher zu beobachten und sie nachzumachen. Dabei wurden zwei kortikale Bereiche mit Spiegelfunktionen identifiziert.[13] Zum einen, weiter vorn im Gehirn lokalisiert, gehören der *Gyrus frontalis inferior*, die untere Stirnwindung (engl. IFG; Abb. 13), sowie der daneben liegende *ventrale prämotorische Kortex* (PMK). Der andere, weiter hinten gelegene Bereich ist das untere *Parietalläppchen* (IPL), das als Äquivalent für den Bereich F5 bei den Affen gelten kann.

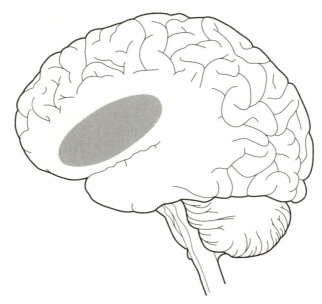

(13) Die untere Stirnwindung (in Grau)

EMPATHIE

Die untere Stirnwindung liegt im Broca-Areal, dem Hauptsprachzentrum des Gehirns. Das rechtfertigt die Vermutung, dass das Spiegelneuronen-System ein evolutionärer Vorläufer der neuralen Sprachmechanismen ist. Evolutionsgeschichtlich scheint sich die untere Stirnwindung als gemeinsamer Nenner für einfühlsames Verstehen unterschiedlicher Emotionen entwickelt zu haben. Eine Studie, bei der untersucht wurde, welche Hirnregionen auf vier grundlegende Emotionen – Glück, Angst, Ekel und Trauer – besonders reagierten, zeigte, dass der Aktivitätsgrad in der unteren Stirnwindung positiv korreliert mit der Stärke der Empathie, die gegenüber all diesen Gefühlen aufgebracht wird.[14]

Im Grunde verleihen uns die Spiegelneuronen ein zweites, intuitives Augenpaar, das das Begreifen des Handlungsablaufs, den wir vor uns sehen, kurzschließt, was uns wiederum erlaubt, eine Handlung, die wir beobachten, auch zu verstehen: nämlich indem wir sie im Gehirn simulieren. Wir wissen *innerlich,* was ein anderer tut.

Diese Auffassung führte die Wissenschaftler zu der Annahme, dass die Rolle der Spiegelneuronen bei der Wahrnehmung und Simulation einer einfachen Handlung nur ein kleiner Teil eines entwickelteren Spiegelsystems ist, das wir benutzen, wenn wir uns einfühlen und die wechselseitigen Emotionen verstehen wollen. Das System musste nur entdeckt werden! Emotionen stecken an. Wie oft kommt es vor, dass wir zusammenzucken, lächeln oder lachen, wenn dies ein anderer in unserer Gegenwart und vor unseren Augen tut? Nicht nur im Theater, sondern in allen alltäglichen sozialen Interaktionen.

Tatsächlich nutzte eine der ersten Studien, die sich mit der empathischen Rolle der Spiegelneuronen bei Menschen beschäftigt hat, als Paradigma die Beobachtung und Nachahmung des Gesichtsausdrucks von Emotionen.[15] In der Studie wurden die Teilnehmer aufgefordert, den jeweiligen Gesichtsausdruck der sechs primären Emotionen – Freude, Trauer, Wut, Überraschung, Ekel und Angst – zu beobachten und nachzuahmen. Das Spiegelnetzwerk antwortete während beider Handlungen, besonders während der Phase der

Nachahmung. Außerdem war die Amygdala beteiligt. Das wiederum zeigte eine Verbindung zwischen Spiegelsystem und limbischem Gehirn. Anatomisch wird diese Verbindung über eine Hirnregion hergestellt, die sogenannte *Insula*, die während der Prozedur ebenfalls aktiviert wurde.

Es herrscht viel Bewegung auf diesem Forschungsgebiet, das der Frage nachgeht, wie wir uns in alle möglichen Emotionen einfühlen. In einer der Studien wurden Gehirnscans von Menschen aufgenommen, die zuerst selbst widerliche Gerüche einatmeten und dann einen Film sahen, in dem ein Schauspieler seinem Gesicht einen angeekelten Ausdruck gab. In beiden Fällen, sowohl wenn sie sich selbst ekelten als auch wenn sie jemanden sahen, der sich ekelte, feuerte ihre *Insula*.[16] Eine noch interessantere Studie ging der „taktilen" Empathie nach: Die Forscher wollten wissen, wie wir reagieren, wenn wir sehen, wie andere berührt werden. Fühlen wir die Berührung selbst? Die Ergebnisse zeigten tatsächlich, dass jeweils der gleiche Bereich im Gehirn feuerte, wenn jemand leicht am Bein berührt wurde und dann Videos sah, in denen andere an derselben Stelle berührt wurden.[17] Und vor kurzem ergab eine weitere Studie, dass das Spiegelneuronen-System auch bei Versuchspersonen beteiligt ist, die andere Leute gähnen sehen.[18]

Die Bühne spiegeln

Die Macht der Spiegelneuronen hat in der Theaterwelt weithin Beachtung gefunden, weil diese Entdeckung einen neuen Ansatz bietet, das geheimnisvolle, stillschweigende Einverständnis zwischen Schauspielern und Zuschauern zu erkunden.

Das Verhältnis zwischen Schauspieler und Zuschauer ist in der Tat die *raison d'être* des Theaters. Wenn wir eine Aufführung sehen, nimmt unser ganzer Körper an der vor unseren Augen ablaufenden Handlung teil. Wir zucken zusammen, wenn wir einen abstoßenden Gewaltakt sehen oder andere ekelhafte Dinge. Unsere Eingeweide

EMPATHIE

verkrampfen sich in Momenten schicksalhafter Ungewissheit und ängstlicher Antizipation einer drohenden Gefahr. Wir bekommen Gänsehaut, wenn wir eine heldenhafte Tat sehen oder eine traurige Szene von Verlust und Trennung. Wir fühlen geradezu die Berührung einer Liebkosung oder eines Kusses auf der Bühne. Haut und Nerven werden weich und entspannen sich, wenn auf der Bühne ein Konflikt gelöst wird und Harmonie einkehrt. Während einer Aufführung sind unsere Spiegelneuronen ständig bei der Arbeit.

Zwischen Schauspielern und Zuschauern besteht ein osmotisches Verhältnis. Beide Parteien beiderseits der Rampe bekommen etwas. Die Schauspieler verbreiten Emotionen im Saal. Die Zuschauer wiederum geben den Schauspielern ein emotionales Feedback.

Der große Theaterregisseur Peter Brook erzählt etwas, was den Einfluss, den das Publikum auf die Qualität und den Tenor einer Aufführung hat, sehr schön veranschaulicht.[19] 1962 hat er mit der Royal Shakespeare Company *King Lear* inszeniert; die Inszenierung ging später auf Tournee durch Europa. Von einer Vorstellung zur anderen verbesserte sich die Qualität der Inszenierung, ihren Höhepunkt erlebte diese Steigerung zwischen Budapest und Moskau. Brook war immer wieder fasziniert, wie die Zuschauer mit ihren geringen Englischkenntnissen einen so tiefen und positiven Einfluss auf die Schauspieler nehmen konnten. Zu dieser Zeit hätte die Trennung zwischen der westlichen und östlichen Seite Europas nicht stärker sein können, und Brook schrieb die starke Zuschauerreaktion dem Stück zu, aber auch einem tiefen Wunsch nach Austausch mit Ausländern.

Wahrscheinlich traf beides zu, jedenfalls hatten die Zuschauer durch ihr Schweigen und ihre Aufmerksamkeit eine Macht, „als sei ein gleißendes Licht auf ihre Arbeit gerichtet", das die Vorstellung umso brillanter machte.

Die Tournee wurde in den Vereinigten Staaten fortgesetzt, und die Schauspieler waren aufgeregt und zuversichtlich, einem englischsprachigen Publikum alles das präsentieren zu können, was sie auf ihrer Tour durch Europa gelernt hatten. Doch bei der Vorstellung in Philadelphia kam Brook aus dem Staunen nicht heraus. Sie war bei weitem nicht so gut wie die Vorstellungen zuvor in Europa: Die Verbindung zum Publikum hatte sich radikal geändert. Die amerikanischen Zuschauer verstanden alles, ließen sich aber nicht im Entferntesten so auf das Stück ein wie die Europäer, die kaum Englisch verstanden. Manche Amerikaner gähnten. Die amerikanischen Zuschauer waren mit einer anderen Motivation ins Theater gekommen. Sie sahen Brooks Inszenierung als eine Möglichkeit unter anderen, *King Lear* auf die Bühne zu bringen; vielleicht waren einige auch aus reiner Gewohnheit gekommen. Als Zuschauer hätten sie etwas anderes gebraucht. Die Schauspieler spürten das und probierten einen neuen Rhythmus. Jede kleine bewegende oder dramatische Handlung brachten sie groß heraus, sie sprachen lauter und prononcierter. Über die komplizierten Passagen, die die Europäer so in Bann geschlagen hatten und die ein englischsprachiges Publikum leichter aufnehmen konnte, gingen sie rasch hinweg.

Das Publikum ist etwas Lebendiges. Es kann, einerseits, die Schauspieler ablenken (wenn es in unerwarteten Momenten lärmt oder lacht), andererseits können sein stilles, konzentriertes Zuschauen, sein synchrones Reagieren auf eine bestimmte Stelle das Spielen bereichern und inspirieren.

Ein solches osmotisches Zwiegespräch und seine Qualität sind auch vom Typus des Theaters abhängig, in dem das Stück auf die Bühne kommt. In den meisten heutigen Theatern sind die Schauspieler vom Rampenlicht geblendet und können weder sehen, was die Zuschauer tun, noch ihnen ins Gesicht schauen. Meistens sind die Zuschauerräume dunkel, um Atmosphäre zu schaffen und die Vorstellungskraft des Publikums anzuregen. Ben erinnerte mich daran, dass dies nicht alle Zeit so war: Erst seit etwa zweihundert Jahren wird im Dunkeln gespielt.[20] Im elisabethanischen Theater standen die Schauspieler in einem ganz anderen Verhältnis zum Publikum, waren viel dichter an den Zuschauern dran, alle befanden sich im gleichen (Tages-)Licht. Auch im Nachbau des Globe Theatre können die Schauspieler die Gesichter der Zuschauer sehen,

EMPATHIE

ihnen, während sie spielen, in die Augen schauen. So bekommen sie die Reaktionen der Zuschauer ganz unmittelbar mit: ihr Vergnügen, ihre Trauer, ihre Freude.

Ob es dem Schauspieler hilft, wenn er den Reaktionen des Publikums so direkt ausgesetzt ist, hängt vermutlich von seinen Fähigkeiten und Erfahrungen ab. Peter Brook nannte das Publikum einen „Partner, der vergessen werden muss und doch ständig im Kopf zu behalten ist".

Aber was gibt einer Aufführung diese emotionale Macht, was tun Schauspieler, um sie zu herzustellen?

Was ist der Trick?

Im Jahr 1895 erlebte der Bühnenautor George Bernard Shaw in einem Londoner Theater etwas Merkwürdiges. Er sah ein Stück mit dem Titel *Magda* (Hermann Sudermanns *Heimat*, 1893), nach dem Namen der Hauptrolle, die an diesem Abend von der berühmten italienischen Schauspielerin Eleonora Duse gegeben wurde.

Magda ist eine energische junge Frau, die sich ihrem Vater widersetzt und aus dem bourgeoisen Milieu ihrer Heimatstadt flieht, um Opernsängerin zu werden. Nachdem sie das Elternhaus verlassen hat, geht sie ein Verhältnis mit einem Mitstudenten ein, der sie mit dem Kind sitzen lässt, das sie fortan allein zu versorgen hat (die Duse hat in ihrem Leben etwas Ähnliches erlebt). Nachdem Magda zu einer führenden Opernsängerin geworden war, zugleich zur alleinerziehenden Mutter, kehrt sie in ihre Heimatstadt zurück und entschließt sich in einem Anfall von Heimweh, ihren Vater aufzusuchen, der sie wieder aufnimmt. Am Ort ihrer Kindheit wartet eine Überraschung auf sie. Denn kaum zurückgekehrt, entdeckt sie, dass der Vater ihres Kindes ein enger Freund der Familie ist! Im dritten Akt des Stücks ist Magda auf der Bühne, als ein Besuch ihres Ex-Liebhabers gemeldet wird. Zunächst, die beiden setzen sich und plaudern, scheint sie das Wiedersehen gut zu verkraften. Aber dann, so berichtet Bernard Shaw in seiner Aufführungskritik, sei die Duse (als Magda) sichtlich errötet: „Langsam breitete sich die Röte auf ihrem Gesicht aus und wurde immer intensiver, bis sie, nach einigen vergeblichen Versuchen, ihr Gesicht abzuwenden oder es vor ihm zu verbergen, ohne dass er ihre Absicht bemerkte, ihr Gesicht in den Händen verbarg."[21]

Die Duse war so tief in ihre Rolle geschlüpft, dass sie auf Verlangen erröten konnte. Ihr Auftritt machte großen Eindruck auf Shaw, er war verblüfft über ihre Fähigkeit, Verlegenheit und Unbehagen so überzeugend darzustellen:

Einen Trick konnte ich nicht entdecken: Es erschien mir als vollkommen echter Effekt der dramatischen Vorstellungskraft ... und ich muss mich zu einer brennenden professionellen Neugierde bekennen: Ich wüsste nur zu gern, ob sich bei ihr ein solcher Gefühlsausdruck stets auf Abruf einstellt.[22]

Kein Zweifel, die Duse sprühte vor Talent, sie war eine Sensation, wo sie auch auftrat, sowohl in ihrem Heimatland Italien als auch im Ausland. Sie hatte eine einzigartige Begabung für dramatische Interpretationen, und wie es scheint, war die ungewöhnliche Authentizität ihres Spiels, die Shaw derart in Erstaunen versetzte, bei ihr ganz natürlich.

Stellt sich die Frage: Kann diese Kunstfertigkeit, eine Emotion bis in mimische Details vollkommen echt darzustellen, gelernt, vielleicht sogar gelehrt werden? Um die Zeit, als die Duse in London ihre unvergessliche Vorstellung gab und sie weiterhin die Theaterbühnen in Europa und Amerika beherrschte, hatte ein junger russischer Schauspieler und Regisseur die Idee, eine Schauspielschule zu eröffnen. Sein wirklicher Name war Konstantin Alexejew, bekannt wurde er unter seinem Bühnennamen Konstantin Stanislawski. Im Jahre 1897, er war damals zweiunddreißig Jahre alt, gründete er das historische Moskauer Künstlertheater, eine Einrichtung, die zur Wiege einer revolutionären Schauspielmethode wurde.

Stanislawski eröffnete sein Theater in einer Zeit aufregender und umstürzender Erkenntnisse in der Wissenschaft. Das ausgehende neunzehnte Jahrhundert erlebte den Aufstieg der wissenschaftlichen Psychologie – zu nennen wären etwa die Theorien von William James, auf die ich im dritten Kapitel eingegangen bin. Wir wissen nicht, welche Publikationen Stanislawski las, aber seine Ansichten zur Schauspielerei veränderten und entwickelten sich mit den Jahren und standen unter dem Einfluss der damaligen Wissenschaften. Schließlich fasste er seine Theatererfahrungen in zwei bemerkenswerten Büchern zusammen, aus denen immer noch am besten zu entnehmen ist, was er für das Theater geleistet hat; davon abgesehen ist es ein großes Vergnügen, diese Texte zu lesen.

Die Emotionen eines Schauspielers stimulieren das Publikum. Stanislawski beschrieb dies als „Unwiderstehlichkeit, Ansteckung und Macht der direkten Kommunikation durch Mittel unsichtbarer Ausstrahlungen des menschlichen Willens und Empfindens..." Diese Ausstrahlungen vergleicht er mit der Wirkung der Hypnose und der Zähmung wilder Tiere. Auf eine ähnliche Weise, so erklärt er seinen Schülern, füllten Schauspieler „den gesamten Zuschauerraum mit unsichtbaren Ausstrahlungen ihrer Emotionen."[23]

In *Die Arbeit des Schauspielers an sich selbst* erläutert er seine Schauspieltechnik anhand der Geschichte des Theaterregisseurs und Schauspiellehrers Arkadi Nikolajewitsch Torzow und seiner Schüler. Der Text entwickelt sich als Folge von Episoden, die jeweils eine Unterrichtseinheit an Torzows Moskauer Schauspielschule zum Gegenstand haben.[24]

Als dieser eines Tages im Theater ankam, fand er seine ganze Klasse damit beschäftigt, ein Täschchen zu suchen. Er ließ sie ihre Suche fortsetzen und beobachtete sie, bis sie das gesuchte Objekt gefunden hatten. Dann forderte er sie auf, die Suche zu wiederholen, also legten die Schüler das Täschchen dorthin, wo sie es gefunden hatten, und begannen noch mal von vorn. Aber in der zweiten Runde war die Aktion nicht überzeugend. Nichts war mehr zu spüren von dem wachsamen Eifer, der ihm aufgefallen war, als die

Schüler wirklich auf der Suche waren. Die Schüler protestierten, ihre zweite Suche hätte ja gar nicht so wirkungsvoll sein können, schließlich hätten sie gewusst, wo das Täschchen liege, aber Torzow insistierte: Sie seien schließlich Schauspieler, und insofern hätten sie auch beim zweiten Mal überzeugen müssen:

„Spielen Sie doch die gleiche Szene, ganz ohne Lüge, ganz wahrhaftig",
schlug Arkadi Nikolajewitsch vor.
„Aber", wir wanden uns, „das ist gar nicht so einfach. Man müsste sich
vorbereiten, müsste proben, üben, erleben…"
„Was denn erleben? Haben Sie denn nicht erlebt, als Sie das Täschchen
suchten?" [25]

In der Frühzeit seiner langen Theaterkarriere folgte Stanislawski vor allem einem Grundsatz: Er und seine Schüler müssen eine Rolle vollkommen verkörpern. Im Russischen ist dieser Imperativ lakonisch knapp: „переживание" *(pereshivanie)*, was in diesem Zusammenhang so viel heißt wie ein Gefühl „durchleben". Der Schauspieler muss zu der Figur *werden*, die er spielen soll. Um diese Verwandlung zu erreichen, muss er die Rolle „innerlich" durchleben und die Emotionen der darzustellenden Figur selbst empfinden.

Eine für die Moskauer Theaterschule wichtige Technik war das „emotionale Gedächtnis". Stanislawski wusste recht gut, dass uns Details dessen, was wir erlebt haben, entschwinden, die mit diesen Erlebnissen verknüpften Emotionen dagegen tun dies zumeist nicht. Angst, Entsetzen, Hoffnung, Glück, Schuld – sie alle können erinnert werden, eines nach dem anderen. [26]

Der russische Regisseur forderte seine Schüler auf, Erinnerungen an persönliche Erlebnisse zurückzuholen und sie zu nutzen, um die Emotionen einer Figur darzustellen, wie ein Maler, der „ein Porträt in Abwesenheit des zu Porträtierenden" malt.[27] Sollten sie etwa Trauer zum Ausdruck bringen, könnten sie dies tun, indem sie die intensiven Gefühle der Trennung erinnerten, die sie selbst nach dem Verlust eines guten Freunds erlebt hatten.

Stanislawski erwartete nicht, dass die zurückgerufenen Emotionen die gleichen sein würden wie die in der Vergangenheit tatsächlich erlebten. Zwar sollten seine Schauspieler so aufrichtig sein wie möglich, doch wusste er auch, dass eine auf der Bühne dargestellte Emotion nur eine Wiederholung ist. Emotionen sind flüchtig, blitzen auf „wie ein Meteor".[28] Um ihrer Darbietung Farbe zu verleihen, sollten die Schüler alles herbeiziehen, was sie finden konnten, auch aus Quellen jenseits ihrer eigenen Erinnerungen, aus Büchern und Reisen, Museen und Gesprächen, selbst aus der Wissenschaft. „Man glaubt, man hätte [die früher erlebten Empfindungen] ganz vergessen, doch da kommt eine Andeutung, ein Gedanke, ein vertrautes Bild", und wenn es persönliche Bedeutung habe, sei es nützlich, um das Gefühl wiederzubeleben.[29] Doch sollte diese Suche keineswegs wahllos sein: Die Schauspieler werden aufgefordert, ihre Vorstellungskraft einzusetzen und die im künstlerischen Sinn mächtigsten Erinnerungen auszuwählen, das, was am „anregendsten" ist und möglichst eng mit der Rolle verbunden. So, mithilfe ihrer Vorstellungskraft und auf persönliche Erlebnisse zurückgreifend, sollten sich die Schauspieler vollständig in die Umstände der Figur hineinversetzen, die sie spielen. Dass ihre Erinnerungen in ferner Vergangenheit liegen, sei kein Nachteil. Denn Zeit, so Stanislawski, sei „eine vortreffliche Künstlerin, sie reinigt die Erinnerungen nicht nur, sondern verwandelt sie auch dichterisch."[30]

In einer späteren Phase seiner Karriere spürte Stanislawski, dass seiner Praxis als Schauspieler und Theaterlehrer etwas fehlte. Der Unterricht dieses leidenschaftlichen Theatermanns, der darauf zielte, einer Rolle durch emotionale Erinnerung und Vorstellungskraft Gestalt zu geben, brauchte einen zusätzlichen Rahmen. Emotionen aus den verschlungenen Windungen der Vergangenheit eines Schauspielers hervorzurufen, erwies sich als keine zuverlässige Strategie. Ihm wurde klar, dass sich die Schauspieler, wenn sie sich zu lange damit beschäftigten, eine Figur von innen herauszuarbeiten, erschöpften und darüber auch die körperliche Komponente ihrer Darstellung vernachlässigten.[31]

Stanislawski brauchte eine neue Inspirationsquelle. Er wandte sich der Wissenschaft zu, und da er die Reflexologen des neunzehnten und zwanzigsten Jahrhunderts schätzte, befasste er sich mit Konditionierungstheorien, um seine Schauspielmethode auszubauen. Er suchte nach einem Weg, um den emotionalen Ausdruck eines Schauspielers bewusst durch gezielte körperliche Stichworte auszulösen. Es war allgemein bekannt, dass komplexem Verhalten und Gefühlen Nervenbahnen zugrunde liegen und dass Verhalten als Reaktion auf eine sich verändernde Umgebung konditioniert werden kann – vergessen wir nicht, dass Pawlows Ideen, die ich im dritten Kapitel beschrieben habe, um diese Zeit in Russland in aller Munde waren.

In gewisser Weise wurde Stanislawski zum Wissenschaftler auf der Bühne. Der Schauspieler könne, so dachte er, durch die Auswahl und sorgfältige Vorbereitung von Schlüsseleinheiten der körperlichen Aktion, die zur Logik der Figur und den Umständen des Stücks gehören, lernen, das psychologisch voll entwickelte Erleben einer Emotion reflexartig zum Ausdruck zu bringen. Mit anderen Worten: Die körperliche Aktion sollte der Köder für die Emotion und die Brücke zwischen dem Schauspieler und der Rolle sein. So sollten seine Schauspieler nun vorankommen, indem sie eine Folge kleiner Wahrheiten realisierten.

Im Leben entsteht durch häufige Wiederholung der gleichen gängigen Handlung eine, wenn man so sagen kann, „mechanische" Logik und Folgerichtigkeit der physischen Handlungen. ... Auf der Bühne ist das anders. ... es fällt die organische Notwendigkeit der physischen Handlung weg. ... Man muss also die mechanische durch die bewusste, logische, folgerichtige Kontrolle ersetzen. Durch häufige Wiederholung wird aus diesem Vorgang allmähliche selbstverständliche Gewohnheit. ... (So gewöhnt sich) der Schauspieler daran, ... die Ausführung der kleinsten Abschnitte nicht nur physischer, sondern auch innerer seelischer Handlungen genau zu verfolgen. Fühlt man die äußere und innere Wahrhaftigkeit und glaubt daran, so entsteht ganz von selbst der Drang nach Handlung und darauf die Handlung selbst.[32]

Damit dies gelingt, wird eine Handlung in ihre kleinsten körperlichen Einheiten zerlegt und jeder Teil so wahrhaftig wie möglich ausgeführt. Eine besondere Haltung oder Bewegung soll eine besondere Emotion auslösen. Wenn die Schauspieler die Fäuste ballen und die Nackenmuskeln spannen, lösen diese kleinen Aktionen Wut aus oder, wenn sie mit den Schultern zucken, das Gefühl der Verzweiflung. So wurde der Körper zum bevorzugten Mittel, um Emotionen hervorzubringen.

Und noch etwas verlangte Stanislawski von seinen Schauspielschülern. Sie wussten zwar, dass die Handlung auf der Bühne fiktiv ist, aber sie sollten an ihre Handlungen und deren Motive fest glauben, nur dann werde auch das Publikum überzeugend finden, was sie tun. „Wahrhaftigkeit ist von Glauben nicht zu trennen und umgekehrt."[33] Alles, was auf der Bühne geschehe, müsse zunächst für den Schauspieler selbst überzeugend sein. Andernfalls werde er das Publikum emotional nicht erreichen. Für Stanislawski war die „theatralische Übertreibung der Wahrhaftigkeit um der Wahrhaftigkeit willen … die schlimmste aller Unwahrheiten"[34]. Die immer wieder grundlegende Frage sei: Was würde ein Schauspieler tun, *wenn* er in der Situation der Figur wäre, die er darzustellen hat? Er weiß, dass er nicht Hamlet ist, aber was würde er tun, wenn er Hamlet wäre? Das „Wenn" – Stanislawski nennt es das „magische Wenn" – sollte den Effekt haben, den Schauspieler mithilfe seiner Vorstellungskraft in die Situation der Figur hineinzuversetzen.

Praxis schließlich vervollkommnet die Fertigkeiten des Schauspielers. Alle Handlungseinheiten müssen geprobt und gespielt werden, damit sie sich fest in seinem Erleben verankern – so wie es jede Konditionierungstechnik verlangt. Durch Wiederholung lernt der Körper, die Emotion zu reproduzieren. Im Unterschied zu den Versuchen, eine Figur oder eine Rolle von innen her, psychologisch zu verstehen, schafft die Körpererfahrung etwas, das konkreter oder leichter wieder aufzurufen ist – wobei die physische Aktion die Macht gewinnt, ein wirkliches, voll entwickeltes Erlebnis hervorzubringen, vielleicht sogar einen Schuss Adrenalin freizusetzen, um auf der Bühne ein Erröten zu erzeugen wie die Duse. Das war Stanislawskis Methode, er wollte „unbewusste Kreativität" erreichen „durch bewusste Technik".[35]

Das Paradox der Schauspielerei

Jemand, der dafür berühmt ist, dass er seine Vorbereitung auf eine Rolle ins Extrem treibt, ist Daniel Day-Lewis. Zu seinen bemerkenswerten Eigenarten, sich auf eine Rolle vorzubereiten, gehört zum Beispiel, dass er sich weigert, während der Produktion eines Films die Rolle zu verlassen. Er taucht voll ins Leben der Figur ein, die er darstellen will. Mit einem Boxmeister trainierte er für *The Boxer*, für *Gangs of New York* ließ er sich von einem Metzger in dessen Handwerk einführen. Als er in dem Film *Mein linker Fuß* einen Mann mit Gehirnlähmung spielte, soll er die ganze Drehzeit über in einem Rollstuhl gesessen und sich erfolgreich beigebracht haben, wie man mit den Zehen eine Schallplatte wechselt. Für *Im Namen des Vaters* lebte er eine Zeitlang im Gefängnis. Als er Abraham Lincoln spielte, eine absolut erstaunliche, anrührende und überzeugende Leistung, soll er selbst in den Pausen zwischen den Aufnahmen mit dem Akzent und der Stimme gesprochen haben, die er für die Rolle entwickelt hatte.

Eine derart intensive Vorbereitung ist mehr als eine schrullige, exzentrische Weise, sich in eine Rolle einzuarbeiten. In einem Interview zu seiner Methode befragt, sagte Day-Lewis, für seine enge Verbundenheit mit einer Figur brauche er „eine besondere Umgebung ... die richtige Art Stille oder Licht oder Geräusche. Was immer nötig ist – und das ist immer etwas anderes..."[36]

In Stanislawski'scher Begrifflichkeit ist das, was Lewis meint, die Konstruktion der richtigen äußeren, physischen Bedingungen, die helfen, die Gesamterfahrung der Rolle zu stützen.

Die Darstellungskunst der Duse und anderer genialer Schauspie-

EMPATHIE

ler wie Daniel Day-Lewis gilt als Inbegriff *wahrer, glaubwürdiger* und *authentischer* Schauspielerei.

Konzepte wie Wahrheit, Glaubwürdigkeit und Authentizität sind gefährliche Fallen im Theater und in der Schauspielerei überhaupt. Wir erwarten von einer Aufführung, dass sie überzeugend ist wie etwas Wirkliches, und doch wissen wir, dass sie das eben nicht ist. Schauspieler wissen das auch. Eine Schauspielerin, die die *Medea* spielt, geht nicht hin und bringt ihre beiden Kinder um, noch wird der Palast von Korinth Feuer fangen und niederbrennen. Dennoch sind wir erschüttert von Medeas Hass und Rachewunsch. Wir fürchten sie und wir teilen ihr Gefühl, betrogen worden zu sein. Ein Schauspieler mag völlig gefangen sein von Hamlets rachedurstigem Zorn, er mag die Eskalation der Gewalt gegenüber seinem Onkel Claudius bis ins Einzelne durchspielen, aber er wird letzten Endes nicht den Wunsch nähren, den Kollegen zu töten, der Hamlets Onkel spielt. Gleichwohl fühlen wir die Spannung von Hamlets Hass, sehen, wie sein Rachewunsch sich steigert. Wie kann etwas gleichzeitig wirklich und vorgetäuscht sein?

Bereits im achtzehnten Jahrhundert wurde dieses Paradox erkannt. So schrieb der französische Philosoph und Dramatiker Denis Diderot in *Das Paradox über den Schauspieler*, die Darstellung einer Emotion durch einen Schauspieler sei nicht immer dasselbe wie die Emotion, die vom Publikum mitgefühlt wird. Um wirklich zu sein, müsse der Schauspieler künstlich sein. Der Schauspieler muss also die Emotion, die er zum Ausdruck bringen und mit der er das Publikum ergreifen will, darum nicht selbst haben. Diderot war der Ansicht, ein Schauspieler müsse sich verhalten wie ein „kalter, ruhiger" Beobachter. Er unterscheidet zwischen zwei Haupttypen von Schauspielern. Der eine vertraue auf seine Empfindsamkeit, auf Seele und Gefühl, der andere auf seinen „durchdringenden Verstand und Überlegung". Der Empfindsame spiele mit Herzblut. Sein Spiel werde dann abwechselnd „stark und schwach, heiß und kalt, platt und erhaben" sein.[37]

Der Schauspieler dagegen, der „mit Überlegung" und auf der

Grundlage eines „sorgfältigen Studiums der menschlichen Natur" spielt, werde bei jeder Vorstellung derselbe sein und immer auf der Höhe seines Könnens. Der intelligent spielende Schauspieler bleibe immer „gleich und vollkommen: alles war abgemessen, abgewogen, überlegt, geordnet worden in seinem Kopf". Seine „Erregung" habe einen festen Kurs, mit Ausbrüchen und Reaktionen, habe „ihren Anfang, Mitte und Höhepunkt". Seine Akzente, seine Bewegungen werden bei jeder Wiederholung die gleichen bleiben.[38]

Was ist denn ein großer Schauspieler? Ein großer tragischer oder komischer Imitator, dem der Dichter vorschreibt, was er zu sagen hat.[39]

Über ein Jahrhundert vor Stanislawski also hat Diderot die Aufgabe umrissen, die der Russe auf seinem Weg vor sich hatte, und erkannt, dass eine leidenschaftliche, nach innen gerichtete Suche nach dem Charakter anfällig macht für Unvollkommenheiten, wohingegen sich eine kontrolliertere, „wissenschaftliche" Methodik der Schauspielerei als tragfähiger erweist.[40]

Wenn wir eine Theatervorstellung erleben, denken wir, die Schauspieler vermitteln Gefühle auf natürliche Art, in Wirklichkeit aber ist ihr Tun höchst unnatürlich. Wir glauben, sie lassen uns mit unüberbietbarer Authentizität große Wahrheiten erleben, aber sie täuschen nur etwas vor. Sie erschaffen Augenblicke großer täuschender Fiktionen.

Auf der Bühne ereignen sich Wahres und Unwahres zur gleichen Zeit, jedes ist die Verkleidung des anderen. Denn, so Stanislawski, es enthält jedes Gefühl der Wahrheit auch ein Gefühl dessen, was nicht wahr, was Lüge ist: „Wichtig ist, dass sie [die Wahrhaftigkeit] uns im Augenblick des Abirrens auf den rechten Weg weist."[41] Ob eine Szene wahr oder unwahr erscheint, hängt ab vom Geschick des Schauspielers. Wir mögen zu Tränen gerührt sein von Romeos Schmerz und wütend über Mercutios Tod, aber selbst wenn der Schauspieler offensichtlich in der Lage ist, die biologischen Elemente dieser Gefühle zu zeigen — er erblasst, er schreit —, die Gefühle, die er in seine Figur hineinlegt, *fühlt* er nicht immer.

EMPATHIE

Diderot findet ein schönes Beispiel, um den subtilen Unterschied zwischen Realität und Fiktion zu verdeutlichen. Was, fragt er, ist die Differenz zwischen Tränen, die von einem tragischen Ereignis im wirklichen Leben hervorgerufen werden, und denen, die wegen einer „traurigen Erzählung" vergossen werden? – eine Frage, die auch Hamlet stellt, nachdem er Hekubas Rede gehört hat.

Man hört etwas Schönes erzählen: allmählich verwirrt sich der Kopf, die Seele wird bewegt, und die Tränen fließen. Beim Anblick eines tragischen Ereignisses dagegen berühren sich der Gegenstand, die Empfindung und die Wirkung: in einem Augenblick wird die Seele bewegt, man stößt einen Schrei aus, verliert den Kopf, und die Tränen fließen. In diesem Falle kommen sie plötzlich, im anderen wurden sie herbeigeführt.[42]

Die Magie wahrer Schauspielerei besteht vielleicht darin, die Entfernung zwischen diesen beiden scheinbar entgegengesetzten Arten des Fühlens zu verringern. Solange die gewünschte Wirkung erreicht wird, kommt es nicht darauf an, welche Methode eingesetzt wird. Beider Wirkung kann intensiv sein, die intensive introspektive Charakterisierung ebenso wie die präzise Grundlegung.[43]

„Ich akzeptiere die praktische Arbeit, die getan werden muss", sagt Daniel Day-Lewis, „die schmutzige Arbeit, die ich gern mache: das Graben im Boden, das Herumwühlen in der Hoffnung, einen Edelstein zu finden. Aber ich muss auch glauben, dass es ein Geheimnis gibt, das alle diese Dinge zusammenschließt, und ich versuche nicht, sie zu trennen."[44] Etwas davon wird stets ein Geheimnis bleiben.

Realität oder Fiktion?

Von Kindheit an sind wir tagtäglich fiktionalen Welten ausgesetzt. Wir haben es mit erdichteten Geschichten zu tun, wenn wir Märchen erzählt bekommen, wenn wir ein Buch lesen, Computerspiele spielen oder Fernsehwerbung sehen. Und wenn wir ins Theater gehen. Das Gehirn macht keine Pause. Es ist ohne Unterlass damit beschäftigt, alle diese Informationen zu verarbeiten und zu integrieren, aber offenbar hat es auch eine Möglichkeit entwickelt zu unterscheiden, was real ist und was irreal oder fiktiv.

Dr. Anna Abraham von der Justus-Liebig-Universität Gießen hat sich lange mit der Kartierung neuraler Netzwerke beschäftigt, die diese Aufgabe vollbringen. Sie wollte herausfinden, ob das Gehirn mit unterschiedlichen Mechanismen arbeitet, wenn es sich in einer realen beziehungsweise in einer rein fiktiven Situation befindet. Sie entwarf ein interessantes, fMRT-basiertes Experiment, um die Reaktionen des Gehirns auf Situationen zu erforschen, in denen es um reale und fiktive Figuren geht.[45]

Den Teilnehmern wurden Szenarien vorgeführt, die in einem Satz beschrieben wurden und in denen eine reale Person namens Peter in Situationen verwickelt ist, in denen auch George Bush und Aschenputtel auftauchen. In einer Gruppe von Situationen erhält Peter nur Informationen über beide Figuren, hört beispielsweise im Radio oder liest in der Zeitung über sie. In der anderen Gruppe kommt es zu Interaktionen mit den Figuren: Peter spricht oder isst gemeinsam mit ihnen. Was von den Teilnehmern verlangt wird, ist einfach. Sie sollen entscheiden, ob die dargestellten Szenarien möglich sind oder nicht; die Frage ist, ob sie in der physischen Welt, in der wir leben, geschehen könnten.

Es wäre durchaus möglich, dass Peter über beide Figuren etwas im Radio gehört hat, auch könnte er George Bush persönlich begegnen; undenkbar dagegen ist, dass er mit Aschenputtel zu Mittag isst – jedenfalls nicht wirklich.

Wie nun arbeitet das Gehirn, wenn es diese beiden unterschiedlichen Szenarien beurteilen soll? Die Ergebnisse waren faszinierend. In beiden Situationen ließ sich eine gewisse mentale Aktivität in Teilen des Gehirns feststellen, die, wie beispielsweise der Hippocampus, in Aktion treten, wenn wir uns ganz allgemein Tatsachen oder Ereignisse in Erinnerung rufen. Diese Aktivität ließ sich unabhängig von der Art des jeweiligen Szenarios feststellen, das heißt

EMPATHIE

unabhängig davon, ob es um informative (wenn Peter von den beiden Figuren nur im Radio hörte) oder um interaktive (wenn er sie wirklich getroffen hat) Situationen ging. Überraschenderweise jedoch gab es aber auch einige feinere Unterschiede in der Gehirnaktivität, die dann doch abhängig waren von den Szenarien, und dies hatte mit der Art der beteiligten Figuren zu tun.

Wurden den Teilnehmern Szenarien vorgelegt, in denen George Bush vorkam – eine bekannte reale Person –, waren der *anteriore mediale präfrontale Kortex* (amPFK), der *Precuneus* und der *Kortex cingularis posterior* (PKC) beteiligt. Der PFK ist, wie uns vielleicht noch aus dem ersten Kapitel in Erinnerung ist, eine bemerkenswerte Gehirnregion mit vielfältigen Funktionen – er passt auf das limbische System auf, fördert Kurzzeitgedächtnis und Aufmerksamkeit. Der amPFK und der PKC, Areale des mittleren Gehirns, werden tätig, wenn etwas aus dem biografischen Gedächtnis abgerufen werden soll oder wenn sich das Denken um das eigene Selbst dreht.

Traten in den Szenarien dagegen fiktive Figuren auf, reagierte das Gehirn etwas anders. Nun waren Teile des seitlichen Frontallappens, so der *Gyrus frontalis inferior*, aktiver. Man nimmt an, dass Letzterer, die untere Stirnwindung, Spiegelfähigkeiten zur Verfügung stellt, aber auch an komplizierten Aufgaben der Sprachverarbeitung beteiligt ist. Die Tatsache, dass die Figur des George Bush Teile des persönlichen Gedächtnisapparats aktiviert hat, Aschenputtel aber nicht, brachte die Forscher auf den Gedanken, dass es, wenn reale beziehungsweise fiktive Szenarien zu beurteilen und zu unterscheiden sind, nicht so sehr auf das *Realsein* der Figur ankommt, sondern auf deren *Relevanz* für unsere Realität. Um diese Vermutung zu überprüfen, warfen Forscher einen Blick auf Gehirnaktivitäten von neunzehn weiteren Freiwilligen, die, wie in der vorangegangenen Studie, gebeten wurden, die Möglichkeit zu beurteilen, ob ein realer Akteur sich ein Set bestimmter Figuren entweder vorstellen, von ihnen hören und träumen oder tatsächlich mit ihnen verkehren kann.[46] Dieses Mal jedoch wurden die in den Szenarien auftauchenden Figuren in drei Kategorien eingeteilt, entsprechend der jeweils unterschiedlichen persönlichen Relevanz für die Teilnehmer: Freunde oder Familie (hohe persönliche Relevanz), Promis (mittlere Relevanz) oder fiktive Figuren (niedrige Relevanz). Wie zu erwarten, variierte die Aktivität von PFK und PKC abhängig vom Relevanzgrad der beschriebenen Figuren. Am höchsten war sie im Fall von Freunden und Familienangehörigen, am niedrigsten bei fiktiven Figuren.

Dafür fanden die Wissenschaftler folgende Erklärung: Wenn Sie einer realen Figur begegnen, auch einer, der Sie vorher nie persönlich begegnet sind, wird diese Figur in eine umfangreiche und eng verdrahtete Struktur des konzeptuellen Speichers Ihres Gehirns integriert. Sie sind vertraut mit ihren grundlegenden allgemeinmenschlichen Verhaltensmerkmalen. Sie wissen in etwa, wie sie denkt und welche Ansichten sie vertritt. Wissen auch, welche Gefühle Sie von ihr erwarten können. Mit fiktiven Figuren dagegen sind Sie nicht in gleicher Weise vertraut. Gleichgültig, wie viel wir über die Welt einer fiktiven Figur wissen, stets wird uns an dieser Welt doch etwas fremd und unerklärlich bleiben. Nehmen wir beispielsweise Harry Potter. Sie können alle Bücher gelesen haben, doch die Menge an Informationen, die Sie über Harry Potter zusammengetragen haben – die Hierarchie der Magier und das Zauberinternat Hogwarts –, ist qualitativ immer begrenzt im Vergleich mit dem Reichtum an Informationen, die man über Familienmitglieder, Freunde oder berühmte Figuren der Zeitgeschichte hat, die zur unmittelbaren und vergangenen Erfahrung gehören. Um eine fiktive Figur zu verstehen, müssen Sie tiefer in Ihrer Imagination graben, weil Sie in Ihrem Netzwerk weniger Bezugspunkte für sie haben als für reale oder irgendwie bedeutende Menschen im wirklichen Leben. Zudem sind die Bezugspunkte, die für die fiktive Figur vorhanden sind, auch von unterschiedlicher Qualität.

Dass die Begegnung mit einer fiktiven Figur Bereiche des Frontallappens wie den *Gyrus frontalis inferior*, die mit Sprachverarbeitung zu tun haben, aktiviert, hat noch eine weitere Bedeutung. Diese Bereiche sind nicht für das Verständnis der Syntax zuständig, sondern für kompliziertere Elemente der Sprache, zum Beispiel für

Semantik, also für die Bedeutung von Worten und Symbolen, und andere, feinere Aspekte der Sprache wie Metaphern. Dass diese Bereiche aktiviert werden, wenn wir es mit einer fiktiven Figur zu tun haben, heißt, dass wir eine neue Welt entschlüsseln, die mit Worten und Zeichen beschrieben ist, die mehr verlangen als einfach nur das Dekodieren der Syntax.

Abraham und ihre Kollegen vermuten, dass ihre Experimente auf die Frage führen, was wir mit „*Realität* einer Situation" meinen. Es kann dabei nicht nur um das gehen, was wir anscheinend für real oder für fiktiv halten. Zwar neigen wir dazu, zwischen dem zu unterscheiden, was objektiv real und was fiktiv ist, aber die Unterscheidung ist sehr viel subjektiver. Wenn man in Schottland lebt, und da auch noch bei einem *Loch*, wird das Ungeheuer von Loch Ness in gewisser Weise real sein.

Grundsätzlich besitzt etwas, wenn es relevant ist, egal ob objektiv real oder fiktiv, Realität für das Fühlen und Denken des Betreffenden.

Suspendierung der Ungläubigkeit

Im Theater ist die Grenze zwischen Realität und Fiktion durchlässig.

Ständig wechseln wir in einem Theaterstück zwischen zwei Welten hin und her. Eine ist die physische Welt der Bühne und der Schauspieler, die andere ist die fiktive der Figuren und ihrer Geschichte. Im Theater sehen wir Schauspieler in ihrer körperlichen Erscheinung, nehmen ihre Präsenz auf der Bühne wahr, hören zudem ihre Stimmen. Sitzen wir in der ersten Reihe, spüren wir vielleicht sogar ihren Atem – kriegen sogar ein paar Schweißtropfen ab. Gleichzeitig nehmen wir als eine zur Bühne parallele Realität die Geschichte wahr, die erzählt wird, und stellen sie uns vor. Die Bühne verwandelt sich in den Palast von Theben, den Hof von Elsinor oder einen Kirschgarten, in ein Schlachtfeld oder in ein

Wohnzimmer. Wir begegnen allen möglichen unterschiedlichen Figuren und werden in *ihre* Welt eingeführt. Einige sind bekannte historische Figuren, deren Schicksale eine tiefe Spur in unserer Kultur hinterlassen haben. Andere sind frei erfunden. Von diesen sind wiederum einige realistischer, näher dran an unserer Welt oder relevanter für diese als andere.

Hamlet ist ein dänischer Prinz. Es mag einen dänischen Prinzen mit Namen Hamlet gegeben haben, aber der im berühmten Stück entstammt einer Legende und gehört ohnehin zu einer uns fremden geschichtlichen Zeit. Gleichwohl verstehen wir Hamlets missliche Lage. In Michael Frayns Stück *Kopenhagen* haben wir es dagegen mit inszenierten Darstellungen von Niels Bohr und Werner Heisenberg zu tun, zwei berühmten Physikern, die wirklich existiert haben; in *Tod eines Handlungsreisenden* begegnet uns die Seele eines verzweifelten, sich gegen sein Dasein stemmenden Mannes in mittlerem Alter, dessen Existenz auf einen Schlag in ihrem Grund erschüttert wird; dies geschieht an einem Tag (exklusive Rückblenden), andere Stücke wiederum spielen in viel größeren Zeiträumen. Gleichviel, wir jedenfalls müssen der Geschichte folgen, uns zeitweilig in die Welt der Figuren hineinbegeben und uns zu ihnen verhalten.

Theater und fiktive Darstellungen im Allgemeinen haben lange Zeit eine bestimmte Technik benutzt, um die Distanz zwischen Zuschauern und Figuren zu reduzieren: Sie legten die Handlungsumstände so an, dass es den Zuschauern möglich ist, ihre Bereitschaft zu zweifeln, ihre *Ungläubigkeit* zu *suspendieren.*

Der Ausdruck stammt von Samuel Taylor Coleridge (1772 – 1834). In seiner romantischen Dichtung lässt er phantastische und übernatürliche Figuren auftreten, mit denen sich eine rationale, gebildete Leserschaft kaum ohne weiteres identifizieren würde. Da er die phantastischen Elemente aber nicht aufgeben wollte, half er sich, indem er dem Leser Hilfestellungen gab und seine Erzählungen so weit mit Tatsachen und zeitgenössischen Bezügen ausstattete, dass sie akzeptabel erscheinen konnten und nicht, als unglaubhaft empfunden, sofort abgelehnt wurden. Die Leser sollten, so wollte es

EMPATHIE

Coleridge, seinen Figuren „ein menschliches Interesse" entgegen-
bringen und einen „Anschein von Wahrheit" zugestehen. Leser
müssten bereit sein zu einer „willentlichen Suspendierung der
Ungläubigkeit".[47]

Wenn Sie nicht mehr an Zauberer glauben und dennoch Freude
haben an J. K. Rowlings Harry-Potter-Büchern, dann suspendieren
auch Sie Ihre Ungläubigkeit, und zwar gewaltig. Im Fall des Theaters
nun wird Ungläubigkeit dadurch suspendiert, dass die Zuschauer in
den Glauben versetzt werden, es gäbe, zusätzlich zu den drei Wänden
der Bühne, eine vierte, durchsichtige Wand, die sie von der Handlung auf der Bühne trennt. Mit dem Errichten einer solchen Wand
wird das Stück in einen unabhängigen, für sich bestehenden Behälter
eingeschlossen. Die Schauspieler spielen, als sehe niemand zu, das
Publikum wiederum glaubt, die Welt der dargestellten Figuren sei
eine in sich reale Welt, obwohl sie doch auf der Bühne gespielt wird.

Im Prolog zu *Heinrich V.* bittet Shakespeare die Zuschauer, die
leere Bühne zu entschuldigen und ihre Vorstellungskraft zu nutzen,
sie sich als die Welt des Königs auszumalen, der Krieg führt gegen
Frankreich:

Doch verzeiht, ihr Teuren,
Dem schwunglos seichten Geiste, ders gewagt,
Auf dies unwürdige Gerüst zu bringen
Solch großen Vorwurf. Diese Hahnengrube,
Fasst sie die Ebnen Frankreichs? ...
Ergänzt mit dem Gedanken unsre Mängel, ...
Und schaffet eingebild'te Heereskraft.

Will sagen: Gebt eurer Vorstellungskraft die Macht, die Illusion
einer Realität, die nicht real ist, zunächst zu akzeptieren und dann
ihren illusionären Charakter zu ignorieren.[48]

Die Suspendierung des Unglaubens wird nicht von allen Theater-
leuten gefordert. Ganz anders beispielsweise stellte sich Bert Brecht
(1898–1956) das Verhältnis zwischen Schauspielern und Publikum
vor; er verkehrte die Suspendierungstaktik bewusst in ihr Gegenteil.

DIE WAHRHEIT HINTER DEM VORHANG

Das Theater, dachte er, sollte nicht Einfühlung verlangen, denn er wollte nicht, dass das Publikum das Geschehen auf der Bühne passiv aufnimmt und quasi automatisch an das glaubt, was ihm gezeigt wird. Er war enttäuscht vom traditionellen Theater seiner Zeit, das, wie er provokativ erklärte, das Publikum zu einer „verängstigten, gutgläubigen, hypnotisierten Masse" mache; es gebe im traditionellen Theater für gewöhnlich das „Gehirn an der Garderobe mit ab".[49]

Dem setzte Brecht sein Theater entgegen: Es war strategisch darauf angelegt, dass es die Zuschauer immer wieder von der Bühne löste. Das Mittel dazu war, was er *Verfremdungseffekt* nannte. Brecht wollte, dass seine Zuschauer die vierte Wand durchbrechen, es sollte ihnen bewusst werden, dass sie Dichtung *(fiction)* sahen und nicht wirkliches Geschehen.

Wie ich zu Beginn dieses Kapitels sagte, das Theater ist ein mächtiges Mittel, um die Welt zu zeigen, in der wir leben. Es kann eingesetzt werden, um die Probleme anzuprangern, von denen unsere Gesellschaft betroffen ist, manchmal auch auf satirische Art. Das eigentliche Ziel von Brechts revolutionärer Dramaturgie war, die Zuschauer in die Lage zu versetzen, die soziale Wirklichkeit, die in den Stücken dargestellt wird, in Frage zu stellen und sie in einem neuen Licht zu sehen. Er forderte die Zuschauer auf, sich von der Handlung zu distanzieren, sie frei zu beurteilen, Stellung zu beziehen. Sein Stück *Mutter Courage und ihre Kinder* zum Beispiel, das im Dreißigjährigen Krieg spielt, von Brecht aber in Reaktion auf Hitlers Einmarsch in Polen geschrieben wurde, ist eine Verurteilung des Aufstiegs von Faschismus und Nationalsozialismus.

Manche Elemente, die Brecht nutzte, um den Fluss des Stückes zu unterbrechen, sind ganz simpel. Zum Beispiel stellte er einen Schauspieler neben ein unbeschriebenes Plakat auf eine fast völlig leere Bühne: Die Zuschauer sollten sich daran erinnern, dass sie im Theater waren. Oder er ließ Schauspieler aus ihrer Rolle heraustreten und die Zuschauer mit Textstücken direkt ansprechen, die nicht zum eigentlichen Handlungsablauf gehören. Manchmal ließ er auch im Zuschauerraum Licht einschalten. Stets ging es ihm da-

EMPATHIE

rum, dass Zuschauer nicht an der präsentierten Geschichte klebten, dass sie ihren träumerischen Zustand zumindest zeitweise aufgaben und sich ein Urteil über die soziale Realität der dargestellten Figuren bildeten. So sind in Brechts Stücken die Figuren nie vollständig das, was sie ihrer Rolle nach verkörpern: Die Schauspieler lösen sich von der Rolle, die sie spielen.

Auch wenn er via Verfremdungseffekt den dramatischen Fluss unterbrach, Brecht wollte den emotionalen Transfer nicht völlig ausschalten. Erreicht das traditionelle realistische Theater die Gefühlsübertragung durch Überlagerung von Schauspieler und Rolle, will Brecht Emotionen dadurch wecken, dass er Schauspieler und Rolle trennt.

Nun hat sich das Theater in den letzten hundert Jahren zweifellos von den Grenzen gelöst, die ihm von den traditionellen dramaturgischen Regeln – lineare Kausalität, Handlung, einleuchtende Figuren – gesetzt waren, das betrifft das Schreiben von neuen Theatertexten ebenso wie Inszenierungsmethoden. Fragmentarische Szenen aus Tönen, Bildern, Bewegungen und Beleuchtungseffekten, die nicht unbedingt mit dem Fortgang der realistischen Geschichten verknüpft sind, können mit poetischen Metaphern und Symbolen von gleicher emotionaler Macht aufgeladen werden. Selbst die Wahl des Vorstellungsraums ist wichtig geworden, und häufig werden auch die traditionellen vier Wände aufgegeben. Die Geschichte kann in einem kleinen, intimen Zimmer erzählt werden, in großen Arenen, in mehreren Räumen gleichzeitig oder in Räumen, die sich ihrerseits als Metaphern für Bedeutung oder Inhalt des Stücks anbieten. Emotionen fließen in einen Theaterraum, und das nicht nur vermittels einer mit Worten erzählten und von Anfang bis Ende durchgespielten Geschichte.

Drei Monate lang, vom März bis zum Mai 2010, saß die gefeierte Künstlerin Marina Abramović, die „Großmutter der Performance Art", täglich siebeneinhalb Stunden auf einem Stuhl in der Mitte eines großen Saals im New Yorker Museum of Modern Art. Die Installation, betitelt *The Artist Is Present*, bildete das Zentrum von

Abramovićs Retrospektive im Museum. Vor ihr stand ein zweiter Stuhl, auf den sich, einer nach dem anderen, Besucher setzen und ihr zusehen konnten, wie sie starr geradeaus blickte. Jede Begegnung war einzigartig, auch wenn sie einem einfachen Ritual folgte: Stand ein Besucher von seinem Stuhl auf, schloss Marina die Augen und ließ ihren Kopf leicht auf ihre Brust sinken, während sie auf die Ankunft des nächsten Gasts wartete. Dann, sobald dieser sich gesetzt hatte, hob sie langsam den Kopf und sah ihm direkt in die Augen. Im Verlauf von drei Monaten schaute sie in 1565 Augenpaare. Man fragte sich: Was geht da vor sich? Was bezweckt sie? Und: Ist das überhaupt Theater?

In einem Interview nach ihrem Auftritt klärte sie das auf, indem sie ihren Widerwillen gegen das Theater unmissverständlich zum Ausdruck brachte:

Als Performance-Künstler muss man das Theater hassen. Theater ist nichts als Täuschung: Da ist ein schwarzer Kasten, man zahlt Eintrittsgeld, setzt sich im Dunkeln hin und sieht, wie jemand das Leben eines anderen spielt. Das Messer ist nicht real, das Blut ist nicht real, und die Emotionen sind nicht real. Performance ist genau das Gegenteil: Das Messer ist real, das Blut ist real, und die Emotionen sind real. Ein völlig anderer Ansatz. Performance hat mit wirklicher Realität zu tun.[50]

Abramović spricht aus eigener Erfahrung. Berühmt wurde sie, weil sie reale Messer benutzte, um vor dem Publikum ihre Haut aufzuritzen; in einigen ihrer Performances hat sie sich sogar lebensbedrohlichen Gefahren ausgesetzt.

Dennoch: Theater ist nicht nur Täuschung. Theater ist Täuschung und Realität zugleich. Nicht anders die Performance der Abramović. Wir wissen, die Person, die den ganzen Tag auf einem Stuhl im MoMA sitzt, ist die Künstlerin Marina Abramović, doch schaltet sich während ihrer Performance unsere Vorstellungskraft nicht ab. Diese Person könnte gerade so gut eine Bühnenfigur sein, eine geheimnisvolle, charismatische Frau mit schönem langem Haar in einem langen roten Gewand, die ihre Sprache verloren hat. Dass eine Frau drei

EMPATHIE

Monate lang in einem Raum sitzen möchte, lässt sich irgendwie nachvollziehen, auch wenn es ungewöhnlich ist. Die Begegnung zwischen Marina und ihren Gästen war ein frontaler Austausch, bei dem die Zuschauer ständig zwischen zwei Realitätsebenen hin und her wechseln konnten. Auch das geschieht normalerweise im Theater. Und wir, als menschliche Wesen, haben die Mittel, zwischen real und falsch, zwischen Wirklichem und Vorgestelltem zu unterscheiden.

Doch ob man nun Abramovićs mutige und elegante Performance als Theater betrachtet oder nicht, zwischen den beiden Stühlen war auf jeden Fall Empathie am Werk. Viele, die sich Marinas starrem Blick aussetzten, zeigten deutliche emotionale Reaktionen. Viele vergossen Tränen. Einige schluchzten. Man darf nicht vergessen, dass Marina ihren Besuchern direkt in die Augen sah. Schauspieler auf der Bühne haben diese Möglichkeit normalerweise nicht. Das ist auch unter wissenschaftlichen Gesichtspunkten interessant. Denn dass wir über das Gesicht Emotionen aussenden, ist Basis und Mittel mentaler Konversation. Und das Gehirn reagiert ganz anders, je nachdem, ob wir jemandem einfach ins Gesicht oder ob wir ihm oder ihr direkt in die Augen sehen. Der Blick in die Augen, der zunächst in subkortikalen Gehirnregionen verarbeitet wird, geht weiter und stimuliert Strukturen, die unsere sozialen Interaktionen modulieren.[51] Außerdem aktiviert nur der direkte Augenkontakt Regionen wie das dopaminerge System, das Belohnung induziert und Nähe hervorruft.[52]

Insgesamt wird es, gleichgültig welche Art Vorstellung man sieht, immer einen emotionalen Filter dafür geben – und einen Schleier der Illusion.

Davongetragen

Illusion ist ein zentrales Element einer Theatervorstellung.

Es gibt eine Studie, die sich gezielt mit den trügerischen Momenten im Theater beschäftigt hat, mit jenen Augenblicken, in denen wir vergessen, wo wir sind. Der Wissenschaftler und Theaterregisseur Yannick Bressan und sein Team in Frankreich haben mittels eines einfallsreichen fMRT-Experiments erforscht, wie sich im Raum des Theaterspiels die Überblendung von Realität und Fiktion vollzieht: Die Teilnehmer sahen eine Live-Aufführung, gleichzeitig wurden ihr Gehirn gescannt und ihr Puls gemessen. Die Forscher wollten herausfinden, welche Gehirnregionen in den Augenblicken aktiv sind, in denen wir uns völlig auf der Seite des fiktiven Geschehens befinden.

Als Stück gewählt haben sie einen Monolog, der aus *Dionysos der Wilde* adaptiert war, einem zeitgenössischen dramatischen Gedicht.[53] Das im Titel genannte mythische Wesen, halb Mensch, halb Gottheit, ist der Beschützer der Weinernte und des Kelterns, zugleich Wächter der untersten Instinkte des Menschen, und er wird mit Wahnsinn und Exzess assoziiert – eine Figur also, die mit Leidenschaften und Gefühlen bestens vertraut ist. Natürlich ist sie eine mythische, eine fiktive Figur. Das Stück allerdings zeigt sie, bizarr genug, im Jahr 2000: gestrandet auf einem Bahnsteig der New Yorker U-Bahn. Dort erzählt sie ihre turbulente Lebensgeschichte, erinnert dabei ihre abenteuerlichen Reisen durch antike Städte.

Wissenschaftler und Theaterleute wollten die Performance für ihre Zwecke wirklichem Theater so ähnlich wie möglich machen, also eine Umgebung schaffen, in die sich die Zuschauer von Anfang bis Ende hineinversetzt fühlen konnten. So begann, noch während jeder der Teilnehmer auf das Einfahren in die Scannerröhre vorbereitet wurde, ein Schauspieler, den Monolog zu rezitieren. Dann wurde der Scannertisch in die Magnetröhre gefahren, und der Schauspieler spielte in einem anderen Raum weiter, doch der Proband im Scanner konnte ihm weiter zuschauen, nämlich mit Hilfe einer Prismabrille und eines Bildschirms, auf den wiederum die laufende Szene übertragen wurde. Wenn ein Gehirnscanner läuft, erzeugt er laute störende Geräusche. Damit dieser Lärm nicht Wahrnehmung und Verständnis des Monologs überlagerte und von diesem ablenkte, hatten Wissenschaftler und Theaterleute die Scannergeräusche trickreich in die Vorstellung eingebaut, als Dröhnen der U-Bahnzüge, die in den Bahnsteig, den Ort des fiktiven Geschehens, einlaufen.

Wie nun ließen sich mit diesem Experiment die Augenblicke ausmachen, in denen die Zuschauer der Aufführung am dichtesten folgten, der Fiktion quasi auf den Leim gingen?

Vor dem Experiment hatte der Regisseur im geschriebenen Text vierundzwanzig „Ereignisse" ausgesucht, die darauf angelegt waren, einen Wechsel in der Realitätswahrnehmung der Zuschauer auszulösen, den Übergang von der aktuell physischen Realität (Scanner und Versuchsraum) in die fiktive Realität des Monologs. Diese Elemente dienten während des ganzen Stücks als „Marker" für den Übergang, für das Mitgenommen-Werden in die, das Verhaftetsein mit der Fiktion; für Schauspieler und Inszenierungsteam wurden diese Ereignisse durch Regieanweisungen hervorgehoben, in deren Auflistung neben Bewegung, Stimme und Intonation auch Gesamtton, Licht und andere Bühneneffekte eingingen.

Einigen dieser Marker entsprachen bedeutsamen Passagen in der Lebensgeschichte des Gottes, in der sich Episoden unbezähmbarer Wut mit ruhigeren Stimmungen abwechseln, alles sehr dramatisch erzählt und gespielt. An einer Stelle zum Beispiel erinnert sich Dionysos an den eigenen Tod. Sein Sprachrhythmus beschleunigt sich, die Stimme wird feierlich. Später dann kehrt er ins Leben zurück. Symbolisiert wird diese Wiedergeburt durch ein Licht, das er mit seinen Händen wie einen kostbaren Gegenstand schützt. Doch er nimmt, voller Wut und von wildem Zorn getrieben, auch Rache an den Männern, die ihn umgebracht haben. In solchen Augenblicken benimmt sich Dionysos wie ein wildes Tier, er bewegt sich schnell, spricht laut, blickt angriffslustig umher.

Nach der Scanner-Prozedur wurden die Teilnehmer nach ihrer subjektiven Erfahrung mit der Aufführung gefragt, die sie, im Scanner liegend, auf dem Bildschirm verfolgt hatten, sie sollten ihre Gedanken und Gefühle zum Monolog beschreiben. Diese Kommentare wurden dem Stückverlauf in Perioden von jeweils fünf Sekunden zugeordnet. Nachdem sie das Stück insgesamt kommentiert hatten, wurden die Probanden befragt, ob es sie davongetragen habe und wie das geschehen sei. Einige dieser Fragen zielten direkt darauf zu testen, wie sehr sie sich dem Stück verhaftet fühlten *(adhesion)*; mit anderen Worten: ob sie vom Experiment und dem Drumherum absehen konnten und in welchen Augenblicken dies so war; ob sie sich tatsächlich in eine andere Realität versetzt fühlten; ob und wann im Verlauf des Stückes sie glaubten, sich in Dionysos' Gegenwart zu befinden und nicht in der eines Schauspielers.

Diese sehr ins Einzelne gehenden, subjektiven Berichte erlaubten es dann, die entsprechenden Stellen als die Augenblicke im Verlauf des Stückes zu identifizieren, in denen sich die Zuschauer in eine andere Realität versetzt fühlten. Da die fMRT- und Herzfrequenzdaten während des ganzen Stücks aufgezeichnet worden waren, ließ sich nun jeder Augenblick, in dem die Zuschauer sich subjektiv eingetaucht fühlten, in Beziehung setzen zu relevanten Veränderungen der Gehirnaktivität.[54] Für die Zwecke des Experiments wurden Augenblicke des Verhaftetseins als solche definiert, an denen die subjektiven „Off-line-Berichte" der Teilnehmer zusammenfielen mit einer der „Marker"-Passagen, die der Regisseur gesetzt hatte, um das Eintauchen in die Fiktion, das Mitgehen mit ihr besonders anzuregen; die zeitliche Koinzidenz von Bericht und Spielpunkten ergab sich aus den Fünf-Sekunden-Aufzeichnungen.

Beachtliche 69 Prozent der Elemente im Stück, die subjektiv als Augenblicke des Übergangs, des Verhaftetseins mit der Fiktion erlebt wurden, fielen mit jenen zusammen, die der Regisseur zuvor als Punkte eines möglichen Umschlagens markiert hatte. Von diesen Koinzidenzen waren 40 Prozent Textelemente, 60 Prozent Regieanweisungs-Marker, zum Einsatz von Licht etwa, zu Bewegung und Ausdruck des Schauspielers.

Es waren mehrere Gehirnregionen, die in den Augenblicken feuerten, in denen sich die Fiktion mit der Realität vermischte. Eine war der *Gyrus frontalis inferior*, der die Spiegelneuronen enthält, sprachverarbeitende Funktionen hat und am Erkennen von Bewegung und an der Deutung des Gesichtsausdrucks beteiligt ist – an Aktivitäten des Gehirns also, die für Theater sehr wichtig sind.[55] Ebenfalls beteiligt war der hintere *Sulcus temporalis superior* (pSTS) (Abb. 14).

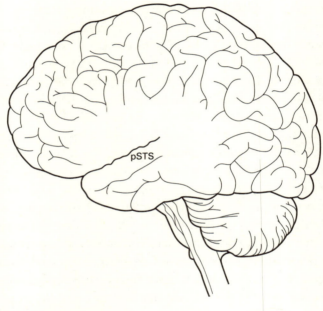

(14) Hinterer *Sulcus superior temporalis*

Auch der pSTS spielt, wie der *Gyrus frontalis inferior*, eine Rolle für unsere Fähigkeit, andere Menschen zu verstehen. Wird er geschädigt, wird es für den Betroffenen schwirig zu beurteilen, wohin oder worauf ein Gegenüber blickt, oder zu deuten, was andere fühlen, wenn sie das Objekt betrachten.[56] Zudem regelt der pSTS Sprachverstehen, Text- und Wortverarbeitung und das Verstehen von Metaphern.[57] Insofern wäre es schon verwunderlich, wenn er nicht in Aktion getreten wäre, denn für ein Theaterstück – zumal für eines mit viel Text – braucht man ein ausgeprägtes Sprachverständnis und auch eine gewisse Affinität zu poetischem und metaphorischem Sprachgebrauch. Dieselben Bereiche sind, wie nachgewiesen wurde, auch an Prozessen beteiligt, in denen wir soziale und ästhetische Urteile fällen.[58] Und schauen wir Theaterstücken zu, dann wird diese Funktion wahrscheinlich auch da eine Rolle spielen, nämlich bei der ästhetischen Beurteilung von Schreibstil, Handlung und Figuren sowie von Inszenierung und Regie.

Gleichzeitig war in den Augenblicken völligen Aufgehens im Stück ein Rückgang der Pulsfrequenz zu registrieren, ebenso eine verminderte Aktivität in mittleren kortikalen Bereichen wie dem dorso-medialen präfrontalen Kortex (dmPFK) und dem hinteren cingulären Kortex (PCK). Diese Bereiche sind normalerweise an der Selbstrepräsentanz beteiligt, ebenso, wenn es um das Verhältnis zur Außenwelt geht. (Im zweiten Kapitel habe ich darauf verwiesen, dass der dmPFC seiner Funktion nach mit Freuds „Ich" zu vergleichen ist.) Schwindet die Aktivität in diesen Bereichen, wird sich damit auch die Grenze verwischen, die uns von der Realität der auf der Bühne gespielten Geschichte trennt. Das wiederum hilft uns, näher an die Fiktion heranzukommen.

Das Mitgehen mit einer Fiktion *(adherence)*, das zeigen solche Resultate, ist eine Art hypnotischer Zustand, der verlangt, dass der Zuschauer vollkommen absorbiert ist von der Bühnenhandlung, bis zum zeitweiligen Verlust des Selbstbezugs und des Anschlusses an unmittelbare sensorische Informationen – das besondere Gefühl des „Davongetragen"- oder „Mitgenommen-Werdens".

Dass wir zuschauen können, was im Gehirn vor sich geht, wenn wir ein Theaterstück sehen, ist schon faszinierend. Doch so interessant solche Experimente sind, sie scheinen in erster Linie um der Wissenschaft willen angestellt zu werden. Denn was springt dabei raus fürs Theater? Nehmen wir an, wir kehren den Fluss um, leiten die mit dem Scanner erhaltenen Informationen in den Prozess der Abfassung oder der Aufführung eines Theaterstücks: Vielleicht könnten wir die Daten ja nutzen, um genau jene spezifischen Mittel der

Sprache und der Inszenierung zu erkennen und zu reproduzieren, die sich als Auslöser erwiesen haben für die Höhepunkte des Verhaftetseins und Mitgehens mit der Fiktion, die das Eintauchen der Zuschauer ins Spiel verstärkt haben.

Ergibt sich daraus die Forderung, die Schauspieler anders auszubilden? Könnten Regisseure mit diesem Wissen bewusstere Entscheidungen treffen und neue, am Publikum orientierte Konzepte entwickeln? Welche Formen der Bewegung oder des Ausdrucks sind am ergreifendsten, wenn Trauer, Wut oder Freude vermittelt werden sollen? Welche Metaphern eignen sich am besten, um eine Handlung oder einen Gedanken zu verdichten? Welche Handlungselemente, welche Art stimmlicher Akzentuierung, welche Lichteffekte rufen eine Veränderung der Gehirntätigkeit des Zuschauers hervor?

Das mag wie eine aufregende, neue Möglichkeit erscheinen, aber ich bezweifle, dass man ein Theaterstück in Einheiten zerlegen und deren dramaturgische Tauglichkeit von der Neurowissenschaft und Gehirnscannern testen lassen sollte.

Meinem Freund Ben geht es nicht anders: „Ich muss gar nicht wissen, was ich da tue, wenn ich die Leute regelmäßig zum Lachen oder zum Weinen bringe, ich weiß aber, wie ich es tun muss. Das sind ganz krude instinktive Sachen, die ich lange trainiert, mit Geschick und Technik und Können verfeinert habe. In mancher Hinsicht will ich es gar nicht wissen, weil ich fürchte, es würde zu technisch werden."

Wer im Theater gearbeitet hat, weiß, dass fMRT-Bilder und deren umsichtige statistische Auswertung niemals Ersatz sein können für die unvorhersehbare und enthüllende Macht eines Übungsraums.

Eine Theaterszene zu schreiben oder zu spielen, zu entscheiden, ob „es funktioniert" oder nicht, ist vor allem ein Vorgang, der quasi aus dem Bauch heraus geschieht, der trotz seiner technischen Grundlagen, trotz des Könnens und der Erfahrung, die er verlangt, ein hohes Maß an unerklärlicher, unterschwelliger Intuition behält, die sich über Jahrhunderte bewährt hat. Theaterkünstler werden immer ihre Metaphern durchprobieren und immer neue Wege finden, um mit ihnen zu spielen, wie sie es in der Vergangenheit getan haben. Viel hat das Wissen über die Mechanik der Spiegelneuronen und andere Bereiche des Gehirns den Fähigkeiten der Regisseure und Schauspieler wohl nicht hinzufügen. Vielleicht können nur Emotionen Emotionen erzeugen.

Coda

Plötzlich erlöschen die Schweinwerfer. Dunkelheit signalisiert das Ende der Vorstellung. Noch verharren die Zuschauer, einen Augenblick lang, dann atmen sie auf und brechen in tosenden Beifall aus. Die Scheinwerfer flammen wieder auf und blenden Ben.

Das Ende einer Vorstellung ist stets ein trauriger Augenblick. Theater ist ein Todesritual, so wie es auch ein Ritual der Geburt ist. Die Konzentration, das Mitgehen mit der Handlung, die emotionalen Höhepunkte und die Intensität der unsichtbaren Kommunikation zwischen Publikum und Schauspielern über das Rampenlicht hinweg – alles versinkt allmählich. Der Zauber verfliegt. Ich lasse die Figuren eines Stücks nur ungern gehen. Und ich frage mich, wie es wohl für die Schauspieler sein mag, wenn sie gehen müssen, weil eine Inszenierung zu Ende ist.

Es gab während der Vorstellung gewiss keinen Augenblick, in dem ich an mein Gehirn gedacht habe und an das, was es gerade tut. Wenn mich ein Schauspieler auf der Bühne bewegt, weiß ich zwar, dass sein mitreißendes Spiel meine Gehirntätigkeit verändert, aber der Gedanke daran hat keinerlei Einfluss auf meinen emotionalen Zustand.

Wohl aber erinnere ich mich an Augenblicke, in denen ich Tränen lachte oder zusammenzuckte als Reaktion auf einen Schrei von der Bühne, an Augenblicke, in denen sich meine Kehle zuschnürte, wenn ich Trauer sah. Und ich erinnere mich an Augenblicke, in denen ich meine Umgebung vergaß.

EMPATHIE

Peter Brook fasst den Zauber des Theaters in einem Satz zusammen: „Im täglichen Leben ist ‚wenn‘ eine Fiktion, im Theater ist ‚wenn‘ ein Experiment. Im täglichen Leben ist ‚wenn‘ ein Ausweichen, im Theater ist es die Wahrheit."[59] Theater, das ist Begeisterung, das sind Träume, das sind Illusionen, denen wir auf den Leim gehen. Theater ist Leben in permanenter Ausflucht.

Anmerkungen

1 Ch. Darwin, *Der Ausdruck der Gemütsbewegungen…*, a.a.O., S. 405.
2 Ebd., S. 323.
3 Ebd., S. 266.
4 Ebd., S. 302.
5 Einen guten allgemeinen Überblick über die Funktion der Fiktion in der Simulation sozialer Erfahrungen geben: A. Mar und K. Oatley, „The Function of Fiction is the Abstraction and Simulation of Social Experience", in: *Perspectives on Psychological Science*, 3 (2008), S. 173–192.
6 E.B. Titchener, *Lectures on the Experimental Psychology of Thought Processes*, Macmillan 1909; R. Vischer, *Über das optische Formgefühl: Ein Beitrag zur Ästhetik, Credner 1873; Th. Lipps, Grundlegung der Ästhetik*, Hamburg 1903.
7 Einen Überblick über die Rolle der Empathie für die ästhetische Erfahrung geben D. Freedberg und V. Gallese, „Motion, emotion and empathy in esthetic experience", in: *Trends in Cognitive Sciences*, 11 (2007), 197–203.
8 Eine Definition, zugleich eine gründliche Studie zur Empathie als der Fähigkeit, verstehen zu können, was andere Menschen denken und fühlen, liefert S. Baron-Cohen, *Zero Degree of Empathy*, Penguin (Allen Lane) 2011.
9 S. Ramon y Cajal, *Advice for a Young Investigator*, MIT Press 1999.
10 Zu Spiegelneuronen vgl. G. Rizzolatti und L. Craighero, „The mirror-neuron system", in: *Annual Review of Neuroscience*, 27 (2004), S. 169–192, und V. Gallese, „The roots of empathy: the shared manifold hypothesis and the neural basis of intersubjectivity", in: *Psychopathology*, 36 (2003), S. 171–180.
11 V. Gallese, L. Fadiga und G. Rizzolatti, „Action recognition in the premotor cortex", in: *Brain*, 119 (1996), S. 593–609; G. Rizzolatti, L. Fadiga, V. Gallese, L. Fogassi, „Premotor cortex and the recognition of motor actions", in: *Cognitive Brain Research*, 3 (1996), S. 131–141.
12 Dass das mit einem Spiegeleffekt verbundene Feuern von Neuronen, das stattfindet, wenn wir eine Handlung beobachten, nicht in eine motorische Aktion übergeht, liegt vielleicht daran, dass das Neuronenfeuer unvollständig oder unzureichend ist oder dass ein hemmender Mechanismus folgt, der die Ausführung der Aktion verhindert.
13 M. Iacoboni u.a., „Cortical mechanisms of human imitation", in: *Science*, 286 (2003), S. 2526–2528.
14 B. Chakrabarti, E. Bullmore und S. Baron-Cohen, „Empathising with basic emotions: common and discrete neural substrates", in: *Social Neuroscience*, 1 (2006), S. 364–384.
15 L. Carr, M. Iacoboni, M.C. Dubeau, J.C. Mazziotta und G.L. Lenzi, „Neural mechanisms of empathy in humans: a relay from neural systems for imitation

EMPATHIE

to limbic areas", in: *Proceedings of the National Academy of Sciences*, 100 (2003), S. 5497–5502.

16 B. Wicker, C. Keysers, J. Plailly, J. S. Royet, V. Gallese und G. Rizzolatti, „Both of us disgusted in my insula: the common neural basis of seeing and feeling disgust", in: *Neuron*, 40 (2003), S. 655–664.

17 C. Keysers, B. Wicker, V. Gazzola, J. L. Anton, L. Fogassi und V. Gallese, „A touching sight: SII/PV activation during the observation and experience of touch", in: *Neuron*, 42 (2004), S. 335–346.

18 H. Haker, W. Kawohl, U. Herwig und W. Rössler, „Mirror neuron activity during contagious yawning – an fMRI study", in: *Brain Imaging and Behavior* (7. Juli 2012: elektronische Vorausveröffentlichung der Kurzfassung).

19 P. Brook, *Der leere Raum*, Berlin 1994, S. 28–31.

20 Nach einem Interview mit Ben Crystal und seinem Buch *Shakespeare on Toast*, Icon Books 2009.

21 G. B. Shaw, *Our Theatres in the Nineties*, in: *Collected Works*, Band 1, Constable and Comp. 1932.

22 Ebd.

23 Zit. nach: C. Stanislavsky, *Creating a Role*, Methuen, 1961, S. 106.

24 C. Stanislawski, *Die Arbeit des Schauspielers an sich selbst im schöpferischen Prozess des Erlebens* (Band 1) und *Die Arbeit des Schauspielers an sich selbst im schöpferischen Prozess des Verkörperns* (Band 2) Berlin 1981.

25 Ebd., I, S. 148.

26 Stanislawski hat das Konzept des emotionalen Gedächtnisses wahrscheinlich vom französischen Wissenschaftler Théodule Ribot (1839–1916) übernommen, der als Erster den Ausdruck „affektives" Gedächtnis gebrauchte. Ribot wird in Stanislawskis *Die Arbeit des Schauspielers an sich selbst* genannt, um zu unterstreichen, dass wir Gefühle im Großen und Ganzen nicht vergessen. Vgl. ebd., I, S. 191.

27 Ebd., S. 194.

28 Ebd., S. 200.

29 Ebd., S. 192.

30 Ebd., S. 199.

31 P. Sawoski, *The Stanislavsky System: Growth and Methodology, Teaching Material*, Santa Monica College, Spring 2010.

32 C. Stanislawski, *Die Arbeit des Schauspielers an sich selbst*, a. a. O., S. 162–164.

33 Ebd., S. 149.

34 Ebd., S. 154.

35 C. Stanislavsky, *An actor prepares*, Theatre Art Books, 1936 (Reprint 1983), S. 47.

36 Interview mit Lynn Hirschberg, in: *Daily Telegraph*, 8. Dezember 2007.

37 Ebd., S. 341.

38 Ebd., S. 342.

DIE WAHRHEIT HINTER DEM VORHANG

39 Ebd., S. 365.

40 Häufig wird missverstanden, was mit „Method Acting" gemeint ist und inwiefern Stanislawski als der Erfinder dieser Methode gelten kann. Allgemein wird angenommen, dass das amerikanische „Method Acting" auf Stanislawskis Konzeption des emotionalen Gedächtnisses zurückgeht. Der Grund, warum seine spätere Konzentration auf körperliche Aktionen nicht in die amerikanische Theatertradition, zu deren Hauptvertretern Lee Strasberg gehörte, eingegangen ist, mag ein chronologischer Zufall gewesen sein. Stanislawski beschrieb die Entwicklung seiner Methode in seinen 1936 und 1949 veröffentlichten Büchern, in einer Zeit also, in der die „Methode", eine Figur „von innen nach außen" darzustellen, schon Routine geworden war. S. Gray, „From Russia to America: A Critical Chronology", in: E. Munk (Hg.), *Stanislavsky and America*, Hill and Wang 1966.

41 C. Stanislawski, *Die Arbeit des Schauspielers an sich selbst*, a. a. O.:, I, S. 154.

42 D. Diderot, „Das Paradox über den Schauspieler", a. a. O., S. 349.

43 In einer jüngeren Studie wurde untersucht, wie Zuschauer auf eine Szene reagieren, die auf zwei verschiedene Arten und Weisen gespielt wird: einmal von Schauspielern, die die Rolle „inkarnieren", und das andere Mal von etwas distanzierteren Schauspielern. Dabei kam heraus, dass die Zuschauer die Schauspieler mit der distanzierteren Herangehensweise als näher dran an den von ihnen gespielten Figuren und als stärker im Gefühlsausdruck empfanden: T. Goldstein, „Responses to and Judgments of Acting on Film", in: J. C. Kaufman und D. K. Simonton (Hg.), *The Social Science of Cinema*, Oxford University Press 2012.

44 Interview mit Charles McGrath, in: *New York Times*, 31. Oktober 2012.

45 A. Abraham, D. Y. von Cramon, R. I. Schubotz, „Meeting George Bush versus Cinderella: the neural response when telling apart what is real from what is fictional in the context of our reality", in: *Journal of Cognitive Neuroscience*, 20 (2008), S. 965–976.

46 A. Abraham und D. Y. von Cramon, „Reality-relevance? Insights from spontaneous modulations of the brain's default network when telling apart reality from fiction", in: *PLOS One*, 4 (2009), e4741.

47 S. T. Coleridge, *Biographia Literaria*, Kapitel 15, 1817.

48 Theaterregisseure haben viele Ideen, den Unglauben einzuführen oder zu suspendieren. Einmal sah ich eine unvergessliche Vorstellung des Théâtre du Soleil unter der Leitung von Ariane Mnouchkine. Um zu meinem Platz zu gelangen, musste ich durch einen Korridor gehen, von dem aus ich auf der einen Seite, durch einen transparenten Vorhang hindurch, sehen konnte, wie die Schauspieler sich schminken. Mit dieser ungewöhnlichen Taktik – die ich als eine Möglichkeit verstand, die Zuschauer nahe an die Schauspieler heranzubringen und mit ihnen bekannt zu werden – flüsterte die Truppe uns zu: Wir werden euch eine erfundene Geschichte zeigen. Ich wusste natürlich, dass

EMPATHIE

alles, was ich zu sehen bekommen würde, fiktiv ist. Ich schaute den Schauspielern einige Augenblicke zu. Später erkannte ich einige von ihnen wieder, als sie in ihrer Rolle auf der Bühne auftraten. Doch während sich die Geschichte entwickelte, beeinträchtigte dieses Wissen nicht die Macht, die sie und das Können der Schauspieler hatten: Sie ließen mich tatsächlich vergessen, dass die Figuren verkleidete Schauspieler sind.

49 Frazzetto verweist auf J. Willett (Hg.), *Brecht on Theatre*, Methuen 2001; H. Freshwater, *Theatre and the Audience*, Palgrave Macmillan, 2009.

50 Interview mit Robert Ayers: http://www.askyfilledwithshootingstars.com/wordpress/?p=1197.

51 Ein Überblick über das Verhältnis zwischen direktem Augenkontakt und dem sozialen Netzwerk unseres Gehirns findet sich in: A. Senju und M. H. Johnson, „The eye contact effect: mechanisms and development", in: *Trends in Cognitive Sciences*, 13 (2009), S. 127–134. Ein Bereich, der besonders beteiligt ist, wenn wir der Richtung folgen, die die Augen einer anderen Person einschlagen, ist der hintere *Sulcus temporalis superior* (pSTS). Wird dieser Bereich verletzt oder fehlt er, hat die betreffende Person Schwierigkeiten, genau festzustellen, wohin ein Gegenüber blickt oder was er oder sie im Hinblick auf das Objekt fühlt, das er betrachtet. R. Campbell, C. Heywood, A. Cowey, M Regard und T. Landis, „Sensitivity to eye gaze in prosopagnosic patients and monkeys with superior temporal sulcus ablation", in: *Neuropsychologia*, 28 (1990), S. 1123–1142. Wie ich später erklären werde, wird der pSTS auch aktiviert, wenn wir ein Theaterstück sehen. M. N. Metz-Lutz, Y. Bressan, N. Heider und H. Otzenberger, „What physiological and cerebral traces tell us about adhesion to fiction during theater-watching", in: *Frontiers in Human Neuroscience*, 4 (2010), Artikel 59, S. 1–10.

52 K. Kampe, C. D. Frith, R. J. Dolan und U. Frith, „Reward value of attractiveness and gaze", in: *Nature*, 413 (2001), S. 589.

53 Der Originaltitel ist *Onysos le furieux*, ein Stück des französischen Theaterschriftstellers Laurent Gaude.

54 M. N. Metz-Lutz, Y. Bressan, N. Heider und H. Otzenberger, „What physiological and cerebral traces tell us about adhesion to fiction during theater-watching", a. a. O. Ich habe kürzlich zu dieser Arbeit etwas geschrieben, siehe G. Frazzetto, „Powerful Acts", in: *Nature*, 482 (2012), S. 466–467.

55 M. Jabbi und C. Keysers, „Inferior Frontal Gyrus Activity Triggers Anterior Insula Response to Emotional Facial Expressions", in: *Emotion*, 8 (2008), S. 775–780.

56 R. Campbell, C. Heywood, A. Cowey, M. Regard und T. Landis, „Sensitivity to eye gaze in prosopagnosic patients and monkeys with superior temporal sulcus ablation", a. a. O.

57 A. Rapp, D. T. Leube, M. Erb, W. Grodd und T. T. Kircher, „Neural correlates of metaphor processing", in: *Cognitive Brain Research*, 20 (2004), S. 395–402.

58 S. Zysset, O. Huber, E. Ferstl und D. Y. von Cramon, „The anterior frontome-
dian cortex and evaluative judgment: an fMRI study“, in: *Neuroimage* 15
(2002), S. 983–991.
59 P. Brook, *Der leere Raum*, Berlin 1994, S. 207.

6

Freude: Funken des Glücks

Nichts ist komischer als das Unglück,
das garantiere ich Ihnen.

Samuel Beckett

Zähle dein Alter anhand deiner Freunde,
nicht deiner Jahre.
Zähle dein Leben mit jedem Lächeln,
nicht mit Tränen.

John Lennon

Manhattan, fünf Uhr morgens.

Nach Stunden nächtlicher Arbeit legte ich schließlich den Stift beiseite. Diesmal nicht, weil ich nicht weiter wusste, nein, ich war tatsächlich fertig mit dem Schreiben. Ohne Frust, in der Hoffnung auf bessere Zeiten, ließ ich die Seite liegen. Ich erntete endlich, was ich gesät hatte.

Es ist für mich eine Quelle der Freude, hin und wieder ein Gedicht zu schreiben. Ich verwende den Vers, um Stücke meines Lebens in kleine besondere Fragmente zu verdichten, schmuckvolle Wortstränge, auf die ich leicht zurückblicken, die ich mir selbst wiederholen und die ich mit anderen teilen kann, um den Veränderun-

FREUDE

gen meines Blicks auf das Leben einen Sinn zu geben. Gelegentlich ist es eine Strategie, um einer schmerzhaften Erfahrung eine erträgliche Verkleidung zu geben – in poetischer Form gewinnen selbst Missgeschicke Schönheit. Im Allgemeinen aber ist das Gedichteschreiben nur eine Art, meine Leidenschaft für Sprache lebendig zu halten und meine Fertigkeit auf die Probe zu stellen, Emotionen in Worte umzuformen, mentales Verstehen in geschriebenen Diskurs.

Die mir liebste Gedichtform ist das Sonett, und als ich in New York gelandet bin, einer Stadt, die mich unfehlbar in gute Stimmung versetzt, steckte ich mittendrin, eines zu schaffen. Eine Woche lang hatte ich daran gearbeitet, Gefühle, die ich jemandem entgegenbrachte, und deren Entwicklung in diese alte literarische Form zu bringen. Ich war überhaupt nicht sicher, wohin unsere gegenseitige Vernarrtheit führen würde, aber ich spürte eine Art Übergang, eine gewisse Erhöhung: von noch unsicherem Grund auf eine schon optimistischere Ebene. Ich konnte sehen, wie Vertrauen aufkam, die Spitze von etwas, das mich froh stimmte, und das wollte ich feiern.

Ich wollte das Gedicht unbedingt zu Ende führen, weil ich spürte, dass ich nah an etwas dran war, aber wer kann dem kreativen Prozess Befehle erteilen? Schon im Flieger hatte ich an diesem Sonett gearbeitet – für gewöhnlich bekomme ich gute Ideen, während ich fliege –, hatte die Zeilen über zwei Seiten in mein Notizbuch geschrieben und die betonten Silben jedes Wortes fett markiert. Die ersten acht Zeilen waren fertig, aber die verbleibenden Teile des Sonetts noch nicht viel mehr als eine chaotische Aneinanderreihung von Ideen; sie mussten noch Raum finden, um in diese feste Struktur zu passen. Jeder, der versucht, etwas zu kreieren, weiß sehr gut, dass sich Augenblicke des Erfolgs mit Augenblicken der Verzweiflung abwechseln. Auf der Seite standen die Zeilenfragmente etwa so:

Suspended in such spell, we … ?
The truth descended from our yearning eyes
? … Resisting afterthoughts, … ?

FUNKEN DES GLÜCKS

In solchem Zauber schwebend ...
Wahrheit, die herabsank aus verlangenden Blicken
...Beharrliche Nachlese...

Das Schluss-Couplet fehlte noch völlig. Aber ich wusste, ich könnte eine Lösung finden, ich musste nur dranbleiben.

Ich hob den Blick vom Notizbuch und lief ein paarmal im Zimmer auf und ab. Beim Gehen spürte ich ein paar Risse im Holzboden unter meinen Füßen. Dann stand ich am Fenster, schaute in den Himmel. In der Ferne war ein Streifen des Hudson zu sehen. Es war den ganzen Abend neblig gewesen, aber der Wind hatte die Wolken weggeschoben. Bald würde die Stadt erwachen. Wie ich es liebte, in New York zu sein! Während in den Häusern die meisten Lichter ausgingen, blickte ich zu den letzten verlöschenden Sternen. Und da, allmählich, kamen die Ideen zurück. Die Risse im Boden. Risse sind wie die Narben des Verlangens, die ich heilen wollte. Und die Sterne... Natürlich. Sterne (stars) reimt sich auf Narben (scars). Noch wusste ich nicht genau, wie, aber ich wusste, das war der Weg, den ich einschlagen musste, um die Zeilen hinzubekommen, und es war sinnvoll, weiterzumachen. Niemals war der Himmel so schön und voller Versprechen gewesen. Also machte ich mich daran, es zu Ende zu führen, den Impuls musste ich nutzen.

Von irgendwoher tauchte endlich das fehlende Stück im Puzzle empor. Verstreute Bruchstücke vereinigten sich, bildeten einen fortlaufenden Satz ohne Lücken. Das Chaos gab sich geschlagen, machte größerer Ordnung Platz. Dissonanz erblühte zu einem Lied, und ich fand sogar die Worte für das abschließende Couplet. Das Gedicht war fertig, und es klang gut, zumindest gut genug für mich:

Suspended in such spell, we won high tides
Embraced the water, gazed upon the stars
The truth descended from our yearning eyes
Resisting afterthoughts, erasing scars

FREUDE

Here, tears are sweet, well then what gives to cry?
At sea, through the night, you and I fly high.

In solchem Zauber schwebend, hohe Zeit für uns
Vom Wasser umfangen, ein Blick zu den Sternen
Aus verlangenden Augen sank uns Wahrheit herab
Beharrende Nachlese, heilende Narben
Wo so süß die Tränen, was lässt sie fließen?
Auf See, durch die Nacht, du und ich, in hohem Flug.

Jedes Mal, wenn ich etwas kreativ Geschriebenes – eigentlich jede
Art von Text, um genau zu sein – beende, kann ich nicht glauben,
was mir in diesem Moment widerfährt. Ich hatte keinen Spiegel, aber
ich wette, meine Stirn war entspannt, und ein Lichtfunkeln muss
meine Augen gefärbt, mit Stolz überzogen haben. Wenn, nach langem Umherirren des Geistes, das richtige Wort auf dem Blatt steht,
vor meinen Augen auf dem Papier ein Satz Form annimmt, spüre ich
einen Schauer der Freude. Einen Schub der Befriedigung. Vielleicht
entspringt Freude der Klarheit des Geistes. Aufgeregt, wie ich war,
wie konnte ich jetzt schlafen gehen? Ich war nicht müde, wollte unbedingt das Ereignis feiern, also lief ich hinunter zum Fluss, pfeifend
den ganzen Weg.

Zu guter Letzt

Endlich kommen wir zu den angenehmen Emotionen. Ich habe zuerst die negativen behandelt, die positiven für den Schluss aufgeho-
ben, weil ich natürlich dachte, es sei am besten, Sie zu Anfang her-
auszufordern und dann mit einem süßen Geschmack im Mund
zurückzulassen; besser als andersherum – *dulcis in fundo*, wie die
Römer gesagt hätten. Wahr ist leider aber auch, dass die Wissenschaft
den angenehmen Emotionen nicht so viel Aufmerksamkeit gewidmet
hat wie den negativen. Wir wissen viel mehr über Wut, Angst, Ekel
und Trauer als über Emotionen, die uns aufbauen, wie Freude. Angst

ist die bei weitem am ausgiebigsten untersuchte Emotion. Erst seit den 1990er Jahren wird ernsthaft Forschung auch zu Freude und Glücksgefühlen betrieben. Der Grund für diese Diskrepanz mag schlicht in dem Bestreben liegen, negative Gefühle zu verstehen, damit wir sie besser vermeiden oder etwas dagegen tun können.

Zu Beginn des Buches habe ich kurz erwähnt, dass uns, wie alle lebenden Wesen, die Biologie mit zwei grundlegenden Überlebensmechanismen ausgestattet hat, wenn wir durch unser emotionales Leben navigieren: Annäherung und Vermeidung. Solche Mechanismen sind gegensätzliche Strategien, geformt durch Jahre evolutionärer Entwicklung, und sie sind Organismen gemeinsam, die so unterschiedlich sind in ihrer Komplexität und Ausgereiftheit wie eine Amöbe und ein menschliches Wesen. Die Regeln sind ziemlich einfach: Schmerz ist zu vermeiden, Lust zu suchen. Diese beiden fundamentalen Lehrsätze sind seit Jahrtausenden Säulen sich wandelnder wissenschaftlicher und philosophischer Theorien. Selbst der Psychoanalyse. Freud fasste diese polarisierte Ansicht der Gefühlsregulierung zusammen, als er darüber nachdachte, was Männer und Frauen vom Leben verlangen:

Die Antwort darauf ist kaum zu verfehlen; sie streben nach dem Glück, sie wollen glücklich werden und so bleiben. Dies Streben hat zwei Seiten, ein positives und ein negatives Ziel, es will einerseits die Abwesenheit von Schmerz und Unlust, anderseits das Erleben starker Lustgefühle.[1]

Es ist hilfreich, wenn wir uns als Organismen betrachten, die ständig danach streben, in einem fein tarierten Gleichgewicht mit der Umgebung zu stehen. Wir kämpfen um eine Balance – in der Wissenschaftssprache *Homöostase* genannt –, und unsere Handlungen und unser Verhalten sind allesamt Bewegungen, die uns von einer Erfahrung zur nächsten schwingen lassen auf der Suche nach diesem Gleichgewicht des Wohlbefindens. Das Leben ist voller Hindernisse, aber auch voller Gründe, glücklich zu sein, und wir steuern von einer Art Vorfall zum anderen. Manche Episoden sind schmerzhafter als der Durchschnitt. Wir begegnen dem Schmerz, rennen davor

FREUDE

weg, zu einer angenehmeren Erfahrung, könnten dabei aber erneut Schmerz erleiden. Angenommen, wir finden vor strömendem Regen Unterschlupf unter einem Baum. Alles scheint wunderbar, bis uns eine Mücke sticht. Oder wir wachen mit bester Laune auf, laufen zum Bäcker, holen uns ein duftendes Croissant, laufen einem Freund über den Weg, sitzen schließlich am Schreibtisch, wollen mit der Arbeit beginnen und stellen fest, dass unser Computer abgestürzt ist – einmal ist mir das wirklich passiert. So betrachtet, ist Lust das, was wir aus einem raschen Verschwinden des Schmerzes gewinnen, während wir uns wieder einem Gleichgewicht nähern.

Tatsächlich kann Lust schmerzhaft werden und Schmerz gelegentlich Befriedigung bringen. Sadistische sexuelle Aktivitäten können denen, die sie praktizieren, Spaß bereiten. Der Anblick eines leckeren Schokoladenkuchens im Schaufenster einer Bäckerei ist eine Freude, würden wir aber den ganzen Kuchen allein essen, würde der gleiche Kuchen wahrscheinlich zur Quelle des Unbehagens. Liebe ist ein Grund zur Freude ebenso wie für Traurigkeit, insbesondere, wenn sie endet und Kummer verursacht. Auch steht die Intensität von Freude und Schmerz immer in Relation zum Grad des Schmerzes oder der Freude, in dem wir uns bereits befinden. Gefangen in tiefem Schmerz, kann uns, was normalerweise eine kleine Freude wäre, in einen wahren Freudentaumel versetzen.

Ich werde etwas über einige dieser besonderen Aspekte der Freude erzählen, auch über einige der Wege, die uns helfen können, den Zustand der Freude zu erreichen. Zuerst aber, wie auch bei allen anderen Emotionen, mit denen wir uns bisher beschäftigt haben, will ich davon sprechen, wie sich diese besondere Gefühlsregung zeigt und wie sie sich anhört.

Zeichen der Freude

Ein Lächeln schenkt Freude. Intuitiv würde man meinen, dass der Ausdruck eines Lächelns um die Mundpartie erreicht wird. Tatsächlich ist einer der Muskeln, die beim Lächeln arbeiten, der *Zygoma-ticus major* (Großer Jochbeinmuskel), der sich von den Wangen-knochen bis hinunter zu den Mundwinkeln erstreckt. Aber die Kontraktion dieses Muskels allein reicht nicht, um ein erkennbares Lächeln zu erzeugen. Der Erste, der das berichtet hat, war Guillaume-Benjamin Duchenne (1806–1875), der französische Arzt, der Gesichtsausdrücke stimuliert hat, indem er mit Elektroden, wie sie bei der Galvanisierung Verwendung fanden, verschiedene Gesichtsmuskeln reizte und den resultierenden Gesichtsausdruck fotografierte; Darwin verwendete diese Bilder, um sein Buch über die Gefühlsregungen zu illustrieren. Um aber vollends hinter das Geheimnis eines wirklichen Lächelns zu kommen, musste Duchenne Witze erzählen. Denn wenn der französische Arzt seinen elektrischen Reiz nur am Zygomaticus anwendete, wirkte der erzeugte Gesichtsausdruck seines Probanden unnatürlich und das Lächeln unecht. Erzählte Duchenne seinem Probanden stattdessen einen Witz, malte die Belustigung ein absolut glaubwürdiges Lächeln auf dessen Gesicht.[2] Raten Sie mal, wo der Unterschied liegt! Richtig, in den Augen. Ist ein Lächeln aufrichtig fröhlich, zieht sich auch der Muskel um unsere Augen zusammen, der *Orbicularis oculi* genannt wird. Das heißt: Man kann zwar bewusst die Lippen dünn machen und in die Breite ziehen, um ein Lächeln zu mimen, zum Beispiel um sich höflich zu zeigen, den Orbicularis aber kann man nicht auf Kommando bewegen. Folglich ist ein frohes Lächeln nicht vorzutäuschen. Nur wahre Fröhlichkeit erzeugt ein komplettes Lächeln, das bis heute als „Duchenne-Lächeln" bezeichnet wird. Eine so feine Unterscheidung erinnert daran, welche Bedeutung für einen vollständigen Ausdruck der Traurigkeit es hat, wenn man die Muskeln zwischen den inneren Enden der Augenbrauen zusammenzieht, zusätzlich zum Herunterziehen der Lippen.

Es gibt wohl wenig Peinlicheres, als wenn man sich dabei ertappt, unbeherrscht zu lachen, wo eigentlich ein ernstes Gesicht gefragt gewesen wäre. Leider passiert das. Ein neuer Mitarbeiter stellt sich

FREUDE

als Axel Schweiß vor. Der Chef begrüßt einen nach der Mittagspause, ohne zu wissen, dass zwischen seinen Schneidezähnen noch ein Stück Spinat hängt. Jemand läuft lächelnd auf Sie zu, stolpert plötzlich und fällt tapsig vor Ihnen zu Boden.

Vor etwa zehn Jahren besuchten meine Freundin Valentina und ich eine internationale Konferenz in Deutschland. Wir saßen in der ersten Reihe. Als die nächste Rednerin zu sprechen begann, sahen wir, wie ein Mann, der schnell noch auf seinen Platz an einer Seite des Raums huschen wollte, über jemandes Tasche stolperte und der Nase lang aufs Gesicht fiel, zuvor aber für eine kleine Ewigkeit, die Arme ausgestreckt und die Augen aufgerissen, regelrecht flog. Ich bin nicht sicher, ob es noch irgendwer bemerkt hat. Die Rednerin jedenfalls nicht. Der arme Mann rappelte sich auf, er hatte sich, so viel war zu sehen, nicht verletzt, aber die Choreografie seines Sturzes war so unglaublich komisch, filmreif geradezu, dass weder Valentina noch ich ein Kichern unterdrücken konnten. Ich fing an. Dann fiel sie kichernd ein, und das war's, kein Halten mehr, das Lachen wollte und wollte nicht aufhören. Lachen ist wahnsinnig ansteckend. Je mehr wir versuchten, uns zu beherrschen, umso unwiderstehlicher schüttelte uns das Lachen. Anschauen durften wir uns schon gar nicht, das machte alles noch schlimmer. Nun begannen auch noch die Nachbarn zu glucksen. Dabei lachten wir gar nicht laut, prusteten und kicherten eigentlich nur zwischen den Zähnen hindurch, aber es war einfach nicht zu stoppen. Letztendlich, aus Respekt vor der Rednerin, verließen wir den Raum. Ich gebe zu, dass wir uns ziemlich schämten. Bis heute jedoch, wenn ich über dieses komische Ereignis spreche, muss ich losprusten. Es hätte schlimmer kommen können. Unser Lachen hätte das ganze Publikum mitreißen können, dazu kam es zum Glück nicht.

Lachen ist nicht nur ein Zeichen von Freude und Heiterkeit, es kann auch zynisch sein, bösartig, spöttisch, sogar Gewalttaten begleiten, einen Mord etwa.

Jedenfalls ist Lachen mehr als nur ein offenes, grinsendes Gesicht.

Wenn wir lachen, arbeiten unsere Lunge, der Kehlkopf und die Muskeln zwischen unseren Rippen. Wenn wir also Lachen untersuchen, erforschen wir nicht nur seine visuelle Erscheinung, auch den Klang der Emotion: Lachen hat eine Stimme. Und es hat, hört man genau hin, eine bestimmte akustische Signatur. Der Psychologe Robert Provine hat die strukturellen Komponenten des Lachens analysiert.[3] Dazu musste er sich viel Gelächter anhören. Es ist nicht leicht, Menschen auf Kommando zum Lachen zu bringen, aber eine der Strategien, die er anwandte, war es, Menschen an öffentlichen Orten zu treffen, ihnen zu erzählen, er studiere das Lachen, darum bitte er sie nun zu lachen. Häufig reagierten die Angesprochenen da schon mit spontanem Gelächter, und das zeichnete er auf. Im Labor abgespielt, ließen sich Geräusche mit einem Instrument analysieren, das man Spektrograph nennt. Und dies zeigte ihm ein deutliches Muster: Gelächter besteht aus einer Folge von aus der Kehle gestoßenen Vokalen – meistens *ha* oder *ho* –, die in gleichmäßigen Zeitintervallen wiederholt werden. Die Dauer sowohl der Lachsilben als auch der Intervalle kann in Millisekunden gemessen werden. Eine weitere interessante Charakteristik, die Provine beobachten konnte, ist, dass Gelächter auf durchaus geordnete Weise in unsere Gespräche eingestreut wird. Häufig folgt es auf Sätze, unterbricht diese nicht, setzt eher, wenn man so will, Satzzeichen. Wir müssen, davon geht Provine generell aus, eigene neuronale Schaltkreise entwickelt haben, die uns die Struktur des Lachens erkennen und auch verarbeiten lassen, sodass wir schließlich die gleiche Art Vokalisierung generieren, was wiederum den ansteckenden Aspekt des Lachens erklärt.

Lachen ist nicht nur ansteckend, sondern auch universell. Lachgeräusche gibt es auch überall in der Tierwelt. Schimpansen zum Beispiel lachen, wenn sich auch das Atemmuster ihres Lachens von den Mustern unterscheidet, die sich bei Menschen beobachten lassen. Selbst Ratten lachen, vor allem wenn sie jung sind. Ihr Lachen gleicht dem unseren offensichtlich überhaupt nicht, und mit ausgeprägtem Sinn für Humor haben sich Ratten auch noch nicht her-

FREUDE

vorgetan. Gleichwohl stoßen sie in lustvollen Situationen messbare Ultraschall-Vokalisierungen aus. Wenn „heranwachsende" Ratten miteinander spielen und wenn sie am Rücken, im Nacken oder am Bauch gekitzelt werden, geben sie quiekende Töne von sich, mit einer Frequenz – um 50 kHz –, die höher ist als die jener Vokalisierungen, die sie in Erwartung aversiver, unangenehmer Umstände ausstoßen (etwa 20 – 30 kHz).[4]

Die kognitive Neurowissenschaftlerin Sophie Scott vom University College London möchte seit langem genauer verstehen, wie wir miteinander kommunizieren, sowohl durch Erzeugung und Wahrnehmung von Sprache als auch durch Formen nichtverbalen Austauschs. So haben sie und ihr Team sehr schöne Daten zum Lachen generiert.

Zwei ihrer Mitarbeiter sind weit gereist, um einen Beweis für das kulturübergreifende Wesen von Emotionen zu finden, wobei ihr Interesse nicht Gesichtsausdrücken galt, sondern den Klängen von Emotionen. Sie gelangten bis in entlegene, isolierte Dörfer in Nord-Namibia, deren Einwohner, die Himbas, noch nie Kontakt hatten mit fremden Kulturen; die emotionalen Signale von Westeuropäern waren ihnen also auf keinen Fall vertraut.[5] Darauf kam es den Forschern an, ihre Probanden sollten noch nie einen Londoner weinen oder lachen gehört haben. Das Experiment verlief wie folgt: Die Himbas hörten sich Geschichten (in ihrer Sprache) an, die auf ein paar grundlegende Gefühle abzielten wie Angst, Wut, Traurigkeit, Ekel oder Belustigung. Dann hörten sie für jede dieser Geschichten zwei Geräusche, die von englischen Sprechern erzeugt worden waren – eines passte zur Geschichte (und deren Stimmung), das andere nicht –, und sie wurden gebeten, das passende zu identifizieren. Zurück in London spielten die Forscher der englischen Probandengruppe mitgebrachte Aufnahmen von Himbas vor und stellten die gleichen Fragen. Englische wie Himba-Zuhörer wussten ziemlich sicher, welche Klänge sie welchen Emotionen zuordnen mussten. Der Heiterkeit, die durch ein Kitzelszenario veranschaulicht wurde, ordneten beide Gruppen einstimmig Gelächter zu.

FUNKEN DES GLÜCKS

Unfehlbar entdeckten und erkannten die Briten das Lachen der Himbas, umgekehrt die Himbas das der Briten, und beide Gruppen assoziierten Lachen mit Kitzeln, das, wie wir wissen, oft Lust verursacht, selbst bei Ratten. Lachen ist also das akustische Äquivalent des Lächelns – ein Marker für Freude als universelles Gefühl.

Sophie Scott hat ihr Verständnis von positiven Gefühlen insofern noch vertieft, indem sie sich angesehen hat, ob es neuronale Hinweise darauf gibt, warum Lachen so ansteckend ist. Im fünften Kapitel habe ich über die Macht der Spiegelneuronen gesprochen, Emotionen zwischen Schauspielern und Zuschauern zu verbreiten, allgemeiner auch über die Macht von Gesichtsmimikry, durch die sich Emotionen imitieren lassen. Lachen in Gegenwart anderer löst, wie zu erwarten, unglaubliche Spiegelaktivitäten aus. Und wie Sophie Scott und ihre Mitarbeiter zeigen konnten, aktivieren nicht nur visuelle Stimuli, sondern allein der Klang des Lachens die spiegelnden Teile des Gehirns, und er kann beim Wahrnehmenden entsprechende Gesichtsausdrücke hervorrufen.[6] Sie setzten viele mit Emotionen verbundene Klänge und Laute ein, um zu testen, ob Spiegelaktivitäten allein durch Hören ausgelöst werden können, wobei sich das Lachen als der mächtigste Auslöser erwies. Im Grunde genügt es, dass Sie jemanden lachen hören, um auf Ihrem Gesicht ein Lächeln hervorzurufen.

Schließlich ist Lachen definitiv eher ein Gefühlsausdruck in sozialen Situationen als eine einsame Aktivität. Gelegentlich, wenn wir etwa allein vor dem Fernseher sitzen, mögen wir über eine Comedy-Szene lachen, zumeist aber ist Lachen eine soziale Angelegenheit. Robert Provine hat eine Gruppe von Studenten gebeten, während einer ganzen Woche regelmäßig Tagebuch über ihr Lachen zu führen – mit eindeutigen Ergebnissen. Die Einträge enthüllten, dass sie dreißig Mal häufiger in Gegenwart anderer gelacht hatten als alleine.[7] Lachen mit anderen kann alle möglichen sozialen Bedeutungen annehmen. Wir lachen, um anderen zuzustimmen, um uns mit ihnen zu verbinden, um ihnen Vertrauen oder Liebe zu zeigen.

Ich persönlich freue mich über ein herzhaftes Lachen, insbe-

FREUDE

sondere mit Freunden, doch mein wahres Zeichen von Freude ist Pfeifen. Wenn ich gut gelaunt bin oder meine Laune heben will, kann ich eine ganze Symphonie vor mich hin pfeifen.

Ein Gewirr aus Vergnügen und Intellekt

Kehren wir zurück zu jenem flüchtigen Moment kreativer Erfüllung, damals frühmorgens in New York City. Ein Gedicht zu schreiben, ein Lied zu komponieren und andere Arten intellektueller und kreativer Leistungen sind angenehme Aktivitäten. Der Feinschliff meines Sonetts um fünf Uhr früh hat mich befriedigt. Doch wie kam es dazu, dass ich ungeordneten Gedanken und Bildern einen Sinn geben konnte und schließlich erfassen, was dem Gedicht noch fehlte?

Solange es mit ausreichender Regelmäßigkeit immer wieder geschieht, habe ich gar nichts dagegen, wenn ein guter Teil dieses kreativen Prozesses sein Geheimnis bewahrt. Die Forschung jedoch beginnt, etwas von den Mechanismen hinter solchen mentalen Prozessen aufzudecken, und die Ergebnisse, so vorläufig sie noch sein mögen, sind faszinierend. Eine der Hauptlektionen aus einschlägigen Laborwerten ist die enge Verknüpfung von guter Stimmung und Geistesblitzen. Schon wenn sich unsere Stimmung nur kurz hebt, verbessert dies unsere Fähigkeit zu denken und unsere Kreativität.

Darauf werde ich später zurückkommen, für den Moment aber lassen Sie uns einen Schritt zurücktreten und die Anatomie des Lustempfindens erkunden. Das Gehirn hat ein Zentrum, das der Lust gewidmet ist; man hat sich angewöhnt, vom „Belohnungssystem" zu sprechen. Lust zu steigern ist ein uraltes Ziel der Evolution, darum ist auch dieses Belohnungszentrum ein uraltes Bauelement, seit je ein wesentlicher Teil des Gehirns – nicht nur bei Menschen, auch Bienen, Ratten, Hunde und Elefanten haben vergleichbare Belohnungssysteme. Bei einer Biene besteht das Belohnungssystem aus einer einzigen Nervenzelle, bei höheren Tierarten umfasst es schon mehrere Gewebeschichten.[8] In Abb. 15 habe ich die relevanten Zellgruppen im menschlichen Gehirn markiert: die *Area tegmentalis ventralis* (VTA) und *Nucleus accumbens* (NA). Die VTA ist der Teil des Hirnstammes, der den oberen Teil des Rückenmarks bedeckt – *tegmentum* bedeutet im Lateinischen „Decke". Der NA verdankt seinen Namen der Tatsache, dass er sich an das *Septum* lehnt – darum *accumbens* –, eine kleinere Hirnregion direkt über ihm.

Das richtige Funktionieren des Belohnungssystems sorgt dafür, dass wesentliche Verhaltensweisen, wie Essen oder Sex, als befriedigend empfunden und daher wenn möglich wiederholt werden, was dem Überleben und der Fortpflanzung dient. Belohnungen aus aktuellen Handlungen verstärken unseren Wunsch, deren Häufigkeit und Intensität zu erhöhen.

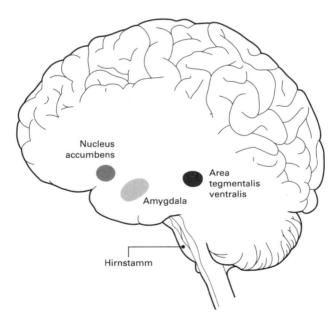

(15) Der *Nucleus accumbens* und die *Area tegmentalis ventralis* sind Teil des Belohnungszentrums

Die Lust stiftende Fähigkeit des Belohnungszentrums wurde zum ersten Mal in den 1950er Jahren bei Ratten beobachtet, und die Begeisterung über diese Entdeckung hatte etwas buchstäblich Elektrifizierendes. Die Forscher stimulierten die Ratten jedes Mal mit einem leichten elektrischen Impuls, wenn sie sich in eine bestimmte Ecke in ihrem Käfig bewegten. Der Strom wurde durch eine Elektrode geschickt und erreichte, in den Septum-Bereich (durch die Nase der Ratte) eingeführt, das Belohungszentrum. Die Stimulation verschaffte den Ratten ganz offensichtlich lustvolle Gefühle, denn anstatt sie zu meiden, kehrten sie spontan immer wieder in die elektrische Käfigecke zurück.

Später verbanden die Forscher einen Schalter mit der Stromquelle. Hatten die Ratten gelernt, ihn zu drücken, konnten sie sich selbst stimulieren. Die Tiere waren so wild auf diesen Reiz, dass sie gar nicht mehr aufhören konnten, den Schalter zu betätigen, sie taten dies hundertmal in der Stunde – ein Konditionierungsprozess ähnlich dem, den ich im dritten Kapitel beschrieben habe. Dieses Mal jedoch ist der Stimulus lustvoll und nicht schmerzhaft, trägt folglich einen positiven Anreiz.[9]

Damit Nervenzellen im Belohnungskreislauf miteinander kommunizieren können, haben sie die Möglichkeit, einen Neurotransmitter zu senden und zu empfangen, der Dopamin genannt wird; er agiert als Botenstoff, so wie ich das im vierten Kapitel für das Serotonin beschrieben habe.

Um es kurz zusammenzufassen: Nach der Stimulation wird Dopamin von einer Nervenzelle in die Synapse ausgeschüttet. Dort angekommen, meldet es die Botschaft an die Nervenzelle auf der anderen Seite der Synapse, indem es sich an Dopaminrezeptoren andockt. Sobald die Botschaft überbracht wurde, wird das Dopamin wieder vom Rezeptor gelöst und durch einen Dopamin-spezifischen Transporter aufgenommen, also die „Uferböschung" der ursprünglichen Nervenzelle hinaufgeschafft.

Zirkulierendes Dopamin hat die Kraft, uns auf einen euphorischen Trip zu schicken. Es macht hyperaktiv, stärkt Willenskraft

FUNKEN DES GLÜCKS

und Motivation. An einem der Experimente, welche die stimulierende Kraft des Dopamins etabliert haben, waren Affen und Apfelsaft beteiligt. Gab man Affen, nachdem sie ihre Aufgabe bei einem Experiment erledigt hatten, einige Tropfen Apfelsaft, feuerten *(screamed)* ihre dopaminergen Nervenzellen, was ihre lustvolle Erregung durch die Nascherei beweist.[10]

Es wird immer klarer, dass die Ausschüttung von Dopamin nicht mit dem Genuss der Belohnung selbst verbunden ist, vielmehr begleitet sie Augenblicke, in denen eine Belohnung hoffnungsvoll erwartet wird. Angenommen, Sie erwarten eine freundliche Gute-Nacht-SMS; oder ein Freund hat Ihnen einen langen handgeschriebenen Brief versprochen; oder Sie wurden zu einem Essen eingeladen, bei dem Sie Menschen treffen können, mit denen Sie gerne zusammen sind: In solchen versprochenen und vielversprechenden Ereignissen steckt eine bevorstehende Belohnung, und diese Erwartung wird, wie mehrere Experimente gezeigt haben, durch die Produktion von Dopamin betont. Wenn der Belohnung durch Apfelsaft immer wieder ein Lichtsignal vorausging, lernten die Affen den visuellen Hinweis mit dem Versprechen des Saftes zu verbinden. Also feuerten ihre Neuronen, sobald das Licht anging, allerdings nicht ganz so stark wie dann, wenn sie den Saft tatsächlich bekamen.

Dasselbe wurde an einer anderen Art Lustverlangen beobachtet: an der sexuellen Erwartung. Die Dopaminpegel männlicher Ratten schossen in die Höhe, wenn sie vom Anblick eines Weibchens gelockt wurden, das hinter einer durchsichtigen Trennwand saß. Nachdem sie mit ihr kopuliert hatten, sank ihr Dopamin wieder auf den Grundpegel; sobald sie jedoch eine zweite Partnerin zu sehen bekamen, stieg er erneut.[11] Auch das zeugt von der Macht der durch Dopamin gesteigerten Lust.

Aber Dopamin hilft uns auch, uns zu konzentrieren: Es schärft unsere Aufmerksamkeit und beeinflusst unsere Konzentration und alles, was wir tun. Um das zu verdeutlichen, möchte ich eine kleine Geschichte über Bienen erzählen. Diese lieben bekanntlich Pollen und legen beträchtliche Entfernungen zurück, um eine Wiese voller Blumen zu finden. Trotz ihres kleinen Nervensystems lernen Bienen schnell und verarbeiten auch neue Informationen rasch, was ihren Fähigkeiten bei der Futtersuche zugute kommt.[12] Sie sind in der Lage, Duft, Farbe und Form einer Blüte mit der Qualität ihres Nektars zu verbinden, und diese Art des begehrenden Lernens konditioniert ihre Suche nach guten Futterplätzen. Die Erfahrung, guten Nektar zu finden, bezieht das Belohnungssystem der Bienen mit ein. So lässt eine einladende Blüte die Belohnungsneuronen Oktopamin produzieren, ein Bienen-Äquivalent zum Dopamin, und dieses markiert die Entscheidung für eben diese Blüte als (be)lohnend. Es motiviert die Biene, dorthin zurückzukehren.[13]

Bei Bienen arbeitet dieses grundlegende System gut genug, um die Bedürfnisse ihrer Futtersuche zu befriedigen. Bei höheren Tierarten dagegen hat es weitere Verfeinerung erlangt, und das Erwarten und Entdecken von Lusterfahrungen kann uns tatsächlich weit bringen. Der präfrontale Kortex (PFK) ist die vornehmste Abteilung des Gehirns, der Ort nämlich, an dem wir mit abstrakten Ideen umgehen können, aber auch eine Art Lounge oder Wartesaal für Dinge in unserem Gedächtnis. Das Belohnungssystem ist mit dem PFK gut verbunden, und das ist wichtig dafür, dass wir Lust mit unseren kognitiven Fähigkeiten verbinden. Die beiden Teile des Gehirns verarbeiten Informationen auf unterschiedliche Weise. Das Belohnungssystem ist ein eher primitiver, dem Augenblick verhafteter Lerntyp. Es kann, wie wir gesehen haben, besonders gut (be)-lohnende Erfahrungen entdecken und speichern. Der PFK lernt langsamer und braucht Übung. Arbeiten sie zusammen, beschleunigen diese beiden Systeme im Zusammenwirken die Bildung schöner Gedanken.[14]

Generell, das lässt sich nun sagen, verbessert eine gute Stimmung unsere Fähigkeit, Probleme zu lösen, und kreative Prozesse. Wissenschaftler haben untersucht, wie sich positive Gefühle auf die Lösung von Problemen und kognitiven Aufgaben auswirken, auch im speziellen Fall von Wortassoziationen.[15] In einer Reihe von Studien wurden die Teilnehmer dazu aufgefordert, Verbindungen zwischen Wörtern zu finden. Ihnen wurde eine Folge von Drei-Wort-Gruppen gezeigt und sie wurden gebeten, sich jeweils in einer kurzen Zeitspanne ein Wort zu überlegen, das zu allen drei Wörtern in der Gruppe passte. Die Aufgaben variierten im Schwierigkeitsgrad. Zum Beispiel:

MOWER	ATOMIC	FOREIGN	_____
(Mähmaschine)	(atomar)	(ausländisch)	

POWER wäre ein passendes Wort. Bekamen die Teilnehmer vor der Aufgabe ein kleines Geschenk, ein Konfekt vielleicht oder eine kleine Erfrischung, oder durften sie einen kurzen, lustigen Film sehen, so verbesserte dies ihre Erfolgsrate beim Ausfüllen der Lücken.[16] In einer verwandten Studie verbesserte eine kleine unerwartete Belohnung die Fähigkeit der Teilnehmer, sich ungewöhnliche Wortverbindungen auszudenken. Die, die kleine Geschenke erhalten hatten, waren erfinderischer in ihren Wortverbindungen.[17]

Das biologische Modell, mit dem derzeit erklärt wird, wie solche mentalen Prozesse zustande kommen, geht von der Bedeutsamkeit solcher Verbindungen zwischen Belohnungszentrum und frontalen Gehirnstrukturen aus. Dieses Modell auf meine Erlebnisse und Erfahrungen beim Verfassen des Sonetts übertragend, könnte ich meinen Augenblick lustvoller Inspiration etwa wie folgt beschreiben: Aus irgendeinem unerklärlichen Grund müssen die neue Umgebung, in der ich mich befand, das aufregende Gefühl, in New York zu sein, sogar die Sterne am Himmel und der Blick zum Hudson die Aufhänger für meinen Fortschritt gewesen sein. Unerwartete Belohnungen, plötzliche Anreize, die, wenn man so will, Blüte mit dem besten und reichlichsten Nektar – all das versprach Gutes und verlangte, dass ich beim Gedicht blieb. War er zunächst steckengeblieben mit denselben wenigen unfertigen Zeilen und unfruchtbaren Worten, stieß mein Geist endlich auf etwas Vielversprechendes. Mit neuer Energie ließ ich die Inspiration nicht verfliegen und konzentrierte mich darauf, das Sonett zu beenden. Ich sprintete, als würde ich gejagt, um die Fragmente zusammenzubringen mit erneuertem Gleichgewicht und einer guten Portion Selbstvertrauen. Die (be)lohnende Inspiration passte zur Grundidee des Gedichts und schlug deshalb Wurzeln. Was frei in meinem Kopf herumgeschwebt war, fand endlich einen guten Landeplatz, und irgendwie erlangte ich Zugang zu produktiver und kreativer Beweglichkeit. Die Ideen erschienen es wert, weiter verfolgt zu werden, und plötzlich organisierten sie sich auch. Gewiss haben die Regelmäßigkeit und der feste Aufbau des Sonetts zu diesem Prozess beigetragen. Innerhalb dieser gegebenen Struktur, unterstützt von dem, was ich weiß über Bauformen von Sonetten, und von meinen Schreiberfahrungen, fanden die Lösungen, dir mir zuflogen, Bestätigung.

Es fand ein Dialog statt zwischen dem Lustzentrum im Gehirn und meinem präfrontalen Kortex, aber das weiß ich erst jetzt, weil ich erst anschließend nachgeforscht habe, was los war in meinem Gehirn und wie die neurobiologische Infrastruktur des kreativen Prozesses aussieht. Andererseits kann ich Ihnen aber genau sagen, wie das Sonett zustande kam, weil ich mich erinnern kann, wie ich es konstruiert habe, und weil mein Notizbuch den allmählichen Fortschritt dokumentiert, Zeile für Zeile, Silbe für Silbe, Betonung für Betonung. Das Gekritzel und das Wegradierte auf dem Papier markieren das Tempo der Produktion. Ich erinnere mich gerne an die rauschhaften Momente, die mich von der Vollendung trennten, an die Entfernung, die ich zurückgelegt habe von der vagen Ahnung, wie es gehen könnte, bis zur tatsächlichen Realisierung, an das triumphale Hoch, das der Vollendung des Sonetts entsprang. Das Wissen, dass etwas ganz Spezielles und unglaublich Ausgeklügeltes mit meinem Gehirn vor sich geht, während ich vollkommen damit beschäftigt bin, ein paar Zeilen zu formen, ist extrem faszinierend und definitiv beruhigend. Dennoch, auch dieses Wissen ist nur eine Annäherung, die den Prozess umrahmt, ein Unterfangen, parallel zu dem, was ich tat, aber ganz unabhängig davon. Was ich von dem Ganzen aber vor allem mitnehme, ist, dass es die (be)lohnenden

Stimuli waren, die mich ein wenig mutiger gemacht und meinen Geist geschärft haben.

Das einzig Wahre

Wer weiß, vielleicht wäre das Sonett anders geworden, wenn nicht sogar besser, wenn ich es unter dem Einfluss von Drogen geschrieben hätte.

Alle möglichen Schaffensprozesse werden vom Konsum stimulierender und entspannender Drogen unterstützt.

Nach der Einnahme von Kokain steigen die Dopaminpegel im Gehirn drastisch – bis zum Tausendfachen –, was das oben beschriebene Motivationshoch enorm verstärkt. Auf molekularer Ebene betrachtet, erhöht Kokain die Dopaminpegel, indem die Droge verhindert, dass der synaptische Spalt während des Belohnungskreislaufs von Dopamin gereinigt wird; anders gesagt: Es hemmt dessen Wiederaufnahme durch die „Uferdämme" der präsynaptischen Nervenzellen.

Stimulantien wie Amphetamine arbeiten durch einen ähnlichen Mechanismus, und Dichter haben sich deren Kräfte nutzbar gemacht: Sie wollten ihre Sinne schärfen, die Konzentration erhöhen, jedes Schlafbedürfnis vertreiben. Die Beat-Generation war es, die nach dem Zweiten Weltkrieg in New York exzessiv mit Amphetaminen experimentierte, zu der Gruppe gehörten Schriftsteller wie Jack Kerouac, Allen Ginsberg und William Burroughs. Zur Ikone dieser Zeit wurde Ginsbergs Gedicht „Howl" (Das Geheul), es beginnt: „Ich sah die besten Köpfe meiner Generation zerstört vom Wahnsinn, hungrig hysterisch nackt, / wie sie im Morgengrauen sich durch die Negerstraßen schleppten auf der Suche nach einer wütenden Spritze…"[18]

Speed war eine verbreitete Ablenkung. Um die Konzentration und Leistung zu erhöhen, ist der Gebrauch von Amphetaminen heute sogar unter Collegestudenten und ihren Lehrern im Kommen.[19] Eine Umfrage, durchgeführt unter über tausend Lesern des Wissenschaftsmagazins *Nature*, deckte auf, dass einer von fünf Befragten – die meisten vermutlich Wissenschaftler – sich irgendwelcher leistungssteigernder Drogen bedient.[20]

Ich habe viel über Erwartung und Antizipation von Lust gesprochen, was aber durchdringt die Augenblicke der Ekstase, wenn die Lust dann da ist? Wir haben gehört, dass die Erwartung von Lust und diese selbst zwei verschiedene Dinge sind. Und dieser Unterschied wurde auf der Ebene von Gewebeschichten und Molekülen des Gehirns untersucht. Wenn Dopamin das Molekül der Anregung von Lustgefühlen ist, dann sind, kurz gesagt, Opioide diejenigen Moleküle, die sich um tröstende, wohlige Gefühle kümmern.

Um eine Parallele zu einer gewöhnlichen Erfahrung in der heutigen Welt herzustellen, Dopamin ist, worin Ihr Gehirn badet, wenn Sie etwas Komisches auf Ihrer Facebook-Seite gepostet haben und Sie sich dann immer wieder einloggen, in Erwartung ungeahnter Reaktionen Ihrer Freunde. Opioide werden wahrscheinlich freigesetzt, wenn Sie die roten Ankündigungen eines Kommentars oder eines „Gefällt mir" sehen. Davon können Sie gewiss nicht genug kriegen. Und das Dopamin lässt Sie den nächsten Post hochladen.

Historisch betrachtet, haben die „Opium-Esser" meistens schöne Erinnerungen an diese Erfahrung behalten.

Opioide arbeiten, indem sie sich an spezielle Rezeptoren im Gehirn binden. Im vierten Kapitel habe ich erwähnt, wie Opioide machtvoll Schmerz bekämpfen, so etwa Morphium, ein sehr starkes Schmerzmittel. Aber Opiate beeinflussen Lust ebenso sehr wie Schmerz. Aus Morphium wiederum entsteht, durch Hinzufügen von nur zwei kleinen Acetyl-Gruppen, Heroin. Zum Glück müssen wir nicht auf Opium, Morphium oder Heroin zurückgreifen, wenn wir von den schmerzstillenden, beruhigenden und tröstenden Wirkungen von Opioiden profitieren wollen, denn unsere Körper produzieren eigene Moleküle, die dem Opium ähneln (endogene Opi-

FUNKEN DES GLÜCKS

oide), sich an die gleichen Rezeptoren binden und sich dämpfend auf unser Schmerzgefühl auswirken. Diese körpereigenen Opioide werden Endorphine genannt. In Abwesenheit von Schmerz sind sie Träger von Lust und Trost.

Wie zuvor schon kurz erwähnt, die Gabe von Opiaten an Junge verschiedener Säugetierarten, die von ihren Müttern getrennt sind, reduziert deren Protest gegen die Trennung. Sie beruhigen auch uns. Damit Opiate freigesetzt werden, muss uns einfach nur jemand streicheln. Und eine Umarmung genügt, um die Schleusen für eine Flut von Opioiden zu öffnen.

Sieht man von einigen dann doch nicht zu leugnenden Unterschieden ab, so haben, wenn es nur um die Kartierung dieser Lüste im Gehirn geht, eine wilde hemmungslose Liebesnacht, eine Beethoven-Sonate und ein üppiges Mahl viel gemeinsam. Ich möchte das ganz kurz illustrieren.

Haben wir Sex, überschwemmen uns Opioide. Erreichen wir einen Orgasmus, sieht das Gehirn aus, als seien wir auf Heroin. Selbst wenn sich viele Liebespraktiken zwischen den Beinen abspielen, die Lust hallt durch den ganzen Körper, und die Lustgefühle reisen zwischen unseren Genitalorganen und dem Kopf hin und her. Die Leitungen für diese Kommunikation sind Nerven, die von Berührung und Stimulation ausgelöste Gefühle von den Genitalien über unser Rückenmark ans Gehirn weitergeben. Große Entfernungen werden durch Nervenautobahnen überbrückt, die das Gehirn mit Körperteilen wie Skrotum, Penis, Klitoris, Vagina, Gebärmutterhals und Rektum verbinden. Allein die Klitoris wird von Tausenden solcher Leitungen innerviert.

Ende 2011, bei der jährlichen Konferenz der Gesellschaft für Neurowissenschaft, wurde den Delegierten ein spannender Film präsentiert, genauer: ein kurzer Clip, der Bilder des Gehirns zeigte, aufgezeichnet während aller Phasen des Orgasmus einer Frau, von seinen ersten Vorboten bis zum Höhepunkt und zum Ausklingen, insgesamt fünf Minuten.[21] Mitgebracht hatten diesen Clip Barry

269

Komisaruk und seine Mitarbeiterin Beverly Whipple. Komisaruk hat die Gehirnaktivität von Frauen aufgezeichnet, die sich, in einem fMRT-Scanner liegend, erfolgreich stimuliert haben – ein, wenn man an die klaustrophobische Apparatur des Tomographen denkt, bemerkenswertes Ereignis, aber durchaus möglich. Auf den ersten Blick sah es aus, als gäbe es tatsächlich keine Region im Gehirn, die nicht aufleuchtete. Alles schien in ekstatischem Aufruhr. Eine nähere Untersuchung hat die neuronale Geographie besser enthüllt, die sich über die Zeitspanne des Clips entfaltet. Würden wir nun alle Gehirnareale im Detail durchgehen, die bei einem Orgasmus mit Sauerstoff überflutet werden – etwa dreißig, grob gezählt –, erhielten wir eine langweilige Liste, die so gar nichts gemein hätte mit der Glückseligkeit, die man dabei erlebt. Dennoch gab es mehrere Studien, die sich das angesehen haben. Einige der Ergebnisse widersprechen sich gegenseitig und benötigen weitere Verfeinerung; einige Gehirnareale allerdings sind immer dabei. So ist, beispielsweise, wenn der Orgasmus seinen Höhepunkt erreicht, definitiv das Belohnungszentrum beteiligt. Erwähnenswert ist die Ruhe, die im orbitofrontalen Kortex herrscht. Da dies der Teil des Gehirns ist, der die Kontrolle über den Großteil unseres Verhalten ausübt – Freuds Über-Ich –, ist es irgendwie beruhigend zu wissen, dass er sich während des Orgasmus wohl ausschaltet und dass in diesem Augenblick vorübergehender Glückseligkeit jede Art mentaler Hemmungen vergessen ist. Ähnlich zeigen Daten, die während einer männlichen Ejakulation aufgezeichnet wurden, keine Beteiligung der Amygdala. Tatsächlich bringen uns orgasmische Augenblicke an einen Ort ohne Angst.[22]

Den Orgasmus quasi unter wissenschaftliche Aufsicht zu stellen, um – vielleicht – besser zu verstehen, wie er funktioniert, könnte denen helfen, die Probleme haben, den Höhepunkt zu erreichen, wie zum Beispiel Frauen mit Rückenmarksverletzungen. Bis vor nicht allzu langer Zeit wurde solchen Frauen geraten, die Möglichkeit eines befriedigenden Sexuallebens abzuschreiben, denn jeder dachte, die Unterbrechung von Nerven, die durch das Rückenmark führen, kappe auch die Leitungen. Komisaruk und Whipple jedoch haben einen alternativen orgasmischen Pfad entdeckt: die Strecke über den *Nervus Vagus*. *Vagus* bedeutet im Lateinischen „vagabundierend", oder „umherziehend". Tatsächlich mäandert der Vagus-Nerv und überspannt dabei eine beträchtliche Entfernung in unserm Körper. Er entspringt dem Hirnstamm, dem „Netzschalter" des Gehirns, der etwa an der Schädelbasis sitzt, und schlängelt und webt sich von der Medulla aus den Hals hinunter, die Jugularvene entlang, um dann Brustkorb, Abdomen und Eingeweide zu innervieren. Da der Vagus-Nerv die Route über die „Eingeweide" nimmt, umgeht er das Rückenmark. Und tatsächlich war, als sich verletzte Frauen im Gehirnscanner selbst stimulierten und zum Orgasmus kamen, die Medulla aktiv, die Stelle also, an der der Vagus das Gehirn erreicht.[23]

Musik, hat Leo Tolstoi einmal gesagt, „ist die Kurzschrift des Gefühls". Es ist schwer, dem zu widersprechen.

In früheren Kapiteln habe ich erwähnt, wie visuelle Kunst und Theatervorführungen die Macht haben, starke Gefühle hervorzurufen. Kaum jemand kann der faszinierenden Macht der Musik widerstehen. Eine hübsche Melodie, der perfekte Ton, ein mitreißender Rhythmus können die Quelle sein für ekstatisches Vergnügen. Warum wir Musik so sehr genießen, bleibt ein Mysterium. Die evolutionäre Funktion der Musik ist nicht offensichtlich. Man müsse annehmen, so Darwin in *Die Abstammung des Menschen*,

dass musikalische Töne und Rhythmen von unseren halbmenschlichen Vorfahren bei der Brautwerbung benutzt wurden, d. h. zu einer Zeit, da auch die verschiedensten Tiere nicht nur von Liebe, sondern auch von starken Leidenschaften der Eifersucht, des Wettkampfes und des Triumphs erregt sind. Nach dem Prinzip der vererbten Assoziation werden in diesem Falle die musikalischen Töne in uns schwach und unbestimmt die starken Gemütsbewegungen einer längst vergangenen Zeit wachrufen.[24]

FREUDE

Demnach könnte die Musik ihren Ursprung in der Brautwerbung haben.

Der Versuch, den emotionalen Einfluss der Musik in Worte zu fassen oder in die Sprache der Neuronen, kann nur eine schwache Annäherung sein. Wer die verzückende Kraft der Musik spüren will, muss ihr zuhören. Aber stellen Sie sich vor, Sie sind bei einem der „Proms" in der Royal Albert Hall, alle Stuhlreihen wurden entfernt, um mehr Platz zu schaffen, und Sie sitzen auf dem Boden, haben die Augen geschlossen. Der Dirigent erreicht sein Pult, das Orchester ist bereit. Jeder wartet auf das Gleiche. Und dann hebt er seinen Stab, gibt, mit einer kaum merklichen, kontrollierten Handbewegung, das Zeichen für den ersten Takt des Ersten Satzes. Und die ersten Noten, synchron gespielt, entströmen den Streichinstrumenten, strömen durch den Zuschauerraum, um ihre Lust zu entfachen. Ob Symphonie, Klaviersonate oder Lied, wenn Sie Musik lieben, kennen Sie den Schauer, dieses Kribbeln und Zittern, das Ihnen den Rücken oder Nacken hinunterläuft, wenn Musik Sie anrührt, unwillkürlich und Ihrer Kontrolle entzogen. Niemand weiß genau, warum und wie es zu einem solchen Schauer kommt, eins aber steht gleichwohl fest: Er ist ein Beweis emotionaler Erregung, eine Antwort auf die Musik, ein Zeichen von Lust. Das Phänomen wurde erstmals 1980 empirisch studiert, und es ist, wie man herausfand, in der Bevölkerung weit verbreitet.[25] Der Schauer mag sehr kurz sein oder auch ein paar Sekunden dauern. Er kann sich tatsächlich bis in die Extremitäten ausbreiten und durch den ganzen Körper. Oft wird er begleitet von Piloerektion, einem vornehmen Wort für Gänsehaut. Schauer scheinen in Reaktion auf bestimmte Punkte in der Struktur eines Musikstückes aufzutreten. Es kommt dazu, wenn in der Musik plötzliche dynamische Veränderungen stattfinden oder neue unerwartete Harmonien erklingen.[26] Solche Reaktionen sind, auch das wurde festgestellt, beim Hören trauriger Musik häufiger als bei fröhlicher. Opioide sind an diesen ekstatisch-harmonischen Augenblicken beteiligt, ebenso das Lustzentrum. Eine Gruppe von Forschern hat den Blutfluss im Gehirn von Menschen aufgezeich-

FUNKEN DES GLÜCKS

net, die Musik hörten, die sie mochten. Zu den von den Teilnehmern der Studie gewählten Stücken gehörte Rachmaninows 3. Kla-
vierkonzert in d-Moll und Samuel Barbers Adagio for Strings
(1938)*. Die Areale des Gehirns, die beteiligt waren, als die Zuhörer
den Schauer verspürten, unterscheiden sich keineswegs von denen,
die beim Genuss von Essen oder Sex stimuliert werden. Während
Amygdala und orbitofrontaler Kortex ruhig blieben, waren Bereiche
des Lustzentrums wie der *Nucleus accumbens*, die mit Dopamin- und
Opioidrezeptoren vollgestopft sind, hochaktiv.[27] Interessanterweise
erleben Musikhörer, denen ein Opioid-Gegenspieler verabreicht
wurde, d. h. ein Molekül, das verhindert, dass sich Opioide an ihre
Rezeptoren binden, diese Schauer seltener.[28]

Nun stellen Sie sich vor, Sie hätten ein paar Tage gehungert, gar
nichts gegessen, nicht das üppige Sandwich, das Sie normalerweise
für die Mittagspause holen, keine leckeren Süßigkeiten aus der
Bäckerei, kein Curry vom Lieblings-Inder, kein Obst, nicht mal ein
Stück Brot. Und dann, wenn Sie sich vernünftigerweise entschließen, wieder zur Nahrung zurückzukehren, gönnen Sie sich eine
Schüssel Brokkoli. Sie werden die Schüssel leeressen, mit Vergnügen, auch wenn Sie Brokkoli normalerweise verabscheuen. Essen
ist etwas Merkwürdiges. Es ist unser wichtigster Treibstoff, zugleich ein Luxusgut. Essen ist etwas, das wir, traurig genug, fast
völlig geistesabwesend vor dem Laptop in uns hineinstopfen können, aber auch eine Schwelgerei, die sich einige von uns gerne auch
etwas kosten lassen, wenn sie exklusiven Genuss verspricht. Kurz:
pure Notwendigkeit und Grund anspruchsvoller Befriedigung zugleich.

Wissenschaftler studieren diesen Aspekt des Essens, indem sie
zwischen *brauchen* und *mögen* unterscheiden. Wir brauchen Essen,
wenn es nötig ist. Andererseits mögen wir vielleicht Erdbeeren,
jedoch keine Ananas. Und auch diese Unterscheidung wird von den

---

* Hörer der BBC haben es 2004 zum traurigsten klassischen Musikstück gewählt. A. d. Ü.

273

FREUDE

beiden Komponenten des Belohnungssystems vermittelt, von Dopamin und den Opioiden, und auch das wurde in Experimenten mit Ratten bestätigt. Wenn man ihnen das Dopamin abdreht, sind Ratten immer noch in der Lage, einen süßen von einem bitteren Geschmack zu unterscheiden, und werden Ersteren bevorzugen. Wird dagegen das Opioidsystem beeinträchtigt, verlieren die Ratten den Appetit und die lustbezogene Bevorzugung süßer Dinge.[29] Opioide werden auch gebraucht, um Geschmacksnoten zu bewerten. In einem Versuch wurden Ratten zwei Nahrungsangebote gemacht, beide von identischem Nährwert, aber von unterschiedlichem Geschmack, einen der Näpfe bevorzugten die Ratten. Wenn den Nagern dann eine Substanz gegeben wurde, die ihr Opioidsystem aktiviert, gingen sie auch diesmal zu ihrem bevorzugten Futter. Bekamen sie aber einen Stoff, der ihr Opioidsystem ausschaltete, machten sie keinen Unterschied zwischen den Angeboten.[30]

Unglücklicherweise sind, wie ich schon betont habe, Lust und Schmerz zwei Seiten eines zweischneidigen Schwertes. Wird sie missbraucht, antwortet Lust mit eiskalter Rache. Ganz gleich, was zuerst Freude spendete, es kann einem später in den Rücken fallen. Opioide erhöhen die Dopaminpegel und schüren dabei Ihr Verlangen. Nach wiederholtem Erleben eines bestimmten Lustgefühls gewöhnt sich das Lustzentrum daran. Es wird erstickt. Zudem folgt jedem Hoch sowieso ein Tief. Um nun den schmerzlichen Symptomen dieses Lust-Entzugs zu entkommen und das wachsende Verlangen zu befriedigen, wird man mehr und mehr der anfänglichen Belohnung haben wollen, egal, was es ist, aber man wird keine Lust mehr verspüren. Drogen greifen in die Neurotransmission von Dopamin ein, indem sie die Struktur der Nervenzellen im Dopaminsystem modifizieren. Sucht erzeugende Lüste konditionieren Ihre Reaktion auf Schlüsselreize, die Sie an die ursprüngliche Belohnung erinnern. Schon der Anblick der Belohnung schickt Sie auf eine Reise des heftigen Verlangens. Verlangen und Motivation geraten außer Kontrolle.

Auf wessen Seite stehen Sie?

Eine Gruppe von Neurologen konnte es kaum glauben, als sie auf einige Schlaganfallpatienten stießen, deren Gehirnschädigung dazu führte, dass sie extrem emotionale Symptome zeigten, dies aber stets nur an einem Ende des emotionalen Spektrums: entweder pathologisches Weinen oder pathologisches Lachen.[31] Diejenigen, die nicht aufhören konnten zu weinen oder in unpassenden Momenten weinten, waren Patienten, deren Schlaganfall die linke Seite ihres Gehirns getroffen hatte. Neben ihren Heulkrämpfen zeigten sie auch Gefühle von Verzweiflung, Hoffnungslosigkeit und Selbstbeschuldigung. Bei den Patienten dagegen, die Lachanfälle erlebt hatten, war die Schädigung auf der rechten Seite des Gehirns erfolgt. Diese Patienten waren euphorisch und zeigten Hochstimmung, neigten zum Witzereißen und auch dazu, ihre Symptome herunterzuspielen. Diese auffälligen Differenzen ließen bei den Neurologen einen Verdacht aufkeimen: Könnte es nicht sein, dass das Gehirn in Sachen Gefühlsregulierung auf zwei verschiedenen Seiten steht? Ist, grob gesagt, die linke Seite verantwortlich für positive Gefühle, während die rechte Seite sich um negative Gefühle kümmert?

Von dieser besonderen „Händigkeit" des Gehirns habe ich bislang nicht gesprochen. Wie Sie aber wissen, ist das Gehirn in zwei identische Hemisphären aufgeteilt. Das bedeutet, jede seiner Strukturen tritt als Paar auf – zwei Amygdalas, zwei Hippocampi, zwei Striata (Primäre Sehrinden), zwei Kortices und so weiter –, jeweils eines der Organe in jeder Gehirnhälfte. Wenn wir über die Funktionen der diversen Gehirnareale sprechen oder über ihre Beteiligung an einer gegebenen Hirnaktivität, meinen wir für gewöhnlich Aktivitäten in beiden Gehirnhälften. Doch in einigen Fällen ist die entsprechende Struktur nur in einer Hemisphäre beteiligt. Selbst wenn Hemisphären identisch sind, erfüllt jede von ihnen andere Aufgaben. Das bekannteste Beispiel einer Funktion, die nur von einer Seite des Gehirns geregelt wird, sind Sprachfähigkeit und Sprachverstehen, die bei den meisten Menschen in der Verantwortung der

FREUDE

linken Gehirnhälfte liegen – das haben im neunzehnten Jahrhundert die Neurologen Paul Broca und Karl Wernicke entdeckt, nach denen die betreffenden Bereiche benannt sind.

Die emotionale „Händigkeit", die zuerst bei Schlaganfallpatienten beobachtet wurde, die Schäden nur in einer Hemisphäre davongetragen hatten, inspirierte den Neurowissenschaftler Richard Davidson, heute an der Wisconsin University in Madison, zu erforschen, wie Gehirnasymmetrie die Art beeinflusst, in der wir Gefühlsregungen ausdrücken, selbst wenn keine Hirnschädigungen vorliegen. Eine seiner ersten Studien basierte auf einem Experiment, das Sie nach Davidsons Anleitung auch zu Hause mit sich selbst durchführen können.[32] Stellen Sie sich vor einen Spiegel und denken Sie über eine Frage nach, die nicht auf Anhieb zu beantworten ist, zum Beispiel: „Was ist das Gegenteil von gleichgültig?" Und während Sie versuchen, eine Antwort zu finden und zu formulieren, achten Sie auf die Richtung Ihres Blickes. Die Augen werden sich von der Gehirnseite, die über die Lösung nachdenkt, wegbewegen, in die andere Richtung. Da Fragen, die mit Sprache zu tun haben, die linke Gehirnhälfte beschäftigen, werden Ihre Augen in diesem Fall sehr wahrscheinlich nach rechts wandern. Eine Frage, die räumliches Vorstellungsvermögen verlangt – eine Funktion, auf die die rechte Gehirnhälfte spezialisiert ist –, wird Ihre Augen nach links bewegen.

Davidson wandte dieses verblüffende Experiment an, um Emotionen zu untersuchen. Wenn er Menschen bat, sich an negative Gefühlsregungen zu erinnern – mit Aufforderungen wie: „Stellen Sie sich die letzte Situation vor, in der Sie geweint haben, und beschreiben Sie diese", oder: „Welches Gefühl ist für Sie das stärkere, Wut oder Hass?" –, dann wanderten die Augen der Probanden meistens nach links.[33] Das bestätigte seine Annahme, dass die rechte Hemisphäre im Allgemeinen an der Verarbeitung negativer Emotionen beteiligt ist, doch er brauchte mehr Beweise, klare Signale vom Gehirn. Das beste Verfahren, das ihm dazu zur Verfügung stand, war die Elektroenzephalographie (EEG). Mithilfe von Elektroden, die überall auf der Kopfhaut angebracht werden, zeichnet ein Elektroenzephalogramm mit einiger Genauigkeit die schnellen Schwankungen elektrischer Spannung auf, sodass man auch aufzeigen kann, welcher Teil des Gehirns beteiligt ist, wenn sich Emotionen manifestieren. Um positive oder negative Gefühle hervorzurufen, setzte Davidson kurze Videoclips ein, die entweder Vergnügen erregten oder Angst, Traurigkeit und Abscheu.

Zehn Monate alte Babys zum Beispiel, die ein Video mit einer lachenden Schauspielerin sahen, reagierten mit einem kräftigen Lächeln, und ihre linke Gehirnhälfte war hochaktiv. Sahen sie eine Schauspielerin weinen, weinten sie ihrerseits, in diesem Fall wanderte die elektrische Aktivität über die rechte Seite ihres Gehirns.[34] Ähnliche Unterschiede elektrischer Aktivität im Gehirn wurden auch bei Erwachsenen beobachtet. In mehreren Studien entdeckte Davidson, dass die Links-Rechts-Asymmetrie hinter den Unterschieden in den Gesichtsausdrücken steckt, die den positiven und negativen Emotionen entsprechen. Zu Glücksgefühlen gehört linksseitige Gehirnaktivität, Abscheu dagegen geht mit Aktivität in der rechten Gehirnseite einher.[35] Faszinierenderweise steckt die asymmetrische Gehirnaktivität auch hinter der Manifestation eines echten Duchenne-Lächelns, jenes Lächelns nämlich, an dem durch unwillkürliche Kontraktion die Muskeln um das Auge herum beteiligt sind. Schauten die Versuchspersonen Filme, die positive Gefühle hervorriefen, produzierten sie mehr authentisches Duchenne-Lächeln, und ihr Gefühlsausdruck spiegelte asymmetrische Aktivität im linken Teil des Gehirns.[36]

Wir können also annehmen, und das war eine bedeutsame Folgerung aus Davidsons Studien, dass jeder von uns im Alltagsleben unterschiedliche Standardniveaus von links- oder rechtsseitiger elektrischer Aktivität zeigt, selbst in Abwesenheit solcher Stimuli wie jener Videoclips, die Davidson im Labor verwendete, und dass diese Unterschiede die Art beeinflussen, wie wir uns in gegebenen Umständen, seien sie positiv oder negativ, verhalten und fühlen. So fand Davidson beispielsweise heraus, dass Unterschiede in der

Grundaktivität der linken und der rechten Hirnhälfte bei Babys widerspiegeln, wie sie auf eine Trennung von ihrer Mutter reagieren. Babys, die beim EEG eine höhere rechtsseitige Gehirnaktivität zeigen, weinen mit höherer Wahrscheinlichkeit und protestieren heftig, wenn ihre Mütter sie für eine kurze Zeit in einem Raum allein lassen, als gleichaltrige Babys mit höherer linksseitiger Hirnaktivität.[37] Weitere Bestätigung für seine Annahme fand Davidson, als er die jeweilige elektrische Aktivität in den Gehirnhälften von Menschen maß, die depressiv waren und die wegen ihrer Niedergeschlagenheit eine nur reduzierte Neigung zu positiven Emotionen zeigten. Verglichen mit Menschen, die nicht depressiv waren, hatten sie tatsächlich eine niedrigere Grundaktivität in ihrer linken Gehirnhälfte.[38]

Noch bemerkenswerter als der Unterschied der elektrischen Aktivität zwischen den beiden Hemisphären eines Menschen war für Davidson der Unterschied der elektrischen Aktivität in der jeweils gleichen Gehirnhälfte verschiedener Menschen – was sich etwa an unterschiedlichen Reaktionen von zwei verschiedenen Individuen auf den gleichen amüsanten Videoclip zeigt. In einigen Fällen war dieser Unterschied enorm. Das aber bedeutet, dass wir alle unterschiedlich ausgerüstet sind, um auf die Wechselfälle des Lebens zu reagieren. Wir alle reagieren, wie im dritten und vierten Kapitel erläutert, unterschiedlich auf Traumata und Verluste. Und dies gilt auch für die Art, wie wir auf positivere Ereignisse reagieren. Wir alle haben einen unterschiedlichen *emotionalen Stil*, und der wiederum resultiert aus dem Zusammenwirken von genetischen Unterschieden, neuralen Schaltkreisen und Lebenserfahrungen.[39]

Nun könnte man sich fragen: Warum sollte das Gehirn eine Seite nur für positive Gefühle, die andere nur für negative nutzen? Welchen Zweck könnte eine solche Arbeitsteilung haben? Wie Davidson vermutet, könnte uns dies möglicherweise helfen, zu klareren Reaktionen auf die diversen Lebensumstände zu kommen. Das bringt uns zurück zum Gedanken der fundamentalen menschlichen Verhaltensmuster Annäherung und Vermeidung, zu jenen Strategien also, die uns zur Verfügung stehen, um mit Lust und Schmerz zu jonglieren. Wenn wir eine Gefahr meiden müssen, wäre es nachteilig, wenn sich unsere Tendenz zur Annäherung einmischen würde in unsere Methoden der Vermeidung. Es könnte also sein, dass es sich evolutionsgeschichtlich als Vorteil erwiesen hat, wenn jeweils nur eine Gehirnhälfte mit diesen Grundstrategien betraut ist: Es reduziert unerwünschte Fehler.

Jetzt oder nie

Der amerikanische Intellektuelle Gore Vidal erzählte einmal, während eines Radiovortrags, einen unglaublichen Witz. Es ging dabei um einen Besuch des ehemaligen britischen Premierministers Harold Macmillan beim französischen Staatspräsidenten Charles de Gaulle und dessen Frau. Bei dieser Gelegenheit fragte Macmillan Madame de Gaulle, was sie sich von ihrem künftigen Ruhestand ersehne. Offenbar musste die französische First Lady nicht lange nachdenken: „A penis." Zunächst wusste der britische Gentleman überhaupt nicht, wie auf diese verblüffende Antwort reagieren. Vorsichtig sagte er: „... ich verstehe ... jetzt bleibt ja nicht viel Zeit dafür." Dabei hatte, wie Macmillan später klarwurde, seine Gastgeberin mit ihrem starken französischen Akzent nichts anderes gesagt als: „Happiness."[40]

Ob diese Anekdote nun auf einer wahren Begebenheit beruht oder nicht, Madame de Gaulles Antwort gibt eine weit verbreitete Einstellung zum Leben wieder. Tatsächlich werden wir, wenn wir über Glück nachdenken, leicht weitsichtig. Glück – wie oft sehen wir es nicht als sehnsüchtig erstrebte, ferne Trophäe am Ende einer langen Reise? Als etwas, was wir erst mit der Zeit erreichen, durch Ausdauer, Opfer und über Wege voller Schmerz und Missgeschick. Glück, denken wir, ist dann, wenn unser Leben geordnet ist, wenn wir wünschenswerte Langzeitziele erreicht haben, wenn unsere Lebensumstände sich zuletzt doch decken mit dem, was wir uns als ideale Existenz ausgemalt haben, sagen wir, ein guter Job und ein hingebungsvoller Partner, oder eine Familie, vielleicht ein eigenes Haus und wirtschaftliche Stabilität, die Aussicht auf eine gesunde, sorglose Existenz, durchdrungen von jeder denkbaren persönlichen und beruflichen Befriedigung. Es gibt gewiss keine festen Leitlinien für ein ideales Leben. Jeder von uns hat wohl seine eigenen Ziele. Aber wie immer die aussehen, das Erreichen von Glück ist ein riesiger Antrieb hinter unserer täglichen Routine, etwas, nach dem wir wohl streben müssen, weil es ja *später* passiert. Wenn mich jemand fragt: „Sind Sie glücklich?", erwidere ich oft: „Haben Sie noch eine zweite Frage, bitte?" Was nicht bedeutet, dass ich keine Vorstellung hätte, was Glück sein könnte. Aber wenn ich gefragt werde, wie ich mich in einem bestimmten Moment fühle, ziehe ich es vor zu sagen, dass ich froh bin oder mich wohl fühle.

Psychologie und Neurowissenschaft sind nicht alleine auf der Suche nach einer Definition von Glück und der Wege, die dorthin führen. Viel länger schon haben sich Philosophen immer neue Antworten darauf einfallen lassen. In ihren Händen verwandeln sich Fragen nach Glück unweigerlich in ethische Fragen wie: Was ist die beste Art, sich zu verhalten, oder: Wie sollen wir leben?

Die Vorstellungen der Philosophen über das Wesen von Glück und wie es erreicht werden soll, entwickeln sich aus, grob vereinfacht, zwei fundamentalen Ansätzen. Der erste davon ist der *Hedonismus*. Wie viele der philosophischen Lehren, die uns auch heute noch beschäftigen, hat auch diese ihren Ursprung im alten Griechenland, wo Aristippos von Kyrene den Hedonismus lehrte, den der Philosoph Epikur später zu einer umfassenden Weltsicht entfaltet hat. Im Wesentlichen geht es beim Hedonismus um unsere unmittelbarsten Gefühle des Glücks. Er ist die Aufforderung, nach Erfüllung zu streben, also Lust zu maximieren und Schmerz auf ein Minimum zu reduzieren. Tatsächlich klingt im Hedonismus das Ziel wider, das grundlegend ist für uns als biologische Organismen: das Streben nach Lust.

Der andere fundamentale Ansatz ist *Eudämonie*, was wörtlich

„einen guten Dämon (Geist) haben" bedeutet, aber oft mit „Gedeihen" oder „gut gelebtes Leben" übersetzt wird. Hier geht es vordringlich darum, dass jeder seine wahren potenziellen Tugenden findet und kultiviert und dann nach ihnen lebt. Ist für den Hedonismus das Streben nach Lust, das Vermeiden von Schmerz das höchste Gut, so lehren eudämonische Philosophien, dass es andere Güter gibt – Wissen, Familie, Mut, Freundlichkeit, Ehrlichkeit und so weiter – und dass dem Streben nach Lust alleine kein gutes Leben entspringen könne.

Das läuft natürlich auf eine moralische Hierarchie hinaus, nach der die Eudämonie die moralische Überlegenheit besitzt und dem Hedonismus ein schlechter Ruf anhängt. Das liegt daran, dass viele denken, hedonistische Befriedigung könne nur etwas Flüchtiges sein. Lüste kommen und gehen, sind abhängig von allen möglichen Eventualitäten, werden unerbittlich alle irgendwann vom Schmerz abgelöst. Wie ich am Anfang des Kapitels sagte, sind viele lustvolle Vergnügungen nur Flucht aus unseren weniger günstigen, weniger vergnüglichen Umständen. Eine durchzechte Nacht mit Freunden birgt das Risiko eines Katers am nächsten Tag. Eudaimonia dagegen hat wenig mit flüchtigen Vergnügen zu tun. Sie präsentiert sich als bessere Garantie stabilen Glücks.

Es gab eine Epoche in der Geschichte, in der Hedonismus weithin zu höherem Ansehen kam: die Zeit der Aufklärung. Sosehr diese Epoche für den Triumph der Vernunft steht, sie war auch Nährboden der Vorstellung, wir sollten unser Leben so einrichten, dass wir Lust und Glück kultivieren. Ihrer Natur nach teilen die Menschen elementare Triebe mit niederen Tieren, also ist jeder Mensch geboren, um Glück zu suchen. So wurden Individuen ermutigt, Erfüllung anzustreben, und Lust war ein Weg zur Selbstverbesserung.

Von Bienen, ihrem Dopamin und ihren (be)lohnenden Wiesen war bereits die Rede. Anfang des achtzehnten Jahrhunderts schrieb der niederländisch-britische Dichter und Arzt Bernhard Mandeville ein langes Gedicht, das die Bienen und ihre Fähigkeit, sich im Ver-

FREUDE

gnügen zu verlieren, zur Metapher für die menschliche Gesellschaft machte. Erstmals 1714 veröffentlicht, trug es den Titel *Die Bienenfabel oder Private Laster, öffentliche Vorteile* und nutzte die Bienen ganz ähnlich wie der griechische Fabeldichter Äsop, der Menschentypen und Verhaltensweisen an bestimmten Tieren exemplifizierte. In Mandevilles Augen stand der Bienenstock symbolisch für eine moralisch schrankenlose Gesellschaft, für eine Ansammlung von Individuen, die alle nur getrieben sind von ihren eigenen widerstreitenden Wünschen. Gleichwohl meint Mandeville, es würde sich die Summe der individuellen Taten, von denen jede allein aus Selbstinteresse geschieht, dann doch für den gesamten Stock als günstig erweisen. Mit seinen Worten: „In jedem Teile sündig zwar, / Ein Paradies das Ganze war." (Vers 155)[41] Männer und Frauen hatten jedoch den Vorteil, Verstand zu besitzen, der sie Vergnügungen mit Maß und Sensibilität auswählen und jagen ließ. Nicht um den Exzess war es der Aufklärung mit ihrem Lustprinzip zu tun (aller üblen Nachrede zum Trotz war das auch nicht Epikurs Ziel), sondern um eine verfeinerte Form der Selbstbelohnung, eine Einstellung, könnte man sagen, in der sich Madame de Gaulles missverstandene und ihre tatsächliche Antwort harmonisch vereinen ließen.[42]

In Wahrheit schließen sich Hedonismus und Eudämonie gegenseitig nicht aus. Denn man kann sehr wohl seinen Charakter formen und Tugenden entwickeln, während man seine Fähigkeit übt, seiner Lust zu folgen und Vergnügen zu genießen. Denn Vergnügen ist nicht immer gleichzusetzen mit selbstsüchtiger und flüchtiger Befriedigung und kann durchaus von höheren Zielen genährt werden. Es ist möglich, hedonistischen Motiven zu folgen und momentanes Glück zu erreichen, ohne seine Langzeitpläne aus den Augen zu verlieren. Vergängliche Belohnungen stehen der Selbstvervollkommnung nicht prinzipiell im Weg. Kurz, man kann sich gleichzeitig hedonistisch verhalten und nach dem rechten Glück, nach Eudaimonia streben. Wenn man die gefährlichen Kehrseiten des Vergnügens meidet, etwa die Fesseln und Besessenheiten der Sucht, ist es möglich, die Lust auszuschöpfen, die aus den (be)lohnenden

Vorlieben entspringt. Denn das Leben ist kurz, und es ist noch kürzer, wenn es unglücklich verbracht wird. Vor allem braucht niemand auf den Ruhestand zu warten, um Glück zu erlangen. Ein Leben, das in Wut, Angst oder Schuld verbracht wird, wird kürzer sein als ein Leben voller Freude. Freudige Momente summieren sich und bauen ein glücklicheres Leben.

Augenblicke der Freude, Zeit, die wir lächelnd und lachend und in rundum guter Stimmung verbringen, haben spürbar Auswirkungen auf unser Wohlbefinden. Ihre Spur lässt sich in unserem Körper ausmachen.

Stöbern Sie nach einem Bild, das Sie als Kind oder Teenager zeigt, und schauen Sie nach, ob Sie gelächelt haben. Es sagt Ihnen vielleicht, wie glücklich Sie jetzt sind. Zwei Forscher in den Vereinigten Staaten haben die Jahrbücher von 1958 und 1960 durchforstet, die in einem privaten Frauencollege in der San Francisco Bay Area zusammengestellt wurden.[43] Die Forscher suchten darin nach Bildern echten Lächelns. Wie bereits erwähnt, wenn sich um Ihre Augen keine Fältchen bilden, lächeln Sie vielleicht aus anderen Gründen denn aus Freude. Nur die Hälfte der in den Jahrbüchern abgebildeten lachenden Gesichter zeigte das Duchenne-Lächeln. Die Studie zielte darauf herauszufinden, ob individuelle emotionale Tendenzen, die sich früh im Leben entwickeln, dazu beitragen, eine erwachsene Persönlichkeit und zwischenmenschliche Einstellungen aufzubauen. Um das zu tun, haben die Forscher das Leben der Frauen, die auf den Collegebildern lachten, über dreißig Jahre verfolgt. Und tatsächlich stellte sich heraus, dass die Frauen, deren Fotos klare Zeichen von Freude, ein volles Duchenne-Lächeln zeigten, insgesamt ein besseres Leben geführt haben. Sie kümmerten sich mehr um andere und waren kontaktfreudiger. Auch wird man ihnen höchstwahrscheinlich häufiger mit Fröhlichkeit und Sympathie begegnet sein. Und sie waren generell weniger anfällig für wiederkehrende negative Stimmungen. Ein Lebensergebnis, das sich die Forscher besonders ansahen, war der Familienstand der Frauen. Die mit dem echten Lächeln waren mit größerer Wahrscheinlich-

FREUDE

keit im Alter von 27 Jahren verheiratet, waren dies auch im Alter von 52 Jahren noch immer und konnten über erfüllende Beziehungen berichten.

Eine ähnliche Studie nahm sich lächelnde Gesichter auf Bildern von Spielern der US-Baseball-Liga vor, die in der Saison von 1952 aktiv waren. Die Forscher dieser Studie gingen der Frage nach, ob sich aus einem echten Lächeln auf den Fotos die Lebensdauer eines Spielers voraussagen ließ. Tatsächlich lebten diejenigen, die ein echtes Duchenne-Lächeln gezeigt hatten, im Durchschnitt fünf Jahre länger als diejenigen, die mit einem nur aufgesetzten Lächeln abgebildet waren, und acht Jahre länger als diejenigen, die überhaupt nicht gelächelt hatten.[44] Acht Jahre sind keine unbeträchtliche Zeitspanne. Es lohnt sich also, bereits als Kind richtig lachen zu lernen. Wenn sich der Ringmuskel ums Auge wieder regt und zusammenzieht, ist dies auch ein Zeichen dafür, dass ein trauernder Mensch sich von seiner Trauer erholt; das hat eine Studie mit Menschen zwei Jahre nach einem schweren Verlust gezeigt.[45]

„Ein Tag ohne Lachen ist ein verlorener Tag", hat Charlie Chaplin gesagt. Seit langem wird darüber debattiert, ob Lachen tatsächlich eine Universalmedizin ist, ein Allheilmittel für gute Laune. Doch wenn ein Lächeln Ihr Leben verlängern kann, gibt es gute Chancen, dass auch Lachen hilft. Zumindest kann es Situationen des Schmerzes erleichtern. Mit einer Serie von Videos wiederum haben Wissenschaftler gezeigt, dass ein freies Lachen die Schmerzgrenze von Zuschauern anhebt. Wenn Teilnehmer dieser Studie ein komisches Video ansahen, konnten die lachenden Zuschauer den Schmerz, der ihnen am Arm mit einer engen Manschette oder mit einer eiskalten Kühlmanschette zugefügt wurde, besser ertragen, als wenn ihnen eine sachliche Dokumentation gezeigt wurde.[46] Der Effekt war zudem stärker, wenn die Zuschauer in einer Gruppe lachten, als wenn sie das Video allein sahen und darüber lachten. Hinter der erhöhten Schmerzgrenze steckt die Ausschüttung von Endorphinen.

Ganz generell verbessert eine positive Einstellung die körperliche Gesundheit. Wer sich ruhig, fröhlich und stark fühlt und nicht traurig, angespannt oder böse, hat sogar Chancen, dass sich seine Abwehrkräfte gegen eine Erkältung erhöhen![47]

Alles hängt an einem einzigen Nerv

Ob Sie sich – wie ich – unwohl fühlen, wenn Sie gefragt werden, ob Sie glücklich sind, oder nicht, Psychologen haben gelernt, wie man Glück misst. Typische Untersuchungen zum Glücksgefühl erheben, ob Menschen, alles in allem, mit ihrem Leben zufrieden sind und zu welchem Grad, oder ob sie vielmehr nicht gerne etwas ändern würden.

In seinem Buch über die Wissenschaft des Glücks spricht der Ökonom Richard Layard über sieben Hauptfaktoren, die zum Glück beitragen: Gesundheit, Beschäftigung, Einkommen, Freiheit, persönliche Werte, Familie und soziale Kontakte und Freunde.[48] Von diesen Faktoren haben, entgegen der verbreiteten Annahme, Geld und unsere finanzielle Situation tatsächlich den geringsten Einfluss. Glück vergrößert sich nicht notwendigerweise in Folge von höherem Einkommen. Reiche Leute sind nicht unbedingt glücklicher als arme. Wie Umfragen gezeigt haben, kann Geld, das wir über das für unsere Grundbedürfnisse Notwendige hinaus besitzen, alles Mögliche, aber kein Glück kaufen.[49] Wenn überhaupt, lassen höhere Einkommen Menschen nach immer noch mehr verlangen.

Was aber, im Hinblick auf gefühltes Glück, offenbar doch einen Unterschied macht, sind unsere Entscheidungen, *wie wir das Geld ausgeben*. Insbesondere ob wir Geld in selbstsüchtige Ausgaben stecken oder ob wir es eher altruistisch verwenden. In den Vereinigten Staaten wurde eine Gruppe von sechshundert Menschen gebeten, über ihr Glück zu berichten und auch Auskunft zu geben über ihr Einkommen. Dann sollten sie auflisten, wie viel ihres monatlichen Einkommens sie im Durchschnitt für Rechnungen, für Geschenke für sie selbst und für Spenden oder für Geschenke für andere ausgaben.[50] Der glücklichere Haufen waren diejenigen, die den größeren Teil für andere ausgegeben hatten. Ähnlich verhielt es sich, wenn eine Gruppe von Angestellten ihr Glück vor und nach dem Erhalt eines Bonus einstufte und berichtete, wie sie ihn verwendet hatten; auch hier waren diejenigen deutlich glücklicher, die den Bonus für Dinge wie Geschenke für andere, Spenden für gute Zwecke oder für ein Essen mit Freunden ausgegeben hatten, anstatt sich selbst etwas zu kaufen. Die Art, in der sie den unverhofften Geldsegen ausgaben, bedeutete ihnen mehr als seine Höhe, und dass sie anderen gegenüber großzügig sein konnten, steigerte ihr Wohlbefinden. Von unseren eigenen Belangen zurückzutreten, auf andere zuzugehen und sich um die ihren zu kümmern, ist in der Regel eine Quelle des Glücks. Eine selbstlose Einstellung trägt uns vielleicht verstärkte Belohnungen ein.[51]

Von Zeit zu Zeit, besonders nachdem wir einen chaotischen Tag unter Menschen verbracht haben, die wir nicht kennen, oder in überfüllten U-Bahn-Wagen zur Arbeit und zurück gefahren sind, schätzen wir es vielleicht, allein zu sein, im Luxus des Rückzugs von der Welt zu schwelgen und den Frieden der Einsamkeit zu genießen. Doch die Studien zu unseren Glücksgefühlen sind eindeutig: Es geht uns besser, wenn wir nicht allein sind. Von allen Faktoren, die unser emotionales Wohlbefinden beeinflussen, ist der bei weitem bedeutendste das Aufbauen sozialer und emotionaler Bindungen. Von Menschen umgeben zu sein, ist schon ziemlich gut. Noch besser ist es, wenn wir uns mit Menschen umgeben, zu denen wir bedeutsame Beziehungen haben. Tausende von Facebook-Freunden zählen also nicht sehr viel, es sei denn, sie wären wirklich gute und liebe Freunde.

Befriedigende soziale Beziehungen verbessern die Lebensqualität und verlängern auch das Leben beträchtlich. Eine systematische Durchsicht von Sterblichkeitsstatistiken, die Daten von rund 300.000 Menschen aus aller Welt enthielten, zeigte, dass Menschen mit befriedigenden sozialen Beziehungen ihre Überlebenschancen gegenüber jenen um 50 Prozent verbessern, die wenige oder unbe-

FUNKEN DES GLÜCKS

friedigende Beziehungen hatten.[52] Der Effekt, den ein Kreis guter Freunde hat, ist fast gleich hoch wie der, der sich einstellt, wenn man mit dem Rauchen aufhört, und er ist größer als der, den regelmäßiger Sport oder Abstinenz vom Alkohol bewirken.

Freunde haben die Fähigkeit, uns aufzubauen, und unsere Beziehung zu ihnen geht uns offenbar tief unter die Haut. Wenn aber positive Emotionen so günstige Wirkungen auf unseren Körper und unsere Gesundheit ausüben, dann sollte es möglich sein, physische Indizien für solche Verbesserungen zu entdecken.

Auf der Suche nach solchen Hinweisen hat die Psychologin Barbara Fredrickson einen gefunden, der auf Ebene eines einzigen Nervs messbar ist, nämlich des *Nervus Vagus* (oder *Parasympathikus*). Zuvor habe ich erwähnt, dass der *Nervus Vagus* beteiligt ist, wenn wir einen Orgasmus erleben. Offenbar ist er aber auch hilfreich, wenn wir soziale Interaktionen eingehen. Allgemein agiert der *Nervus Vagus* als Kommunikationsmittel, das spürt, wie es unseren Hauptorganen geht, und diese Information zurückmeldet ans Gehirn. Ein Indiz für die Funktion des *Nervus Vagus* ist der *Herz-Vagotonus* (die respiratorische Sinusarrhythmie), der die Schwankungen unserer Herzfrequenz während des Atmens abbildet. Wir nehmen dies nicht wahr, doch unser Puls ist ein wenig schneller, wenn wir einatmen, und etwas langsamer, wenn wir ausatmen. Der Herz-Vagotonus entspricht der Größe des Unterschieds zwischen diesen Schwankungen.[53]

Fredrickson hat festgestellt, dass der Herz-Vagotonus eine Signatur ist sowohl für unsere körperliche Gesundheit als auch für Empfänglichkeit für positive Emotionen und dass beides tatsächlich in Verbindung steht. Ein hoher Herz-Vagotonus gibt einem die Fähigkeit, positive Umstände zu seinem Vorteil zu nutzen; in Fredricksons Formulierung: Er gibt einem die Chance, von seinen positiven Emotionen zu profitieren und zu wachsen, sodass man durch den zusätzlichen Wert positiver Augenblicke reiche persönliche Ressourcen aufbauen und sein Wohlbefinden verstärken kann. Fördern lässt sich das, indem man soziale Verbindungen aufbaut und sie pflegt.

In einem Experiment zeichneten Fredrickson und ihre Mitarbeiter über neun Wochen kontinuierlich den Vagotonus einer Gruppe von Individuen auf und setzten dies in Beziehung zum emotionalen Wohlbefinden der Studienteilnehmer im Hinblick auf ihre täglichen sozialen Begegnungen mit Freunden und Partnern.[54]

Diejenigen, die von Anfang an einen hohen Vagotonus hatten, zeigten eine schnelle Zunahme sozialer Verbundenheit und berichteten über das Erleben positiver Gefühle wie Freude, Liebe, Dankbarkeit oder Hoffnung. Aus diesen Verbesserungen von sozialer Verbundenheit und positiven Emotionen ließ sich auch voraussagen, dass ihr Vagotonus steigen würde. Und er war am Ende der Studie tatsächlich höher als am Anfang. Damit lässt diese Studie die Schlussfolgerung zu, dass wir unseren Herz-Vagotonus regulieren können, indem wir an unseren engen Beziehungen arbeiten und soziale Kontakte mit anderen knüpfen, was wiederum unsere positiven Emotionen verstärkt und stabilisiert – ein perfektes, für beide gewinnbringendes Wechselspiel zwischen unserem physischen und unserem mentalen Wohlbefinden. Im Anschluss an diese Studie dehnte Fredrickson ihre Forschungen aus und ging nun der Frage nach, ob es möglich ist, dass Menschen gezielt auf eine Verbesserung ihres Vagotonus hinarbeiten. Ihr Mittel, positive Gefühle zu generieren, war eine Meditationstechnik, die Gefühle von Liebe, Wohlwollen und Mitgefühl für sich selbst und für andere weckt.[55] In Verbindung mit der Meditationstechnik ermöglicht ein höherer Vagotonus eine verbesserte Wahrnehmung sozialer Beziehungen und auch der Fähigkeit, positiven Gefühlsregungen Ausdruck zu geben, was wiederum den endgültigen Vagotonus erhöht.

An diesen Studien fasziniert mich vor allem, wie geringfügige, aber bedeutsame Veränderungen in unserer Nervenphysiologie dazu beitragen, unser soziales Verhalten zu beeinflussen. Interessanterweise verzweigt sich der *Nervus Vagus* derart, dass er auch mit den Muskeln verbunden ist, die unseren Gesichtsausdruck, unseren Blick sowie jene Muskeln in unserem Mittelohr kontrollieren, die unsere Fähigkeit schärfen, uns auf die Frequenz menschlicher Stimmen einzustellen. Insofern liefert uns eine positive Aktivität des *Nervus Vagus* alle die Eigenschaften, die notwendig sind, dass wir uns sozial verhalten können.

Wenn wir lernen, wie wir zwischenmenschliche Verbindungen schaffen und pflegen können, hat dies einen greifbaren Effekt auf unsere physische Gesundheit, auf unseren *Nervus Vagus*, und, so könnte man sagen, wir lernen damit zugleich, was wir anstellen müssen, um glücklich zu sein.

Es ist also durchaus sinnvoll, in bedeutsame Freundschaften und soziale Interaktionen zu investieren, um zum eigenen Wohlbefinden und dem anderer beizutragen. Darwin sagte einmal: „Die Freundschaften eines Menschen sind das beste Maß seines Wertes."

Und was folgt aus alledem? Richtig: Wir können, während wir auf unsere Ideale zusteuern und auf unser ideales Leben, bereits den Weg dorthin genießen. Während wir ein entferntes Glück verfolgen, können wir Fähigkeiten, Freuden und Tugenden trainieren, die uns tatsächlich helfen, unsere Ziele zu erreichen, und den Weg dorthin vielleicht verkürzen.

Coda

Früh aufzustehen hat greifbare Vorteile. Mir verschaffte es die Möglichkeit, den kleinen Triumph des vollendeten Sonetts zu genießen und mich in einem kurzen Zustand der Glückseligkeit zu verlieren, ohne dabei an viel zu denken; ich ließ nur die Geräusche und das Licht des frühen Morgens auf mich wirken. Es gibt auf einem Morgenspaziergang kostbare Freuden zu genießen. Das freundliche Nicken von Joggern, die deinen Weg kreuzen, Fremde anlächeln und sich die Person aussuchen, mit der man die ersten Worte des Tages wechselt, die Meute streunender Hunde an dir vorbeiziehen lassen, dir den frischesten Bagel schnappen, die Zeitung für die Nachbarn mitnehmen. Wenn wir in die engen Grenzen sich wiederholender Gewohnheiten eingesperrt sind, werden wir in gewisser Weise blind für unsere Umgebung. Unser mentaler Blick ist auf einen entfernten Zweck gerichtet, und wir übersehen greifbare Gelegenheiten der Freude. Aber Freude oder auch nur kleine Vergnügen verleihen uns den besseren Blick. Denn Freude kann eine Menge bewegen. Sie hält Angst im Zaum. Drückt sie hinunter in vorübergehendes Vergessen, so nachdrücklich, dass wir Raum bekommen, alles um uns mit erneuertem Optimismus zu betrachten. Freude hat die Fähigkeit, sich selbst zu kultivieren, wenn wir es zulassen. Wenn ich einen Grund finde zu freudigen Emotionen, egal wie klein das auslösende Vergnügen ist, findet neue Freude ihren Weg zu mir, über irgendeine Abkürzung – ob es der *Nervus Vagus* ist oder ein anderer Pfad.

Und da ist noch ein Trick, um Freude zu kultivieren, von dem ich begeistert bin. 1962 hat der amerikanische Autor James Baldwin im *New Yorker* einen schönen Aufsatz mit dem Titel „From a region in my mind" veröffentlicht, in dem er über die Lebensbedingungen der Schwarzen in Amerika schrieb. In einem Absatz, den er der Macht des Jazz widmet, steht dieser kostbare Satz: „Sinnlich zu sein bedeutet, glaube ich, die Kraft des Lebens, des Lebens selbst, zu respektieren und sich an ihr zu erfreuen und in allem, was man tut, anwesend zu sein, von den Mühen des Liebens bis zum Brechen des Brotes."[56] Das Wort „sinnlich" hat hier, wie Baldwin selbst bestätigt, nichts mit der Bedeutung zu tun, mit der es die meisten von uns assoziieren. Ich verstehe die Gabe, sinnlich zu sein, als die Fähigkeit, sich Handlungen selbst zu eigen zu machen und sie mit Bedeutung und Wert zu füllen, nicht zuzulassen, dass sie uns einfach nur zustoßen, als glaube man nicht an sie. Bei näherer Betrachtung ist Baldwins Ermahnung ein markiger Aufruf, aber auch einer, der ein großartiges Versprechen birgt. Er verfolgt mich, seit ich ihn das erste Mal gelesen habe, ist aber auch eine Quelle der Hoffnung und Stärke, eine Erinnerung, auf die ich, wenn nötig, immer zurückgreifen kann. Was sonst gibt es zu tun, als wirklich dabei zu sein bei allem, was wir tun?[57] Wenn ich ein oder zwei Zeilen schreibe, wenn ich Rührei mache, eine Wand anstreiche, ein Bild aufhänge, Klavier spiele oder das Geschirr abspüle, will ich auch diesen Handlungen voll gerecht werden. Ebenso, wenn ich meine Zeit Freunden widme, mir ihre Geschichten anhöre, ihnen ein Geschenk kaufe oder ihnen auf die eine oder andere Weise helfe, will ich die Großzügigkeit dieser Gesten voll genießen und an sie glauben.

Vielleicht kann man sogar sagen, dass Baldwins Satz im Kern sowohl die hedonistischen als auch die eudämonischen Gebote vereint. Er hilft uns zu finden, was wir am liebsten tun und woran wir am meisten glauben, fordert uns auf, es zu genießen, Herr darüber zu werden, das Vergnügen, das wir dadurch gewinnen, zu zementieren und die Zukunft darauf aufzubauen, die wir für uns wollen. Jeder braucht Mut und Entschlossenheit, um zu finden, was das ist, und am Anfang jagt es einem vielleicht Angst ein. Doch denken wir daran: Angst und Tapferkeit sind zwei Seiten derselben Medaille. Und wenn man Freude gibt und zulässt, wird auch der Mut kommen. Nichts hindert uns zu pfeifen, um den Mut aufrechtzuerhalten, wie William James empfehlen würde.

Mein kleiner Erfolg im New Yorker Morgengrauen brauchte selbst nicht viel Beifall. Aber ich wusste, dass schon gleich um die Ecke eine neue Runde frustrierender Erfahrungen beim Schreiben wartete, also musste, vor dem nächsten Anfall von Schmerz, die augenblickliche Freude, in der ich mich befand, Beachtung finden. Ich wollte sie mit jemandem teilen.

Welche Bedeutung gute Freundschaften und Geselligkeit haben, konnte ich als Kind erleben. Denn damals klingelten immer wieder Familienfreunde in kleinen oder großen Gruppen an unserer Tür, selbst spät am Abend, meine Mutter improvisierte dann schnelle Mahlzeiten, um die vielen Münder zu füttern. „Wir sind's!", riefen sie noch von draußen. Mit der Zeit erfand sie ein Pastagericht, das bei diesen Gelegenheiten regelmäßig auf den Tisch kam, schlicht „Spaghetti nach meiner Art" genannt. Und kaum saßen alle, begannen die Gespräche über alles Mögliche, vom neuesten politischen Streit über den neuesten Film oder das neueste Buch bis zu kleinen lokalen Ereignissen. Tägliche Erfolge und Misserfolge wurden ausgetauscht, Pläne für gemeinsam zu verbringende Feiertage geschmiedet. Es spielte eigentlich keine Rolle, wie sich der Abend entfaltete. Wichtig war, dass man Zeit füreinander hatte. Immer war bei diesen Zusammenkünften auch Musik dabei. Das Klavier stand offen für die, die spielen wollten, und die Wagemutigen sangen. Alle waren fröhlich. Solche improvisierten Besuche im Haus waren enorm unterhaltsam für mich und für uns alle eine Belohnung.

Am Ende meines Morgenspaziergangs, bevor ich in die Wohnung zurückkehrte, machte ich Halt am Lebensmittelladen, um etwas zu essen einzukaufen, und schickte eine SMS an einen Haufen Freunde: „Heute Abend Dinner. Kommt früh, dann kochen wir zusammen!" Ich würde das Gericht machen, das ich von jenen Abenden der Kinderzeit in Erinnerung habe. Nach meiner Art.

FUNKEN DES GLÜCKS

Anmerkungen

1 S. Freud, *Das Unbehagen in der Kultur*, Ges. Werke, Bd. 14, S. 433 f.

2 P. Ekman, *Gefühle lesen: wie Sie Emotionen erkennen und richtig interpretieren*, München 2007; Ch. Darwin *Der Ausdruck der Gefühle bei Mensch und Tier*, Tübingen 1966.

3 R. Provine, „Laughter", in: *American Scientist*, 84 (1996), S. 38–45; R. R. Provine *Curious Behavior: Yawning, Laughing, Hiccupping and Beyond*, Belknap Press (Harvard University Press) 2012.

4 J. Burgdorf, J. Panksepp, S. M. Brudzynski, R. Kroes und J. R. Moskal, „Breeding for 50-kHz positive affective vocalization in rats", in: *Behavior Genetics*, 35 (2005), S. 67–72.

5 D. A. Sauter, F. Eisner, P. Ekman und S. K. Scott, „Cross-cultural recognition of basic emotions through emotional vocalizations", in: *Proceedings of the National Academy of Sciences*, 107 (2010), S. 2408–2412.

6 J. E. Warren, D. A. Sauter, F. Eisner u. a., „Positive emotions preferentially engage an auditory-motor ‚mirror' system", in: *Journal of Neuroscience*, 26 (2006), S. 13067–13075.

7 R. Provine und K. R. Fischer, „Laughing, smiling and talking: relation to sleeping and social context in humans", in: *Ethology*, 83 (1989), S. 295–305.

8 M. Hammer, „An identified neuron mediates the unconditioned stimulus in associative olfactory learning in honeybees", in: *Nature*, 366 (1993), S. 59–63.

9 J. Olds und P. Milner, „Positive reinforcement produced by electrical stimulation of septal area and other regions of rat brain", in: *Journal of Comparative and Physiological Psychology*, 47 (1954), S. 419–428.

10 W. Schultz, P. Apicella und T. Ljungberg, „Responses of monkey dopamine neurons to reward and conditioned stimuli during successive steps of learning a delayed response task", in: *Journal of Neuroscience*, 13 (1993), S. 900–913; W. Schultz, P. Apicella, E. Scarnati und T. Ljungberg, „Neuronal activity in monkey ventral striatum related to the expectation of reward", in: *Journal of Neuroscience*, 12 (1992), S. 4595–4610. Zu einem Überblick über zu erwartende Belohnungen siehe W. Schultz, „Multiple reward signals in the brain", in: *Nature Reviews Neuroscience*, 1 (2000), S. 199–207.

11 F. Fiorino, A. Coury und A. G. Phillips, „Dynamic changes in nucleus accumbens dopamine efflux during the Coolidge effect in male rats", in: *Journal of Neuroscience*, 17 (1997), S. 4849–4855.

12 M. Hammer und R. Menzel, „Learning and memory in the honeybee", in: *Journal of Neuroscience*, 15 (1995), S. 1617–1630.

13 Der Artikel zu Lernchancen von Bienen durch Computersimulation ist: P. R.

FREUDE

Montague, P. Dayan, C. Person und T. J. Sejnowski, „Bee foraging in uncertain environments using predictive Hebbian learning", in: *Nature*, 377 (1995), S. 725–728.

14 Einen detaillierten Überblick, wie eine Informationsschleife zwischen Lustzentren und präfrontalem Kortex hergestellt wird und wie abstrakte Gedanken aus schlichteren gebildet werden können, zeigen E. K. Miller und T. J. Buschman in: „Rules through recursion: how interactions between the frontal cortex and basal ganglia may build abstract, complex rules from concrete, simple ones", in: S. Bunge und J. Wallis (Hg.), *Neuroscience of Rule-Guided Behavior*, Oxford University Press, 2007, S. 419–440.

15 Einen informativen Überblick über die Auswirkung von positiven Gefühlen auf das Arbeitsgedächtnis und eine Beschreibung der Neurobiologie von Problemlösungen bieten F. G. Ashby, V. V. Valentin und U. Turken, „The effects of positive affect and arousal on working memory and executive attention", in: S. Moore und M. Oaksford (Hg.), *Emotional Cognition: From Brain to Behavior*, John Benjamin Publishing, 2002, S. 245–287.

16 A. Isen, K. A. Daubman und G. P. Nowicki, „Positive affect facilitates creative problem solving", in: *Journal of Personality and Social Psychology*, 52 (1987), S. 1122–1131.

17 A. M. Isen, M. M. S. Johnson, E. Mertz und G. F. Robinson, „The influence of positive affect on the unusualness of word associations", in: *Journal of Personality and Social Psychology*, 48 (1985), S. 1413–1426.

18 A. Ginsberg, *Howl / Geheul*, Hamburg 1998, S. 16.

19 B. Sahakian und S. Morein-Zamir, „Professor's little helper", in: *Nature*, 450 (2007), S. 1157–1159.

20 B. Maher, „Poll results: look who's doping", in: *Nature*, 452 (2008), S. 674–675.

21 I. Sample, „Female orgasm captured in series of brain scans", in: *Guardian*, 14. November 2011.

22 G. Holstege, J. R. Georgiadis, A. M. J. Paans, u. a., „Brain activation during human male ejaculation", in: *Journal of Neuroscience*, 23 (2003), S. 9185–9193.

23 B. R. Komisaruk und B. Whipple, „Functional MRI of the brain during orgasm in women", *Annual Review of Sex Research*, 16 (2005), S. 62–86; B. R. Komisaruk, B. Whipple, A. Crawford u. a., „Brain activation during vaginocervical self-stimulation and orgasm in women with complete spinal cord injury: fMRI evidence of mediation by the Vagus nerves", in: *Brain Research*, 1024 (2004), S. 77–88.

24 Ch. Darwin, *Die Abstammung des Menschen und die sexuelle Selektion*, Stuttgart 2012, S. 236.

25 R. Goldstein, „Thrills in response to music and other stimuli", in: *Physiological Psychology*, 8 (1980), S. 126–129.

26 J. A. Sloboda, „Music structure and emotional response: some empirical findings", in: *Psychology of Music*, 19 (1991), S. 110–120.

27 A. J. Blood und R. J. Zatorre, „Intensely pleasurable responses to music correlate with activity in brain regions implicated in reward and emotion", in: *Proceedings of the National Academy of Sciences*, 98 (2001), S. 11818–11823.

28 R. Goldstein, „Thrills in response to music and other stimuli", a. a. O.

29 Einen hervorragenden Überblick über die Unterscheidung zwischen „brauchen" und „mögen" beim aufs Essen bezogenen Belohnungssystem gibt: C. K. Berridge „„Liking' and ‚wanting' food rewards: brain substrates and roles in eating disorders", in: *Physiology and Behavior*, 97 (2009), S. 537–550.

30 J. D. Woolley und H. L. Fields, „Nucleus accumbens opioids regulate flavor-based preferences in food consumption", in: *Neuroscience*, 17 (2006), S. 309–317.

31 G. Gainotti, "Emotional behavior and hemispheric side of the lesion", in: *Cortex*, 8 (1972), 41–55; H. A. Sackeim, M. S. Greenberg, A. L. Weiman u. a., "Hemispheric asymmetry in the expression of positive and negative emotions", in: *Archives of Neurology*, 39 (1982), S. 210–218.

32 Siehe R. J. Davidson (und S. Begley), *The Emotional Life of Your Brain*, Hudson Street Press (Penguin), 2012.

33 Der Originalartikel, der das Experiment mit negativen Emotionen beschreibt, ist G. E. Schwartz, R. J. Davidson und F. Maer, „Right hemisphere lateralization for emotion in the human brain: interactions with cognition", in: *Science*, 190 (1975), S. 286–288.

34 R. J. Davidson und N. A. Fox, „Asymmetrical brain activity discriminates between positive versus negative affective stimuli in human infants", in: *Science*, 218 (1982), S. 1235–1237.

35 R. J. Davidson, P. Ekman, C. D. Saron, J. A. Senulis und W. V. Friesen, „Approach-Withdrawal and cerebral asymmetry: emotional expression and brain physiology I", in: *Journal of Personality and Social Psychology*, 58 (1990), S. 330–341.

36 P. Ekman, R. J. Davidson und W. V. Friesen, „The Duchenne smile: emotional expression and brain physiology II", in: *Journal of Personality and Social Psychology*, 58 (1990), S. 342–353.

37 R. J. Davidson und N. A. Fox, „Frontal brain asymmetry predicts infants' response to maternal separation", in: *Journal of Abnormal Psychology*, 98 (1989), S. 127–131.

38 C. E. Schaffer, R. J. Davidson und C. Saron, „Frontal and parietal electroencephalogram asymmetry in depressed and nondepressed subjects", in: *Biological Psychiatry*, 18 (1987), S. 753–762.

39 Seine Beobachtung, dass es bei gleichem Stimulus zu großen individuellen Unterschieden in der hemisphärischen Aktivität kommen kann, brachte Davidson auf die Idee, dass Menschen einen *emotionalen Stil* haben. Umfas-

FREUDE

send dargestellt ist die Entwicklung dieser Theorie und ihre Bedeutung in: R. J. Davidson (und S. Begley), *The Emotional Life of Your Brain*, a. a. O.

40 P. Foot, „A new definition" (Recipes for Happiness), in: *British Medical Journal*, 321 (2000), S. 1576.

41 Nach der ersten deutschen Übersetzung von 1705. – Eine ausführliche, wenn auch ziemlich akademische Darstellung von Mandevilles Denken und besonders seines Beitrags zur moralischen Psychologie und der Naturwissenschaft vom Menschen liefert E. J. Hundert, *The Enlightenment's Fable: Bernard Mandeville and the Discovery of Society*, Cambridge University Press 1994.

42 Man kann sagen, dass die Aufklärung die Bühne für die erste sexuelle Revolution war. Ein wunderbares Buch zu dieser These ist F. Dabhoiwala, *The Origins of Sex: A History of the First Sexual Revolution*, Penguin 2013; zu einer knappen Zusammenfassung des Lustbegriffs, des Hedonismus und seiner Entwicklung zur Zeit der Aufklärung siehe R. Porter, „Happy hedonists" (Recipes for Happiness), in: *British Medical Journal*, 321 (2000), S. 1572–1575.

43 L. A. Harker und D. Keltner, „Expressions of positive emotion in women's college yearbook pictures and their relationship to personality and life outcomes across adulthood", in: *Journal of Personality and Social Psychology*, 80 (2001), S. 112–124.

44 E. L. Abel und M. L. Kruger, „Smile intensity in photographs predicts longevity", in: *Psychological Science*, 21 (2010), S. 542–544.

45 D. Keltner und G. A. Bonanno, „A study of laughter and dissociation: distinct correlates of laughter and smiling during bereavement", in: *Journal of Personality and Social Psychology*, 4 (1997), S. 687–702.

46 R. I. M. Dunbar, R. Baron, A. Frangou u. a., „Social laughter is correlated with an elevated pain threshold", in: *Proceedings of the Royal Society B: Biological Sciences*, 279 (2011), S. 1161–1167.

47 S. Cohen, C. M. Alper, W. J. Doyle u. a., „Positive emotional style predicts resistance to illness after experimental exposure to rhinovirus or influenza A virus", in: *Psychosomatic Medicine*, 68 (2006), S. 809–815.

48 R. Layard, *Happiness: Lessons from a New Science*, Penguin 2005.

49 Einen Überblick über Wohlstandsungleichheiten und Glück verschafft R. Layard, *Happiness*, a. a. O., Kapitel 4. Siehe auch E. Diener und R. Biswar-Diener, „Will money increase subjective well-being?", in: *Social Indicators Research*, 57 (2002), S. 119–169.

50 E. W. Dunn, L. B. Aknin und M. I. Norton, „Spending money on others promotes happiness", in: *Science*, 319 (2008), S. 1687–1688.

51 Ein wichtiger Faktor, der zum Wohlbefinden beiträgt, ist die Fähigkeit, Mitgefühl zu spüren. Ich gehe darauf nicht näher ein, doch haben Wissenschaftler angefangen zu enträtseln, welche Vorteile das Mitgefühl für das eigene Wohlbefinden haben kann und welche Veränderungen dies im Gehirn mit sich bringt. Eine Strategie, solch empathische Fähigkeiten zu erreichen, ist Medita-

FUNKEN DES GLÜCKS

tion. Richard Davidson hat die Signatur eingehend studiert, die Meditation auf dem Gehirn zurücklässt, und gezeigt, dass nicht nur buddhistische Mönche, die im Meditieren erfahren sind, sondern auch gewöhnliche Menschen, die sich der Meditation als Anfänger nähern, in der Lage sind, diese Übungen in eine größere Leidenschaft für Familie, Freunde und Fremde zu übersetzen, und positive Gefühle und Wohlbefinden erleben. Zu neuesten Forschungen dazu siehe H. Y. Weng, A. S. Fox, A. J. Shackman, D. E. Stodola u. a., „Compassion training alters altruism and neural responses to suffering", in: *Psychological Science*, im Druck 2013; eine weitere gute Quelle zu Meditation und Gehirn ist R. J. Davidson (und S. Begley), *The Emotional Life of Your Brain*, a. a. O., Kapitel 10.

52 J. Holt-Lunstad, T. B. Smith und J. B. Layton, „Social relationships and mortality risk: a meta-analytic review", in: *PLOS Medicine*, 7, Issue 7 (2010), e1000316.

53 Zur Herkunft der Theorie des Nervus Vagus siehe S. W. Porges. „The polyvagal perspective", in: *Biological Psychology*, 74 (2007), S. 116–1143.

54 B. E. Kok und B. L. Fredrickson, „Upward spirals of the heart: autonomic flexibility, as indexed by vagal tone, reciprocally and prospectively predicts positive emotions and social connectedness", in: *Biological Psychology*, 85 (2010), S. 432–436.

55 B. E. Kok, E. A. Coffey, M. A. Cohn u. a., „How positive emotions build physical health: perceived positive social connections account for the upward spiral between positive emotions and vagal tone", in: *Psychological Science*, im Druck.

56 J. Baldwin, Letter: „From a region in my mind", in: *New Yorker*, 17. November 1962.

57 Der Psychologe Mihaly Csikszentmihalyi hat den Begriff „flow" der Erfahrung zugeschrieben, sich in dem, was man tut, zu verlieren. Andere Psychologen wie Martin Seligman nennen diese Strategie „Engagement". Siehe C. Peterson, P. Nansook und M. E. P. Seligman, „Orientations to happiness and life satisfaction: the full life versus the empty life", in: *Journal of Happiness Studies*, 6 (2005), S. 25–41.

7

Liebe: Syndrome und Sonette

*Ich glaube überhaupt, dass die Liebe eine
bessere Lehrmeisterin ist als Pflichtbewusstsein,
bei mir ganz sicher.*

Albert Einstein

*Ich [Sokrates], der ich zugebe, auf nichts
anderes als auf die Liebesangelegenheiten
mich zu verstehen...*

Platon, Das Gastmahl

Ich weiß noch, wie alles begann, an einem Sonntagnachmittag Anfang April, in meinem zweiten Graduiertenjahr in Heidelberg.

Gemeinsam mit ein paar Freunden aus dem Labor hatte ich eine ausgedehnte Radtour am Fluss entlang geplant. Aber der Frühling war spät dran, und das Wetter an jenem Wochenende war unsicher. Wolken zogen auf und verschwanden wieder, und ein ärgerlicher Dauernieselregen brachte uns schließlich dazu, unsere Pläne zu ändern. Ein Film mit anschließendem Abendessen erschien uns als angemessene Alternative, also verabredeten wir uns alle pünktlich zur Sechs-Uhr-Vorstellung vor dem Kino. Wie so oft war ich zu

LIEBE

früh, also wartete ich draußen an dem Stand, an dem Eis und Popcorn verkauft wurden, und beobachtete die Passanten.

Es hatte kurzzeitig aufgehört zu regnen, und irgendwann, als ich mich auf der Straße umsah, ob meine Freunde nicht auftauchten, fiel mein Blick auf etwas, das ich nicht so schnell wieder vergessen würde.

Auf der anderen Straßenseite, ein Bein angewinkelt, den Fuß gegen die Hauswand gestellt, im Arm einen großen Cellokoffer, stand ein großer junger Mann, dessen strahlende Präsenz Aufmerksamkeit heischte. Auch er wirkte, als erwarte er jemanden. Als sich unsere Blicke begegneten, verschwamm die Umgebung um mich herum. Auf der Stelle fühlte ich mich von einer anderen Realität aufgesogen. Neben mir hätte ein Gebäude einstürzen können, ich hätte es nicht bemerkt. In seinem Gesicht las ich Vergnügen und auch einen Hauch von Überraschung und Neugierde. Dann lächelte er, selbstgefällig, und ich erwiderte sein Lächeln, wie um zu bestätigen, dass da etwas war, das wir beide entdecken und besser kennenlernen wollten. Wie gelähmt, überlegte ich, was tun. Ich wollte nicht zu eifrig wirken, konnte meinen Blick aber auch nicht von ihm lassen. Ich wollte mich ihm nähern, seinen Namen hören, sein Gesicht näher in Augenschein nehmen. War er ein Tourist, ein Musiker auf Tournee oder vielleicht auch Student? Wenn ja, wie war es möglich, dass ich ihn noch nie in der Stadt gesehen hatte?

Während ich mir all diese Fragen stellte, ging der Junge langsam auf mich zu. Ungläubig schloss ich die Augen, und für einen Moment blieb mir die Luft weg. Hektisch suchte ich nach etwas Nettem und Schlauem, das ich sagen konnte, aber als er näher kam, war auch alles schon wieder zu Ende. „Da sind wir! Sorry, bisschen spät dran …" Durch puren Zufall waren sowohl seine als auch meine Freunde gleichzeitig angekommen, und Schüchternheit überfiel uns. Ergebnis: Keiner von uns beiden sagte irgendwas. Der schöne Unbekannte und ich sahen uns noch mal kurz an, und während ich ins Kino geschoben wurde, machten er und seine Freunde sich auf Richtung Marktplatz. Das unauslöschliche Strahlen seines

Gesichtes blieb zurück, wie ein blendendes Nachbild stand es in der Dunkelheit des Kinosaals, verging auch nicht vor der Bewegung des Films und verankerte sich fest in den Tiefen meines Wunschbrunnens.

Ich weiß bis heute nicht, welchen Film ich damals gesehen habe. Meine Aufmerksamkeit war voll und ganz auf die Vision dieses neuen Wesens gerichtet. Als ich wieder aus dem Kino kam, war er natürlich weit und breit nirgendwo zu sehen, und ich begann mich wie besessen zu fragen, ob ich ihn je wiedersehen würde.

Ein paar Tage lang fühlte ich mich, als hätte ich Fieber. Meine Stimmung schwankte heftig, den ganzen Tag über. Ich ertappte mich bei Tagträumen, war gleichzeitig ruhelos. Konnte nicht schlafen. Dachte oft an ihn, umso mehr, weil ich Angst hatte, sein Gesicht zu vergessen und wie er aussah.

Liebe ist in erster Linie Irrsinn. In den ersten glühenden Phasen der Liebe begeben wir uns in einen Raum, in dem Ängste, Wünsche und Lebensauffassung verschoben sind. Prioritäten verschieben sich. Die Ekstase, die von uns Besitz ergreift, ist so stark, dass wir uns nicht nur in ein bestimmtes Individuum verlieben, sondern auch dazu neigen, uns mit der ganzen Welt im Einklang zu fühlen. Wir werden optimistisch, sehen über Dinge hinweg, über die wir uns sonst geärgert hätten.

Wenn wir dem Ziel unseres Verlangens unbeirrbar all unsere Gedanken widmen, ist er oder sie für uns auch ein Quell des Wiedererkennens. Wenn wir die attraktiven Eigenschaften des anderen hervorheben und unterstreichen, sind wir, indem wir uns ihnen nähern, auf der Suche nach Bestätigung unseres eigenen Wertes. Wir genießen es, wahrgenommen und geschätzt zu werden. Was wir brauchen, ist Genugtuung, eine Anerkennung unseres eigenen Selbstwertes. Die Liebe hat ihren Platz eindeutig am positiven Ende des Regenbogens der Emotionen. Sie ist – überwiegend – eine Quelle der Freude. Von allen Gefühlsregungen ist Liebe vielleicht die komplexeste, mehrdeutigste und unvorhersehbarste, aber auch die lohnendste, sowohl indem man Liebe schenkt als auch indem

LIEBE

man sie empfängt. Sie allein vereint in sich Emotionen der Freude, Angst, Eifersucht, Traurigkeit, ja sogar Ärger, Schuldgefühle, Reue.[1] Fast jeder hat sich in einer Phase seines Lebens schon mal für sie interessiert – oder war ihr ausgeliefert. „Was ist Liebe?" war 2012 die häufigste Suchanfrage bei Google.[2]

Im vorigen Kapitel kam ich zur Schlussfolgerung, dass bedeutsame Freundschaften einen der wichtigsten Beiträge zum Glück leisten. Für viele jedoch wird Freundschaft von der Liebe noch übertroffen, womit beiderseitige Anziehung und Leidenschaft zwischen zwei Individuen gemeint ist. Uns allen könnte es glänzend gehen mit unseren Freunden, dennoch suchen wir die ausschließliche Zuneigung eines einzelnen Menschen. Obwohl sie schwer zu definieren und manchmal noch schwerer zu erlangen ist, bleibt wahre Liebe eines der ultimativen Lebensziele, nach dem viele Menschen streben.

Was hat die Neurowissenschaft damit zu tun?

Bis in die zweite Hälfte des zwanzigsten Jahrhunderts hörte man noch nicht viel von molekularen Erklärungen der Liebe. In unserer kulturellen Vorstellungswelt besteht der Stoff der Liebe nicht aus Molekülen und DNA-Einheiten, sondern aus flüchtigen Augenblicken glühender Leidenschaft und Vereinigung. Liebe und ihre Geheimnisse gehören auch zu intimen Gesprächen. Sie durchdringt vertrauliche Plaudereien zwischen Freunden und Liebenden mit unterschiedlichsten Erfahrungen, die sich über ihre Erfolge oder Misserfolge in Sachen Liebe austauschen, immer auf der Suche nach Regeln und Präzedenzfällen, die sie lehren könnten, wie die Sache anzugehen sei.

Die Frage lautet also: Kann Liebe im Labor untersucht und auf ein Reagenzglas gezogen werden? Tatsächlich hält sich das Verständnis der Liebe aus neurowissenschaftlicher Sicht noch sehr in Grenzen. Neurowissenschaftlern ist Neugierde und der Ehrgeiz eigen, das Wunder der Liebe in seine neuronalen Komponenten zu zerlegen. Eine steigende Anzahl von Studien, aus Genetik, Neurochemie und Brain-Imaging haben den Versuch unternommen, alle Phasen und Arten der Liebe zu erklären, vom leidenschaftlichen Knüpfen von Liebesbanden bis zur sexuellen Lust, der Liebe einer Mutter, Beziehungsbindung und der bitteren Erfahrung der Zurückweisung. Zweifellos spiegelt diese mächtige Emotion wesentliche und greifbare Veränderungen in unseren Körpern wider.

Dass wir unsere Aufmerksamkeit auf ein einziges menschliches Wesen konzentrieren und in unserer Vorstellung z. B. sexuelle Phantasien, intime Szenen, die Erwartung einer Vereinigung mit ihm aufbauen, muss enorme Veränderungen in unserem kognitiven und emotionalen Leben mit sich bringen, die natürlich mit einer gewaltigen Neuordnung der neuronalen Schaltungen einhergehen.

Und doch, insbesondere während der anfänglichen Phasen meiner Vernarrtheit, meine Kenntnis der Neurowissenschaft und Laborerfahrungen hatten wenig bis gar nichts zu bieten, um dem, was vor sich ging oder was ich fühlte, einen Sinn zu geben – außer, dass ich wusste, dass mein Gehirn definitiv für die Produktion von mehr als der normalen Portion Hormone sorgte.

Womöglich werden Sie jetzt wissen wollen, ob ich ihn gefunden habe.

Natürlich, und zwar relativ bald. Die Liebe ist eine aufrührerische Leidenschaft, aber auch ein kraftvoller Motivator. Ich begab mich auf eine Mission, um ihn zu finden. Ich kehrte ein paarmal ins Stadtzentrum und die Gegend um das Kino zurück, in der Hoffnung, ihm wieder über den Weg zu laufen. Ich fragte Freunde nach Hinweisen, durchstreifte alle Bibliotheken in der Stadt und nahm alle Kneipen, die ich besuchte, sorgfältig in Augenschein. Und natürlich durchsiebte ich alle klassischen Musikkonzerte, um das Cello wiederzufinden, für den Fall, dass er im Stadt- oder Universitätsorchester spielte. Und dieser ganze Aufwand für einen Mann, den ich einmal gesehen hatte!

LIEBE

Schließlich trug meine Beharrlichkeit, die unaufhörliche Suche Früchte. Der Fremde tauchte auf, wo ich es am allerwenigsten erwartet hätte, in einem von Heidelbergs Freibädern. Wer hätte das vorhersehen können? Ich weiß noch, dass ich schon eine Stunde geschwommen war und eigentlich gerade gehen wollte, doch als ich ihn aus den Umkleidekabinen auftauchen sah, beschloss ich natürlich länger zu bleiben; ich war wild entschlossen, mit ihm zu sprechen.

Es kostete mich weitere tausend Meter Kraulen, aber am Ende hatten wir eine Verabredung.

Der Wahnsinn ließ nicht nach. Wenn überhaupt, wuchs er noch, trieb auch ein Quäntchen Besorgnis hervor. Am Tag unseres Treffens war ich elektrifiziert. Wie ich im vorherigen Kapitel erklärt habe, ist die Erwartung von Lust und Belohnung bereits eine üppige Quelle des Wohlbefindens. In Deutschland gibt es dafür ein Sprichwort: *Vorfreude ist die schönste Freude.* Sie sorgt für freudige Erregung. Wie eine Biene, die den Garten findet, wo sie am besten auf Nahrungssuche gehen kann, hatte ich das Gefühl, die beste Blüte erspäht zu haben.

Inmitten all dessen und gierig nach gutem Rat und Tipps, wie ich mich denn verhalten solle, verließ ich das Labor am frühen Nachmittag und tauchte ein in Platons Buch über die Liebe, überzeugt, dass ich auf diesen Seiten Inspiration finden würde.[3] Zu meinem Glück konnten mir die alten Griechen tatsächlich eine Menge über die Dynamiken der Liebe erzählen, selbst noch im zwanzigsten Jahrhundert. Im Dialog *Phaidros* liefert Platon eine klare Idee vom Wahnsinn der Liebe. Sie sei göttlichen Ursprungs und spiele eine günstige, bedeutsame Rolle in unserem Leben. Und sie könne, als göttliche Gabe, nur Gutes hervorbringen, treibe sie uns doch dazu, nach dem Guten zu suchen. Platon rückt den Liebeswahn gleich neben die Erfahrung, von den Musen der Poesie besessen zu sein, neben den „Musenwahnsinn" – eine dem Rausch ähnliche Besessenheit, ohne die, allein auf der Basis von Sprachkenntnissen und Gelehrsamkeit oder Kunst, kein Dichter gute Poesie verfassen könne. Noch erhabener als der Wahnsinn, der inspiriert wird durch die Musen der Kunst und Poesie, sei aber die Art göttlicher Besessenheit, die ein Liebender verspürt, ein Wahnsinn, der sich äußere und zeige, wenn wir wahre Schönheit sehen oder an sie erinnert werden. Mit einem treffenden Bild macht Platon den Zustand der Verliebtheit greifbar: So beglückend sei die Liebe, dass wir uns wünschten, die Flügel auszubreiten und uns in den Himmel emporzuschwingen. Hoch hinauf wollen wir fliegen, können es aber nicht, werden darum in eine Art unermüdliche Bewegung versetzt. Wir flattern und zittern und „blicken einem Vogel gleich nach oben", vergessen alles um uns her und wirken in der Tat, als seien wir verrückt geworden. Der athenische Philosoph diskutiert auch, was einen Liebenden „erfolgreich" macht. Wie lassen sich gewandte Konversation, Witz und Charme maßvoll kombinieren, wie lassen sie sich einsetzen, um „den Liebling" am besten zu verführen und zu erobern? Und ergibt es Sinn, jemanden zu lieben, der unsere Leidenschaft nicht belohnt? Liebe ist ein unnachgiebiger Impuls, der einen inneren Kampf hervorruft. Um diese Spannung zu veranschaulichen, verwendet Platon eine Allegorie, die inzwischen sehr berühmt wurde. Er sagte, dass der Geist (in seinen Worten die Seele, oder *nous* auf Griechisch) vergleichbar ist mit einem Wagenlenker, der ein Paar geflügelter Pferde lenkt. Das eine der beiden Pferde ist edel, gutmütig, sanftmütig und folgsam. Das andere von gegenteiligem Geblüt, irrational, undiszipliniert und kaum zu zähmen.

Diese Allegorie passt gut zu Liebesangelegenheiten. Aufgeladen mit Poesie und philosophischer Autorität, spiegelt das von Platon verwendete Bild ein zentrales Dilemma im Protokoll der Liebe wider, das die Zeit überdauert hat und Liebende noch heute verfolgt: Sollen wir unserem Instinkt folgen und das Vergnügen suchen – das Streben nach körperlichem Genuss eingeschlossen –, oder sollen wir unsere Handlungen von Vernunft und Urteilsvermögen lenken lassen? Angewandt auf die frühen Phasen von Liebe und Werbung könnte man dies lesen als: Ist es hilfreich, uns vom Wahnsinn über-

LIEBE

mannen zu lassen, oder ist es weiser, uns unsere besten Gefühle aufzusparen für den Zeitpunkt, an dem wir sicher sind, dass wir ihn oder sie erobert haben? Modern ausgedrückt: Sollen wir uns unnahbar geben oder die Initiative ergreifen?

Ein weit verbreitetes Missverständnis der platonischen Liebe ist, dass sie frei sei von sexuellem Ausdruck. Dies ist eine Fehlinterpretation und wird Platons Theorie der Liebe kaum gerecht. Nach Platon sprudelt Liebe über vor Verlangen, und zwar zunächst nach physischer Schönheit. Doch dieses Verlangen entwickelt sich und reift. Mit der Zeit wird es sich von der Tyrannei der Sinne befreien und andere, erhabenere Formen der Schönheit in Betracht ziehen, zum Beispiel persönliche und moralische Schönheit, selbst wenn diese in einem alternden Körper gefangen ist. Letztendlich wird die Liebe zu ihrer höchsten Stufe aufsteigen, vergleichbar mit dem leidenschaftlichen Verlangen eines Gelehrten, Wissen zu suchen und sich anzueignen. Die Liebe wird zu einer gemeinsamen und wechselseitigen Erkundung und kann schöne Gefühle und Ideen hervorbringen.

Am Abend unseres ersten Treffens setzten der Fremde und ich unsere Phantasie in Bewegung, malten uns ganze Szenarien unserer nahen und fernen Zukunft aus. Wir würden zusammen zu Abend essen, Ausstellungen besuchen und an einen exotischen Ort reisen, um den Beginn einer dauerhaften Beziehung zu markieren. Wir würden zusammen arbeiten und schaffen. Wir träumten auch von Abenden auf der Couch, von Spaziergängen über den Bauernmarkt, von Wanderungen in den umliegenden Wäldern, einer Autofahrt durch die Weinberge, endlosen Gesprächen und endloser Freude aneinander. Uns plagten keine Zweifel, wir würden gemeinsam die höchste Form der Liebe entdecken und besiegelten gerade den Beginn dessen, was, so glaubten wir, zu einer vollkommenen Beziehung erblühen werde.

Auf den ersten Blick

Ich sollte wohl etwas zur bleibenden Wirkung sagen, die der Fremde auf mich hatte, etwas zu dem mächtigen „externen Stimulus", der er war, jedenfalls wert, sich ihm zu nähern. Ich hatte ihn kaum fünf Minuten gesehen und schon beschlossen, ihm zu folgen – ganz wie es George Bernard Shaw ausgedrückt hat: „Die Liebe beruht auf einer starken Übertreibung des Unterschiedes zwischen einer Person und allen anderen." Wenige Blicke haben die Macht, eine derart überwältigende mentale und physische Reaktion hervorzurufen. Können wir uns wirklich in jemanden verlieben, den wir nur kurz gesehen haben und über den wir so gut wie nichts wissen?

Traditionell ist es der Blick, welcher der Liebe vorausgeht, und Poeten werden nicht müde, seine essenzielle Bedeutung für die Flugbahn zu betonen, die Amors Pfeil nimmt. Ovid erzählt in den *Metamorphosen*, wie Apollon, der Gott des Lichts, kaum hat er sie erblickt, in Liebe zur Nymphe Daphne entflammt und sie verfolgt, obwohl sie kein Interesse an ihm nimmt. Romeo wiederum hat sich in eine Versammlung der Capulets geschlichen, und dort sieht er Julia zum ersten Mal, verliebt sich augenblicklich in sie und sagt: „Liebt' ich wohl je? Nein, schwör es ab, Gesicht! Du sahst bis jetzt noch wahre Schönheit nicht." (*Romeo und Julia*, 1.5)

Apollon, Romeo und ich selbst am Kinoeingang scheinen einer unberechenbaren, launischen Kraft ausgeliefert, die Leidenschaften jenseits unserer Kontrolle entzündet. Wenig überraschend, dass Amor, der Gott der Liebe und Sohn von Venus und Jupiter, als Kind dargestellt wird, das willkürlich Pfeile abschießt, um zwei Menschen beinahe zufällig miteinander zu vereinen. Mit oder ohne Amors Hilfe, wie kommt es, dass wir von einer bestimmten Person hingerissen sind und nicht von einer anderen? Stellen wir uns eine Party vor. Wenn wir offen sind, einen Liebespartner zu finden, ist das Erste, was wir tun, wenn wir den Raum betreten, rasch unsere Blicke schweifen lassen, ob wir nicht die Person entdecken und in Blick nehmen können, von der wir glauben, sie könnte zu uns passen.

LIEBE

Lange bevor die Neurologie auf der Bildfläche erschien, ließen sich poetische Darstellungen der Liebe von der Wissenschaft der Optik inspirieren. Der Beginn der Liebe, so dachten die Dichter am lebhaften Hof des großen Stauferkaisers Friedrich II. im Sizilien des dreizehnten Jahrhunderts, liege in einem optischen Ereignis. An diesen Hof, an dem Wissenschaftler und Künstler aller Art zusammenkamen, hatte Friedrich *Giacomo da Lentini* (1210–1260) gerufen, einen talentierten Notar und Dichter, dem vor allem die Erfindung der Form des Sonetts zugeschrieben wird, das er bevorzugte, wenn er über die Liebe schrieb. Wie im vorherigen Kapitel erwähnt, liebe auch ich Sonette, und es ist ein hübscher Zufall, dass ich nicht weit von Lentini entfernt aufgewachsen bin, nahe also der Heimatstadt Giacomos und zugleich dem Geburtsort des Sonetts. In einem von Giacomos berühmtesten Sonetten (Nr. XIXc) heißt es:

Liebe ist ein Verlangen, das vom Herzen kommt
Durch eine Fülle großen Gefallens;
Sind es die Augen, die zuerst die Liebe erzeugen,
Gibt Nahrung ihr das Herz.

...

Denn es malen die Augen dem Herzen das Bild
Aller ihm sichtbaren Dinge, der guten wie der bösen.[4]

Hauptorgan der Liebe, das wissen wir heute, ist nicht wirklich das Herz. Der Pfeil der Liebe, was immer er ist, dringt durchs Auge tief ins Gehirn bis zum Thalamus, wo die visuelle Botschaft verarbeitet und an den *Gyrus fusiformis* weitergeleitet wird, an die Gehirnwindung, die für das Erkennen von Gesichtern zuständig ist. Wenn wir einem anderen Menschen begegnen, schenken wir dem Gesicht normalerweise die größte Aufmerksamkeit. Es offenbart uns wichtige Hinweise auf den emotionalen Zustand einer Person. Alle Gehirnregionen, die für die Gesichtserkennung zuständig sind, sind mit der Amygdala und dem präfrontalen Kortex verbunden, den beiden Regulatoren unserer emotionalen Erfahrung.

Tatsächlich bestanden viele Studien zu romantischer Liebe und

Verliebtsein darin, Liebenden, die im Gehirnscanner lagen, Fotos von ihren Geliebten zu zeigen. Man kann die Gesamterfahrung einer romantischen Begegnung nicht nachbilden, aber man kann versuchen zu beobachten, wie ein visuelles Input bei einer stark verliebten Person eine emotionale Reaktion erzeugt und aufrechterhält. Im Jahr 2000 baten Andreas Bartels und Semir Zeki vom University College London eine Gruppe junger Freiwilliger, die erklärten, stark verliebt zu sein, an einer Studie teilzunehmen, in der das neuronale System romantischer Liebe erforscht werden sollte.[5] Während des Scanvorgangs betrachteten alle Teilnehmer Farbfotos von geliebten Partnern, die die Gefühle der Probanden seit durchschnittlich etwas mehr als zwei Jahren erwiderten. In einer anderen, ähnlichen Studie warben Arthur Aron, Helen Fisher und Kollegen von der Rutgers University, New York, die gleiche Zahl Teilnehmer an, die erklärt hatten, sie seien sehr verliebt, von diesem Gefühl aber erst seit maximal siebzehn Monaten ergriffen; sie befanden sich also in einer früheren Phase einer romantischen Beziehung.[6]

Zusätzlich zu den Messungen der Gehirnaktivität stuften alle Teilnehmer ihre romantischen Gefühle ein, indem sie Fragebögen ausfüllten, die ihre Leidenschaft quantifizierten. Sie sollten Aussagen bewerten wie etwa: „Ich denke ununterbrochen an X", „X übt eine starke Anziehung auf mich aus", „Ich sehne mich danach, alles über X zu erfahren", oder „Ich bin glücklich, wenn ich etwas tue, das X glücklich macht".[7] Diese Fragen klingen nicht sonderlich originell, aber sie dienen Psychologen dazu, den Grad verliebter Leidenschaft einzuschätzen. Die beiden Studien glichen einander und brachten ähnliche Ergebnisse zutage. Die Bereiche des Gehirns, die die größte Aktivität zeigten, waren in erster Linie die beiden Regionen unterhalb des Kortex. Eine ist die *Area tegmentalis ventralis* (VTA), die den Hirnstamm bedeckt; die andere der *Nucleus caudatus*, eine C-förmige Struktur in der Mitte des Gehirns, die rittlings auf dem Thalamus sitzt und so genannt wird, weil sie einen breiteren vorderen Teil hat und einen dünneren Schwanz (lat. *cauda*, Abb. 16). (Auch der *Nucleus accumbens*, eine weitere subkortikale

Region, war beteiligt.) Wie im vorherigen Kapitel beschrieben, vermitteln diese Regionen vor allem Belohnung und Motivation und sind benetzt mit Dopamin, um Verlangen zu wecken. Sowohl die VTA als auch der *Nucleus caudate* sind ebenfalls gut mit dem visuellen System verbunden.

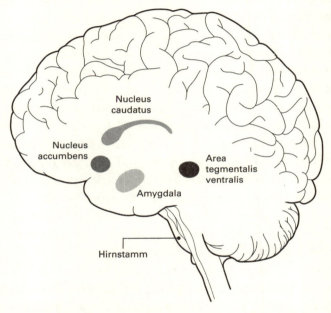

(16) Beim Betrachten des Fotos einer geliebten Person aktive Areale des Gehirns, aufgezeichnet mit fMRT

Jeder, der einmal verliebt war, wird das von Dopamin ausgelöste Verhalten kennen: Hyperaktivität, unglaubliche Motivation, fehlende Müdigkeit – ich habe bestimmt mehrere schlaflose Nächte damit verbracht, von meiner Vernarrtheit inspirierte Gedichte zu schreiben.

Im Gehirn zirkulierendes Dopamin hilft unserem Geist, unsere Aufmerksamkeit zu fokussieren; bewirkt also, wenn wir verliebt sind, dass wir uns vor allem auf die geliebte Person konzentrieren, und das mit allen unseren Gedanken. Mit nichts anderem können wir uns wirklich beschäftigen. Er oder sie steht ganz oben auf der Liste unserer Prioritäten, und alle anderen werden irrelevant, zumindest unwichtiger. Mit einer solchen fixierten, ausschließlichen Aufmerksamkeit gelingt es uns, auch Einzelheiten rund um das Ziel unseres Verlangens festzuhalten und zu erinnern. Wir wissen genau, wie die Person angezogen war, was sie gesagt hat, können das Innere des Restaurants beschreiben, in dem wir mit ihr zum Essen verabredet waren, und auch ihren Gesichtsausdruck beim Abschied.

Die fMRT-Bilder zeigten auch eine Deaktivierung in der Amygdala – ein Nachlassen oder Sich-Verlieren der Aktivität dort. Die Amygdala ist ein Zentralorgan für unser emotionales Leben und Hauptquelle unserer Angstreaktionen. Es ist nicht überraschend, dass der Anblick einer geliebten Person während der intensiven, doch nicht der allerersten Phasen der Verliebtheit zu einer geringeren Amygdala-Aktivität führt, denn es ist wahrscheinlich, dass das Gefühl der Euphorie, des Vertrauens und Schutzes, das wir aus dem Bild des oder der Geliebten beziehen, Ängste zerstreut.[8]

Das Tief nach dem Hoch

Die nicht hinterfragte und nicht hinterfragende Bewunderung für das Objekt unserer Begierde wird nicht für immer anhalten; ebenso wenig der Irrsinn, der die Anfangsphasen der Leidenschaft prägt. Mit der Zeit, wenn wir wieder anfangen, klar zu denken, erscheint die geliebte Person in einem anderen Licht und legt vielleicht eine irreführende Verkleidung ab. Verlegen fragen wir uns: Warum das alles?

Auch in der Beziehung zu meinem Freund änderten sich, nach monatelanger Leidenschaft und gegenseitiger Bewunderung, ein paar entscheidende Dinge. Nicht, dass wir einander sattgehabt hätten, aber wir haben Eigenschaften am anderen entdeckt und auch an der Art, in der wir uns lieben, die uns nicht mehr begeisterten. Ich habe nicht vor, mit Einzelheiten zu langweilen, nur so viel: Ich entdeckte allmählich ein paar unattraktive Kanten an seiner Einstellung zum Leben. So traurig es klingt, hin und wieder schien ein Teil der Person, die er war, nichts mit der zu tun zu haben, die ich an jenem Sonntag im April getroffen zu haben glaubte und mit der ich ein paar wirklich bereichernde und zärtliche Augenblicke geteilt habe. Um es kurz zu machen, uns wurde klar, dass wir nicht bereit waren, uns gemeinsam auf die Suche nach dem Weg zu machen, auf dem wir am besten zusammenleben könnten. Was hatte sich verändert, was hatten wir bei unserer ersten Begegnung übersehen?

Wir haben das schon oft gehört: Im Grunde ist Liebe blind. Liebe macht nicht nur blind, sondern sie belebt auch die Phantasie. Inspiriert durch die Erfahrung einer intensiven, aber unerwiderten Liebe zu Mathilde Dembowski, der er in seinen Dreißigern in Mailand begegnet war, schrieb der französische Schriftsteller Stendhal (1783–1842) ein Buch über die Liebe; und ein großer Teil dieser essayistisch-philosophischen Untersuchung ist der Rolle der Phantasie gewidmet. Er verglich das Sichverlieben in einen Menschen mit einem natürlichen Phänomen, das er Kristallisation nannte.[9] Wenn man einen Stock zu lange in einer Salzmine lässt, wird er irgendwann über und über mit Kristallen bedeckt sein und ganz anders aussehen, wenn man ihn wieder herausnimmt, jedenfalls nicht mehr wie ein Stock. Fühlen wir uns zu jemandem hingezogen, geschieht etwas ganz Ähnliches. Wir lassen unsere Vorstellungskraft vorauspreschen, malen uns Augenblicke des Glücks und der Harmonie aus, auch wenn uns nichts und niemand garantieren kann, ob sie sich überhaupt erreichen und erhalten ließen. Und nicht nur das: Wir schmücken das Objekt unseres Verlangens auch aufs Hübscheste. Oft besteht dieser Zierrat aus Qualitäten, die uns selbst fehlen und die wir gern besäßen. Das ist nicht überraschend. Wir fühlen uns selten von etwas angezogen, das wir bereits haben. Als ich ihm das erste Mal begegnet bin und wir uns dann regelmäßig trafen, wirkte der Mann, dessen Gesicht mich einfach umgehauen hatte, schlechtweg makellos. Wenn wir uns verlieben, ist unsere Wahrnehmung so desorientiert, dass wir schon begeistert sind, wenn sich Qualitäten, nach denen wir uns sehnen, beim andern auch nur andeuten. Hätten wir gerne mehr Sinn für Humor, klingt schon ein durchschnittlicher Witz, den die geliebte Person macht, Comedy-verdächtig. Ein landläufig hübsches Halstuch wird zum Zeichen zeitloser Eleganz und sicheren Geschmacks. Eine selbstsichere Bemerkung über ihre Ansichten und Überzeugungen erscheint als bewundernswert solides Selbstbewusstsein.

Interessanterweise zeigte sich dieser wiederkehrende Aspekt der Liebe in einer der Brain-Imaging-Studien, bei der sich die Probanden Bilder der geliebten Person ansehen sollten. In einigen Teilen des Gehirns wurden deutliche neuronale Deaktivierungen beobachtet: an jenen nämlich, die beteiligt sind an der Verarbeitung negativer Gefühle, der Bildung von Urteilen über andere sowie an der Selbstwahrnehmung in Relation zu anderen.[10] Vergleichbar ist dies mit den neuronalen Veränderungen, die während eines Theaterbesuchs zu beobachten sind, wenn Ungläubigkeit suspendiert wird.

Im zweiten Kapitel habe ich ausführlich erklärt, wie vorsichtig wir sein müssen, wenn wir Ergebnisse funktionaler Gehirnscans interpretieren, und wie schwierig es ist, Attribute einer Emotion bestimmten Hirnregionen zuzuordnen. Hier nun besonders klingt es wie ein unglaublich ehrgeiziges, wo nicht naives Unterfangen, ein so komplexes Gefühl wie das Verliebtsein mit einem Gehirnscanner einfangen zu wollen, was das Große dieser Empfindung nur herabsetzen kann. Es scheint jedoch, dass das Ruhigstellen besagter Gehirnareale im Zustand von Verliebtsein und Liebe aus verschiedenen Gründen sinnvoll sein könnte. Insbesondere in den Anfangsphasen der Liebe fällt es uns schwer, uns unvoreingenommen über unser Wunschobjekt zu äußern. Wie es aussieht, entdecken wir an ihm zunächst überhaupt keine unerwünschten Eigenschaften. Oder, falls doch, messen wir ihnen keine ernsthafte Bedeutung bei, glauben nicht, dass sie sich verschlimmern könnten. Nur wenn es sich um positive Eigenschaften handelt, vermögen wir eine Steigerung vorauszusehen. Wenn wir ein Urteil aussprechen, dann zumeist freundlich und in Form eines Kompliments. Im Grunde kommt uns jegliches objektives Urteilsvermögen abhanden. Der französische Philosoph

LIEBE

Roland Barthes (1915–1980) vergleicht den Liebenden mit einem Künstler, „und seine Welt ist eine ganz verkehrte Welt, weil darin jedes Bild sein eigener Zweck ist".[11] Als gäbe es in der Liebe traurigerweise nichts, was über das Bild hinausgeht. Die geliebte Person wird zu einem Geist, einem reinen Phantasiegebilde.

Eines der Gefühle, die am häufigsten wiederkehren, wenn wir lieben, ist, dass wir eine starke, das eigene Selbst auslöschende, körperliche und geistige Einheit mit der Person erreichen, zu der wir uns hingezogen fühlen. Diese Einheit verringert die physische und mentale Distanz und räumt, da unser Vertrauen in den anderen wächst, auch jeden größeren Zweifel daran beiseite, dass wir seine Überzeugungen und Vorstellungen zu teilen vermögen. Wenn wir lieben, senken wir unsere Grenzbarrieren, vermindern Abwehrstrategien. Bemerkenswert ist in diesem Zusammenhang, dass einige der Deaktivierungen, die im Zustand des Verliebtseins gemessen wurden, sich anatomisch eng überlappen mit deaktivierten Regionen des frontalen Kortex, die in Phasen sexueller Erregung und beim Orgasmus beobachtet wurden. Schließlich können wir Menschen der Vereinigung von Geist und Körper, die wir im Verliebtsein anstreben, niemals näher kommen als in der sexuellen Vereinigung.[12]

Durch Emotion getäuschter Blick

Die erste romantische Leidenschaft, das erste Verliebtsein kann also ein lang wirkendes, irreführendes Nachbild sein.

Ein bizarres neurologisches Phänomen, bekannt als Capgras-Syndrom, ist ein besonders spannendes Beispiel dafür, wie sich unser Gesichtssinn von Emotionen trügen lässt. Patienten mit Capgras-Syndrom sind ansonsten bei klarem Verstand, aber sie betrachten einen nahestehenden Bekannten – üblicherweise jemanden, mit dem sie intim sind – als Betrüger. Über das Syndrom hat zuerst 1923 der französische Arzt Joseph Capgras geschrieben: in seinem Bericht über den bemerkenswerten Fall einer dreiundfünfzig Jahre alten Frau, einer gewissen Madame M.[13] Diese hatte bei der Polizei Anzeige erstattet wegen des plötzlichen Verschwindens ihres Ehemannes. In Wirklichkeit aber wartete dieser zu Hause auf sie. Gleichwohl war Madame M. der Überzeugung, dass der Mann, mit dem sie lebte, nicht ihr echter Ehemann sei, sondern nur ein *Doppelgänger*, der genauso aussehe wie dieser und dessen Identität angenommen habe. Mit der Zeit erlebte Madame M. weitere Wahnvorstellungen und schuf sich eine völlig neue, eigene Realität. Über eine Zeitspanne von etwa fünf Jahren, so berichtete sie, sei sie Tausenden unbekannten *Messieurs* – wie sie die Phantasiemänner nannte – begegnet, die alle behauptet hätten, ihr Gatte zu sein. Jeder war der Doppelgänger des vorherigen, und an jedem von ihnen fiel Madame M. irgendetwas Fremdartiges auf. Capgras beschrieb Madame M.s Einbildungen als „chronischen systematischen Wahn", von dem er vermutete, er müsse einer Fehlinterpretation visueller Informationen entspringen.[14]

Seit Madame M. ist über zahlreiche ähnliche Fälle berichtet worden. In einigen davon manifestierten sich die Symptome als Folge von Gehirnverletzungen. In Studien konnte gezeigt werden, dass Patienten mit diesem Syndrom die Gesichter ihrer Geliebten durchaus erkennen, aber nicht in der Lage sind, die Emotionen zu erleben, die durch deren Vertrautheit normalerweise hervorgerufen würden. Jemanden einfach nur wiederzuerkennen und dann eine emotionale Verbindung mit ihm zu erleben – für das Gehirn sind dies zwei unterschiedliche Aufgaben. Die erste wird, um es knapp zu sagen, durch einen Bereich erledigt, der fusiformes Gesichtsfeld genannt wird; die zweite in der Amygdala, wo unsere emotionalen Erinnerungen generiert und gespeichert werden. Neurologen vermuten, dass die Capgras-Symptome von einer spezifischen Fehlverbindung oder Fehlkommunikation zwischen diesen beiden funktionell unterschiedlichen Teilen des Gehirns herrühren. Interessanterweise wird die Besonderheit dieser fehlenden Verbindung durch die Tatsache bestätigt, dass der Patient seinen echten Partner emotional dann durchaus erkennen kann, wenn dieser, der vermeintliche Doppel-

LIEBE

gänger, körperlich nicht anwesend ist – zum Beispiel, wenn der Patient die Stimme des anderen am Telefon hört.

Das Capgras-Syndrom hat schon viele fasziniert.[15] Als ich zum ersten Mal davon hörte, fragte ich mich, ob man es nicht als „Prisma" nutzen könne, quasi als indirekten Zugang zu Phänomenen der Liebe.[16] Denn wer hätte diese Erfahrung noch nicht gemacht, hätte nicht erlebt, wie man plötzlich meint, die Person, zu der man sich hingezogen fühlt, nicht wiederzuerkennen, wenn nicht im wörtlichen Sinn, so doch emotional? Schließlich kann sich das Bild, das wir von Menschen bewahren, die wir so intim zu kennen glauben, manchmal doch als weit entfernt von der Realität erweisen. Wenn wir neue und unerwartete Makel entdecken, die uns vorher nie aufgefallen sind, dann beginnen die Menschen, die wir lieben, allmählich wie Fremde auf uns zu wirken. Sie werden tatsächlich zu Betrügern.

Warum verändert sich die Liebe? Ist es, weil wir selbst uns ständig ändern oder weil die von uns Geliebten sich verändern oder weil unsere Sinneswahrnehmung von unseren Emotionen getäuscht wird? Oder liegt der Grund einfach nur darin, dass unsere Augen ständig Neues brauchen, um unser Verlangen aufrechtzuerhalten?

Beim Capgras-Syndrom ist mit der visuellen Wahrnehmung des Geliebten *an sich* offensichtlich alles in Ordnung. Das Problem liegt im *interpretativen* Aspekt der visuellen Wahrnehmung, mit anderen Worten im Urteil, das wir durch unsere Emotionen über die visuelle Information fällen.

In Sonett 148 beschwört William Shakespeare den Antagonismus zwischen dem Sehen und dem emotionalen Urteil:

Weh! Welche Augen gab mir Venus Sohn,
Die sich auf wahres Sehen nicht verstehn!
Wo nicht: wo ist mein Urteil hingeflohn,
Das falsch entscheidet, was sie richtig sehn?

Wenn man das Capgras-Syndrom erforscht, gewinnt man zugleich Einblicke in einen der fundamentalen Aspekte der Liebe: nämlich

SYNDROME UND SONETTE

in das Missverhältnis zwischen der Person, in die wir uns zu verlieben glauben, und der, die sie wirklich ist. Ein solches Missverhältnis kann sich auch zwischen Liebenden herausstellen, die schon lange Zeit zusammen sind; seinen Ursprung aber hat es ganz entscheidend in den Anfangsphasen, wenn die Euphorie der Liebe uns eine völlig verzerrte Projektion des anderen fabrizieren lässt, basierend auf der Person, die wir uns wünschen und zu der wir unseren Partner idealisieren.

Ein Problem ist, dass wir oft zurückkehren wollen zur Erfahrung der Leidenschaft in der ersten Zeit. Wir sehnen uns nach dem fieberhaften, glühenden Liebeszustand des Anfangs. Wir wünschten uns, für immer sein zu können wie Romeo und Julia.

Diese beiden sind uns zum Inbegriff beständiger romantischer Liebe geworden. Nur: Die beiden jungen italienischen Turteltäubchen kamen gar nicht dazu, das Ende ihrer wechselseitigen Leidenschaft zu bedauern, sie starben, ehe ihre Gefühle welken oder sich in Luft auflösen konnten.

Der Valentinstag ist ein Ritual, mit dem sich Liebende jedes Jahr ihre romantischen Gefühle füreinander in Erinnerung rufen. Für diejenigen, die schon eine Zeitlang zusammen sind, ist es ein Vorwand, die euphorische Leidenschaft der Anfangsverliebtheit von neuem zu entzünden. Langzeitpaare sind sich sehr wohl bewusst, dass sie ihre Anziehungskraft wiederbeleben können, indem sie etwas Neues in ihre Beziehung einführen – ob beim Sex oder indem sie die Frisur ändern oder den Stil, sich zu kleiden, Blumen kaufen oder den anderen irgendwie sonst überraschen. Indem sie das Alte in etwas Neues verwandeln, stimulieren sie die dopaminergen Neuronen und befriedigen ihr Bedürfnis nach Neuem. Im Fall der Capgras-Täuschung dagegen würde jeder Versuch, durch Stimulation der dopaminergen Neuronen die Anziehungskraft zu stärken oder wiederzubeleben, bedeuten, das Neue alt wirken lassen.

LIEBE

Gehen oder bleiben

Bisher habe ich von der Liebe als einer Art Vernarrtheit gesprochen, die sich irgendwann als Illusion entpuppen kann. Aber grenzenloses Verlangen – und selbst Kristallisierung – endet nicht immer im Nichts. Es kann reifen und sich zu etwas anderem entwickeln.[17]

Was hält eine Beziehung auf Dauer in Gang? Was zementiert eine Verbindung nach der anfänglichen Leidenschaft?

Hätte die grenzenlose Liebe von Romeo und Julia eine Fortsetzung gefunden, sie hätte höchstwahrscheinlich den normalen Verlauf jeder anderen Beziehung genommen. Ich will nicht sagen, dass sich die beiden am Ende gehasst hätten oder getrennt, aber ihr Band wäre sehr wahrscheinlich zu einer Verbundenheit ganz anderer Art gereift als die inbrünstige magnetische Anziehung ihrer ersten Begegnung. Von zwei Hormonen, Oxytocin und Vasopressin, wurde bislang angenommen, dass sie die wichtigste Rolle in den reiferen Phasen der Liebe spielen, in den ruhigen Schlupfwinkeln langfristiger Verbundenheit.

Oxytocin und Vasopressin sind kleine Hormone aus der Gruppe der Neuropeptide, die im Hypothalamus produziert, aber in andere Teile des Gehirns geschickt werden und dort durch Bindung an Rezeptoren wirken. Die molekulare Bestätigung der Rolle, die diese beiden Hormone bei der Beeinflussung von (emotionalen) Bindungen spielen, wurde, man mag es glauben oder nicht, bei Präriewühlmäusen entdeckt, auch bekannt als Feldmäuse.

Zwei Arten von *Microtus* zeigen bemerkenswerte Unterschiede in ihrem jeweiligen Verhalten. *Microtus ochrogaster*, die Präriewühlmäuse eben, sind höchst gesellig und leben monogam. Männchen und Weibchen verbringen ihre meiste Zeit zusammen, sind eifersüchtig auf ihren Partner und kümmern sich auch gemeinsam um den Nachwuchs. *Microtus montanus* dagegen, die Bergwühlmäuse, sind äußerst unsozial und wechseln häufig die Partner. Sie lassen sich auf „außereheliche" sexuelle Aktivitäten ein, vernachlässigen ihre Jungen oder lassen sie schon bald nach der Geburt im Stich.

SYNDROME UND SONETTE

Wie sich herausstellte, gibt es einen Unterschied zwischen beiden Arten, was Anzahl und Verteilung der Rezeptoren für Oxytocin und Vasopressin im limbischen Gehirn angeht, und jedes Hormon spielt bei Männchen und Weibchen eine geringfügig andere Rolle.[18]

Verabreicht man einer weiblichen Präriewühlmaus Oxytocin, wirkt es wie Amors Pfeil, und sie wird sich an das nächstbeste Männchen binden, das ihr über den Weg läuft. Oxytocin wirkt auf die Dopamin-Belohnungsmechanismen: Es bindet sich an Rezeptoren im *Nucleus accumbens*, der, wie bereits dargestellt, eines der Belohnungsareale ist. Weibliche Bergwühlmäuse haben weniger Oxytocin-Rezeptoren im Nucleus accumbens.

Bei männlichen Wühlmäusen spielt das Vasopressin die größere Rolle. Bei der Prärieart ist es das Vasopressin, das durch Bindung an Rezeptoren im *ventralen Palladium* – einem anderen Belohnungssystem direkt unter dem *Nucleus accumbens* – Paarbindung, Aggression gegen männliche Rivalen und elterliche Instinkte stimuliert. Je größer die Anzahl von Vasopressinrezeptoren bei männlichen Präriewühlmäusen ist, desto ausgeprägter ist ihre soziale Einstellung.

Wühlmäuse sind das eine, aber was ist mit uns Menschen? Eine Studie widmete sich einem Gen, das eine Rolle spielt für die Produktion von Vasopressinrezeptoren. Nach dieser Studie ist die Wahrscheinlichkeit, unverheiratet zu bleiben oder in Beziehungskrisen mit größerem Scheidungsrisiko zu geraten, für Männer mit einer speziellen Form dieses Gens – die dann wegen dieses Gendefekts auch über weniger Vasopressinrezeptoren verfügen – doppelt so hoch wie für Männer mit mehr Rezeptoren.[19] Natürlich ist das nur eine Korrelation, und Träger einer bestimmten Genform zu sein ist nur eine der Zutaten, die zu einer Verhaltenstendenz beitragen.

Kurz, es lässt sich nicht eindeutig feststellen, aber es ist möglich, dass mit Madame M.s Dopamin- und Oxytocinhaushalt etwas nicht in Ordnung war. Zwar schuf sie sich den Reiz des Neuen, indem sie ihrem Mann neue Identitäten verpasste, hingerissen jedoch war sie von ihren „neuen Männern" nie. Dem Andersartigen fehlten ihrem Empfinden nach die Eigenschaften des Originals.

LIEBE

Die Wahl eines Partners

Sich in den falschen Partner verlieben – in jemanden, der unsere Gefühle nicht erwidert oder nicht geeignet ist, uns glücklich zu machen – ist kein Weg, den wir mit Überlegung wählen würden, geschweige denn willentlich.

Und doch tun wir es, manchmal vielleicht sogar wiederholt, ehe wir den richtigen Seelenverwandten finden. Ohne es zu merken, folgen wir mit einiger Konsequenz einem Muster des Scheiterns. Paradoxerweise können gerade diejenigen, die für einen objektiven Betrachter ganz offenkundig der falsche und absolut unpassende Partner für uns zu sein scheinen, uns selbst aus völlig unerfindlichen Gründen höchst begehrenswert erscheinen: Offenbar entsprechen sie einem Muster der Fehlpaarung.

Weshalb wir uns in die falsche Person verlieben oder was andere Menschen geeignet macht für eine Verbindung mit uns, hängt von verschiedenen Faktoren ab. Manche haben Wurzeln, die bis in die Kindheit zurückreichen.

They fuck you up, your mum and dad.
They may not mean to, but they do.
They fill you with the faults they had
And add some extra, just for you.

Sehr treffend hat Philip Larkin in einem Gedicht mit dem lapidaren Titel *This Be The Verse* (etwa: Das alte Lied) beobachtet, welch mächtigen Einfluss Eltern auf uns haben, so unvermeidlich wie unbeabsichtigt.[20]

Tatsächlich sind die Muster, nach denen wir uns anderen nähern, sie lieben und uns an sie binden, Schatten der Art zu lieben, die wir in der Kindheit gelernt haben, in erster Linie von unseren Eltern. Frühkindliche Erfahrungen und Beziehungen haben sehr wohl Auswirkungen auf unsere Persönlichkeit als Erwachsene, insbesondere wenn es um Intimität und Zärtlichkeit geht. Diese Vorstellungen entwickelten sich aus Freuds Theorien, wurden später dann vom britischen Psychiater John Bowlby (1907–1991) gründlich erforscht. Er schreibt: „Wenn ein Individuum darauf vertraut, dass seine Bindungsfigur verfügbar ist, wann immer es das wünscht, dann neigt dieses Individuum weniger zu intensiver oder chronischer Furcht als eine andere Person, die dieses Vertrauen aus irgendeinem Grunde nicht besitzt."[21] Aufgebaut, so Bowlby, wird dies Vertrauen während der entscheidenden Jahre des Säuglingsalters, der Kindheit und Jugend.

Jahre nach Bowlbys Beobachtungen hat dies in einem bedeutenden Korpus einschlägiger Untersuchungen Bestätigung gefunden.

Wenn Eltern distanziert sind, mit sich selbst beschäftigt und nachlässig, dann wird das Kind diese Eigenschaften als akzeptabel und lohnend erachten und höchstwahrscheinlich, wenn es erwachsen ist, bei seinen Partnern danach suchen. Andererseits, wenn Kinder in einem liebevollen Elternhaus aufwachsen, dessen Klima von Wärme, Zärtlichkeit und Verlässlichkeit bestimmt war, werden sie als Erwachsene sehr wahrscheinlich diese Eigenschaften entwickeln und auch bei anderen schätzen. Wahrscheinlich ist es die Mutter (oder eine andere Pflegeperson), die, indem sie auf Stimmungen und Bedürfnisse ihrer Kinder eingeht, diesen beibringt, liebevoll zu sein und nach Liebe zu suchen. Die Kinder lernen, dass sie, wenn sie Hilfe brauchen, ihre Bedürfnisse äußern können und dass ihre Bitte gehört wird. Sie lernen, dass sie es wert sind, geliebt zu werden, und Aufmerksamkeit verdienen, und werden sich nicht vor Trennung fürchten.

Menschen, bei denen diese Dynamik des Vertrauens in der frühen Kindheit fest etabliert wurde, werden ihr Leben lang darauf zurückgreifen, und sie werden diese Dynamik wahrscheinlich auch von den Menschen, denen sie begegnen, erwarten und sie mit ihnen aufbauen. So können wir uns schon als Kind bestimmte Gewohnheiten, Vorlieben und Präferenzen bei Beziehungen aneignen, die später unser Erwachsenenleben und auch unser Liebesleben prägen.[22]

Heute versucht die Neurowissenschaft diese Erkenntnisse der

LIEBE

Psychologie auf eine andere Ebene zu transportieren, indem sie der Frage nachgeht, wie solche frühen Erfahrungen in unserem Gehirn verschaltet werden und unser Verhalten als Erwachsene steuern; anders gefragt: wie uns frühe elterliche Fürsorge unter die Haut geht.

Dieser faszinierende Aspekt des Lebens und der Biologie wurde in Tierversuchen ausgiebig erforscht, vor allem an Ratten und Mäusen, wobei sich die Studien insbesondere darauf konzentrierten, welche Langzeitkonsequenzen die Unterbrechung von Mutter-Kind-Beziehungen haben. Ich habe einen Großteil meiner Zeit als Post-Doktorand im Labor von Cornelius Gross am European Molecular Biology Laboratory damit verbracht, diese Phänomene zu untersuchen.

Es gehörte zu meinen Aufgaben, mehrere Stunden am Tag Mäusemütter zu beobachten, die sich um ihre Jungtiere kümmern. Das entscheidende Fenster für die Entwicklung von Jungmäusen liegt in ihren ersten drei Lebenswochen. Was sie in dieser Zeit erleben, formt ihr Erwachsenenleben nachhaltig. Mäusebeobachtung mag für jemanden, der das noch nie gemacht hat, vielleicht absurd klingen, aber man kann tatsächlich sehen, ob sich eine Maus gut oder schlecht um ihre Neugeborenen kümmert, indem man sie beobachtet. Wenn sie nicht gerade selbst etwas fressen oder trinken muss, verbringt eine „gute" Mäusemutter viel Zeit beim Wurf im Nest. Sie gibt den Kleinen Wärme, indem sie mit ihrem Körper eine Art „Bettdecken"-Position einnimmt, wenn sie alle beisammen schlafen. Sie leckt und putzt ihren Nachwuchs. Verlässt eines der Jungen das Nest, eilt sie hinterher, um es zurückzuholen. Eine „schlechte" Mäusemutter dagegen kümmert sich weniger um ihren Nachwuchs. Sie vernachlässigt die Kleinen und verbringt deutlich mehr Zeit außerhalb des Nests als bei ihrem Wurf. Schlafen die Babys, müht sie sich nicht sonderlich, sie mit ihrem Körper zuzudecken, es scheint ihr egal zu sein. Auch mit dem Lecken und Putzen nimmt sie es nicht so genau. Eine deutliche Folge dieses Unterschieds in der Brutpflege ist, dass die Jungen, die von einer „schlechten" Mutter aufgezogen wurden, zu ängstlicheren Tieren heranwachsen als

SYNDROME UND SONETTE

jene, die von einer „guten" Mutter aufgezogen wurden – Bowlby hätte dies kaum anders erwartet.[23] Junge, die zwar von einer nachlässigen Mutter geboren, dann aber von einer fürsorglicheren Mutter aufgenommen werden, sind als ausgewachsene Mäuse jedoch weniger ängstlich. Erstaunlicherweise übernehmen weibliche Mäusekinder aus der von einer „guten" Mutter adoptierten Gruppe später deren mütterliches Verhalten an und zeigen auch dem eigenen Nachwuchs gegenüber eine fürsorgliche Haltung, trotz ihrer „schlechten" genetischen Herkunft.

Das bedeutet, dass mütterliches Verhalten in der Generationenfolge weitergegeben wird. Eltern verhalten sich ihren Kindern gegenüber weitgehend so, wie sich ihre eigenen Eltern ihnen gegenüber verhalten haben.

Philip Larkin bringt dies im zweiten Teil seines Gedichts zum Ausdruck:

But they were fucked up in their turn
By fools in old-style hats and coats,
Who half the time were soppy-stern
And half at one another's throats.

Man hands on misery to man.
It deepens like a coastal shelf.
Get out as early as you can,
And don't have any kids yourself.

Die Tatsache, dass das Junge einer „schlechten" Mutter das fürsorgliche mütterliche Verhalten von einer „guten" Mutter annehmen kann, ist ein Beweis dafür, dass diese Langzeitwirkungen durch frühe äußere Einflüsse geprägt werden. Die spannendste Frage in diesem aufregenden Forschungsgebiet ist: Welche molekularen Mechanismen tragen diese frühen äußeren Einwirkungen in das Erwachsenenleben? Das Stichwort lautet: epigenetische Modifikation. Genetik ist die Lehre davon, wie Eigenschaften über das Genom von einer Generation an die nächste weitergegeben werden, die Epigenetik fragt danach, wie Eigenschaften unabhängig von den in der DNA gespeicherten genetischen Informationen über Generationen weitergegeben werden. Wie sich herausstellt, kann die Qualität der mütterlichen Fürsorge Veränderungen in der Genexpression (der Ausprägung des Genotypus) bewirken, die die Charakteristika des Verhaltens einer erwachsenen Maus modifizieren, und diese Veränderung wird, im Fall weiblicher Mäuse, durch das veränderte Brutpflegeverhalten auch an die nächste Mäusegeneration weitergegeben.

Diese Forschungen befinden sich noch in einer frühen Phase, gleichwohl ist es gelungen, schon einige der spezifischen Gene zu identifizieren, deren Expression modifiziert wird, und auch herauszufinden, mit welchen molekularen epigenetischen Mechanismen dies geschieht. Einer dieser Mechanismen ist Methylierung: Die Übertragung einer Methylgruppe – eines Moleküls, das aus einem Kohlenstoffatom und drei Wasserstoffatomen besteht, CH_3 – auf eine Cytosinbase der DNA. Im Prinzip funktioniert die Methylgruppe wie ein molekulares Etikett, das die DNA an bestimmten Stellen markiert. Es bindet sich an DNA-Bereiche, die für das Ein- und Ausschalten der Expression von Genen verantwortlich sind (also dafür, wie stark ein Gen sich im Genotyp ausprägt).

Ich habe einiges auf mich genommen, um die Aussage zu bestätigen, dass das Bonding zwischen Kindern und ihren Eltern ein bleibendes Modell für die Etablierung zukünftiger Beziehungen bildet. Zu beobachten, wie diese Mäusemütter sich um ihre Jungen kümmerten, war nicht immer ein Vergnügen. Ich beobachtete, vier Stunden am Tag im Dunkeln sitzend, mehrere Dutzend Mäuse und zeichnete auf einem Notizblock jede einzelne ihrer Bewegungen auf – die kleinen Freuden der Wissenschaft. Ich weiß noch, wie belustigt und zugleich verwundert ich über die Mäuse war, deren mütterliches Verhalten ich zu untersuchen hatte. Vor diesen Käfigen sitzend stellte ich unweigerlich neue Vergleiche an zwischen dem, was ich beobachtete und zählte, und dem, was ich vom elterlichen Stil meiner eigenen Mutter erinnerte und auch von der Wärme meiner Großmutter. Hatte Nonna Lucia meiner Mutter genug Wärme gegeben? Wie viel Zeit hat meine Mutter über meine Wiege gebeugt verbracht? Hat sie je die Bettdeckenposition eingenommen? Und wenn wir schon dabei sind: Hat sie mich je abgeleckt? Im Labor haben meine Kollegen und ich nicht nur unsere Späße über diese Mäuse gemacht, sondern auch versucht, den elterlichen Stil unserer jeweiligen Mütter zu erraten, ausgehend von unseren zwischenmenschlichen Beziehungen und unserem Glück und Unglück in der Liebe.

Zusätzlich zu den unterschiedlichen Erwartungen, die wir generell an eine Beziehung hatten, könnte die Unvereinbarkeit zwischen mir und dem Mann mit dem Cello aus Heidelberg auch in der jeweiligen Art begründet liegen, mit der wir Liebe von unseren eigenen Eltern, insbesondere von unseren Müttern, empfangen haben, und in der Art, in der wir dieses Muster über die Jahre und während anderer Erfahrungen trainiert haben. Schlechte Angewohnheiten verknöchern schnell, insbesondere wenn sie in einem frühen Alter angenommen werden. Selbst wenn es so weit kommt, dass die Liebe verweigert wird oder wir um Bindung kämpfen müssen, wenn wir das ein paarmal getan haben, lernen wir, es wieder zu tun.

Der Gedanke, dass die Art, in der meine Mutter mich großgezogen hat, insbesondere während meiner frühen Jahre, die Wahl meines Partners entscheidend beeinflussen muss, war mir, ich geb's zu, lähmend unbehaglich. Doch es führte mir recht deutlich vor Augen, was mir zu schaffen macht, wenn ich Beziehungen zu potenziellen Partnern aufbaue – und womit sie es zu tun bekommen, wenn sie mir begegnen. Eine solche Wahrheit war mir durch Konzepte der Psychoanalyse sowie durch Larkins Gedicht nahegebracht worden. Die Neurowissenschaft lieferte zusätzliche Informationen. Denn sie ließ mich erkennen, dass mütterliche Fürsorge die Expression einiger meiner Gene modifiziert. Das war beunruhigend, aber nicht völlig entmutigend. Kein Elternpaar ist perfekt, doch sind er oder sie auch nicht katastrophal.

LIEBE

Obwohl es eine gewisse Kohärenz gibt zwischen dem Personen-
typus, in den wir uns tendenziell verlieben, und einem früheren
Bindungsmuster, müssen wir uns Bindung oder elterliche Stile nicht
als Ketten denken, die Menschen an ein unabänderliches emotionales Schicksal fesseln. Ob ein Elternteil kalt und nachlässig oder
warm und fürsorglich ist, ist lediglich der erste Impuls auf der
Lebensbahn eines Individuums. Über die Jahre können wir so viele
Veränderungen durchlaufen und so unterschiedliche Erfahrungen
anhäufen, dass vieles an der Art, in der wir Beziehungen zu anderen
aufbauen, von vielen Seiten beeinflusst ist, nicht allein durch unsere
Eltern. Wie wir im dritten Kapitel am Beispiel der Furcht gesehen
haben, ist das Gehirn plastisch: Seine neuronale Verschaltung und
die zugrunde liegende genetische Expression können aktiv verändert werden. Auch die epigenetische Modifikation endet nicht mit
der Kindheit. Was auch immer uns in der Kindheit widerfahren ist,
für Veränderung bleibt stets Raum, für Entwicklung und Entdeckung. Freilich ist es wesentlich einfacher, sich in einem Muster
zu verstricken, als aus ihm zu entkommen, aber unmöglich ist die
Umkehr nicht. Wir müssen nur darauf hinarbeiten, manchmal ziemlich hart.

Der Liebes-Supermarkt

Meine zuletzt doch unglückliche Erfahrung mit dem Fremden vom
Kino bestätigt, dass Liebe blind macht und dass Amors fehlendes
Urteilsvermögen diesen dumme, unerwünschte Fehler machen lässt:
in unserem Namen (oder, wie Bowlby sagen würde, im Namen
unserer Eltern). Wenn eine Beziehung zu Bruch ging, weiß niemand,
wann Amor wieder auftauchen wird. Nichtsdestotrotz, solange Liebende nach einer Romanze gesucht haben, haben auch andere
versucht sich einzumischen, ungebeten. Ob Eltern, Priester oder
Rabbis, ob Freunde oder professionelle Vermittler, seit langem sind
Dritte tätig, mischen sich ein in den normalen Lauf von Liebeswer-

bung und Flirts, glauben besser zu wissen, was Paare zueinander bringt, als die Liebenden selbst. Am häufigsten stellten sich diese „Helfer" gegen Amors Pfeil, drängten, dass Menschen sich für Ehepartner entschieden, die den gesellschaftlichen Realitäten angemessen waren. Hergebrachte Brautwerber und Heiratsvermittler gibt es immer noch, aber in der heutigen Welt ist eine neue Form der Partnervermittlung auf dem Vormarsch: das Online-Dating.

Das Online-Dating ist eine Industrie, zum Milliarden-Dollar-Geschäft geworden, das selbst in der derzeitigen Rezession weiter floriert, mit um die fünfundzwanzig Millionen „Usern" weltweit, die 2011 mindestens einmal auf eine Partnerbörse im Internet zugegriffen haben.[24]

Das Online-Dating hat die Liebe grundlegend verändert. Die meisten unserer Begegnungen ereignen sich zufällig und ungeplant, im Bus, auf der Straße, während wir um einen Kaffee anstehen, im Supermarkt, bei einer Abteilungsfeier, im Flugzeug oder auf einem Schiff. Wir treffen einen geeigneten Partner vielleicht durch Freunde, auf Hochzeiten oder Bar-Mizwas, auf einer Dinnerparty oder, wie bei mir geschehen, vor dem Kino... Darum: Jede Vernarrtheit in eine Person beginnt mit einem nur winzigen Einblick in das, wer und was sie ist. Dann allmählich entdecken wir mehr und mehr ihrer persönlichen Eigenschaften, gute und schlechte (oder vielmehr, wie ich schon betont habe, die Eigenschaften, die wir gerne in ihr entdecken möchten). Niemand kann für den Erfolg der Beziehung garantieren, aber wir lassen uns auf sie ein und genießen es, solange die Beziehung dauert und für beide (be)lohnend ist.

Einer der Vorteile des Online-Datings ist, dass ein neues Mitglied einer Partnerbörse prinzipiell Zugang zu einer viel größeren Anzahl potenzieller Partner hat, als er oder sie je auf traditionellerem Wege treffen könnte. Was sind die möglicherweise ein Dutzend Menschen, über die Sie auf einer Party Ihre Blicke schweifen lassen und dann vielleicht ansprechen könnten, im Vergleich zu den Tausenden von Profilen, durch die Sie sich am Bildschirm scrollen kön-

LIEBE

nen? Gewiss wäre es praktisch unmöglich, alle Kandidaten zu treffen, aber eine systematische Suche unter ihnen hilft bei der Auswahl, und das alles bequem vom Schreibtisch aus.

Gegen eine Gebühr sammeln Dating-Websites alle möglichen grundlegenden Informationen über einen Kontaktsuchenden und bieten sie allen an: Geschlecht und äußere Merkmale sowie eigene Angaben über Persönlichkeit, Hintergrund, Hobbys, Interessen, Vorstellungen von einer Wunschbeziehung. Alles in Form eines aufbereiteten Standardprofils und mit wenigen Mausklicks zu durchforschen. Partnerbörsen fordern Sie auf, einen psychologischen Fragebogen auszufüllen. Sobald das passiert ist, suchen sie Ihnen passende Partner heraus, gestützt auf Kompatibilitätsalgorithmen. Auf den meisten Websites können Nutzer ihre Grundprofile auch durch individuelle Informationen ergänzen und persönlicher machen. Das ist ihre Chance, Neugier und Appetit derer zu wecken, die das Profil besuchen. Um ein Gefühl für solche Texte zu bekommen, habe ich mich bei einer Dating-Seite angemeldet (was durchschnittlich gut dreißig Minuten Zeit kostet, wenn man alle psychologischen Fragen beantworten will) und herausgefunden, dass sie sich am Ende eigentlich mehr oder weniger gleichen und dass sich ihre Sprache wiederholt. Viele Online-Dater sind nicht durchweg wahrheitsgetreu in dem, was sie an ersten Informationen über sich preisgeben. Natürlich tendieren Menschen auch bei einer traditionellen, direkten Verabredung oft dazu, sich in einem etwas besseren Licht darzustellen, um das Gegenüber zu beeindrucken. Online allerdings, aufgrund des sicheren Cyber-Abstandes, fällt es den Blendern leichter. Eine Studie mit achtzig Online-Datern deckte auf, dass 81 Prozent von ihnen, was Gewicht, Größe oder Alter angeht, gelogen hatten.[25]

Online-Dating setzt außer Kraft, was beim Anbahnen von Liebe und Liebesverhältnissen traditionell die Aufgabe des Sehens war.

Grundsätzlich ist die Liebeswerbung eine physische Erfahrung. Die standardisierten Profile, selbst wenn sie Fotos beinhalten, berauben die so Dargestellten einer Dimension. Männer und Frauen werden auf zweidimensionale Profilseiten reduziert, ohne Bewegung, funkelnden Blick, gar einzigartigen Geruch. Ein solches System eliminiert nicht jedes Überraschungsmoment, auch nicht mögliche unangenehme Überraschungen: Eine große Zahl an Romanzen, die über das Internet begannen, enden, wenn sich die potenziellen Partner von Angesicht zu Angesicht begegnen.

Emotionen werden am besten über unsere Körper hin- und hergesendet. Wir brauchen die Art der Hautreaktion, die eine physische Begegnung bietet und die kein computergestütztes Kennenlernen ersetzen kann. Selbst die aktuellsten, ehrlichsten und absolut unbearbeiteten Fotos können von der Realität abweichen. Ein attraktives Foto zeigt vielleicht fein gezeichnete Wangenknochen, eine wohlproportionierte Nase, wohlgeformte Lippen, selbst einen fitten Körper. Aber es wird uns nicht vermitteln, wie es sich anfühlt, diese körperlichen Attribute direkt vor sich zu haben. Wenn unsere Phantasie, wie wir gesehen haben, schon bei der echten Begegnung mit einem Partner mit uns durchgeht, wie wird sie erst ohne ein physisches Treffen vorpreschen – eben im rasenden Tempo des Internet.

Zu viel Online-Dating kann zu einer Austrocknung unserer Emotionen führen, bis dahin, dass wir ein zweidimensionales Profilbild eines Körpers auf einem Bildschirm einer realen Person vorziehen, die uns am Tisch gegenübersitzt oder auch neben uns im Bett liegt. Menschen werden zu Einkaufsgütern und die Welt der Singlebörsen zum Marktplatz.[26] Die Auswahl ist so riesig, dass es möglich ist, sich einen virtuellen Einkaufswagen zu füllen, nach Gutdünken auszusuchen und zurückzulegen und immer einen Ersatz zu finden, wenn eines der ausgewählten Produkte doch nicht ganz das ist, was Sie suchen. Anstatt also unsere Sinne und Gefühle darauf zu schulen, sich auf das zu konzentrieren, was und wer unsere Bedürfnisse und Wünsche einzigartig erfüllt – und dann darauf hinzuarbeiten, diese Beziehung zu erreichen –, wird es einfacher, rasch ein Produkt nach dem anderen zu konsumieren. Es wird stets noch eine weitere Option geben. Online einen potenziell passenden Partner auszuwäh-

LIEBE

len, wird zu einer mechanischen, kontrollierten Handlung, vergleichbar mit dem Ankreuzen eines Kästchens in einem Fragebogen, und hat insofern mit der unvorhersehbaren und schwankenden Dynamik so gar nichts zu tun, die immer im Spiel ist, wenn Menschen sich physisch begegnen. Solche weit verbreiteten Methoden und Mentalitäten in Liebesdingen zerstören die Poesie und letztendlich das Vertrauen, das wir brauchen, um überhaupt dauerhafte Beziehungen aufzubauen.

Online-Dating, das lässt sich generell sagen, ersetzt Intuition durch kalkulierendes Verhalten, und das wird gewiss nicht besser, wenn biologische Informationen dazukommen.

Eine wachsende Anzahl innovativer Singlebörsen wie Scientific match.com, Genepartner.com und Chemistry.com hat die biologischen Informationen ihrer Kunden in ihre Auswahlmethoden aufgenommen, um Menschen auch aufgrund der genetischen und chemischen Profile der Partner zusammenzubringen. Werden solche Daten aufgenommen, treten mikroskopische Bestandteile des Körpers ins Bild. Diese neuen Dienste haben enorme Popularität erlangt – Millionen von Benutzern, zumindest in den Vereinigten Staaten, haben sich entschieden, das Schicksal ihrer Liebe in die Hände der Wissenschaft zu legen –, und diese Dienste haben die Hoffnung auf schnelleren und sichereren Erfolg bei denen geschürt, denen es darum geht, eine verwandte Seele zu finden. Es sei, wird den Benutzern eingeredet, mit Hilfe der Gehirnchemie erfolgreicher als mit traditionellen Methoden, den leidigen Trend des Immer-Wieder-Scheiterns auf der Suche nach Liebe umzukehren. Aber ist das so?

Helen Fisher, eine der ersten unter den Wissenschaftlerinnen, die die Liebe unter einem Gehirnscanner studiert haben, hat mitgewirkt, das Partnervermittlungssystem Chemistry.com aufzubauen. Es wurde um die Identifizierung von vier Haupt-Persönlichkeitstypen herum entwickelt, die sich jeweils auch nach den Pegeln von zwei Haupt-Neurotransmittern und zwei Sexhormonen – Dopamin und Serotonin einerseits, Testosteron und Östrogen andererseits –

unterscheiden.[27] Bei den Persönlichkeitstypen handelt es sich um
den Entdecker, den Gestalter, den Direktor und den Vermittler.

Meldet man sich bei der Partnerbörse an, wird niemand deinen
Neurotransmitter- und Hormonhaushalt direkt messen, aber man
wird gebeten, einen psychologischen Fragebogen mit etwa sechzig
Punkten auszufüllen, die helfen sollen, auf eben jene Werte rück-
zuschließen. Die Fragen basieren auf genetischen und neurochemischen Informationen, die diese vier Chemikalien mit Persön-
lichkeitszügen verbinden. Abhängig von den gegebenen Antworten
wird man einem primären und einem sekundären Persönlichkeitstyp zugerechnet.

Eine der Fragen besteht darin, die Länge von Zeige- und Ringfinger der rechten Hand zu vergleichen und zu messen, mit der Hand-
fläche nach oben betrachtet. Warum um alles in der Welt soll man
das tun? Das hat wieder mit dem Einfluss unserer Mutter auf unser
Verhalten zu tun, der schon im Mutterleib beginnt. Chemistry.com
geht es dabei primär um die Östrogen- und Testosteronspiegel, die
durch das Gehirn des Fötus gesickert sind. Wenn man als Fötus –
egal, ob männlich oder weiblich – mehr Testosteron ausgesetzt war,
ist der Ringfinger im Verhältnis zum Zeigefinger länger, was übri-
gens auch eine höhere Zirkulation von Testosteron im Erwachse-
nenkörper widerspiegelt. Ein relativ langer Ringfinger und mehr
Testosteron wiederum bedeuten, dass man bei Chemistry.com als
„Direktor" betrachtet wird, als ein Persönlichkeitstyp, der mit
Eigenschaften wie Entschlossenheit, Dominanz, Direktheit und
Selbstvertrauen beschrieben wird. Dopamin wird mit einer Neigung in Verbindung gesetzt, das Neue und das Abenteuer zu
suchen. Auf den Dopaminspiegel versucht man zu schließen, indem
Partnersuchende gefragt werden, wie zutreffend sie Aussagen wie
„Ich suche ständig nach neuen Erfahrungen" oder „Ich finde unvor-
hersehbare Situationen anregend" oder „Ich handle oft völlig spontan" finden. Findet man diese Aussagen sehr passend, wird man als
„Entdecker" identifiziert. „Gestalter" wiederum sind konkret, vorsichtig, bodenständig, ordentlich und haben ein solides Pflichtbe-

LIEBE

wusstsein. Fisher glaubt, dass solche „Gestalter-Eigenschaften" vornehmlich vom Serotonin und seinem Einfluss auf den Stoffwechsel von Hormonen und anderer Neurotransmitter geregelt werden. So könnten zum Beispiel die Freundlichkeit des „Gestalters" und seine Neigung, eine Familie zu gründen, auf der Fähigkeit des Serotonins beruhen, die Freisetzung von Oxytocin auszulösen, was, wie oben erklärt, Bindung erleichtert. Umgekehrt könnten Ruhe und Vorsicht eines „Gestalters" teilweise auf die Fähigkeit des Serotonins zurückzuführen sein, die Freisetzung von Testosteron und Dopamin zu unterdrücken.

„Vermittler" sind intuitiv, expressiv, gefällig und einfühlsam. Sie schätzen emotionale Intimität und sind neugierig auf andere Menschen. Und sie haben wiederum einen hohen Östrogenspiegel, den sie im Mutterleib aus dem Blut und der Plazenta der Mutter geerbt haben. Chemistry.com testet das bei „Vermittlern" unterstellte Vorhandensein von überdurchschnittlich viel Östrogen, indem per Fragebogen geklärt wird, ob ihr Zeigefinger genauso lang oder länger ist als der Ringfinger. Auf den hohen Östrogenspiegel eines „Vermittlers" wird auch geschlossen aufgrund ihrer erhöhten Vorstellungskraft und Fähigkeit, Gedanken und diverse Informationen auf neuartige und unerwartete Weise zu verbinden und einzubeziehen – dahinter stehe, unter anderem, die Fähigkeit des Östrogens, eine große Zahl von Nervenverbindungen über entfernte Hirnregionen herzustellen, sowohl innerhalb einer als auch zwischen beiden Gehirnhälften.

Bleibt die Frage, ob, wenn Sie einen idealen Partner suchen, die auf neurowissenschaftlichen Erkenntnissen beruhenden Online-Partnervermittlungen wirklich effektiver sein können als traditionelle Methoden. Helen Fisher hat Tausenden Liebesuchenden geholfen, ihren perfekten Partner zu finden.

Mit Geduld und einiger Neugierde habe ich den Test gemacht und kann stolz verkünden, dass ich ein „Vermittler-Entdecker" bin. Viele der Eigenschaften, die diesen Persönlichkeitstypen entsprechen, wie sie auf der Website beschrieben werden – etwa meine

Wertschätzung emotionaler Intimität und der Wunsch nach neuen Abenteuern –, korrespondieren tatsächlich mit einigen Veranlagungen und mit meinem Selbstbild. Mein Ringfinger ist in der Tat kürzer als mein Zeigefinger. Dennoch fühle ich mich nicht wohl dabei, mein ganzes Wesen auf diese beiden Attribute zu beschränken. Wie wir im vierten Kapitel gesehen haben, ist es nichts Neues, Individuen nach „Typen" zu unterscheiden. Schon in der Antike teilten Ärzte ihre Zeitgenossen in sanguinische, cholerische, phlegmatische und melancholische Temperamente ein. Die moderne Psychologie hat Persönlichkeitsinventare geschaffen und greift nach wie vor darauf zurück.[28] Der Wunsch, uns selbst zu verstehen, unser Verhalten zu beschreiben oder das von anderen intuitiv zu erahnen, ist unermüdlich.

Wir sollten uns unbedingt vor Augen halten, dass die vier Flirttypen und die aus ihnen gebastelten Paarungen keineswegs ein exakter Spiegel der jeweiligen Pegel von Serotonin, Dopamin, Östrogen und Testosteron sind. Ein „Vermittler" zu sein kann nicht allein das Ergebnis eines Östrogenüberschusses sein, sowenig wie Persönlichkeitstypen das Ergebnis eines einzigen oder nur weniger biologischer Faktoren sind. Fisher räumt denn auch ein, die Ingredienzien für die Typen, die sie geschaffen hat, seien nicht einzelne, sondern ganze „Familien" von Chemikalien und Neurotransmittern. Verhaltens- und emotionale Eigenschaften entspringen einer biologischen Architektur, die sie ermöglicht, und deren Variation überträgt persönliche, einzigartige Schattierungen dieser Eigenschaften auf Individuen. Und, wie wir gesehen haben, es spielen auch Abschnitte unserer Biografien, äußere Umstände und soziale und kulturelle Einflüsse eine große Rolle.

Damit sich zwei Menschen vereinen können, müssen sie beherzt die Sicherheitszone ihres Einzelgängertums verlassen. Nur so können sie eine andere – manchmal komplett andere – Welt in sich aufnehmen, ihr Raum geben und daran teilhaben. Die beteiligten Individuen müssen in der Lage sein, ihre Unterschiede zu verstehen und zu überwinden, und sie müssen Denkweise und Lebensvorstel-

LIEBE

lung des anderen wertschätzen können. Dies ist eine interessante Reise mit keineswegs sicherem Ausgang. Online-Partnerbörsen, die wissenschaftliche Informationen berücksichtigen, behaupten, dass sie ihren Mitgliedern helfen, den ultimativen, dauerhaften Gegenpart zu finden, weil eine Paarung, die auf molekularen Informationen beruht, größere Erfolgswahrscheinlichkeit habe. Aber selbst wenn die mit solchen Methoden entdeckte psychologische Kompatibilität über wissenschaftliche Stringenz verfügt, die Vorstellung, eine dauerhafte Paarung könne auf der Information über einige wenige Hormone gegründet sein, widerspricht einer Grundvoraussetzung für den Erfolg einer Liebesbeziehung: nämlich dass die beiden Individuen *lernen*, einander zu lieben, und auch bereit sind, ihr Leben miteinander zu verbringen, trotz ihrer Unterschiede. Eigenschaften sind nicht unveränderbar. Was diese Singlebörsen bieten können, ist die Ausgangsbasis für eine enge Beziehung, die passende Chemie, mit der eine Vereinigung erst einmal die Chance bekommt zu beginnen. Manchmal wird sie halten, manchmal nicht. Aufgrund unseres hektischen Lebens, unserer erhöhten Mobilität, der weit verbreiteten Auflösung traditioneller Formen der Liebeswerbung und der Sozialisierung im Allgemeinen, mag der Weg, über Online-Partnerbörsen zu einem Partner zu finden, als Abkürzung erscheinen, praktischer, verlockender und effektiver klingen als konventionelle Methoden. Dass die Erfolgswahrscheinlichkeit für eine Beziehung, die über eine wissenschaftsbasierte Partnerbörse begonnen wurde, irgendwie höher ist als für eine, die einer zufälligen Begegnung entspringt, ist jedoch nicht zutreffend. Ich jedenfalls hoffe, dass traditionelle Begegnungen nicht aussterben.

Coda

Es ist ein interessanter Umstand, dass ich mich auf der Suche nach Inspiration und Trost vor einer Verabredung eher in Platons Schriften wiedergefunden habe als in den Einzelheiten eines Laborexperi-

SYNDROME UND SONETTE

ments. In der Metapher des Wagenlenkers und der beiden uneinigen geflügelten Pferde spiegeln sich Liebeswahn und der Kampf zwischen den beiden Tendenzen wider, jenen zügeln zu wollen oder ihm nachzugeben. Was Platons Bild letztendlich jedoch symbolisiert, ist eine Frage, die den Kern dieses Buchs und die Essenz der Liebe bildet: Wie mischen sich Emotionen ein in Angelegenheiten der Vernunft?

Können wir, wenn es um Liebe geht, auf die Vernunft zählen, wo Liebe doch so komplex ist, keine Gesetze anerkennt, vergänglich und per definitionem eine Form von Irresein ist? Können wir, und sollten wir, wenn es um Herzenssachen geht, auf Wissenschaft zurückgreifen? Als ureigener und greifbarer Teil unseres Lebens und der natürlichen Welt verdient Liebe Erforschung. Wir haben ein Recht darauf, ihre Eigenart zu verstehen, Erfahrung in Liebesangelegenheiten aufzubauen und ihren unvorhersagbaren Ergebnissen, so gut wir können, Sinn zu geben. Nichts sollte unsere Neugierde stoppen, etwas über die Liebe zu lernen. Moleküle, und wissenschaftlicher Empirismus im Allgemeinen, ergänzen den Haufen von Wissen, der uns bereits zur Verfügung steht, um sie besser zu verstehen.

Dennoch, die Menge wissenschaftlicher Daten über die Liebe ist bescheiden, verglichen mit dem, was seit Jahrtausenden zum Thema Liebe gesagt und produziert wurde, ohne dass deutliche wissenschaftliche Erklärungen vorlagen. Aufgrund des Mangels an verlässlichen und eindeutigen Daten glaube ich, dass unsere Quelle eine andere Art von Empirismus bleiben sollte, ein Empirismus, der auf Erfahrungen erster Hand, auf Versuch und Irrtum basiert. Diese Quelle, die ebenso gut, wenn nicht sogar wertvoller ist als jede Information, die wir durch die eingehende Betrachtung eines Gehirns im Magnetscanner gewinnen mögen.

Gewisse Aspekte der Liebe sind wissenschaftlicher Erforschung schlicht nicht zugänglich. Die meisten Studien, die versucht haben, romantische Liebe, das Verliebtsein, zu sezieren, blieben darauf beschränkt, ihre neuronale Anatomie zu kartieren und einige ihrer molekularen Komponenten zu beschreiben. Solche Erkenntnisse

335

LIEBE

sagen etwas über die Macht der Wissenschaft, das unsichtbare Wunder eines Phänomens zu enthüllen, sind aber von geringem Nutzen, wenn wir der Liebe in unserem Leben begegnen. Ein philosophisches oder literarisches Werk wie ein Dialog Platons oder ein Sonett Shakespeares kann uns mehr über die Blindheit der Liebe lehren als ein Gehirnscan oder ein Hormontest und wird sich für diejenigen als aufschlussreicher erweisen, die auf der Suche nach Rat sind oder den Ablauf und den Zauber von Werbung und Liebe gern verstehen würden. Solche Texte hallen bei all denen lauter nach und dauerhafter, die nach Erfahrungen suchen, mit denen sie sich *identifizieren* können. Das Phänomen zum Beispiel, das Stendhal „Kristallisierung" genannt hat, können wir alle begreifen: ohne Kartierung des Gehirns. Das Wissen, dass beim Betrachten des Fotos einer geliebten Person der Fluss von Sauerstoff in den Gehirnarealen gedämpft wird, die sonst verantwortlich sind dafür, dass wir Urteile über die betrachtete Person fällen, trägt wenig dazu bei, uns davor zu bewahren, die Eigenschaften des Wesens, für das wir uns so brennend interessieren, falsch einzuschätzen.

Ein Ehrgeiz, dem die neuronale und molekulare Erforschung der Liebe entsprang, ist der gewesen, ihre Chemie zu verstehen, um sie auszunutzen, so wie im Fall wissenschaftsbasierter Online-Partnerbörsen. Im Allgemeinen ist die Anwendung der Wissenschaft bei der Suche nach einer verwandten Seele ein Versuch, die Zufälligkeiten der Liebe durch irgendeine Art von Gewissheit zu ersetzen. Darin muss der Glaube stecken, dass es uns möglich sei, erst gründlich zu wählen, in welche Person wir uns am besten verlieben, und es dann auch zu tun, das Verlieben. Aber das heißt, die Liebe auf den Kopf zu stellen und ihren Zauber zu beseitigen. Außerdem scheint sich die Wissenschaft auf das zu konzentrieren, was man braucht, um eine Liebesbeziehung zu beginnen und den Funken der Liebe zu entzünden.

Die erfolgreiche Annäherung zweier menschlicher Wesen, die sich danach sehnen, die Liebe zu teilen, ist abhängig von einem komplexen Gleichgewicht aus Faktoren, die schwer festzumachen

336

und zu organisieren sind. Einerseits haben wir den Abdruck, den unsere Eltern hinterlassen haben, ihren genetischen Beitrag und ihren Erziehungsstil. Andererseits haben wir unsere eigenen Gene und ein paar unversöhnliche Neurotransmitter, die in unseren Körpern zirkulieren. Rechne noch die nie endende und unvorhersehbare tägliche Erfahrung hinzu, die unsere Neuronen formt und unsere Emotionen durcheinandermischt. Und zuletzt ist da noch die soziale Ordnung und unser Platz darin, es müssen der kulturelle und der Bildungshintergrund zusammenpassen, ebenso persönliche oder Freizeitinteressen, ganz abgesehen von politischen Ansichten – ich bin sicher, dass ich hier noch weitere wichtige unterschwellige Faktoren übersehen habe.

Ich weiß ... Die Gesamtheit dieser Elemente lässt die Harmonisierung zweier Lebensbahnen als etwas so Seltenes erscheinen, dass dagegen eine Sonnenfinsternis banal wirkt.

Es mag eine Binsenweisheit sein, aber ich glaube immer mehr, dass Liebe schlicht „geschieht", wenn zwei Individuen zufällig wechselseitige Anziehung verspüren, die Gesellschaft des anderen genießen, wenn sie Lust haben, gemeinsam auf Abenteuer zu gehen, und außerdem auf einer Wellenlänge und willens sind herauszufinden, ob es miteinander klappt.

Leider ist es oft so, dass wir uns, wenn die andere Person offen ist für eine Beziehung, selbst davor fürchten, oder umgekehrt, dass, wenn wir bereit sind, sie es nicht ist – immer wieder dieses Muster ... Und wenn jemandes Herz nicht offen ist, gibt es wenig, was wir tun können, um es aufzuschließen. Es gibt keine Blumen, Gedichte oder zauberhaften Überraschungen, die ihn oder sie zum Nachgeben überreden könnten. Gewiss, unsere beharrliche Aufmerksamkeit kann helfen, aber wenn der, die andere sich nicht für liebenswert hält, selbst wenn wir ihnen sagen, wie liebenswert sie sind – glauben werden sie es erst, wenn sie selbst es entdeckt haben. Und das hat zumeist nichts mit unseren Talenten zu tun. Wir haben vielleicht mehrere respektable Eigenschaften anzubieten, aber solange die Objekte unserer Begierde mit den ihren nicht im Reinen

LIEBE

sind, werden unsere nicht den rechten Eindruck hinterlassen. Eher schon werden sie einschüchternd wirken. Und umgekehrt: Es hilft, bevor wir auf die Pirsch gehen, durchaus, zunächst herauszufinden, wie sehr wir uns selbst lieben und für liebenswert halten.

Liebe ist die Schwester der Freude. Um Liebe zu spüren, hilft es, freudiger Stimmung zu sein. Und damit meine ich sowohl die Freude eines Lächelns als auch das Bewusstsein dessen, wer und was man ist – sie können dem, der anderen zumindest ein einigermaßen klares Bild der Person vermitteln, die ihn, sie begehrt. Ich finde, es hilft, auf hartnäckige Weise leidenschaftlich zu sein mit Blick auf das, was man mag und was man verabscheut; es hilft, das Objekt der Begierde mit der eigenen Begeisterung zu fesseln, ihm, ihr zu zeigen, dass ihnen nichts Besseres hat passieren können, als in unserer Gesellschaft zu sein. Es hilft auch, dem, der anderen durch Verhalten und Taten zu zeigen und zu versichern, wie aufrichtig wir und unsere Gefühle sind.

Auch wenn das alles vielleicht vage scheint und gewiss alles andere als einfach ist, ich versuche nicht, irgendjemanden zu entmutigen, nach Liebe zu suchen oder sie zu verstehen. Ich lasse mich gerne von der Liebe mit all ihren Ungewissheiten und Weiterungen gefangen nehmen. Wir leben in einer Gesellschaft, die uns eher anstachelt, etwas zu erreichen und Erfolg zu haben, als uns zu binden und zu lieben. Entsprechend scheint die Welt eher Einsamkeit als Gemeinsamkeit zu belohnen, und sie setzt die selbstlose Haltung und Verpflichtung herab, die man braucht, um eine vertrauensvolle Beziehung aufzubauen. Die Angst vor der Liebe ist weit verbreitet. Und diese Angst ist im Grunde Angst vor dem Risiko. Wir haben Angst davor, etwas zu riskieren, Fehler zu machen, verletzt zu werden oder eine Gelegenheit zu verpassen. Wir bevorzugen Sicherheit und erwarten Garantien. Dass wir uns an die Wissenschaft wenden und uns Rezepte für Affären, emotionale Kompatibilität und Liebe verordnen lassen, die nicht scheitern, bestärkt unsere Ängste noch und unseren Wunsch nach Gewissheiten. Denn Wissenschaft propagiert auch die Vorstellung, wir könnten die Ergebnisse der Liebe vorhersagen. Aber allzu viel Vorsicht und Berechnung sind der falsche Weg zur Liebe; weit werden sie uns nicht bringen.

Wir erwiesen unserem eigenen Glück und dem aller anderen einen überaus schlechten Dienst, würden wir Liebe als etwas ansehen, dessen bestes Ziel bereits feststeht.

Meiner Meinung nach ist das, was in der Liebe am meisten zählt, die Kunst der Reise, das diffizile Unterfangen, Vertrauen aufzubauen, Tag für Tag. Liebe ist Wissen. Lieben bedeutet, Räume zu schaffen für gegenseitigen Respekt und für das Unerwartete. Lieben bedeutet, sich zu entwickeln, sowohl als Individuum wie auch als Paar, mit Dankbarkeit und Verantwortung.

Die Liebe sollte auch ein Abenteuer sein. Nach meiner Erfahrung sollte man sich lieber hier und da ein paar Beulen holen, als sein Herz verschlossen zu halten. Denn wenn die Liebe reif ist – selbst zwischen zwei Menschen, die sich zunächst nicht als Liebende wahrgenommen haben –, akzeptiert sie kein Nein als Antwort. Sie fällt wie ein plötzlicher Regen, wenn man unter keinem Dach steht und keinen Regenschirm dabeihat, zwängt sich mit größter Macht und Überzeugung zwischen zwei Wesen und sagt: Ihr braucht kein Dach, ich bin das Dach.

LIEBE

Anmerkungen

1 Wegen ihrer Komplexität und ihrer verschiedenen Phasen gibt es viele, die meinen, man könne Liebe nicht als eine Emotion im eigentlichen Sinn betrachten. Sie bleibt jedoch das, was gemeinhin als ein ganz gewöhnliches Gefühl gilt.

2 S. Tomlinson, in: *Daily Mail*, 11. Dezember 2012.

3 Frazzetto zitiert nach: C. D. C. Reeve, *Plato on Love*, Hackett Publishing Company, 2006. Die einschlägigen Stellen im *Phaidros* finden sich in den Abschnitten 244d–257b. (Nachlesen lohnt! A. d. Ü.)

4 Frazzetto zitiert nach: D. E. Stewart, *The Arrow of Love*, Associated University Presses 2010: "Love is a desire that comes from the heart / Through an abundance of great pleasure / The eyes first generate love, and the heart gives it nourishment / … / For the eyes represent to the heart the image / Of each thing they see, both good and bad …" Die Originalverse (zit. nach der Website der Biblioteca Italiana): "Amor è un[[o]] desio che ven da core / per abondanza di gran piacimento; / e li occhi in prima genera[[n]] l'amore / e lo core li dà nutricamento. // … // Che li occhi rapresenta[[n]] a lo core / d'onni cosa che veden bono e rio, / …" (A. d. Ü.)

5 A. Bartels und S. Zeki, „The neural basis of romantic love", in: *Neuroreport*, 11 (2000), S. 3829–3834; A. Bartels und S. Zeki, „The neural correlates of maternal and romantic love", in: *Neuroimage*, 21 (2004), S. 1155–1166.

6 A. Aron, H. Fisher, D. J. Mashek, G. Strong, H. Li und L. L. Brown, „Reward, motivation and emotion systems associated with earlystage intense romantic love", in: *Journal of Neurophysiology*, 94 (2005), S. 327–337.

7 Als Fragebogen verwendet wurde die Passionate Love Scale; E. Hatfield und S. Sprecher, „Measuring passionate love in an intimate relation", in: *Journal of Adolescence*, 9 (1986), S. 383–410.

8 Es sollte bemerkt werden, dass, egal ob hetero oder schwul, die Liebe universal ist. Das Gehirn macht keinen Unterschied zwischen heterosexuellen und homosexuellen Liebesbeziehungen. Tatsächlich sind die Imaging-Studien, die das Belohnungs-/Motivationssystem des Gehirns als Teil der neuronalen Komponenten der romantischen Liebe identifiziert haben, wiederholt worden und haben unter Homosexuellen dieselben Ergebnisse hervorgebracht, sowohl bei Männern als auch bei Frauen; S. Zeki und J. P. Romaya, „The brain reaction to viewing faces of opposite- and same-sex romantic partners", in: *PLOS One* (2010), e15802.

9 Stendhal, *Über die Liebe* (1822), Frankfurt 2012.

10 S. Zeki, „The Neurobiology of Love", in: *FEBS Letters*, 581 (2007), S. 2575–2579.

11 R. Barthes, *Fragmente einer Sprache der Liebe*, Frankfurt 1984, S. 64.

SYNDROME UND SONETTE

12 S. Zeki, „The Neurobiology of Love", a. a. O.

13 J. Capgras, „L'illusion des ‚sosies' dans un délire systématisé chronique", in *Bulletin de la Société Clinique de Médecine Mentale*, 11 (1923), S. 6–16; W. Hirstein und V. S. Ramachandran, „Capgras syndrome: a novel probe for understanding the neural representation of the identity and familiarity of persons", in: *Proceedings of the Royal Society B: Biological Sciences*, 264 (1997), S. 437–444; J. B. Debruille und E. Stip, „Capgras syndrome: evolution of the hypothesis", in: *Canadian Journal of Psychiatry*, 41 (1996), S. 181–187.

14 Siehe J. Capgras, „L'illusion des ‚sosies' dans un délire systématisé chronique", a. a. O.

15 Siehe beispielsweise V. S. Ramachandran, *The Tell-Tale Brain*, William Heinemann, Random House 2011. Oliver Sacks war auch interessiert am Capgras-Syndrom, das er im Zusammenhang mit der Prosopagnosie, der Unfähigkeit, Gesichter wiederzuerkennen, studierte. O. Sacks, *Das innere Auge: neue Fallgeschichten,* Reinbek 2012. Das Capgras-Syndrom ist auch das Thema von Romanen, z. B. Richard Powers, *Das Echo der Erinnerung*, Frankfurt 2007, und: Rivka Galchen, *Atmosphärische Störungen*, Reinbek 2011.

16 Mit der Regisseurin Sommer Ulrickson inszenierte ich ein Stück mit dem Titel *Never Mind* nach einem Text, den ich mit den Schaupielern schrieb und der vom Capgras-Syndrom inspiriert war. Es wurde am 25. Januar 2012 in den Berliner Sophiensälen uraufgeführt: http://www.sophiensaele.com/produktionen.php?IDstueck=901.

17 Eine ausgezeichnete Quelle zu allen Aspekten der Liebe, nicht nur zur ersten romantischen Leidenschaft, ist L. Appignanesi, *All about love. Anatomy of an unruly emotion*, Virago Press 2011.

18 Zu einem Überblick über Oxytocin, Vasopressin und Bindung siehe T. R. Insel, „The challenge of translation in social neuroscience: a review of oxytocin, vasopressin, and affiliative behavior", in: *Neuron*, 65 (2010), S. 768–779; der ursprüngliche Artikel zur Verteilung der Oxytocinrezeptoren ist T. Insel, „Oxytocin – a neuropeptide for affiliation: evidence from behavioural, receptor autoradiographic, and comparative studies", in: *Psychoneuroendocrinology*, 17 (1992), S. 3–35.

19 H. Walum, L. Westberg, Jenae M. Henningsson u. a., „Genetic variation in the vasopressin receptor 1a gene (AVPR1A) associates with pair-bonding behavior in humans", in: *Proceedings of the National Academy of Sciences*, 105 (2008), 14, S. 153–156.

20 P. Larkin, *Collected Poems*, Faber and Faber, 2003.

21 J. Bowlby, *Bindung und Verlust,* Bd. II, *Trennung, Angst und Zorn*, München 2006, S. 193.

22 Zur romantischen Liebe und Bindung siehe C. Hazan und P. Shaver, „Romantic love conceptualized as an attachment process", in: *Journal of Personality and Social Psychology*, 52 (1987), S. 511–524.

LIEBE

23 V. Carola, G. Frazzetto und C. Gross, „Identifying interactions between genes and early environment in the mouse", in: *Genes, Brain and Behavior*, 5 (2006), S. 189–199. Ich bin Valeria Carola für ihre Ratschläge zur Beobachtung des mütterlichen Verhaltens von Mäusen zu Dank verpflichtet. Sie und ich verbrachten abwechselnd viele Stunden vor den Mäusekäfigen.

24 Diese Daten sind von April 2011: Subscription Site Insider (2011), *Dating and matchmaking site benchmark report*. Newport, RI: Anne Holland Ventures. Einen sorgfältigen Überblick über Vorteile und Grenzen des Online-Datings geben E.J. Finkel, P.W. Eastwick, B.R. Karney, H.T. Reis und S. Sprecher, „Online dating: a critical analysis from the perspective of psychological science", in: *Psychological Science in the Public Interest*, 13 (2012), S. 3–66.

25 C.L. Toma, J.T. Hancock und N.B. Ellison, „Separating fact from fiction: an examination of deceptive self-representation on online dating profiles", in: *Personality and Social Psychology Bulletin*, 34 (2008), S. 1023–1036.

26 Zum Warencharakter von Liebe und Beziehungen und der Entstehung eines „emotionalen Kapitalismus" siehe E. Illouz, *Gefühle in Zeiten des Kapitalismus*, Frankfurt 2007.

27 H. Fisher, *Warum es funkt – und wenn ja, bei wem: wie die Persönlichkeit unsere Partnerwahl beeinflusst*, München 2011.

28 Die fünf heute gebräuchlichsten Persönlichkeitsmerkmale sind Offenheit für neue Erfahrungen, Verträglichkeit, Extraversion, Gewissenhaftigkeit und Neurotizismus; R.R. McRae und P.T. Costa, „Validation of the five-factor model across instruments and observers", in: *Journal of Personality and Social Psychology*, 52 (1987), S. 81–90.

Epilog

Keine Lebenstheorie war von irgendeiner Bedeutung für ihn, verglichen mit dem Leben selbst.

Oscar Wilde, Bildnis des Dorian Gray

Ich habe eingangs die Frage gestellt, ob Wissen über das Gehirn helfen kann, uns selbst und unsere Gefühle im einundzwanzigsten Jahrhundert zu verstehen, und ich hoffe, dass es mir auf den Seiten dieses Buchs gelungen ist, an Beispielen zu zeigen, wann die Neurowissenschaft Licht werfen konnte auf meinem Weg, daneben aber auch die Bereiche vorzustellen, in denen sie einfach nicht ausreicht.

Wenn ich emotional einschneidende Ereignisse auf meinem Werdegang als Mann, Freund, Liebhaber, Sohn oder Kollege überdenke und Erklärungen finden möchte und das Erlebte verstehen, dann ist die Neurowissenschaft bestimmt nicht immer meine erste Quelle. Vielleicht sollte ich besser sagen: *nicht jedes Mal* die erste Quelle. Ich suche überall nach der Erklärung, die mir am besten geeignet scheint, um zu verstehen, was ich fühle, ganz gleich, woher die Erklärung stammt: ob aus einem wissenschaftlichen Experiment, einem Kunstwerk, einem Gedicht, einer philosophischen Theorie oder aus ganz anderen Quellen, wozu natürlich auch meine eigenen vergangenen Erfahrungen einer bestimmten Emotion gehören.

Auf keinen Fall möchte ich jedoch den Eindruck erwecken, die Neurowissenschaft sei unzulänglich, wenn es um Emotionen geht. Immerhin hat uns die Wissenschaft vom Gehirn in allerletzter Zeit neue Darstellungen der Vorgänge angeboten, mit denen wir unsere

Gefühlsregungen ausdrücken *(emote)*, und in manchen davon klingen unsere Erfahrungen durchaus wieder. Es ist schwer, sich der Faszination durch Damasios Theorie der Emotionen und seiner Hypothese der somatischen Marker zu entziehen. Die Tatsache, dass Emotion das Denken leitet, stürzt jahrhundertealte falsche Annahmen um; Annahmen darüber, wie wir unseren Verstand einsetzen und wie wir uns in Entscheidungssituationen verhalten. Dass sich unsere emotionale Erfahrung irgendwie in unseren Körper einschreibt, in unsere Neuronen, um unseren Instinkt und unsere Intuition zu lenken, dass wir nun möglicherweise entdeckt haben, wo im Gehirn diese Einschreibung stattfindet – eine unwiderstehliche Vorstellung. Auch die Entdeckung der Plastizität des Gehirns ist von großer Relevanz, wenn wir uns überlegen, was diese bedeutet, wie wichtig sie sein kann, wenn es, zum Beispiel, darum geht, unerwünschte Ängste zu überwinden oder auch eine Liebesbeziehung anzubahnen. Die Bilder, die uns die Neurowissenschaft liefert, lassen uns immer wieder neu staunen. Und doch: In ihrer ganzen Weite erfassen sie eine Emotion nicht.

Wenn ich eine Gefühlsregung mit wissenschaftlichen Begriffen beschreibe, frage ich mich stets: Ist richtig, was ich da sage? Werde ich meinen Emotionen gerecht? Werde ich, umgekehrt, auch der Wissenschaft gerecht? Wenn ich Gehirnregionen, Nerven oder konkurrierende chemische Reaktionen erfasse, wundere ich mich immer wieder darüber, wie man glauben kann, Emotionen, diese ebenso komplexen wie flüchtigen Regungen, ließen sich in diskrete Modelle übersetzen, und ich vergesse nie, dass ein Abstand bleibt zwischen dem, was diese Details beschreiben, und dem, was ich fühle.

Das führt mich auf eine weitere Überlegung. Das meiste dessen, was wir zunächst über das Leben in Erfahrung bringen, über die Natur des Menschen und seine Emotionen, entspringt zunächst diesem Leben selbst, unserem persönlichen Schicksal. Meine eigene, subjektive Darstellung von Emotionen ist frei von wissenschaftlichen Zwängen. Es gibt keine Grenzen, an die ich mich halten müsste, keine Terminologie der Molekularbiologie, die zu respektieren wäre. Es ist einfach nur das, was ich fühle: ein reiches, intimes Sprechen, und dies kann die Sprache der Wissenschaft nicht ersetzen und wird es auch nicht – jedenfalls nicht, denke ich, noch zu meinen Lebzeiten.

Dieses unmittelbare Aufnehmen und Verstehen von Emotionen ist eine Ebene des Wissens ganz im Innersten unserer Existenz. Es ist ein Sprechen, das nur uns allein gehört. Die objektiven, in der dritten Person gehaltenen Darstellungen dessen, was sich, wie wir annehmen, im Gehirn abspielt, wenn wir sprechen, weinen, lachen, uns schuldig fühlen, wenn wir jemanden vermissen oder lieben, können wertvolle, faszinierende Ergänzungen sein, sind manchmal aber auch nur unbedeutende Fußnoten.

So trägt unser detailliertes Wissen über den neuralen Subtext von Hirngewebe, Nervenzellen, DNA-Strängen und molekularen Fluktuationen nicht immer dazu bei, das tägliche Skript unseres emotionalen Lebens zu verfassen. Und wenn wir jene Lücken ausfüllen, die Distanz überbrücken wollen, die uns hindert, unsere Emotionen zu verstehen, sind wir berechtigt, Abkürzungen aller Art zu nehmen. Es gibt viele verschiedene Wege, die in Richtung des *Erkenne dich selbst* führen.

Wenn ich die unterschiedlichen Perspektiven anerkenne, aus denen sich Emotionen beurteilen, erleben oder beschreiben lassen, will ich damit nicht zugleich behaupten, dass diese Perspektiven grundsätzlich nur voneinander losgelöst, bruchstückhaft existieren können. Als Bürger des Lebens und als Wissenskonsumenten in einer Zeit, in der Wissenschaft die öffentlichen Debatten beherrscht, können wir lernen, wie sich Erkenntnisse der Wissenschaft, Kunst, Dichtung und Philosophie sowie unsere Beobachtungen, die wir als Menschenwesen machen, überlegt und harmonisch integrieren lassen. Mir jedenfalls ist es, solange ich lebe, nicht gelungen, diese unterschiedlichen Weisen, die Welt zu sehen, voneinander getrennt zu halten – sie gehörten stets ins gleiche Bücherregal. Und zwar deswegen, weil keine Sichtweise für sich allein ausreichend ist oder befriedigend. Es gibt absolut keinen Grund, sein Leben nach Ideen und Vorstellungen nur einer Art auszurichten und nicht auch auf andere neugierig, für sie offen zu sein. Jeder Ansatz lässt bestimmte Fragen unbeantwortet. Es gibt darüber hinaus immer noch etwas zu entdecken.

Schauen Sie sich dieses Bild an: Was sehen Sie?[1]

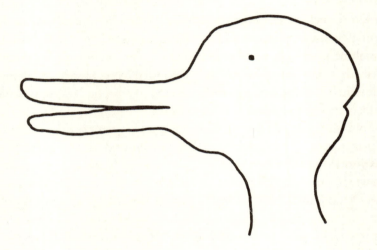

Zuerst sehen Sie vielleicht einen Entenschnabel und dann Kaninchenohren, womöglich auch umgekehrt. Was Sie sehen, sind aber nicht einfach nur zwei verschiedene Tiere. Jedes der beiden können Sie auch so betrachten, als stelle es ein kohärentes System der Weltsicht dar. Nehmen wir an, das eine sei die Naturwissenschaft, das andere stehe für die Bereiche von Kunst und Geisteswissenschaften – Sie bestimmen, welches was darstellen soll. Beide Arten, die Welt zu sehen, überschneiden sich auf harmonische und zugleich disharmonische Weise. Manche von uns sehen nur die Ente, andere nur das Kaninchen. Aber die meisten sollten, zumindest wenn sie auf den Doppelaspekt des Bildes hingewiesen wurden, in der Lage sein, von einer Version zur anderen umzuschalten. Wir dürfen nicht vergessen, dass Wahrheiten vergänglich sind. Eines Tages verschwindet das Kaninchen vielleicht oder es verschluckt womöglich die Ente. Solange wir nicht eine Version favorisieren und die andere fallen lassen, bestehen beide Deutungen des gleichen Phänomens friedlich nebeneinander, keine ist bedeutungsvoller, keine erklärungskräftiger als die andere. Ohne etwas zu verzaubern oder zu entzaubern, ergänzt die eine Vision die andere und formt eine komplette Weltsicht.

Die Neurowissenschaft erklärt Emotionen mit Hilfe von Zahlen und Messungen, benennt Ursachen und sagt Ergebnisse voraus, dennoch wird, wie wir Emotionen verstehen, stets auf mehr beruhen als allein auf Wissenschaft. Es ist möglich, zugleich wissenschaftlich und lyrisch gestimmt zu sein, wenn wir versuchen, uns selbst zu verstehen und wie wir fühlen.

Anmerkung

1 Die Kaninchen-Ente-Illusion ist eine multistabile Figur, deren Erfindung dem amerikanischen Psychologen Joseph Jastrow zugeschrieben wird und die Wittgenstein in seinen *Philosophischen Untersuchungen* benutzt hat.

Dank

Carrie Kania, meine Agentin, verdient es, an erster Stelle genannt zu werden. Ich erinnere mich noch an jenen Abend, an dem sie mich in ein Londoner Restaurant führte, um mich zu ermuntern, dies Buch zu schreiben. Von Herzen danke ich ihr für ihre Großzügigkeit und Freundschaft, ich weiß ihren scharfen Verstand ebenso zu schätzen wie ihre unermüdliche Begeisterung für Bücher und Ideen. Ebenso danke ich Patrick Walsh für seine unbezahlbaren Ratschläge sowie Alexandra McNicoll, Henna Silvennoinen und Jake Smith-Bosanquet für ihr großes Engagement und ihre Liebenswürdigkeit.

Ungeheuer dankbar bin ich auch meinen Lektoren Doug Young von Transworld Books und Allison Lorentzen von Penguin dafür, wie begeistert sie die Idee zu diesem Buch aufnahmen, ebenso für ihren Rat und ihre Unterstützung.

Noga Arikha, Stephanie Brancaforte, Allen Frances, Helga Nowotny, Steven Rose und Donna Stonecipher versorgten mich mit erhellenden Kommentaren und Kritik der ersten Entwürfe. Für die Zeit, die sie investiert haben, und die Einsichten, zu denen sie mir verhalfen, bin ich ihnen tief verpflichtet.

Das Buch musste reifen, und in dieser langen Zeit profitierte es von der Unterstützung zweier Institutionen und ihrer Bibliotheken: das Berliner Berlin Institute for Cultural Inquiry und das Wissenschaftskolleg zu Berlin.

Es gibt einige Mentoren, die über die Jahre sehr wichtig wurden für meinen intellektuellen Werdegang und meine Kreativität. Alle wurden sie mir zu großartigen Freunden, mein Respekt und meine

DER GEFÜHLSCODE

Dankbarkeit sind ihnen sicher. Halldór Stefánsson vom Science and Society Programm des European Molecular Biology Laboratory (EMBL) verdanke ich den ersten Anstoß, die Wissenschaft in einen weiteren Rahmen zu stellen. Helga Nowotny hat mit Freundschaft, scharfsinnigem Rat wie auch durch stetige und ermutigende Anleitung viele meiner Entscheidungen begleitet, auch die abenteuerlichsten noch. Cornelius Gross, mein Supervisor während meiner Zeit als Postgraduierter am EMBL, öffnete mir die Türen seines Labors und stand für breite, anregende Diskussionen neurowissenschaftlicher Fragen und Themen stets zur Verfügung.

Nikolas Rose und Ilina Singh vom BIOS Centre der London School of Economics nahmen mich in dieser mir unbekannten Welt unter ihre Fittiche. Suzanne Anker von der New York School of Visual Arts erwies sich als umsichtige Führerin in der Welt der Visuellen Künste.

Ein großer Dank gilt auch meinen Kollegen aus dem European Neuroscience and Society Network, er geht insbesondere an Linsey McGoey und Scott Vrecko und an alle Alumni der transdisziplinären Neuroschools für die gemeinsamen Anstrengungen und die wunderbare Zeit beim Aufbau eines Forums für innovative Diskussionen quer durch die Neuro-, Sozial- und Geisteswissenschaften.

Großen Dank auch dem unvergleichlichen Ben Crystal für seine Freundschaft und die endlosen Gespräche über Theater, Shakespeare und Liebe; an Donna Stonecipher, die mir mit lyrischen Metren half; an Alexander Polzin, der sein Wissen über Caravaggio beisteuerte. Ich danke auch meinem Freund Sabin Tambrea, dafür, dass er mich zu Sonetten inspirierte, und für die vielen faszinierenden Theaterabende im Berliner Ensemble.

Café Bondi in Berlin Mitte lieferte das notwenige Coffein, den morgendlichen Startschuss für mein Schreiben.

Viele Freunde sind es, mit denen ich alle möglichen Geschichten über Emotionen ausgetauscht habe und die mir, ob aus der Nähe oder aus der Ferne, eine gute, ermutigende Gesellschaft waren, als ich das Manuskript niederschrieb: Maha Alusi, Roberto Bolle, Stephanie Brancaforte, Dominique Caillat, Stephen Cave, Rose-Anne Clermont, Elena Conti, Ben Crystal, Silvia Curado, Zoran Cvetkovic, Patrizia D'Alessio, Amos Elkana, Allen Frances, Valentina Gagliano, Frank Gillette, Marco Giugliano, Manueal Heider de Jahnsen, Christoph Heil, Christine Hill, Elizabeth Key Fowden, David Krippendorf, Babette Kulik, Luisa Lo Iacono, Sharmaine Lovegrove, Donna Manning, Massimiliano Neri, Jimmy Nilsson und Ilaria Cicchetti-Nilsson, Petr Nosek, Alan Oliver, Moritz Peill-Meininghaus, Elisabetta Pian, Anne-Cécile Trillat, Simon Van Booy, Candace Vogler, Mathew Westcott, Katharina Wiedemann.

Vor allem Silvia Curado war, quer über den großen Teich, stets erreichbar für Notrufe via Skype, wenn es galt, hinter besondere emotionale Vorfälle zu kommen.

Noga Arikha war eine unersetzliche Quelle für tiefe, unbeirrte und ehrliche Gespräche über die vielen Schönheiten und Merkwürdigkeiten der Welt. Roberto und Massimiliano tauchten in dem Moment auf, als ich dieses Buch zu schreiben begann. Ihre anregende Gesellschaft trug viel dazu bei, das Projekt zu einem erfolgreichen Ende zu führen.

Liebevollen Dank auch an Avi Lifschitz, der, ohne es zu wissen, stets auf das verwies, was wirklich zählt.

Enza Ragusa war der Fels, auf dem ich gestanden habe, seit ich neun Jahre alt war. All die Jahre hat sie geduldig meinen vielen Geschichten über Emotionen zugehört. Ich danke ihr für ihre Freundschaft und unbeirrbare Liebe.

Meinen Eltern Giuseppe und Salvina Frazzetto wie auch meiner Schwester Antonella gilt mein wärmster Dank für ihr unerschütterliches Vertrauen.

Meinen beiden so pfiffigen wie entzückenden Nichten Alice und Eva wünsche ich ein erfülltes Leben mit vielen großartigen und unvergesslichen emotionalen Abenteuern.

Yehuda Elkana hat an diesem Projekt seit dessen erstem Keimen partizipiert, unglücklicherweise aber lebte er nicht lange genug, um es auch im Druck zu sehen. Er war ein hochgeschätzter und loyaler

DANK

Freund, eine unerschöpfliche Quelle von Kraft, Freude und Weisheit. Ich vermisse ihn sehr, und dies Buch ist seinem Andenken von ganzem Herzen gewidmet.

Literatur

Bücher

Abad, H., *Kulinarisches Traktat für traurige Frauen,* Berlin 2006.

American Psychiatric Association, *Diagnostic and Statistical Manual of Mental Disorders,* 4. Aufl. (DSM-IV TR), American Psychiatric Press 2000.

Appignanesi, L., *All about Love. Anatomy of an Unruly Emotion,* Virago Press 2011.

Arikha, N., *Passions and Tempers: A History of the Humours,* Ecco 2007.

Ashby, F. G., Valentin, V. V. und Turken, U., "The effects of positive affect and arousal on working memory and executive attention", in: Moore, S. und Oaksford, M. (Hg.), *Emotional Cognition: From Brain to Behavior,* John Benjamin Publishing 2002.

Atik, A., *How It Was: A Memoir of Samuel Beckett,* Faber and Faber 2001.

Auden, W. H., *Das Zeitalter der Angst,* München 1979.

Baron-Cohen, S., *Zero Degree of Empathy,* Penguin (Allen Lane) 2011.

Barthes, R., *Fragmente einer Sprache der Liebe*, Frankfurt 1984.

Beard, G. M. (mit Rockwell, A. D.), "Nervous exhaustion (neurasthenia)", Kapitel I, in: *A Practical Treatise on Nervous Exhaustion: Its Symptoms, Nature, Sequences, Treatment,* E. B. Treat 1889.

Bowlby, J., *Bindung und Verlust*, Bd. II, *Trennung, Angst und Zorn,* München 2006.

Brecht, B. (hg. und übers. von John Willett), *Brecht on Theatre*, 2. Aufl., Methuen 2001; *Schriften zum Theater*, Frankfurt 1993.

Brook, P., *Der leere Raum*, Berlin 1994.

Bunge, S. und Wallis, J. (Hg.), *Neuroscience of Rule-Guided Behavior*, Oxford University Press 2007.

Canguilhem, G., *Das Normale und das Pathologische*, Berlin 2013.

Coleridge, S. T., *Biographia Literaria*, 1817.

Cooper, J. M. und Procope, J. F. (Hg.), "On Anger", in: *Seneca: Moral and Political Essays*, Cambridge University Press 1995.

Crystal, B., *Shakespeare on Toast*, Icon Books 2009.

Dabhoiwala, F., *The Origins of Sex: A History of the First Sexual Revolution*, Penguin 2013.

Damasio, A. R., *Descartes' Irrtum. Fühlen, Denken und das menschliche Gehirn*, Berlin 2004.

Damasio, A. R., *Ich fühle, also bin ich. Die Entschlüsselung des Bewusstseins*, München 2000.

Damasio, A. R., *The Feeling of What Happens*, Harcourt Brace & Co. 2000.

Darwin, C., *Der Ausdruck der Gemütsbewegungen bei den Menschen und den Tieren*, Frankfurt 2000.

Davidson, R. J. (und Begley, S.), *The Emotional Life of Your Brain*, Hudson Street Press (Penguin) 2012.

Diderot, D. „Das Paradox über den Schauspieler", in: ders., *Erzählungen und Gespräche*, Leipzig 1953, S. 337–416.

Doidge, Norman, *The Brain That Changes Itself*, Penguin 2007.

Drury, M. O'C., "Conversations with Wittgenstein", in: Rhees, R. (Hg.), *Ludwig Wittgenstein: Personal Recollections*, Rowman and Littlefield 1981.

Dumit, J., *Picturing Personhood: Brain Scans and Biomedical Identity*, Princeton University Press 2003.

Eagleman, D., *Inkognito. Die geheimen Eigenleben unseres Gehirns*, Frankfurt 2012.

Eisenberger, N. I. und Lieberman, M. D., "Why it hurts to be left out. The neurocognitive overlap between physical and social pain", in: Williams, K. D., Forgas, J. P. und von Hippel, W. (Hg.), *The*

LITERATUR

Social Outcast: Ostracism, Social Exclusion, Rejection, and Bullying, Cambridge University Press 2005.

Ekman, P., *Gefühle lesen. Wie Sie Emotionen erkennen und richtig interpretieren,* Heidelberg 2010.

Fisher, H., *Warum es funkt – und wenn ja, bei wem: wie die Persönlichkeit unsere Partnerwahl beeinflusst,* München 2011.

Fitzpatrick, S., "Functional brain imaging: Neuro-turn or wrong turn?", in: Littlefield, M. und Johnson, J. M. (Hg.), *The Neuroscientific Turn: Transdisciplinarity in the Age of the Brain,* University of Michigan Press 2012.

Frances, A., *Saving Normal: An Insider Revolts against Out-of-control Psychiatric Diagnosis, DSM-5, Big Pharma, and the Medicalization of Everyday Life,* William Morrow 2013.

Freshwater, H., *Theatre and the Audience,* Palgrave Macmillan 2009.

Freud, S., Gesammelte Werke in 18 Bänden, London 1940 – 1952, ab 1960 Frankfurt. Darin:
Studien über Hysterie, Bd. I
Die Traumdeutung, Bd. II/III
Trauer und Melancholie, Bd. X
Vorlesungen zur Einführung in die Psychoanalyse, Bd. XI
Das Unbehagen in der Kultur, Bd. XIV
Neue Folge der Vorlesungen zur Einführung in die Psychoanalyse, Bd. XV

Ginsberg, A., *Howl, Kaddish and Other Poems,* Penguin Classics 2009; *Gedichte,* Reinbek 2004.

Goldstein, T., "Responses to and judgments of acting on film", in: Kaufman, J. C. und Simonton, D. K. (Hg.), *The Social Science of Cinema,* Oxford University Press 2012.

Graham-Dixon, A., *Caravaggio: A Life Sacred and Profane,* Penguin 2010.

Gray, P., "From Russia to America: A critical chronology", in: Munk, E. (Hg.), *Stanislavsky and America,* Hill and Wang 1966.

Gruenberg, A. M., Goldstein, R. D. und Pincus, H. A., "Classification of depression: Research and diagnostic criteria: DSM-IV and ICD-10", in: Licinio, J. und Wong, M. L. (Hg.), *Biology of Depression: From Novel Insights to Therapeutic Strategies,* Wiley-VCH Verlag 2005.

DER GEFÜHLSCODE

Hauser, M. D., *Moral Minds: How Nature Designed Our Universal Sense of Right and Wrong*, Ecco/HarperCollins 2006.

Healy, D., *The Anti-depressant Era*, Harvard University Press 1997.

Heidegger, M., *Sein und Zeit*, Tübingen 2006.

Hippokrates, *Über die heilige Krankheit*, §14; in: *Ausgewählte Schriften*, Düsseldorf 2006.

Hundert, E. J., *The Enlightenment's Fable: Bernard Mandeville and the Discovery of Society*, Cambridge University Press 1994.

Illouz, E., *Gefühle in Zeiten des Kapitalismus*, Frankfurt 2007.

Jackson, S. W., *Melancholia and Depression: From Hippocratic Times to Modern Times*, Yale University Press 1986.

Kahneman, D., *Schnelles Denken, langsames Denken*, München 2012.

Kandel, E., *Das Zeitalter der Erkenntnis: die Erforschung des Unbewussten in Kunst, Geist und Gehirn von der Wiener Moderne bis heute*, München 2012.

Kübler-Ross, E. und Kessler, D., *Dem Leben neu vertrauen: den Sinn des Trauerns durch die fünf Stadien des Verlusts finden*, Stuttgart 2006.

Larkin, P., *The Complete Poems*, Faber and Faber 2012.

Layard, R., *Happiness: Lessons from a New Science*, Penguin 2005.

Lipps, T., *Grundlegung der Ästhetik*, Leipzig 1914.

McLean, P., *The Triune Brain*, Plenum Press 1990.

Metzl, J. M., *Prozac on the Couch: Prescribing Gender in the Era of Wonder Drugs*, Duke University Press 2003.

Miller, E. K. und Buschman, T. J., "Rules through recursion: How interactions between the frontal cortex and basal ganglia may build abstract, complex rules from concrete, simple ones", in: Bunge, S. und Wallis, J. (Hg.), *Neuroscience of Rule-Guided Behavior*, Oxford University Press 2007.

Panksepp, J., *Affective Neuroscience*, Oxford University Press 1998.

Prodger, P., *Darwin's Camera: Art and Photography in the Theory of Evolution*, Oxford University Press 2009.

Prose, F., *Caravaggio, Painter of Miracles*, Harper Perennial 2010.

Provine, R. R., *Curious Behavior: Yawning, Laughing, Hiccupping and Beyond*, Belknap Press (Harvard University Press) 2012.

Provine, R., *Laughter: A Scientific Investigation*, Viking 2000.

LITERATUR

Ramachandran, V. S., *The Tell-Tale Brain*, William Heinemann, Random House 2011.

Ramon y Cajal, S., *Advice for a Young Investigator*, MIT Press 1999.

Reeve, C. D. C., *Plato on Love*, Hackett Publishing Company 2006.

Rilke, R. M., *Briefe an einen jungen Dichter*, Köln 2009.

Rogers, J., *Dictionary of Cliches*, Wing Books 1970.

Rose, S., *Darwins gefährliche Erben: Biologie jenseits der egoistischen Gene*, München 2000.

Rose, S. und Rose, H., *Alas Poor Darwin: Arguments against Evolutionary Psychology*, Random House 2000.

Sacks, O., *Das innere Auge: neue Fallgeschichten*, Reinbek 2012.

Sawoski, P., *The Stanislavsky System: Growth and Methodology*, Teaching Material, Santa Monica College, Spring 2010.

Seneca, *De Ira/Über die Wut*, übers. von Jula Wildberger, Stuttgart 2007.

Shaw, G. B., *Our Theatres in the Nineties*, Vol. I of *Collected Works*, Constable and Company 1932.

Smith, M., *Small Comfort: A History of the Minor Tranquilizers*, Praeger 1985.

Stanislawski, C., *Die Arbeit des Schauspielers an sich selbst im schöpferischen Prozess des Erlebens* (Band 1) und: *Die Arbeit des Schauspielers an sich selbst im schöpferischen Prozess des Verkörperns* (Band 2), Berlin 1981.

Stanislawski, C. *Die Arbeit des Schauspielers an der Rolle*, Berlin 1981.

Stendhal, *Über die Liebe* (1822), Frankfurt 2012.

Stewart, D. E., *The Arrow of Love*, Associated University Presses 2010.

Tangney, J. P. und Dearing, R. L., *Shame and Guilt*, Guilford Press 2000.

Titchener, E. B., *Lectures on the Experimental Psychology of Thought Processes*, Macmillan 1909.

Tone, A., *The Age of Anxiety: A History of America's Turbulent Affair with Tranquilizers*, Basic Books 2008.

Unger, P., *Living High and Letting Die: Our Illusion of Innocence*, Oxford University Press 1996.

Vischer, R., *Über das optische Formgefühl: Ein Beitrag zur Ästhetik*, Diss., Tübingen 1872.

DER GEFÜHLSCODE

Weber, M., *Wissenschaft als Beruf*, Stuttgart 1995.

Wilde, O., *Das Bildnis des Dorian Gray*, München 2013.

Wilson, E. O. (Hg.), *From So Simple a Beginning: The Four Great Books of Charles Darwin*, Norton 2006.

Wittgenstein, L., *Vorlesungen über Ästhetik*, Düsseldorf 1994.

Wittgenstein, L., *Philosophische Untersuchungen*, Werkausgabe, Band 1, Frankfurt 1984.

Wittgenstein, L., *Bemerkungen über die Philosophie der Psychologie*, Werkausgabe, Band 7, Frankfurt 1989.

Internet

Ayers, Robert: Interview mit Marina Abramović: *http://www.askyfilledwithshootingstars.com/wordpress/?p=1197*

Brooks, David: Interview mit Antonio Damasio in FORA.tv: *http://fora.tv/2009/07/04/Antonio_Damasio_This_Time_With_Feeling*

Fallon, Dr. Jim: spricht über seine Geschichte in seinem eigenen TED Talk: *http://www.youtube.com/watch?v=u2V0vOFexY4*

Frances, Allen: Warnung vor der Einführung einer neuen psychiatrischen Kategorie für Trauer: *http://www.psychologytoday.com/blog/dsm5-in-distress/201008/good-grief-vs-major-depressive-disorder*

Frazzetto, G. *et al.*: *Never Mind*, Uraufführung am 25. Januar 2012 in den Berliner Sophiensälen: *http://www.sophiensaele.com/produktionen.php?IDstueck=901*

"From describing to nudging: Choice of transportation after a terrorist attack in London", a study of the impact of the July bombings on Londoners' travel behaviour: *http://research.create.usc.edu/project_summaries/67*

Greene, Joshua: Vortrag auf einer moralwissenschaftlichen Tagung: *http://www.edge.org/3rd_culture/morality10/morality.greene.html*

Hagan, C.: "Geneticists studying Connecticut shooter's DNA", CNN online, 28. Dezember 2012.

Ig Nobel Prizes: *http://www.improbable.com*

Insel, Thomas: "Transforming Diagnosis": *http://www.nimh.nih.gov/about/director/directors-biography.shtml*

LeDoux, Joseph: Interview in *Slate* online magazine: *http://www.slate.com/articles/life/brains/2007/04/brain_lessons.html*

MacKinnon, Eli: "Eduardo Leite dubbed modern-day Phineas Gage after pole pierces his brain", HuffPost Science, 22. August 2012.

Merkblatt des National Health Service (NHS) zur generalisierten Angststörung: *http://www.nhs.uk/ conditions/anxiety/Pages/Introduction.aspx*

Pies, R.: "Why psychiatry needs to scrap the DSM system: An immodest proposal": *http://psychcentral.com/blog/archives/2012/01/07/why-psychiatry-needs-to-scrap-the-dsm-system-an-immodest-proposal/*

Statistikseite des National Institute of Mental Health zu Angststörungen: *http://www.nimh.nih.gov/statistics/1ANYANX_ADULT.shtml*

Verleihung des Nobelpreises 1970 an Sir Bernard Katz, Ulf von Euler und Julius Axelrod für ihre Entdeckung der Serotoninwiederaufnahme: *http://www.nobelprize.org/nobel_prizes/medicine/laureates/1970/*

Vorschläge und erste Entwürfe der American Psychiatric Association zur fünften Auflage des *Diagnostic and Statistical Manual of Mental Disorders: http://www.dsm5.org*

Zeitungen und Zeitschriften

"After shock", in: *Guardian,* 17. Juni 2006.

Baldwin, J., Letter: „From a region in my mind", in: *New Yorker,* 17. November 1962.

Barron, J., "Nation reels after gunman massacres 20 children at school in Connecticut", in: *New York Times,* 14. Dezember 2012.

Bericht über das Massaker von James Holmes in Aurora, Colorado, USA, am 19. Juli 2012, Associated Press, 31. August 2012.

Campbell, D., "Recession causes surge in mental health problems", in: *Guardian,* 1. April 2010.

Dyson, F., "How to dispel your illusions", in: *New York Review of Books,* 22. Dezember 2011.

Gautam, N., "What's on Jim Fallon's Mind?", in: *Wall Street Journal,* 30. November 2009.

Gopnik, A., "One more massacre", in: *New Yorker,* 20. Juli 2012.

Helm, T., "Victims of recession to get free therapy", in: *Guardian,* 8. März 2009.

Hirschberg, L.: Interview mit Daniel Day Lewis, in: *Daily Telegraph,* 8. Dezember 2007.

Johnson, C. Y., "Ex-Harvard scientist fabricated, manipulated data, report says", in: *Boston Globe,* 5. September 2012.

Lee, J., "Is that an emoticon in 1862?", in: *New York Times,* 19. Januar 2009.

McGrath, C., Interview mit Daniel Day Lewis, in: *New York Times,* 31. Oktober 2012.

"Medicine: To Nirvana with Miltown", in: *Time,* 7. Juli 1958.

Neville, S., "GlaxoSmithKline fined \$3bn after bribing doctors to increase drug sales", in: *Guardian,* 3. Juli 2012.

Pinsky, R., "Grief", in: *New York Review of Books,* 7. Juni 2012.

Sample, I., "Female orgasm captured in series of brain scans", in: *Guardian,* 14. November 2011.

Smith, Z., "Joy", in: *New York Review of Books,* 10. Januar 2013.

Todesfälle in England und Wales im Jahr 2011 (nach Angabe des Amtes für Nationale Statistik): 484367, in: *Guardian,* 6. November 2012.

Tomlinson, S., in: *Daily Mail,* 11. Dezember 2012.

Widdicombe, L., "Shots", in: *New Yorker,* 3. September 2012.

Fachzeitschriften

Abel, E. L. und Kruger, M. L., "Smile intensity in photographs predicts longevity", in: *Psychological Science,* 21 (2010).

Abraham, A. und von Cramon, D. Y., "Reality-relevance? Insights from spontaneous modulations of the brain's default network when telling apart reality from fiction", in: *PLOS One,* 4 (2009).

Abraham, A., von Cramon, D. Y. und Schubotz, R. I., "Meeting George Bush versus Cinderella: The neural response when telling apart what is real from what is fictional in the context of our reality", in: *Journal of Cognitive Neuroscience,* 20 (2008).

Adolphs, R., Tranel, D., Damasio, H. und Damasio, A., "Impaired recognition of emotion in facial expressions following bilateral damage to the human amygdala", in: *Nature,* 372 (1995).

Amodio, D. M. und Frith, C. D., "Meeting of minds: The medial frontal cortex and social cognition", in: *Nature Reviews Neuroscience,* 7 (2006).

Amorapanth, P., LeDoux, J. E. und Nader, K., "Different lateral amygdala outputs mediate reactions and actions elicited by a fear-arousing stimulus", in: *Nature Reviews Neuroscience,* 3 (2000).

Anderson, S. W., Bechara, A., Damasio, H., Tranel, D. und Damasio, A. R., "Impairment of social and moral behavior related to early damage in human prefrontal cortex", in: *Nature Reviews Neuroscience,* 2 (1999).

Aron, A., Fisher, H., Mashek, D. J., Strong, G., Li, H. und Brown, L. L., "Reward, motivation and emotion systems associated with earlystage intense romantic love", in: *Journal of Neurophysiology,* 94 (2005).

Aspinwall, L. G., Brown, T. R. und Tabery, J., "The double-edged sword: Does biomechanism increase or decrease judges' sentencing of psychopaths?", in: *Science,* 337 (2012).

Bartels, A. und Zeki, S., "The neural basis of romantic love", in: *Neuroreport,* 11 (2000).

Bartels, A. und Zeki, S., "The neural correlates of maternal and romantic love", in: *Neuroimage,* 21 (2004).

Basile, B., Mancini, F., Macaluso, E., Caltagirone, C., Frackowiak, R. S. und Bozzali, M., "Deontological and altruistic guilt: Evidence for distinct neurobiological substrates", in: *Human Brain Mapping,* 32 (2011).

Bechara, A., Damasio, H., Tranel, D. und Damasio, A. R., "Deciding advantageously before knowing the advantageous strategy", in: *Science,* 275 (1997).

Bennett, C. M., Baird, A. A., Miller, M. B. und Wolford, G. L., "Neural correlates of interspecies perspective taking in the post-mortem atlantic salmon: An argument for proper multiple comparisons correction", in: *Journal of Serendipitous and Unexpected Results,* 1 (2010).

Berridge, K. C., "'Liking' and 'wanting' food rewards: Brain substrates and roles in eating disorders", in: *Physiology and Behavior,* 97 (2009).

Beutel, M. E., Stark, R., Pan, H., Silbersweig, D. und Dietrich, S., "Changes of brain activation pre-post short-term psychodynamic in patient psychotherapy: An fMRI study of panic disorder patients", in: *Psychiatry Research,* 184 (2010).

Blair, R. J. R. und Cipolotti, L., "Impaired social response reversal. A case of 'acquired sociopathy'", in: *Brain,* 123 (2000).

Blood, A. J. und Zatorre, R. J., "Intensely pleasurable responses to music correlate with activity in brain regions implicated in reward and emotion", in: *Proceedings of the National Academy of Sciences,* 98 (2001).

"Brain Waves 4: Neuroscience and the law", Royal Society, London, Dezember 2011.

Brunner, H. G. *et al.,* "Abnormal behaviour associated with a point mutation in the structural gene for monoamine oxidase A", in: *Science,* 262 (1993).

Brunner, H. G. *et al.,* "X-linked borderline mental retardation with prominent behavioural disturbance: Phenotype, genetic localization, and evidence for disturbed monoamine metabolism", in: *American Journal of Human Genetics,* 52 (1993).

Burgdorf, J., Panksepp, J., Brudzynski, S. M., Kroes, R. und Moskal, J. R., "Breeding for 50-kHz positive affective vocalization in rats", in: *Behavior Genetics,* 35 (2005).

Bylsma, L. M., Vingerhoets, A. J. J. M. und Rottenberg, J., "When is crying cathartic? An international study", in: *Journal of Social and Clinical Psychology,* 27 (2008).

Campbell, R., Heywood, C., Cowey, A., Regard, M. und Landis, T., "Sensitivity to eye gaze in prosopagnosic patients and monkeys with superior temporal sulcus ablation", in: *Neuropsychologia,* 28 (1990).

Capgras, J., "L'illusion des 'sosies' dans un délire systematisé chronique", in: *Bulletin de la Société Clinique de Médecine Mentale,* 11 (1923).

Carola, V., Frazzetto, G. und Gross, C., "Identifying interactions between genes and early environment in the mouse", in: *Genes, Brain and Behavior,* 5 (2006).

Carr, L., Iacoboni, M., Dubeau, M. C., Mazziotta, J. C. und Lenzi, G. L., "Neural mechanisms of empathy in humans: A relay from neural systems for imitation to limbic areas", in: *Proceedings of the National Academy of Sciences,* 100 (2003).

Cases, O., Seif, I., Grimsby, J. *et al.,* "Aggressive behavior and altered amounts of brain serotonin and norepinephrine in mice lacking MAOA", in: *Science,* 268 (1995).

Caspi, A. *et al.,* "Role of genotype in the cycle of violence in maltreated children", in: *Science,* 297 (2002).

Chakrabarti, B., Bullmore, E. und Baron-Cohen, S., "Empathising with basic emotions: Common and discrete neural substrates", in: *Social Neuroscience,* 1 (2006).

Chang, P. P., Ford, D. E., Meoni, L. A. *et al.,* "Anger in young men and subsequent premature cardiovascular disease", in: *Archives of Internal Medicine,* 162 (2002).

Cohen, S., Alper, C. M., Doyle, W. J. *et al.,* "Positive emotional style predicts resistance to illness after experimental exposure to rhinovirus or influenza A virus", in: *Psychosomatic Medicine,* 68 (2006).

Collier, R., "Recession stresses mental health", in: *Canadian Medical Association Journal,* 181 (2009).

Damasio, H. *et al.,* "The return of Phineas Gage: Clues about the brain from the skull of a famous patient", in: *Science,* 264 (1994).

Davidson, R. J., Ekman, P., Saron, C. D., Senulis, J. A. und Friesen, W. V., "Approach-Withdrawal and cerebral asymmetry: Emotional expression and brain physiology I", in: *Journal of Personality and Social Psychology*, 58 (1990).

Davidson, R. J. und Fox, N. A., "Asymmetrical brain activity discriminates between positive versus negative affective stimuli in human infants", in: *Science*, 218 (1982).

Davidson, R. J. und Fox, N. A., "Frontal brain asymmetry predicts infants' response to maternal separation", in: *Journal of Abnormal Psychology*, 98 (1989).

Davidson, R. J., Putnam, K. M. und Larson, C. L., "Dysfunction in the neural circuitry of emotion regulation – a possible prelude to violence", in: *Science*, 289 (2000).

Debruille, J. B. und Stip, E., "Capgras syndrome: Evolution of the hypothesis", in: *Canadian Journal of Psychiatry*, 41 (1996).

Diener, E. und Biswar-Diener, R., "Will money increase subjective well-being?", in: *Social Indicators Research*, 57 (2002).

Dunbar, R. I. M., Baron, R., Frangou, A. *et al.,* "Social laughter is correlated with an elevated pain threshold", in: *Proceedings of the Royal Society B: Biological Sciences*, 279 (2011).

Dunn, E. W., Aknin, L. B. und Norton, M. I., "Spending money on others promotes happiness", in: *Science*, 319 (2008).

Eisenberg, N., "Emotion, regulation and moral development", in: *Annual Review of Psychology*, 51 (2000).

Eisenberger, N. I., Lieberman, M. D. und Williams, K. D., "Does rejection hurt? An fMRI study of social exclusion", in: *Science*, 302 (2003).

Ekman, P., Davidson, R. J. und Friesen, W. V., "The Duchenne smile: Emotional expression and brain physiology II", in: *Journal of Personality and Social Psychology*, 58 (1990).

Escobedo, J. R. und Adolphs, R., "Becoming a better person: Temporal remoteness biases autobiographical memories for moral events", in: *Emotion*, 10 (2010).

Fakra, E., Hyde, L. W., Gorka, A., Fisher, P. M., Munoz, K. E., Kimak, M., Halder, I., Ferrell, R. E., Manuck, S. B. und Hariri, A. R., "Effects of Htr1a C(-1019) G on amygdala reactivity and trait anxiety", in: *Archives of General Psychiatry,* 66 (2009).

Fendez, M. F., "The neurobiology of moral behavior: Review and neuropsychiatric implications", in: *CNS Spectre,* 14 (2009).

Feresin, E., "Lighter sentence for murderer with 'bad genes'", in: *Nature,* 30. Oktober 2009.

Finkel, E. J., Eastwick, P. W., Karney, B. R., Reis, H. T. und Sprecher, S., "Online dating: A critical analysis from the perspective of psychological science", in: *Psychological Science in the Public Interest,* 13 (2012).

Fiorino, F., Coury, A. und Phillips, A. G., "Dynamic changes in nucleus accumbens dopamine efflux during the Coolidge effect in male rats", in: *Journal of Neuroscience,* 17 (1997).

Foot, P., "A new definition" (Recipes for Happiness), in: *British Medical Journal,* 321 (2000).

Frazzetto, G., "Genetics of behavior and psychiatric disorders: From the laboratory to society and back", in: *Current Science,* 97 (2009).

Frazzetto, G., "Powerful Acts", in: *Nature,* 482 (2012).

Frazzetto, G. *et al.,* "Early trauma and increased risk for physical aggression during adulthood: The moderating role of MAOA genotype", in: *PLOS One,* 5, Issue 2 (2007).

Freedberg, D. und Gallese, V., "Motion, emotion and empathy in esthetic experience", in: *Trends in Cognitive Sciences,* 11 (2007).

Frydman, C., Camerer, C., Bossaerts, P. und Rangel, A., "MAOA-L carriers are better at making optimal financial decisions under risk", in: *Proceedings of the Royal Society,* 278 (2010).

Gainotti, G., "Emotional behavior and hemispheric side of the lesion", in: *Cortex,* 8 (1972).

Gallese, V., "The roots of empathy: The shared manifold hypothesis and the neural basis of intersubjectivity", in: *Psychopathology,* 36 (2003).

Gallese, V., Fadiga, L. und Rizzolatti, G., "Action recognition in the pre-motor cortex", in: *Brain,* 119 (1996).

Goldstein, R., "Thrills in response to music and other stimuli", in: *Physiological Psychology,* 8 (1980).

Gozzi, A., Jain, A., Giovanelli, A. *et al.,* "A neural switch for active and passive fear", in: *Neuron,* 67 (2010).

Greene, J., "From neural 'is' to moral 'ought': What are the moral implications of neuroscientific moral psychology?", in: *Nature Reviews Neuroscience,* 4 (2003).

Greene, J. D., Sommerville, R. B., Nystrom, L. E., Darley, J. M. und Cohen, J. D., "An fMRI investigation of emotional engagement in moral judgment", in: *Science,* 293 (2001).

Haker, H., Kawohl, W., Herwig, U. und Rossler, W., "Mirror neuron activity during contagious yawning – an fMRI study", in: *Brain Imaging and Behavior* (7. Juli 2012: elektronische Kurzfassung vor der Veröffentlichung).

Hamann, S., "Mapping discrete and dimensional emotions onto the brain: Controversies and consensus", in: *Trends in Cognitive Sciences,* 16 (2012).

Hammer, M., "An identified neuron mediates the unconditioned stimulus in associative olfactory learning in honeybees", in: *Nature,* 366 (1993).

Hammer, M. und Menzel, R., "Learning and memory in the honeybee", in: *Journal of Neuroscience,* 15 (1995).

Harker, L. A. und Keltner, D., "Expressions of positive emotion in women's college yearbook pictures and their relationship to personality and life outcomes across adulthood", in: *Journal of Personality and Social Psychology,* 80 (2001).

Harlow, J., "Recovery from the passage of an iron bar through the head", in: *Publications of the Massachusetts Medical Society,* 2 (1868).

Harris, J. C., "Caravaggio's Narcissus", in: *American Journal of Psychiatry,* 67 (2010).

Hasson, O., "Emotional Tears as Biological Signals", in: *Evolutionary Psychology,* 7 (2009).

Hatfield, E. und Sprecher, S.,"Measuring passionate love in an intimate relation", in: *Journal of Adolescence,* 9 (1986).

Hazan, C. und Shaver, P., "Romantic love conceptualized as an attachment process", in: *Journal of Personality and Social Psychology,* 52 (1987).

LITERATUR

Hirstein, W. und Ramachandran, V. S., "Capgras syndrome: A novel probe for understanding the neural representation of the identity and familiarity of persons", in: *Proceedings of the Royal Society B: Biological Sciences,* 264 (1997).

Holstege, G., Georgiadis, J. R., Paans, A. M. J. *et al.,* "Brain activation during human male ejaculation", in: *Journal of Neuroscience,* 23 (2003).

Holt-Lunstad, J., Smith, T. B. und Layton, J. B., "Social relationships and mortality risk: A meta-analytic review", in: *PLOS Medicine,* 7, Issue 7 (2010).

Iacoboni, M. *et al.,* "Cortical mechanisms of human imitation", in: *Science,* 286 (2003).

Insel, T. R., "The challenge of translation in social neuroscience: A review of oxytocin, vasopressin, and affiliative behavior", in: *Neuron,* 65 (2010).

Insel, T. R., "Next-generation treatments for mental disorders", in: *Science Translational Medicine,* 4, Issue 155 (2012).

Insel, T., "Oxytocin – a neuropeptide for affiliation: Evidence from behavioural, receptor autoradiographic, and comparative studies", in: *Psychoneuroendocrinology,* 17 (1992).

Isen, A., Daubman, K. A. und Nowicki, G. P., "Positive affect facilitates creative problem solving", in: *Journal of Personality and Social Psychology,* 52 (1987).

Isen, A. M., Johnson, M. M. S., Mertz, E. und Robinson, G. F., "The influence of positive affect on the unusualness of word associations", in: *Journal of Personality and Social Psychology,* 48 (1985).

Jabbi, M. und Keysers, C., "Inferior frontal gyrus activity triggers anterior insula response to emotional facial expressions", in: *Emotion,* 8 (2008).

James, W., "What is an emotion?", in: *Mind,* 9 (1884).

Jones, D., "The depths of disgust", in: *Nature,* 447 (2007).

Jueptner, M. und Weiller, C., "Review: Does measurement of regional cerebral blood flow reflect synaptic activity? Implications for PET and fMRI", in: *Neuroimage,* 2 (1995).

Kampe, K., Frith, C. D., Dolan, R. J. und Frith, U., "Reward value of attractiveness and gaze", in: *Nature,* 413 (2001).

Kedia, G., Berthoz, S., Wessa, M., Hilton, D. und Martinot, J. L., "An agent harms a victim: A functional magnetic resonance imaging study on specific moral emotions", in: *Journal of Cognitive Neuroscience,* 20 (2008).

Keltner, D. und Bonanno, G. A., "A study of laughter and dissociation: Distinct correlates of laughter and smiling during bereavement", in: *Journal of Personality and Social Psychology,* 4 (1997).

Kendler, K. S., Myers, J. M. S. und Zisook, S., "Does bereavement-related major depression differ from major depression associated with other stressful life events?", in: *American Journal of Psychiatry,* 165 (2008).

Kessler, R. C., Chiu, W. T., Demler, O. *et al.,* "Prevalence, severity, and comorbidity of twelve-month DSM-IV disorders in the National Comorbidity Survey Replication (NCS-R)", in: *Archives of General Psychiatry,* 62 (2005).

Keysers, C., Wicker, B., Gazzola, V., Anton, J. L., Fogassi, L. und Gallese, V., "A touching sight: SII/PV activation during the observation and experience of touch", in: *Neuron,* 42 (2004).

Kim-Cohen, J. *et al.,* "MAOA, maltreatment, and gene-environment interaction predicting children's mental health: New evidence and a meta-analysis", in: *Molecular Psychiatry,* 11 (2006).

Kirsch, I., Deacon, B. F., Huedo-Medina, T. B. *et al.,* "Initial severity and antidepressant benefits: A meta-analysis of data submitted to the Food and Drug Administration", in: *PLOS Medicine,* 5, Issue 2 (2008).

Klein, D. F., "Delineation of two drug responsive anxiety syndromes", in: *Psychopharmacologia,* 5 (1964).

Kleinman, A., Leitartikel in *Lancet,* 379, 18. Februar 2012.

Kok, B. E., Coffey, E. A., Cohn, M. A. *et al.,* "How positive emotions build physical health: Perceived positive social connections account for the upward spiral between positive emotions and vagal tone", in: *Psychological Science,* im Druck.

Kok, B. E. und Fredrickson, B. L., "Upward spirals of the heart: Autonomic flexibility, as indexed by vagal tone, reciprocally and prospectively predicts positive emotions and social connectedness", in: *Biological Psychology,* 85 (2010).

LITERATUR

Komisaruk, B. R. und Whipple, B., "Functional MRI of the brain during orgasm in women", in: *Annual Review of Sex Research,* 16 (2005).

Komisaruk, B. R., Whipple, B., Crawford, A. *et al.,* "Brain activation during vaginocervical self-stimulation and orgasm in women with complete spinal cord injury: fMRI evidence of mediation by the Vagus nerves", in: *Brain Research,* 1024 (2004).

Lacasse, J. R. und Leo, J., "Serotonin and depression: A disconnect between the advertisements and the scientific literature", in: *PLOS Medicine,* 2, Issue 12 (2005).

LeDoux, J., "Rethinking the emotional brain", in: *Neuron,* 73 (2012).

LeDoux, J. und Gorman, J. M., "A call to action: Overcoming anxiety through active coping", in: *American Journal of Psychiatry,* 158 (2001).

Lee, S. W. S. und Scharz, N., "Washing away post-decisional dissonance", in: *Science,* 328 (2010).

Lennard, H. L., Epstein, L. J., Bernstein, A. und Ranson, D. C., "Hazards implicit in prescribing psychoactive drugs", in: *Science,* 169 (1970).

Lenzer, J., "Bush plans to screen whole US population for mental illness", in: *British Medical Journal,* 328 (2004).

"Living with grief", Leitartikel in *Lancet,* 379 (2011).

Logothetis, N. K., "What we can do and what we cannot do with fMRI", in: *Nature,* 453 (2008).

Maher, B., "Poll results: Look who's doping", in: *Nature,* 452 (2008).

Mar, R. A. und Oatley, K., "The function of fiction is the abstraction and simulation of social experience", in: *Perspectives on Psychological Science,* 3 (2008).

Marazziti, D. und Canale, D., "Hormonal changes when falling in love", in: *Psychoneuroendocrinology,* 29 (2004).

Mascolo, M. F., "Wittgenstein and the discursive analysis of emotion", in: *New Ideas in Psychology,* 27 (2009).

McCabe, D. P. und Castel, A. D., "Seeing is believing: The effect of brain images on judgments of scientific reasoning", in: *Cognition,* 107 (2008).

McGoey, L., "On the will to ignorance in bureaucracy", in: *Economy and Society*, 36 (2007).

McGoey, L., "Profitable failure: Antidepressant drugs and the triumph of flawed experiments", in: *History of the Human Sciences*, 23 (2010).

McRae, R. R. und Costa, P. T., "Validation of the five-factor model across instruments and observers", in: *Journal of Personality and Social Psychology*, 52 (1987).

Metz-Lutz, M. N., Bressan, Y., Heider, N. und Otzenberger, H., "What physiological and cerebral traces tell us about adhesion to fiction during theater-watching", in: *Frontiers in Human Neuroscience*, 4 (2010).

Meyer-Lindenberg, A., Buckholtz, J. W., Kolachana, B. *et al.*, "Neural mechanisms of genetic risk for impulsivity and violence in humans", in: *Proceedings of the National Academy of Sciences*, 103 (2006).

Miller, G., "Is Pharma running out of brainy ideas?", in: *Science*, 329 (2010).

Moll, J. *et al.*, "Human fronto-mesolimbic networks guide decisions about charitable donation", in: *Proceedings of the National Academy of Sciences*, 103 (2006).

Moll, J., Oliveira-Souza, R., Garrido, G. J., Bramati, I. E., Caparelli-Daquer, E. M., Paiva, M., Zahn, R. und Grafman, J., "The Self as a moral agent: Linking the neural bases of social agency and moral sensitivity", in: *Social Neuroscience*, 2 (2007).

Montague, P. R., Dayan, P., Person, C. und Sejnowski, T. J., "Bee foraging in uncertain environments using predictive Hebbian learning", in: *Nature*, 377 (1995).

Nesse, R., "Proximate and evolutionary studies of anxiety, stress and depression: Synergy at the interface", in: *Neuroscience and Biobehavioral Reviews*, 23 (1999).

O'Connor, M. F., Wellisch, D. K., Stanton, A. L., Eisenberger, E. I., Irwin, M. R. und Lieberman, M. D., "Craving love? Enduring grief activates brain's reward center", in: *Neuroimage*, 42 (2008).

Olds, J. und Milner, P., "Positive reinforcement produced by electrical stimulation of septal area and other regions of rat brain", in: *Journal of Comparative and Physiological Psychology*, 47 (1954).

LITERATUR

Pauling, L. und Coryell, C., "The magnetic properties and structure of hemoglobin", in: *Proceedings of the National Academy of Sciences,* 22 (1936).

Peterson, C., Nansook, P. und Seligman, M. E. P., "Orientations to happiness and life satisfaction: The full life versus the empty life", in: *Journal of Happiness Studies,* 6 (2005).

Pletscher, A., Shore, P. A. und Brodie, B. B., "Serotonin release as a possible mechanism of reserpine action", in: *Science,* 122 (1955).

Porges, S. W., "The polyvagal perspective", in: *Biological Psychology,* 74 (2007).

Porter, R., "Happy hedonists" (Recipes for Happiness), in: *British Medical Journal,* 321 (2000).

Prigerson, H. G., Horowitz, M. J., Jacobs, S. C. *et al.,* "Prolonged Grief Disorder: Psychometric validation of criteria proposed for DSM-V and ICD-11", in: *PLOS Medicine,* 6, Issue 8 (2009).

Provine, R. R., "Emotional tears and NGF: A biographical appreciation and research beginning", in: *Archives Italiennes de Biologie,* 149 (2011).

Provine, R., "Laughter", in: *American Scientist,* 84 (1996).

Provine, R. und Fischer, K. R., "Laughing, smiling and talking: Relation to sleeping and social context in humans", in: *Ethology,* 83 (1989).

Provine, R. R., Krosnowski, K. A. und Brocato, N. W., "Tearing: Breakthrough in human emotional signaling", in: *Evolutionary Psychology,* 7 (2009).

Raine, A., Buchsbaum, M. und LaCasse, L., "Brain abnormalities in murderers indicated by positron emission tomography", in: *Biological Psychiatry,* 42 (1997).

Raine, A., Meloy, J. R., Bihrle, S., Stoddard, J., LaCasse, L. und Buchsbaum, M. S., "Reduced prefrontal and increased subcortical brain functioning assessed using positron emission tomography in predatory and affective murderers", in: *Behavioural Sciences and the Law,* 16 (1998).

Rakersting, A., Kroker, K., Horstmann, J. *et al.,* "Association of MAO-A variant with complicated grief in major depression", in: *Neuropsychobiology,* 56 (2008).

Rakic, P., "Evolution of the neocortex: Perspective from developmental biology", in: *Nature Reviews Neuroscience*, 10 (2010).

Rapp, A., Leube, D. T., Erb, M., Grodd, W. und Kircher, T. T., "Neural correlates of metaphor processing", in: *Cognitive Brain Research*, 20 (2004).

Rizzolatti, G. und Craighero, L., "The mirror-neuron system", in: *Annual Review of Neuroscience*, 27 (2004).

Rizzolatti, G., Fadiga, L., Gallese, V. und Fogassi, L., "Premotor cortex and the recognition of motor actions", in: *Cognitive Brain Research*, 3 (1996).

Rose, N., "Life, reason and history: Reading Georges Canguilhem today", in: *Economy and Society*, 27 (1998).

Rose, N., "Neurochemical selves", in: *Society*, 41 (2003).

Sabol, S. *et al.*, "A functional polymorphism in the monoamine oxidase A gene promoter", in: *Human Genetics*, 103 (1998).

Sackeim, H. A., Greenberg, M. S., Weiman, A. L. *et al.*, "Hemispheric asymmetry in the expression of positive and negative emotions", in: *Archives of Neurology*, 39 (1982).

Sahakian, B. und Morein-Zamir, S., "Professor's little helper", in: *Nature*, 450 (2007).

Sauter, D. A., Eisner, F., Ekman, P. und Scott, S. K., "Cross-cultural recognition of basic emotions through emotional vocalizations", in: *Proceedings of the National Academy of Sciences*, 107 (2010).

Schaffer, C. E., Davidson, R. J. und Saron, C., "Frontal and parietal electroencephalogram asymmetry in depressed and nondepressed subjects", in: *Biological Psychiatry*, 18 (1987).

Schildkraut, J. J., "The catecholamine hypothesis of affective disorders: A review of the supporting evidence", in: *American Journal of Psychiatry*, 122 (1965).

Schleim, S., "Brains in context in the neurolaw debate: The examples of free will and 'dangerous' brains", in: *International Journal for Law and Psychiatry*, 35 (2012).

Schultz, W., "Multiple reward signals in the brain", in: *Nature Reviews Neuroscience*, 1 (2000).

Schultz, W., Apicella, P. und Ljungberg, T., "Responses of monkey dopamine neurons to reward and conditioned stimuli during successive steps of learning a delayed response task", in: *Journal of Neuroscience,* 13 (1993).

Schultz, W., Apicella, P., Scarnati, E. und Ljungberg, T., "Neuronal activity in monkey ventral striatum related to the expectation of reward", in: *Journal of Neuroscience,* 12 (1992).

Schwartz, G. E., Davidson, R. J. und Maer, F., "Right hemisphere lateralization for emotion in the human brain: Interactions with cognition", in: *Science,* 190 (1975).

Senju, A. und Johnson, M. H., "The eye contact effect: Mechanisms and development", in: *Trends in Cognitive Sciences,* 13 (2009).

Shamay-Tsoory, S. G., Tibi-Elhanamy, Y. und Aharon-Petrez, J., "The eyed monster and malicious joy: The neuroanatomical bases of envy and gloating (Schadenfreude)", in: *Brain,* 130 (2007).

Sloboda, J. A., "Music structure and emotional response: Some empirical findings", in: *Psychology of Music,* 19 (1991).

Sluzkin, C., "On sorrow: Medical advice from Ishaq ben Sulayman al-Israeli, 1000 years ago", in: *American Journal of Psychiatry,* 167, 5 (2010).

Smith, C. U. M., "The triune brain in antiquity: Plato, Aristotle, Erasistratus", in: *Journal of the History of the Neurosciences,* 19 (2010).

Smith, K., "Trillion-dollar brain drain", in: *Nature,* 478 (2011).

Solms, M., "Freud returns", in: *Scientific American,* Mai 2004.

Tafrate, R. C., Kassinove, H. und Dundin, L., "Anger episodes in high- and low-trait anger community adults", in: *Journal of Clinical Psychology,* 58 (2002).

Takahashi, H., Kato, M., Matsuura, M., Mobbs, D., Suhara, T. und Okubo, Y., "When your gain is my pain and your pain is my gain: Neural correlates of envy and Schadenfreude", in: *Science,* 323 (2009).

Takahashi, H., Yahata, N., Koeda, M., Matsuda, T., Asai, K. und Okubo, Y., "Brain activation associated with evaluative processes of guilt and embarrassment: An fMRI study", in: *Neuroimage,* 23 (2004).

Toma, C. L., Hancock, J. T. und Ellison, N. B., "Separating fact from fiction: An examination of deceptive self-representation on online dating profiles", in: *Personality and Social Psychology Bulletin,* 34 (2008).

Vul, E., Harris, C., Winkielman, P. und Pashler, H., "Puzzlingly high correlations in fMRI studies of emotion, personality, and social cognition", in: *Perspectives on Psychological Science,* 4 (2009).

Wagner, U., N'Diaye, K., Ethofer, T. und Vuilleumier, P., "Guilt-specific processing in the prefrontal cortex", in: *Cerebral Cortex,* 21 (2011).

Walum, H., Westberg, L., Henningsson, J. M. *et al.,* "Genetic variation in the vasopressin receptor 1a gene (AVPR1A) associates with pair-bonding behavior in humans", in: *Proceedings of the National Academy of Sciences,* 105 (2008).

Warren, J. E., Sauter, D. A., Eisner, F. *et al.,* "Positive emotions preferentially engage an auditory-motor 'mirror' system", in: *Journal of Neuroscience,* 26 (2006).

Weng, H. Y., Fox, A. S., Shackman, A. J., Stodola, D. E. *et al.,* "Compassion training alters altruism and neural responses to suffering", in: *Psychological Science,* im Druck 2013.

"Who calls the shots?", Leitartikel nach dem Massaker von James Holmes in Aurora, Colorado, USA, in: *Nature,* 488 (2012).

Wicker, B., Keysers, C., Plailly, J., Royet, J. P., Gallese, V. und Rizzolatti, G., "Both of us disgusted in my insula: The common neural basis of seeing and feeling disgust", in: *Neuron,* 40 (2003).

Widom, C. S. und Brzustowicz, L. M., "MAOA and the 'cycle of violence': Childhood abuse and neglect, MAOA genotype, and risk for violent and antisocial behaviour", in: *Biological Psychiatry,* 60 (2006).

Wittchen, H. U., Jacobi, F., Rehm. A., Gustavsson, A., Svensson, M., Jonsson, B., Olesen, J., Allgulander, C., Alonso, J., Faravelli, C., Fratiglioni, L., Jennum, P., Lieb, R., Marcker, A. *et al.,* "The size and burden of mental disorders and other disorders of the brain in Europe 2010", in: *European Neuropsychopharmacology,* 21 (2011).

Woolley, J. D. und Fields, H. L., "Nucleus accumbens opioids regulate flavor-based preferences in food consumption", in: *Neuroscience,* 17 (2006).

LITERATUR

Yang, Y. und Raine, A., "Prefrontal structural and functional brain imaging findings in antisocial, violent, and psychopathic individuals: A meta-analysis", in: *Psychiatry Research,* 174 (2009).

Zeelenberg, M. und Breugelmans, S. M., "The role of interpersonal harm in distinguishing regret from guilt", in: *Emotion,* 8 (2008).

Zeki, S., "The neurobiology of love", in: *FEBS Letters,* 581 (2007).

Zeki, S. und Romaya, J. P., "The brain reaction to viewing faces of opposite- and same-sex romantic partners", in: *PLOS One,* 5, Issue 12 (2010).

Zysset, S., Huber, O., Ferstl, E. und von Cramon, D. Y., "The anterior fron-tomedian cortex and evaluative judgment: An fMRI study", in: *Neuroimage,* 15 (2002).

Register

A

Abad, Héctor 104
Abraham, Anna 225, 228
Abramović, Marina 232 ff.
Abscheu 75, 277
Adrenalin 182, 221
Aggression 17 ff., 38, 40 ff. 44, 46 f.,
  50 f., 53 f., 56, 81, 83, 95, 319
Agoraphobie 124
Aischylos 159
Aktive Bewältigungsstrategie 135
Alzheimer 45
Amphetamine 267
Amygdala 29, 38 f., 48, 128, 135,
  137, 141, 143, 179, 211, 270,
  273, 275, 308, 311, 315
Anaxagoras 11
Angst 12, 18, 21 f., 35, 71, 100,
  111 f., 114 ff., 124 ff., 184, 204 f.,
  210, 217, 252, 258, 270, 277,
  283, 290 f., 301 f., 311, 338
Angststörung 116, 123 f.
Anna O. 122
Annäherung (emotionaler
  Mechanismus) 21 f., 253, 278 f.
Antidepressiva 186 f.
Archimedes 188
Ärger 25, 54 f., 127, 301 f.
Arikha, Avigdor 77

Aristoteles 15, 53
Aron, Arthur 309
Arroganz 70, 88
Äsop 282
Atik, Anne 77
Auden, W. H. 115, 148, 201
Aufklärung (Epoche) 190, 281 f.
Augustinus 89
Auslese, natürliche 19, 21

B

Baldwin, James 290 f.
Barber, Samuel 273
Barnes, Julian 174
Bartels, Andreas 309
Barthes, Roland 314
Bayout, Abdelmalek 48, 56
Beard, George 121
Beckett, Samuel 77, 83, 249
Bedauern 22, 66, 73, 75, 86,
  102 ff., 317
Begierden 26, 311, 337 f.
Belohnung 165, 193, 234, 260 ff.,
  267, 270, 274, 282, 286, 292,
  304 f., 310, 319
Benzodiazepine 145 f.
Biomarker 179 f.
Bipolare Störung 170, 176

Blixen, Karen 193
Bloomberg, Michael 53
Bohr, Niels 229
Borden, Lizzie 45
Borges, Jorge Luis 157, 167
Borghese, Scipio 90
Bowlby, John 321, 323, 326
Brecht, Bertolt 230 ff.
Bressan, Yannick 235
Breuer, Josef 122
Broca, Paul 276
Brook, Peter 212 ff., 242
Brunner, Hans 40
Burroughs, William 267
Bush, George 225 f.

C

Canguilhem, Georges 148
Capgras, Joseph 314 f.
Capgras-Syndrom 314 ff.
Caravaggio 86 ff., 98, 105, 205
Caspi, Avshalom 43
CeA (Zentraler Kern der
  Amygdala) 128, 135 ff.
Chaplin, Charlie 284
Charakter 18, 42, 223, 282
Chemistry.com 330 ff.
Christentum 74
Cingulotomie 168
Coleridge, Samuel Taylor 229 f.
Cortisol 180, 182
Crystal, Ben 202 f., 205, 213,
  240 f.

D

Dalí, Salvador 144 f., 147
Damasio, Antonio 31, 33 ff., 56,
  344
Darwin, Charles 19 ff., 23 ff. 70,
  78, 98, 119, 160 f., 163, 204,
  255, 271, 289
Davidson, Richard 276 ff.
Day-Lewis, Daniel 221 f., 224
de Gaulle, Charles 279
Dembowski, Mathilde 312
Demut 70, 89
Depression 42, 95, 116, 169 ff.,
  176, 180 ff., 186 ff., 191 f., 278
Diagnostic and Statistical Manual of
  Mental Disorders (DSM) 123 ff.,
  169 f., 172 f., 175 f., 178, 180
Diderot, Denis 222 ff.
Dopamin 40, 234, 262 ff., 267 f.,
  273 f., 281, 310, 317, 319, 330 ff.
Dorso-anteriorer cingulärer Kortex
  (dACC) 168
Dorso-medialer präfrontaler Kortex
  (dmPFK) 85, 239
Drogen 75, 149, 267 f., 274
Duchenne, Guillaume-Benjamin-
  Amand 20, 255
Duchenne-Lächeln 255, 277, 283 f.
Duse, Eleonora 214 f., 221

E

Eagleman, David 49, 54
Eifersucht 271, 302, 318
Einfühlung 22, 193, 205, 207,
  210 f., 231 f.
Einstein, Albert 15, 299
Eisenberger, Naomi 168

Eitelkeit 70
Ekel 26, 75 f., 123, 210, 252, 258
Ekstase 268, 270 ff., 301
Elektroenzephalographie
(EEG) 276 ff.
Eliot, T. S. 111
Eltern 71, 73, 78, 319 f., 321 ff.,
337
Empathie 205 ff., 210 f., 234
Empörung 75 f., 202
Endorphin 182, 269, 284
Entfremdung 132
Entscheidungen 25, 30, 33 ff., 39,
49, 51, 57, 73, 76, 81 ff., 85, 91,
99, 114, 133 f., 138, 150, 171,
225, 240, 264, 285, 344
Epigenetik 323 f., 326
Erröten 24, 74, 215, 221
Eudämonie 280 ff., 291
Evolution 19 ff., 28 f., 75, 81 f.,
118, 163, 166, 210, 215, 253,
260, 271, 279
Existenzphilosophie 130 f.

F

Fallon, Jim 45 f., 56
Fehlpaarung 320
Fielding, Henry 65
Fisher, Helen 309, 330, 332 f.
Fitzpatrick, Susan 95
Frances, Allen 173
Frayn, Michael 229
Fredrickson, Barbara 287 f.
Freud, Sigmund 26 ff., 68 f., 101 f.,
121 f., 143, 171 f., 191, 239, 253,
270, 320
Freude 10, 12, 21 ff., 99, 102, 165,
170, 189, 205, 210, 214, 230,

240, 249, 252, 254, 256, 259 f.,
274, 283, 288 ff., 301 f., 304, 306,
338
Friedrich II. 308
Funktionelle
Magnetresonanztomographie
(fMRT) 83, 92 ff., 96 ff., 103,
135, 143, 168, 208, 225, 235,
237, 240, 270, 310 f.
Furcht 117 ff., 124, 126 f., 129,
131, 134, 148, 189, 321, 326

G

Gage, Phineas 32 ff., 38, 56
Galen 188, 190
Gallese, Vittorio 207
Gedächtnis 35, 72, 78, 139 f., 150,
202, 217, 226, 264
Gehirnhälften
(Hemisphären) 275 ff., 332
Geistesblitze 260
Generalisierte Angststörung
(GAS) 124 f., 147
Genetik 19, 39 ff., 46 ff., 56 f., 118,
125, 141, 278, 303, 323 ff., 330 f.,
337
Genom 41 ff., 57, 323
Gesichtsausdruck 20 ff., 70, 92,
128, 160 ff., 164, 204, 210 f., 238,
254 f., 288, 311
Gewissen 27, 74 ff., 80, 86, 90
Gier 26
Ginsberg, Allen 267
GlaxoSmithKline 186
Glück 55, 71, 102, 133, 146, 157,
159, 165, 182, 210, 217, 253,
270, 277, 279 ff., 285 f., 289, 309,
312, 320, 325, 339

Golgi, Camillo 207
Greene, Joshua 80 f.
Gross, Cornelius 322

H

Hautleitfähigkeit (SCR) 35, 92
Hedonismus 280 ff., 291
Heidegger, Martin 131 ff., 138
Heisenberg, Werner 229
Heroin 268 f.
Herz-Vagotonus 287 f.
Himbas 258 f.
Hippocampus 29, 225
Hippokrates 188 ff., 192
Hirnstamm 28 f., 101, 128, 135,
    137, 183, 261, 271, 309
Hirnverletzungen 29, 32 ff., 37 f.,
    56, 128, 315
Hitler, Adolf 231
Hoffnung 10, 22, 115, 121, 130,
    150, 158, 217, 224, 263, 288,
    290, 303, 330
Holmes, James 49 f., 52, 56
Homöostase 253
Homosexualität 91
Hormone 22, 179 f., 182, 303,
    318 f., 330 ff., 334, 336
Humangenomprojekt 41 f.
Huntingtonsche Krankheit 42

I

Ig Nobel Prize for Neuroscience 97
Inge, William Ralph 111
Instinkte 26 f., 119, 205, 235, 240,
    305, 319, 344
Introspektion 177 ff., 224

Intuition 23, 36, 70, 102, 169,
    210, 240, 254, 330, 332 f., 344

J

James, William 119 f., 142, 216,
    291

K

Kaminer, Wladimir 139
Kant, Immanuel 77, 102
Kerouac, Jack 267
Kindesmisshandlung 43 f., 52
Kognitive Verhaltenstherapie 143
Kokain 267
Komisaruk, Barry 270 f.
Konditionierung 126 ff., 135, 142,
    219 f., 262, 264, 274
Körpersäfte 188 ff.
Kummer 22, 115, 157, 162, 189,
    254
Kurzzeitgedächtnis 30, 226

L

Lächeln 210, 249, 254 ff., 259,
    277, 283 f., 289, 300, 338
Lachen 22, 97, 139, 189, 210,
    240 f., 255 ff., 275, 277, 283 f.,
    345
Lanza, Adam 50 ff., 56
Larkin, Philip 320, 323, 325
Latimer, Marjorie 104
Layard, Richard 285
LeDoux, Joseph 135
Lennon, John 249

Lentini, Giacomo da 308
Liebe 12, 254, 259, 269, 271, 288,
290, 299, 301 ff., 311 ff., 316 ff.,
320 f., 325 ff., 330, 332, 334 ff.,
344 f.
Limbisches System 29, 36, 38 f.,
101, 211, 226, 319
Lust 27, 189, 253 f., 259 f., 262 ff.,
268 f., 271 ff., 279 ff., 303 f., 337

M

Macmillan, Harold 279
Mandeville, Bernhard 281 f.
Melancholie 188 ff., 194, 202, 333
Methylierung 324
Miltown 145
Moffitt, Terrie 43
Monoamine 183
Monoaminooxidase A
(MAO-A) 40 ff., 51 f., 56, 91,
185
Moral 18, 25 ff., 33, 69 f., 72 f.,
75 f., 78 ff., 85, 89 ff., 99, 101 ff.,
281 f., 306
Morphium 168, 268
Musik 137, 192, 206, 271 ff., 292
Mut 142, 151, 158, 281, 291
Mutationen 40, 51

N

Narzissmus 90
Neid 102
Neokortex 30
Neugier 22, 215, 300, 302, 328,
332, 335, 346
Neurasthenie 121

Neuroanatomie 101
Neuropeptide 318
Neurose 121 ff.
Neurotransmitter 40 f., 51, 118,
136, 179, 182 ff., 188, 192, 262,
330 ff., 337
Neurotropher Wachstumsfaktor
(NGF) 165
Noradrenalin 40
Norepinephrin 179, 183

O

Oktopamin 264
Online-Dating 327 ff., 332, 334,
336
Opiate 168, 268 f.
Opioide 268 f., 272 ff.
Opium 268
Orbitofrontaler Kortex 38, 45, 76,
81, 85, 101, 103, 270, 273
Orgasmus 269 ff., 287, 314
Östrogen 330 ff.
Ovid 164, 307
Oxytocin 318 f., 332

P

Palliativa 168
Panikstörung 124, 143
Paroxetin 187
Pauling, Linus 94
Pawlow, Iwan Petrowitsch 126, 219
Paxil 185 f.
Pfeifen 142, 252, 260, 291
Phänomenologie 23, 130
Pies, Ronald 181
Pinsky, Robert 194

Plastizität (des Gehirns) 142 ff.,
326, 344
Platon 25 f., 299, 304 ff., 334 ff.
Posttraumatische Belastungsstörung
(PTBS) 124, 140
Präfrontaler Kortex (PFK) 29 ff.,
33 f., 36 ff., 52, 54 f., 81, 85, 91,
93, 101, 103, 179, 226 f., 264,
266, 308
Proust, Marcel 157
Provine, Robert 164 f., 257, 259
Prozac 185
Psychoanalyse 26, 101, 124, 143,
253, 325
Psychopathen 72, 99, 105
Psychopharmaka 145 f., 184, 187,
193

R

Rachmaninow, Sergej 273
Ramon y Cajal, Santiago 207
Rationalität 25 ff., 31, 37, 164, 229
Rejlander, Oscar 20, 161
Reserpin 183
Reue 89 f., 302
Rilke, Rainer Maria 151
Rizzolatti, Giacomo 207
Rose, Steven 57
Rowling, J. K. 230

S

Sadismus 254
Schadenfreude 102
Scham 22, 73 f., 84 ff., 90, 94, 102,
148, 256
Schauspieler 161 f., 202 ff., 206 f.,

211 ff., 222 ff., 228, 230 ff.,
234 ff., 240 f., 259, 277
Schläfenlappen 128
Schmerz 21, 27, 34, 68, 113, 116,
121, 159 f., 163, 166 ff., 171, 174,
202 f., 223, 250, 253 f., 262,
268 f., 274, 279 ff., 284, 291
Schuld 12, 22, 27, 38, 47, 49, 65 ff.,
77 ff., 89 ff., 94, 98 ff., 160, 169,
171, 202, 205, 217, 283, 302
Schuldfähigkeit 47 ff.
Scott, Sophie 258 f.
Seele 22, 26 ff., 74, 101 f., 117,
121 ff., 137, 139, 145 f., 170, 172,
176, 178 f., 186, 201, 203 ff., 219,
222, 224, 229, 305
Selbstbewusstsein 313
Selbsterkenntnis 11
Seneca 55 f.
Serotonin 40 f., 135, 179, 182 ff.,
188, 262, 330, 332 f.
Serotonin-Wiederaufnahmehemmer
(SSRI) 185, 187
Sertralin 185
Sexualität 21, 122, 254, 261, 263,
269, 270, 273, 303, 306, 314,
317 f.
Shakespeare, William 159, 204,
230, 316, 336
Shaw, George Bernard 214 f., 307
Sokrates 11 f., 25, 299
Somatosensorischer Kortex 101
Sozialphobie 124
Speed 267
Spiegelneuronen 207 ff., 237, 241,
259
Sprache 175, 177 f., 227 f., 233,
240, 258, 276
Stanislawski, Konstantin 215 ff.,
223

Stendhal 312, 336
Straftäter 38, 47, 49, 52, 54
Sudermann, Hermann 214
Sünde 75, 91

T

Tapferkeit 26, 291
Taufe 75
Temperament 10, 189, 333
Testosteron 330 ff.
Thalamus 29, 128, 308 f.
Theater 201 f., 204 ff., 210 ff.,
    222 ff., 228 ff., 238 ff., 271, 313
Tolstoi, Leo 271
Torzow, Arkadi Nikoajewitsch
    216 f.
Training, präfrontales 54 f.
Tränen 162 ff., 189, 193, 203,
    223 f., 234, 249, 252
Trauer 10, 12, 23, 84 f., 94, 139,
    141, 158 ff., 169, 171 ff., 176 ff.,
    187 ff., 191 f., 194, 202 f., 205,
    210, 212, 214, 217, 224, 240 f.,
    252, 254 f., 258, 272 f., 277,
    284 f., 302
Träume 65 ff., 101, 105
Trost 193 f., 269, 334
Twain, Mark 134

U

Überraschung 210, 300, 329, 337
untere Stirnwindung (IFG) 209 f.,
    226
Urteilsvermögen 25, 37, 305, 313,
    326

V

Valentinstag 317
Vasopressin 318 f.
Verdrängung 67
Vergebung 90 f., 105
Verlängerte Trauerstörung
    (PGD) 173, 179, 181, 192 f.
Vermeidung (emotionaler
    Mechanismus) 21 f., 253, 278 f.
Verzweiflung 139, 160, 163 ff., 168,
    203, 205, 220, 250, 275
Vidal, Gore 65, 279
Vischer, Robert 205
Vorfreude 304
Vorhandenheit 131
Voxel 96 f.

W

Wagner, Ullrich 83, 85
Wallace Laboratories 144
Weber, Max 11 f.
Weinen 162 ff., 168, 189, 193, 240,
    258, 275 ff., 345
Wernicke, Karl 276
Whipple, Beverly 270 f.
Wilde, Oscar 105, 159, 201, 343
Wille (freier) 47, 49
Wittgenstein, Ludwig 175 ff., 181
Wut 12, 15, 17 ff., 24 ff., 33, 39 f.,
    46, 53 ff., 69 f., 100, 159, 202,
    204, 210, 220, 236, 240, 252,
    258, 276, 283

DER GEFÜHLSCODE

X

Xanax 146

Z

Zeki, Semir 309
Zoloft 185
Zuhandenheit 131
Zwangsstörung 124
Zwillinge 43